广播影视类高考专用丛书

文艺常识

WENYICHANGSHI（第六版）

张福起 主编

文学戏剧戏曲常识　电影电视摄影常识

音乐美术书法常识　舞蹈曲艺杂技常识

点拨作答高分技巧　详解历年考试真题

山东人民出版社·济南

国家一级出版社 全国百佳图书出版单位

主　编　张福起

副主编　王铁燕　陈　珂　董　飞　刘孟子　韩　泉　黄余良　惠庆才
陈　思　李庆超　冀淑玲　鲍登林　梁秀伟　李　博　程晓峰
乔　鹏　格　林　李志杰　杜　彤　孙东海　许龙才　余建三
聂延玉　王丰福　陆晓铭　李云凤　王一晨　许　诺　樊振国
雷薇薇　康学朋　董坤鹏　李子良　张　洁　付　彬　岳大为
刘晨曦　朱仪军　徐　进　李　国　白晓萱　梁晓明　杨　晗

编　委　李立寅　边　振　刘小丽　钟　勇　张林盼　李晓光　吕建华
贾宏生　李庚武　段传磊　亓海刚　逯　鹏　张同喜　刘慧泉
吕　勋　靳可理　高　干　武善君　崔　凯　董　睿　白礼伟
庞　舵　王　伟　孙　超　邱　超　段永明　李虎承　杨　美
柳西群　马　芸　翟德强　王　捷　王金见　曾国炜　陈艺昊
张　耀　马　嘉　石晶晶　董曙光　高　原　孔腾飞　陈　康
薛双年　丁匡一　楚　琪　亓彬彬　王金铭　袁　峰　张延明
王　耀等

作者简介

张福起，传媒艺考研究与辅导专家，中国影视高考培训联盟秘书长，中央电视台中学生频道特聘教学顾问。具有深厚的传媒艺考理论专业背景和极其丰富的传媒艺考实战经验，对传媒艺术类专业高考有独特的研究，主持研发的自成体系、特色鲜明、效果显著的传媒艺考培训课程和系列专用教材，已成为国内传媒艺术类考生和培训机构的首选教材，被誉为传媒艺考的“必备胜经”，其本人更被广大考生赞为国内“传媒艺考第一人”。

艺考培训咨询QQ：271993462　706341020　215717385

主编微信号：zhangfuqipx　　微信公众平台：liuyichuanmei

联系邮箱：13505405532@163.com

张福起全国书友会QQ群：332862502　　传媒艺考图书出版合作电话：13505405532

中国影视高考培训联盟QQ群：1821660（传媒艺考培训机构校长和老师交流群，学生勿加）

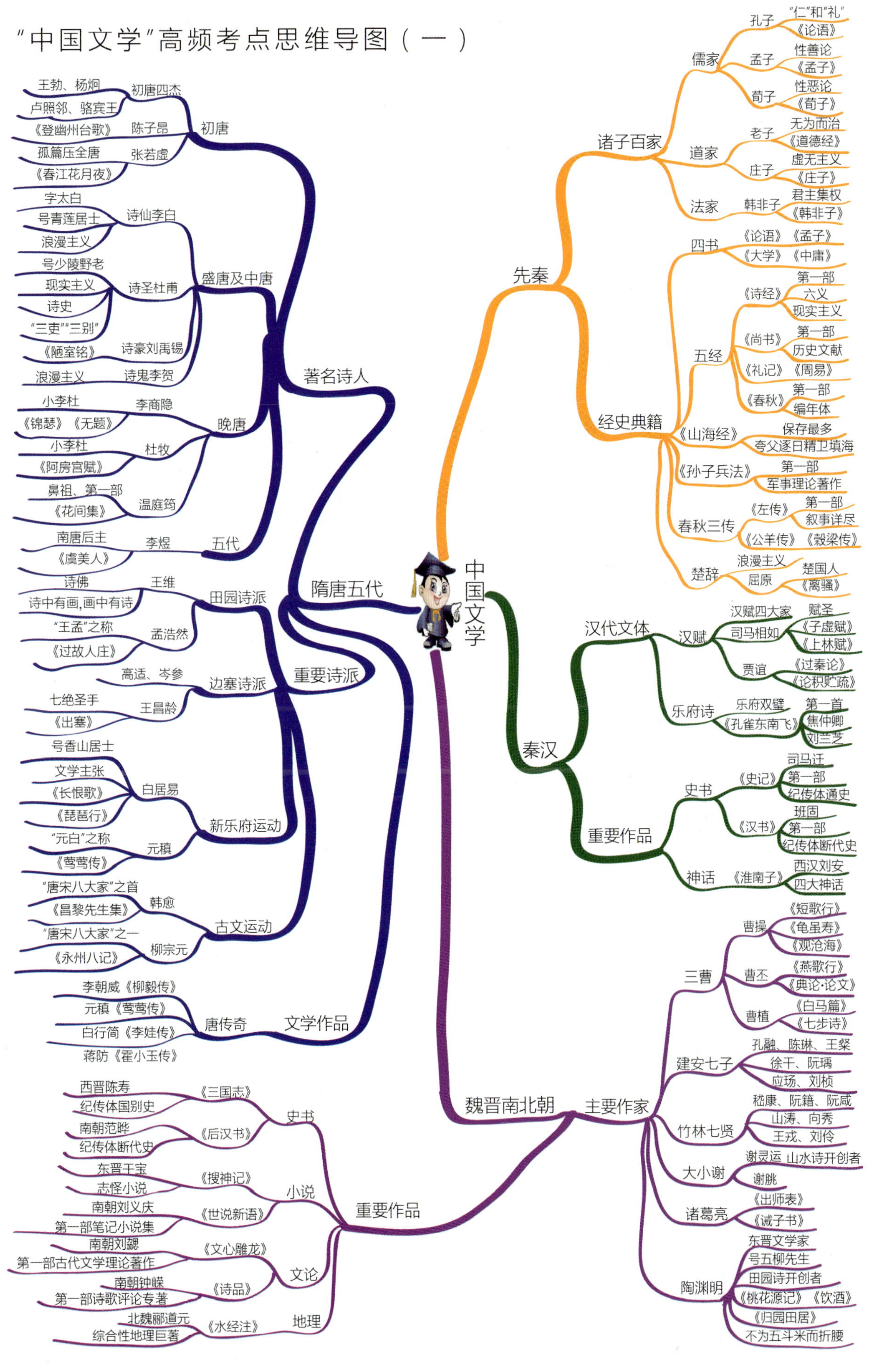

"中国文学"高频考点思维导图（一）
中国文学
先秦
诸子百家
儒家
孔子
"仁"和"礼"
《论语》
孟子
性善论
《孟子》
荀子
性恶论
《荀子》
道家
老子
无为而治
《道德经》
庄子
虚无主义
《庄子》
法家
韩非子
君主集权
《韩非子》
经史典籍
四书
《论语》《孟子》
《大学》《中庸》
五经
《诗经》
第一部
六义
现实主义
《尚书》
第一部
历史文献
《礼记》《周易》
《春秋》
第一部
编年体
《山海经》
保存最多
夸父逐日精卫填海
《孙子兵法》
第一部
军事理论著作
春秋三传
《左传》
第一部
叙事详尽
《公羊传》《榖梁传》
楚辞
浪漫主义
屈原
楚国人
《离骚》
秦汉
汉代文体
汉赋
汉赋四大家
司马相如
赋圣
《子虚赋》
《上林赋》
贾谊
《过秦论》
《论积贮疏》
乐府诗
乐府双璧
《孔雀东南飞》
第一首
焦仲卿
刘兰芝
重要作品
史书
《史记》
司马迁
第一部
纪传体通史
《汉书》
班固
第一部
纪传体断代史
神话
《淮南子》
西汉刘安
四大神话
魏晋南北朝
主要作家
三曹
曹操
《短歌行》
《龟虽寿》
《观沧海》
曹丕
《燕歌行》
《典论·论文》
曹植
《白马篇》
《七步诗》
建安七子
孔融、陈琳、王粲
徐干、阮瑀
应玚、刘桢
竹林七贤
嵇康、阮籍、阮咸
山涛、向秀
王戎、刘伶
大小谢
谢灵运 山水诗开创者
谢朓
诸葛亮
《出师表》
《诫子书》
陶渊明
东晋文学家
号五柳先生
田园诗开创者
《桃花源记》《饮酒》
《归园田居》
不为五斗米而折腰
重要作品
史书
《三国志》
西晋陈寿
纪传体国别史
《后汉书》
南朝范晔
纪传体断代史
小说
《搜神记》
东晋干宝
志怪小说
《世说新语》
南朝刘义庆
第一部笔记小说集
文论
《文心雕龙》
南朝刘勰
第一部古代文学理论著作
《诗品》
南朝钟嵘
第一部诗歌评论专著
地理
《水经注》
北魏郦道元
综合性地理巨著
隋唐五代
著名诗人
初唐
初唐四杰
王勃、杨炯
卢照邻、骆宾王
陈子昂
《登幽州台歌》
张若虚
孤篇压全唐
《春江花月夜》
盛唐及中唐
诗仙李白
字太白
号青莲居士
浪漫主义
诗圣杜甫
号少陵野老
现实主义
诗史
"三吏""三别"
诗豪刘禹锡
《陋室铭》
诗鬼李贺
浪漫主义
晚唐
李商隐
小李杜
《锦瑟》《无题》
杜牧
小李杜
《阿房宫赋》
温庭筠
鼻祖、第一部
《花间集》
五代
李煜
南唐后主
《虞美人》
重要诗派
田园诗派
王维
诗佛
诗中有画，画中有诗
孟浩然
"王孟"之称
《过故人庄》
边塞诗派
高适、岑参
王昌龄
七绝圣手
《出塞》
新乐府运动
白居易
号香山居士
文学主张
《长恨歌》
《琵琶行》
元稹
"元白"之称
《莺莺传》
古文运动
韩愈
"唐宋八大家"之首
《昌黎先生集》
柳宗元
"唐宋八大家"之一
《永州八记》
文学作品
唐传奇
李朝威《柳毅传》
元稹《莺莺传》
白行简《李娃传》
蒋防《霍小玉传》

“中国文学”高频考点思维导图（二）

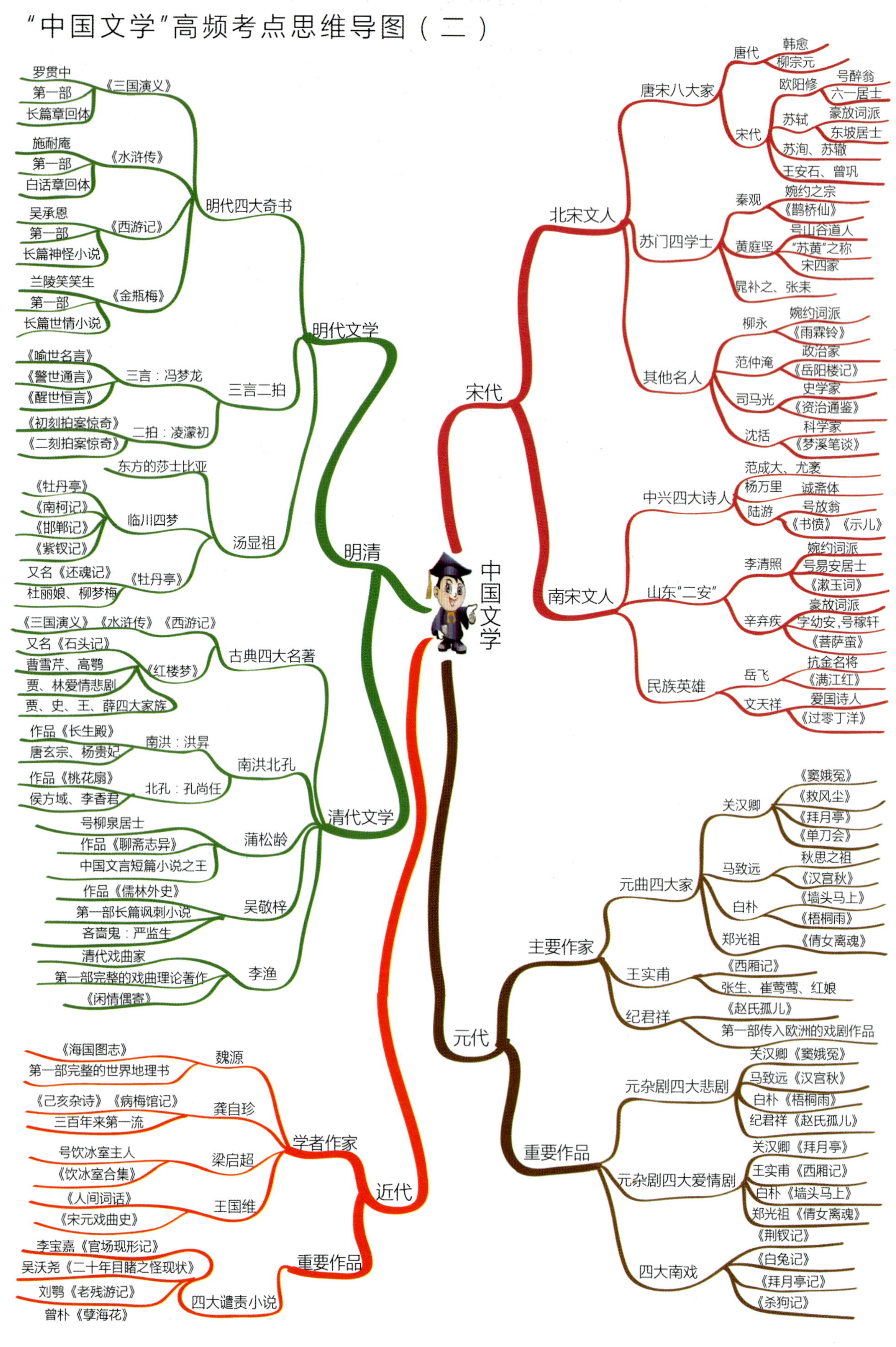

“中国文学”高频考点思维导图（三）

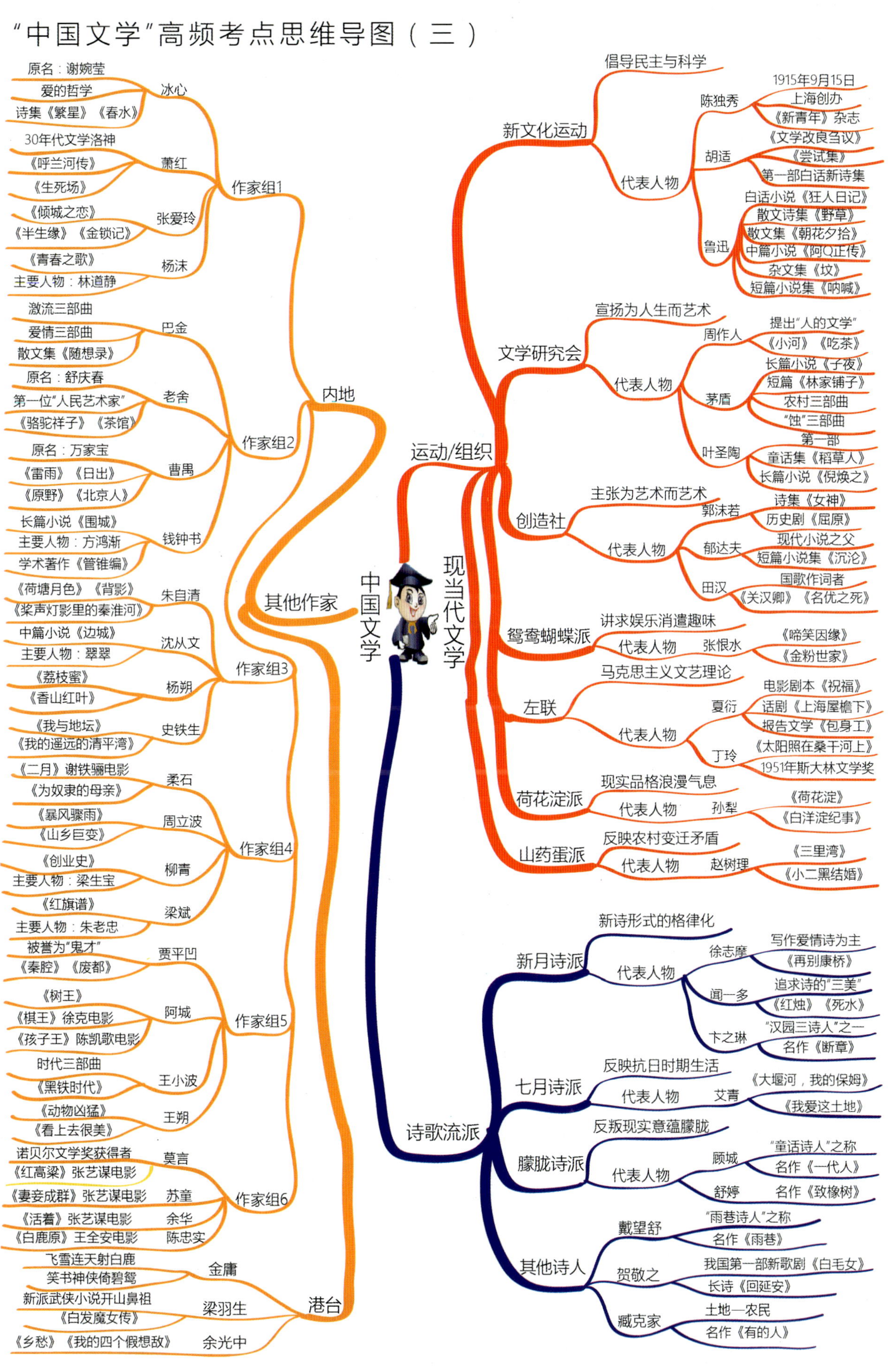

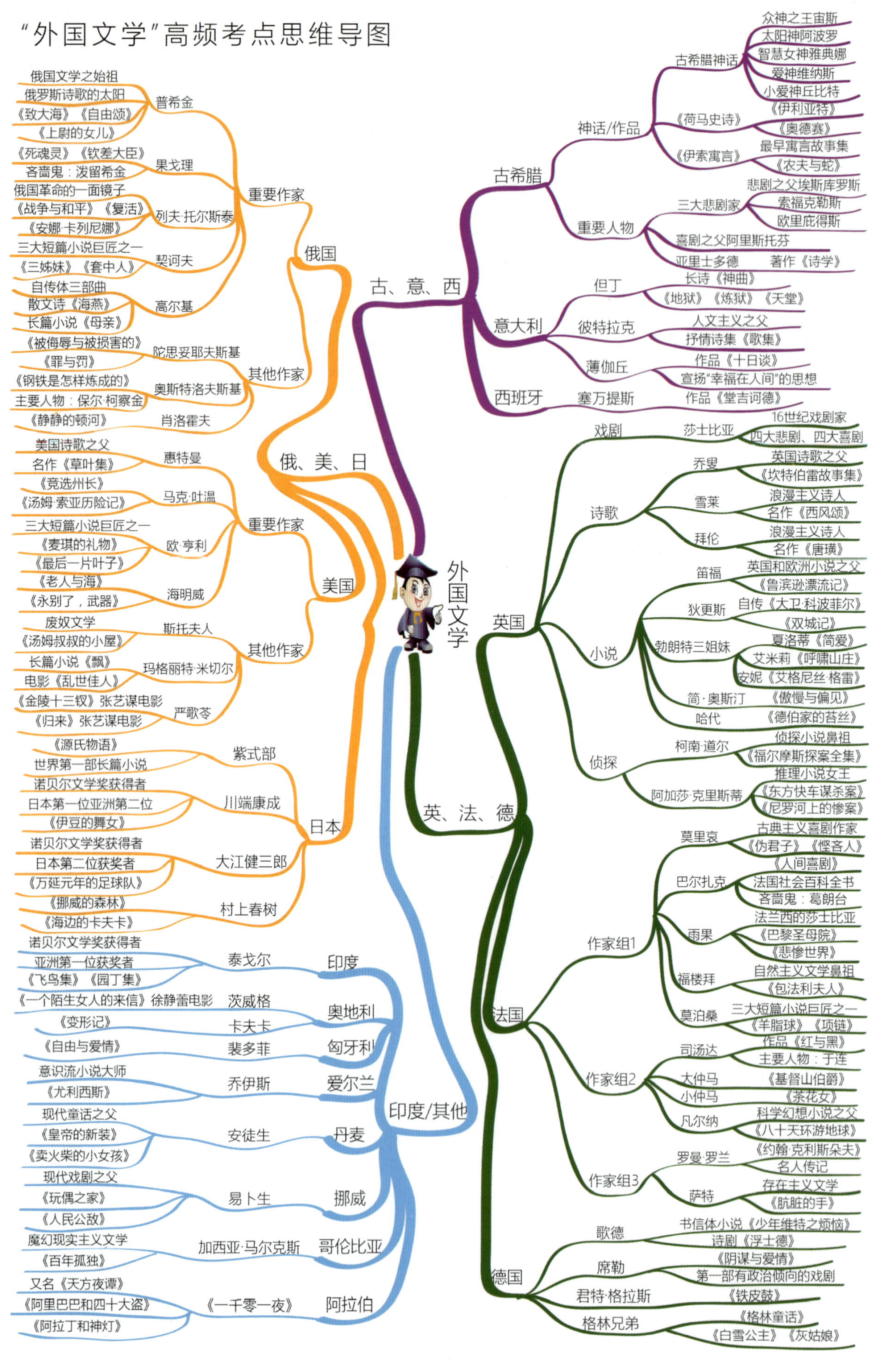
“外国文学”高频考点思维导图
外国文学
古、意、西
古希腊
神话/作品
古希腊神话
众神之王宙斯
太阳神阿波罗
智慧女神雅典娜
爱神维纳斯
小爱神丘比特
《荷马史诗》
《伊利亚特》
《奥德赛》
《伊索寓言》
最早寓言故事集
《农夫与蛇》
重要人物
三大悲剧家
悲剧之父埃斯库罗斯
索福克勒斯
欧里庇得斯
喜剧之父阿里斯托芬
亚里士多德
著作《诗学》
意大利
但丁
长诗《神曲》
《地狱》《炼狱》《天堂》
彼特拉克
人文主义之父
抒情诗集《歌集》
薄伽丘
作品《十日谈》
宣扬“幸福在人间”的思想
西班牙
塞万提斯
作品《堂吉诃德》
英、法、德
英国
戏剧
莎士比亚
16世纪戏剧家
四大悲剧、四大喜剧
诗歌
乔叟
英国诗歌之父
《坎特伯雷故事集》
雪莱
浪漫主义诗人
名作《西风颂》
拜伦
浪漫主义诗人
名作《唐璜》
小说
笛福
英国和欧洲小说之父
《鲁滨逊漂流记》
狄更斯
自传《大卫·科波菲尔》
《双城记》
勃朗特三姐妹
夏洛蒂《简爱》
艾米莉《呼啸山庄》
安妮《艾格尼丝·格雷》
简·奥斯汀
《傲慢与偏见》
哈代
《德伯家的苔丝》
侦探
柯南·道尔
侦探小说鼻祖
《福尔摩斯探案全集》
阿加莎·克里斯蒂
推理小说女王
《东方快车谋杀案》
《尼罗河上的惨案》
法国
作家组1
莫里哀
古典主义喜剧作家
《伪君子》《悭吝人》
巴尔扎克
《人间喜剧》
法国社会百科全书
吝啬鬼：葛朗台
雨果
法兰西的莎士比亚
《巴黎圣母院》
《悲惨世界》
福楼拜
自然主义文学鼻祖
《包法利夫人》
莫泊桑
三大短篇小说巨匠之一
《羊脂球》《项链》
作家组2
司汤达
作品《红与黑》
主要人物：于连
大仲马
《基督山伯爵》
小仲马
《茶花女》
凡尔纳
科学幻想小说之父
《八十天环游地球》
作家组3
罗曼·罗兰
《约翰·克利斯朵夫》
名人传记
萨特
存在主义文学
《肮脏的手》
德国
歌德
书信体小说《少年维特之烦恼》
诗剧《浮士德》
席勒
《阴谋与爱情》
第一部有政治倾向的戏剧
君特·格拉斯
《铁皮鼓》
格林兄弟
《格林童话》
《白雪公主》《灰姑娘》
俄、美、日
俄国
重要作家
普希金
俄国文学之始祖
俄罗斯诗歌的太阳
《致大海》《自由颂》
《上尉的女儿》
果戈理
《死魂灵》《钦差大臣》
吝啬鬼：泼留希金
列夫·托尔斯泰
俄国革命的一面镜子
《战争与和平》《复活》
《安娜·卡列尼娜》
契诃夫
三大短篇小说巨匠之一
《三姊妹》《套中人》
高尔基
自传体三部曲
散文诗《海燕》
长篇小说《母亲》
其他作家
陀思妥耶夫斯基
《被侮辱与被损害的》
《罪与罚》
奥斯特洛夫斯基
《钢铁是怎样炼成的》
主要人物：保尔·柯察金
肖洛霍夫
《静静的顿河》
美国
重要作家
惠特曼
美国诗歌之父
名作《草叶集》
马克·吐温
《竞选州长》
《汤姆·索亚历险记》
欧·亨利
三大短篇小说巨匠之一
《麦琪的礼物》
《最后一片叶子》
海明威
《老人与海》
《永别了，武器》
其他作家
斯托夫人
废奴文学
《汤姆叔叔的小屋》
玛格丽特·米切尔
长篇小说《飘》
电影《乱世佳人》
严歌苓
《金陵十三钗》张艺谋电影
《归来》张艺谋电影
日本
紫式部
《源氏物语》
世界第一部长篇小说
川端康成
诺贝尔文学奖获得者
日本第一位亚洲第二位
《伊豆的舞女》
大江健三郎
诺贝尔文学奖获得者
日本第二位获奖者
《万延元年的足球队》
村上春树
《挪威的森林》
《海边的卡夫卡》
印度/其他
印度
泰戈尔
诺贝尔文学奖获得者
亚洲第一位获奖者
《飞鸟集》《园丁集》
奥地利
茨威格
《一个陌生女人的来信》徐静蕾电影
卡夫卡
《变形记》
匈牙利
裴多菲
《自由与爱情》
爱尔兰
乔伊斯
意识流小说大师
《尤利西斯》
丹麦
安徒生
现代童话之父
《皇帝的新装》
《卖火柴的小女孩》
挪威
易卜生
现代戏剧之父
《玩偶之家》
《人民公敌》
哥伦比亚
加西亚·马尔克斯
魔幻现实主义文学
《百年孤独》
阿拉伯
《一千零一夜》
又名《天方夜谭》
《阿里巴巴和四十大盗》
《阿拉丁和神灯》

"电影常识"高频考点思维导图（一）

- 电影常识
  - 电影起源
    - 外国电影
      - 原理：视觉暂留原理
      - 时间：1895年12月28日
      - 地点：法国巴黎卡普辛路大咖啡馆地下室
      - 发明人：卢米埃尔兄弟　电影之父
      - 代表影片
        - 《火车进站》　世界第一部电影
        - 《水浇园丁》　世界第一部喜剧
      - 定义：第七艺术
        - 1911年意大利
        - 乔托·卡努杜
    - 中国电影
      - 时间：1905年
      - 代表影片：《定军山》
        - 中国第一部电影
        - 北京丰泰照相馆拍摄
        - 任庆泰导演
        - 京剧老生谭鑫培主演
  - 电影理论
    - 电影镜头
      - 运动镜头
        - 推镜头、拉镜头、摇镜头
        - 移镜头、跟镜头、升降镜头
      - 长镜头
        - 提出者：法国电影理论家　安德烈·巴赞
        - 延续时间：10秒～30秒
      - 空镜头
        - 又叫"景物镜头"
        - 画面中没有人物只有景物
      - 快慢镜头
        - 快镜头：慢于每秒24格拍摄
        - 慢镜头：快于每秒24格拍摄
      - 主观/客观镜头
        - 主观镜头：摄影视点=人物视点
        - 客观镜头：又叫"中立镜头"
    - 电影景别
      - 远景：视野开阔、渲染气势
      - 全景：成年人全身或场景全貌
      - 中景：成年人膝盖以上或场景局部
      - 近景：成年人胸部以上或被摄体局部
      - 特写：成年人肩部以上或被摄体细部
    - 蒙太奇
      - 叙事蒙太奇
        - 首创者：美国导演格里菲斯
        - 分类：连续蒙太奇、平行蒙太奇、交叉蒙太奇、重复蒙太奇
      - 表现蒙太奇
        - 分类：对比蒙太奇、隐喻蒙太奇、心理蒙太奇、抒情蒙太奇
      - 理性蒙太奇
        - 首创者：苏联学派爱森斯坦
        - 分类：杂耍蒙太奇、思想蒙太奇
    - 电影声音
      - 人声
        - 对白：剧中人物之间的对话
        - 独白：表达人物内心感受
        - 旁白：第一人称自述、第三人称评说
      - 音乐
      - 音响
    - 电影画面
      - 色调
        - 暖色调：以红、黄、橙为主；热情、向上、炽烈
        - 冷色调：以蓝、青为主；宁静、深远、阴凉
      - 构图
        - 造型艺术术语
        - 分为主体、陪体、环境
    - 声画关系
      - 声画同步
        - 又称"声画合一"
        - 声音与画面发声体同进同出
      - 声画错位
        - 又称"声画分离"
        - 分类：声画并列、声画对立
    - 类型电影
      - 西部片
        - 又称"牛仔片"
        - 《火车大劫案》
      - 科幻片
      - 喜剧片
      - 纪录片
  - 电影流派
    - 国外流派
      - 苏联蒙太奇
        - 时间：20世纪20年代
        - 代表人物：爱森斯坦、库里肖夫、普多夫金、维尔托夫
        - 代表理论：杂耍蒙太奇、库里肖夫实验
      - 电影眼睛派
        - 时间：20世纪20年代初
        - 代表人物：维尔托夫
        - 代表理论：重视电影剪辑、强调电影纪录功能
      - 意大利新现实
        - 时间：二战后
        - 代表人物：罗西里尼、德·西卡、桑蒂斯
        - 代表理论：反映当代社会现实、使用非职业演员、拍摄注重真实感
      - 法国新浪潮
        - 时间：20世纪50－60年代
        - 代表人物：戈达尔、特吕弗
        - 代表理论：导演中心制、电影个人风格、革新电影语言
      - 新德国电影
        - 时间：20世纪60年代初
        - 代表人物：施隆多夫、法斯宾德
        - 代表理论：与传统电影决裂、运用新的电影语言
    - 国内流派
      - 左翼电影
        - 时间：20世纪30年代
        - 代表人物：夏衍《狂流》、郑正秋《姊妹花》、孙瑜《小玩意》
        - 代表理论：揭示社会矛盾对立、激发抗日爱国热情
      - 主旋律电影
        - 时间：建国以后
        - 代表人物：众多
        - 代表理论：体现民族精神、弘扬民族文化
  - 电影奖项
    - 国外奖项
      - 金狮奖：威尼斯电影节；1932年8月；电影节之父；举办地意大利
      - 金熊奖：柏林电影节；1951年6月；举办地德国
      - 金棕榈奖：戛纳电影节；1939年；举办地法国
      - 奥斯卡金像奖：1928年；举办地美国好莱坞
    - 国内奖项
      - 金鸡奖：1981年；又称为"专家奖"
      - 百花奖：1962年；最能反映票房价值
      - 华表奖：1994年；电影界的"政府奖"
      - 金爵奖：上海电影节；1993年；国内第一个A类
      - 金像奖：1982年；举办地中国香港
      - 金马奖：1958年；举办地中国台湾

"电影常识"高频考点思维导图（二）

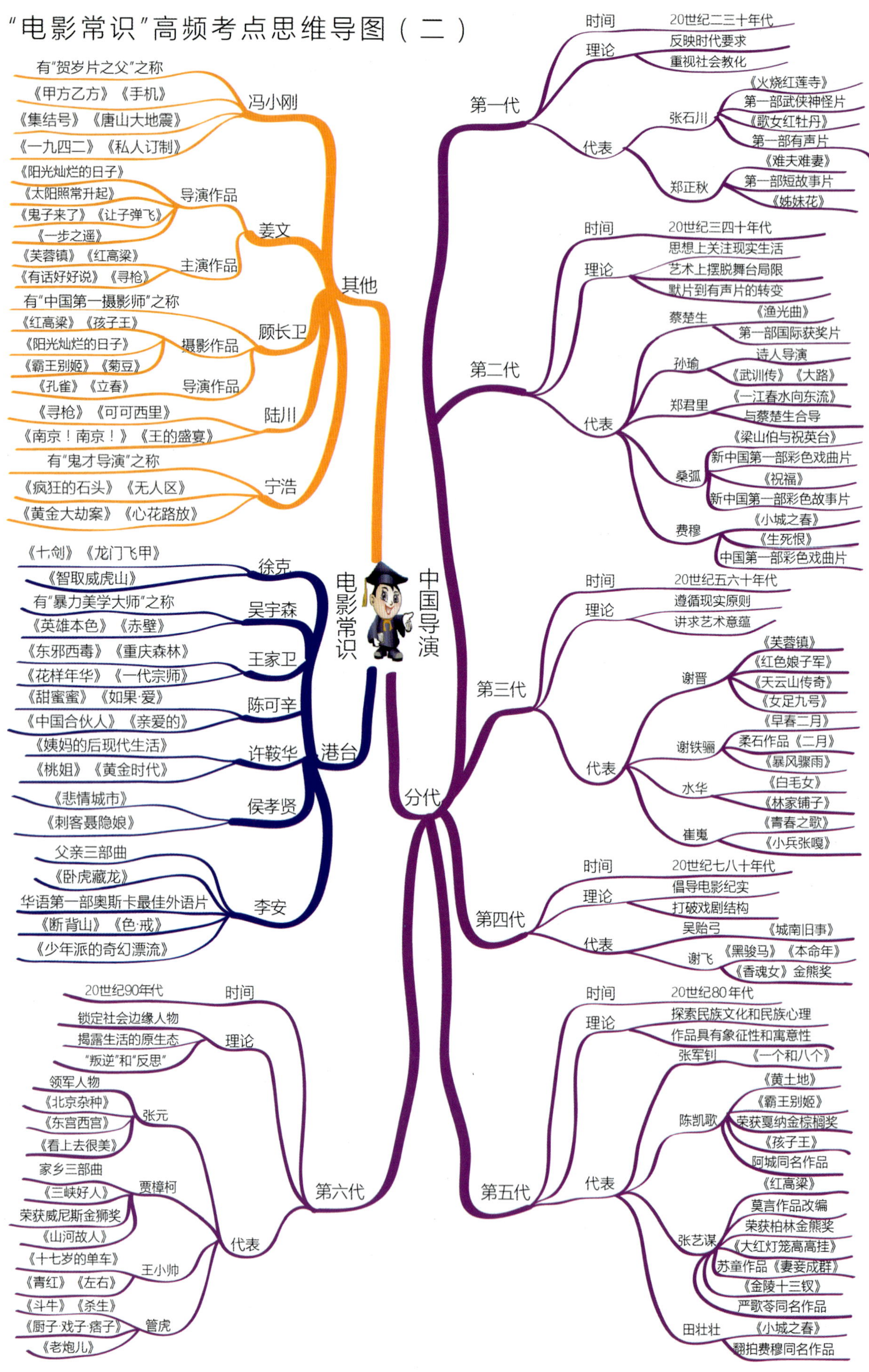

"电影常识"高频考点思维导图（三）

电影常识

- 苏联
  - 爱森斯坦
    - 定位：苏联蒙太奇学派代表
    - 风格：实践蒙太奇理论；史诗般的格调
    - 作品：《战舰波将金号》；杰出段落：敖德萨阶梯
  - 普多夫金
    - 定位：蒙太奇理论创立者之一
    - 风格：电影风格严谨；表现手法写实
    - 作品：《母亲》；《成吉思汗的后代》
- 意大利
  - 罗西里尼
    - 定位：新现实主义代表人物
    - 风格：电影风格写实；表现普通人生活
    - 作品：《罗马，不设防的城市》；新现实电影开篇之作
  - 德·西卡
    - 定位：新现实主义电影主将
    - 风格：电影风格朴实自然；对普通人的关怀
    - 作品：《偷自行车的人》
  - 安东尼奥尼
    - 定位：电影美学著名导演
    - 风格：表现现代化社会题材；电影画面寓意深刻
    - 作品：《红色沙漠》；纪录片《中国》
- 日本
  - 黑泽明
    - 定位：日本电影大师
    - 风格：构图追求画面完美性；风格体现阳刚壮烈美
    - 作品：《罗生门》；1951年威尼斯金狮奖
  - 宫崎骏
    - 定位：动画界的黑泽明
    - 风格：反映女性主义思想；探索环保、生存主题
    - 作品：《千与千寻》；2003年奥斯卡长篇动画奖；2002年柏林金熊奖
- 其他
  - 施隆多夫
    - 国籍：新德国电影代表人物
    - 风格：擅长导演艺术片；兼顾市场和观众
    - 作品：《铁皮鼓》；君特·格拉斯同名小说
  - 布努埃尔
    - 国籍：西班牙著名电影导演
    - 风格：争取个人自由；关注妇女问题
    - 作品：《一条安达鲁狗》；超现实主义电影代表
  - 英格玛·伯格曼
    - 国籍：瑞典著名电影导演
    - 风格：注重对内心世界探索；运用隐喻、象征等手法
    - 作品：《野草莓》
  - 基耶斯洛夫斯基
    - 国籍：波兰著名电影导演
    - 风格：强烈的思辨色彩；浓厚的纪实风格
    - 作品：《红》《白》《蓝》
  - 詹姆斯·卡梅隆
    - 国籍：加拿大著名电影导演
    - 风格：擅拍科幻片和动作片；探讨科技和人类关系
    - 作品：《泰坦尼克号》；《阿凡达》

外国导演

- 法国
  - 导演组1
    - 卢米埃尔兄弟
      - 定位：电影之父
      - 风格：1895年12月28日；拍摄并放映电影短片
      - 作品：《火车进站》；《婴儿喝汤》；《工厂大门》
    - 乔治·梅里爱
      - 定位：故事片先驱
      - 风格：银幕即舞台；创造多种电影技巧
      - 作品：《月球旅行记》；世界第一部科幻片
    - 让·雷诺阿
      - 定位：法国电影之父
      - 风格：既具有现实特征；又富有诗情画意
      - 作品：《大幻灭》
  - 导演组2
    - 特吕弗
      - 定位：新浪潮电影主将
      - 风格：富有人情味；对社会的思考和体验
      - 作品：《四百下》
    - 戈达尔
      - 定位：新浪潮电影主将
      - 风格：融入自己的政治思想；马克思主义哲学
      - 作品：《筋疲力尽》
- 美国
  - 导演组1
    - 格里菲斯
      - 定位：美国电影之父
      - 风格：新的电影叙事语言；"最后一分钟营救"
      - 作品：《一个国家的诞生》；《党同伐异》
    - 弗拉哈迪
      - 定位：世界纪录电影之父
      - 风格：不在于严格忠于事实；导演参与影片内容
      - 作品：《北方的纳努克》
  - 导演组2
    - 卓别林
      - 定位：最杰出的喜剧演员
      - 风格：富有创造力和影响力；流浪汉形象深入人心
      - 作品：《淘金记》；《大独裁者》；《摩登时代》
    - 希区柯克
      - 定位：有"悬念大师"之称
      - 风格：擅拍惊悚悬疑片；注重设计影片结构
      - 作品：《蝴蝶梦》《后窗》；《精神病患者》；《迷魂记》《狂凶记》
    - 奥逊·威尔斯
      - 定位：好莱坞特例导演
      - 风格：颠覆好莱坞电影体系；革新制片厂制度
      - 作品：《公民凯恩》
  - 导演组3
    - 科波拉
      - 定位：新好莱坞核心人物
      - 风格：真实人性残酷拷问；人类生存高度使命感
      - 作品：《教父》；《现代启示录》
    - 斯皮尔伯格
      - 定位："票房号召力"导演
      - 风格：高科技武装商业电影；丰富想象力、创造力；重在表现人的情感
      - 作品：《辛德勒的名单》；《拯救大兵瑞恩》；《侏罗纪公园》

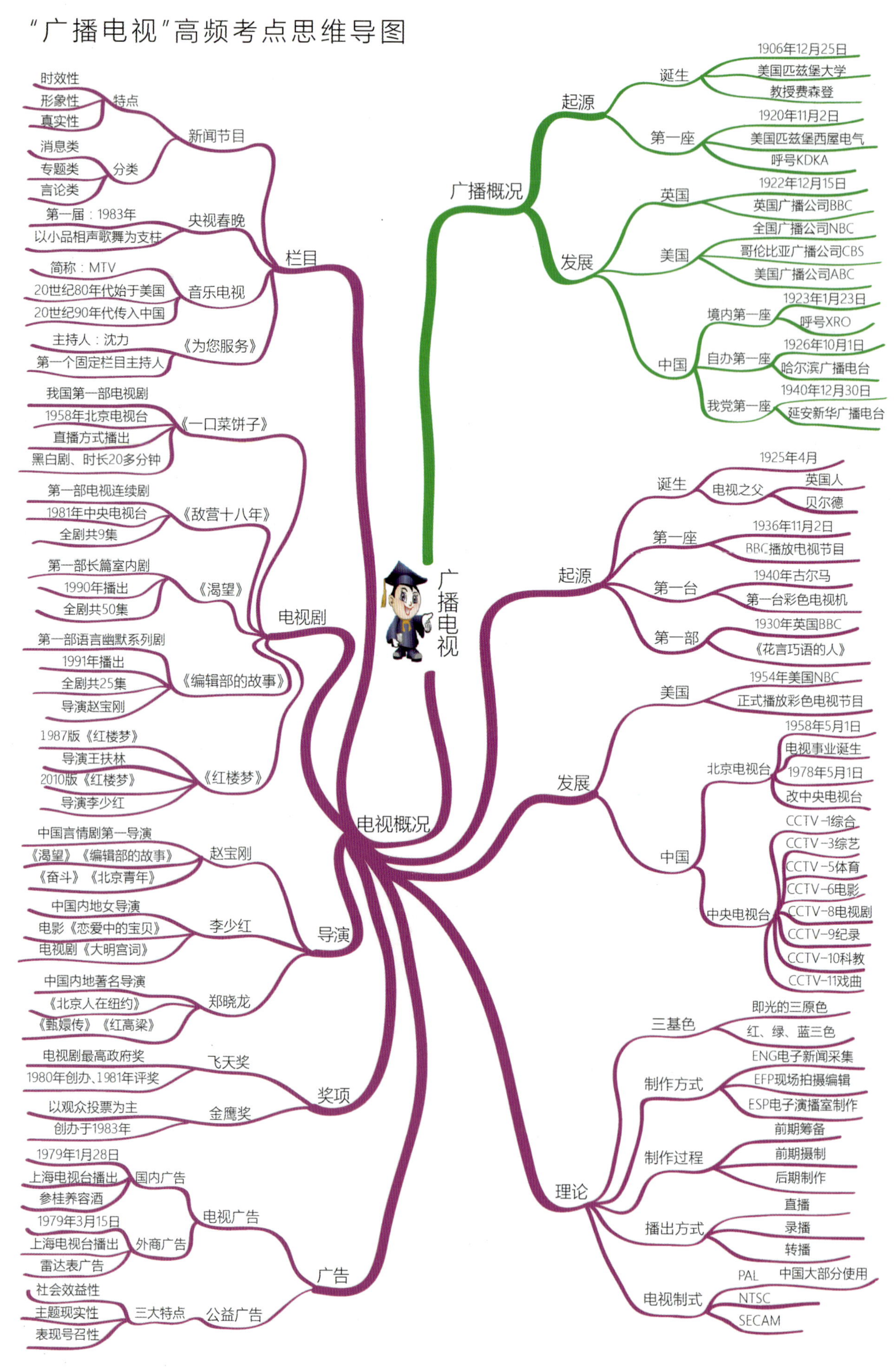
"广播电视"高频考点思维导图
广播电视
广播概况
起源
诞生
1906年12月25日
美国匹兹堡大学
教授费森登
第一座
1920年11月2日
美国匹兹堡西屋电气
呼号KDKA
发展
英国
1922年12月15日
英国广播公司BBC
美国
全国广播公司NBC
哥伦比亚广播公司CBS
美国广播公司ABC
中国
境内第一座
1923年1月23日
呼号XRO
自办第一座
1926年10月1日
哈尔滨广播电台
我党第一座
1940年12月30日
延安新华广播电台
电视概况
起源
诞生
1925年4月
电视之父
英国人
贝尔德
第一座
1936年11月2日
BBC播放电视节目
第一台
1940年古尔马
第一台彩色电视机
第一部
1930年英国BBC
《花言巧语的人》
发展
美国
1954年美国NBC
正式播放彩色电视节目
中国
北京电视台
1958年5月1日
电视事业诞生
1978年5月1日
改中央电视台
中央电视台
CCTV-1综合
CCTV-3综艺
CCTV-5体育
CCTV-6电影
CCTV-8电视剧
CCTV-9纪录
CCTV-10科教
CCTV-11戏曲
理论
三基色
即光的三原色
红、绿、蓝三色
制作方式
ENG电子新闻采集
EFP现场拍摄编辑
ESP电子演播室制作
制作过程
前期筹备
前期摄制
后期制作
播出方式
直播
录播
转播
电视制式
PAL
中国大部分使用
NTSC
SECAM
栏目
新闻节目
特点
时效性
形象性
真实性
分类
消息类
专题类
言论类
央视春晚
第一届：1983年
以小品相声歌舞为支柱
音乐电视
简称：MTV
20世纪80年代始于美国
20世纪90年代传入中国
《为您服务》
主持人：沈力
第一个固定栏目主持人
电视剧
《一口菜饼子》
我国第一部电视剧
1958年北京电视台
直播方式播出
黑白剧、时长20多分钟
《敌营十八年》
第一部电视连续剧
1981年中央电视台
全剧共9集
《渴望》
第一部长篇室内剧
1990年播出
全剧共50集
《编辑部的故事》
第一部语言幽默系列剧
1991年播出
全剧共25集
导演赵宝刚
《红楼梦》
1987版《红楼梦》
导演王扶林
2010版《红楼梦》
导演李少红
导演
赵宝刚
中国言情剧第一导演
《渴望》《编辑部的故事》
《奋斗》《北京青年》
李少红
中国内地女导演
电影《恋爱中的宝贝》
电视剧《大明宫词》
郑晓龙
中国内地著名导演
《北京人在纽约》
《甄嬛传》《红高粱》
奖项
飞天奖
电视剧最高政府奖
1980年创办、1981年评奖
金鹰奖
以观众投票为主
创办于1983年
广告
电视广告
国内广告
1979年1月28日
上海电视台播出
参桂养容酒
外商广告
1979年3月15日
上海电视台播出
雷达表广告
公益广告
三大特点
社会效益性
主题现实性
表现号召性

“美术常识”高频考点思维导图（一）

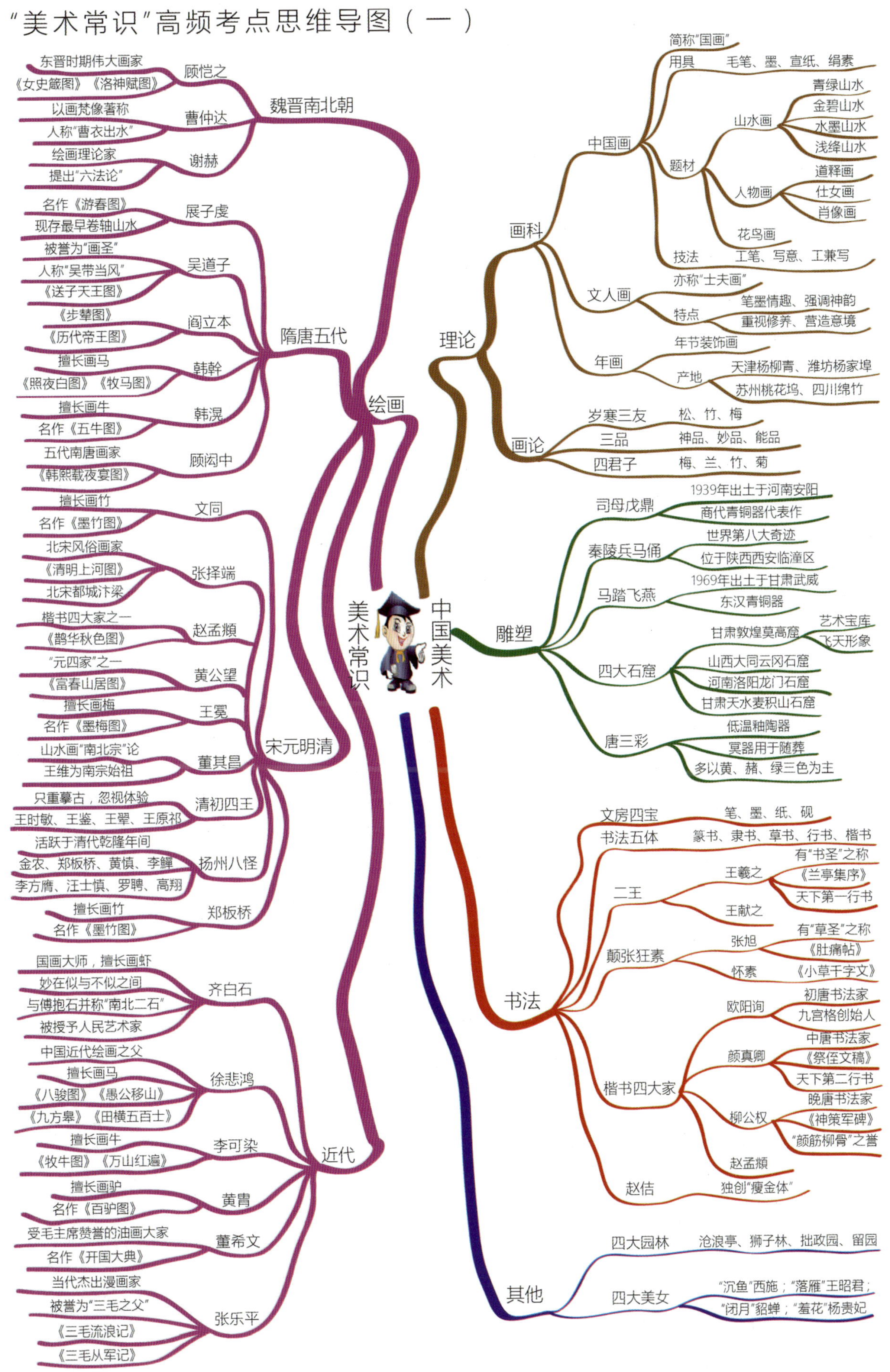

"美术常识"高频考点思维导图（二）

美术常识

外国美术

- 美术种类
  - 雕塑
    - 形式
      - 圆雕
      - 浮雕
      - 透雕
    - 用途
      - 架上雕塑
      - 纪念性雕塑
      - 装饰性雕塑
      - 建筑性雕塑
  - 油画
    - 起源并发展于欧洲
    - 蛋彩画是其前身
  - 漫画
    - 又称为"讽刺画"
    - 用夸张手法描绘生活或时事
    - 取得讽刺或歌颂效果
  - 浮世绘
    - 日本风俗画、版画
    - 色彩明艳、线条简练
- 雕塑名家
  - 米隆
    - 希腊雕刻家
    - 擅长创作青铜像
    - 名作《掷铁饼者》
  - 罗丹
    - 法国现实主义雕塑家
    - 《思想者》
    - 《巴尔扎克像》
    - 《青铜时代》
    - 《地狱之门》
- 美术流派
  - 文艺复兴
    - 起源于意大利
    - 14世纪中期—16世纪末
    - 倡导科学、人文主义
    - 美术三杰
      - 达·芬奇
        - 《蒙娜丽莎》
        - 《最后的晚餐》
      - 米开朗基罗
        - 作品以健美著称
        - 《大卫》《创世纪》
      - 拉斐尔
        - 作品以秀美著称
        - 西方的"画圣"
        - 《西斯廷圣母》
        - 《雅典学院》
  - 巴洛克
    - 诞生并流行于意大利
    - 16世纪—17世纪
    - 特点
      - 追求激情和运动感
      - 强调华丽装饰性
    - 代表
      - 建筑雕塑大师贝尼尼
      - 绘画大师鲁本斯
  - 古典主义
    - 起源于意大利
    - 17世纪发展于法国
    - 特点
      - 形象高贵构图稳定
      - 造型严谨色彩纯净
    - 代表
      - 普桑
        - 法国绘画之父
        - 《阿尔卡迪的牧人》
  - 荷兰画派
    - 诞生于荷兰
    - 17世纪前期
    - 特点
      - 风格写实纯朴
      - 贴近市民生活
    - 代表
      - 伦勃朗
        - 《夜巡》
        - 《杜普教授的解剖学课》
  - 新古典主义
    - 起源于法国
    - 18世纪产生波及欧洲
    - 特点
      - 强调理性、秩序、严谨
      - 重视素描讲求完美
    - 代表
      - 大卫：《马拉之死》
      - 安格尔：《泉》
  - 浪漫主义
    - 起源于英国
    - 18世纪—19世纪
    - 特点
      - 创作自由个性解放
      - 象征夸张笔触奔放
    - 代表
      - 籍里柯：《梅杜萨之筏》
      - 德拉克洛瓦：《自由引导人民》
  - 巴比松画派
    - 兴起于法国
    - 19世纪30年代
    - 特点
      - 民族特色风景画派
      - 面向自然对景写生
    - 代表
      - 米勒
        - 《播种者》
        - 《拾穗者》
        - 《晚钟》
  - 印象主义
    - 兴起于法国
    - 19世纪下半叶
    - 特点
      - 追求事物感觉印象
      - 注重外光研究表现
    - 代表
      - 马奈：《草地上的午餐》
      - 莫奈
        - 印象派之父
        - 《日出·印象》
  - 后印象派
    - 兴起于法国
    - 19世纪末期
    - 特点
      - 重视色彩形体表现
      - 抒发自我感受感情
    - 代表
      - 塞尚
        - 现代绘画之父
        - 《静物·苹果篮子》
      - 梵高
        - 《向日葵》《星月夜》
        - 《麦田上的乌鸦》
      - 高更：《塔希提少女》
  - 巡回展览派
    - 产生于俄国
    - 诞生于19世纪
    - 特点
      - 反对为艺术而艺术
      - 艺术要为民众服务
    - 代表
      - 列宾 《伏尔加河上的纤夫》
  - 野兽派
    - 产生于法国
    - 诞生于20世纪初
    - 特点
      - 主要表现主观感受
      - 线条构成夸张变形
    - 代表
      - 马蒂斯 《音乐》《舞蹈》
  - 立体主义
    - 兴起于法国
    - 20世纪初期
    - 特点
      - 几何形状分解对象
      - 追求排列组合美感
    - 代表
      - 毕加索
        - 西班牙画家
        - 立体画派创始人
        - 《亚威农少女》
        - 《格尔尼卡》

“音乐常识”高频考点思维导图

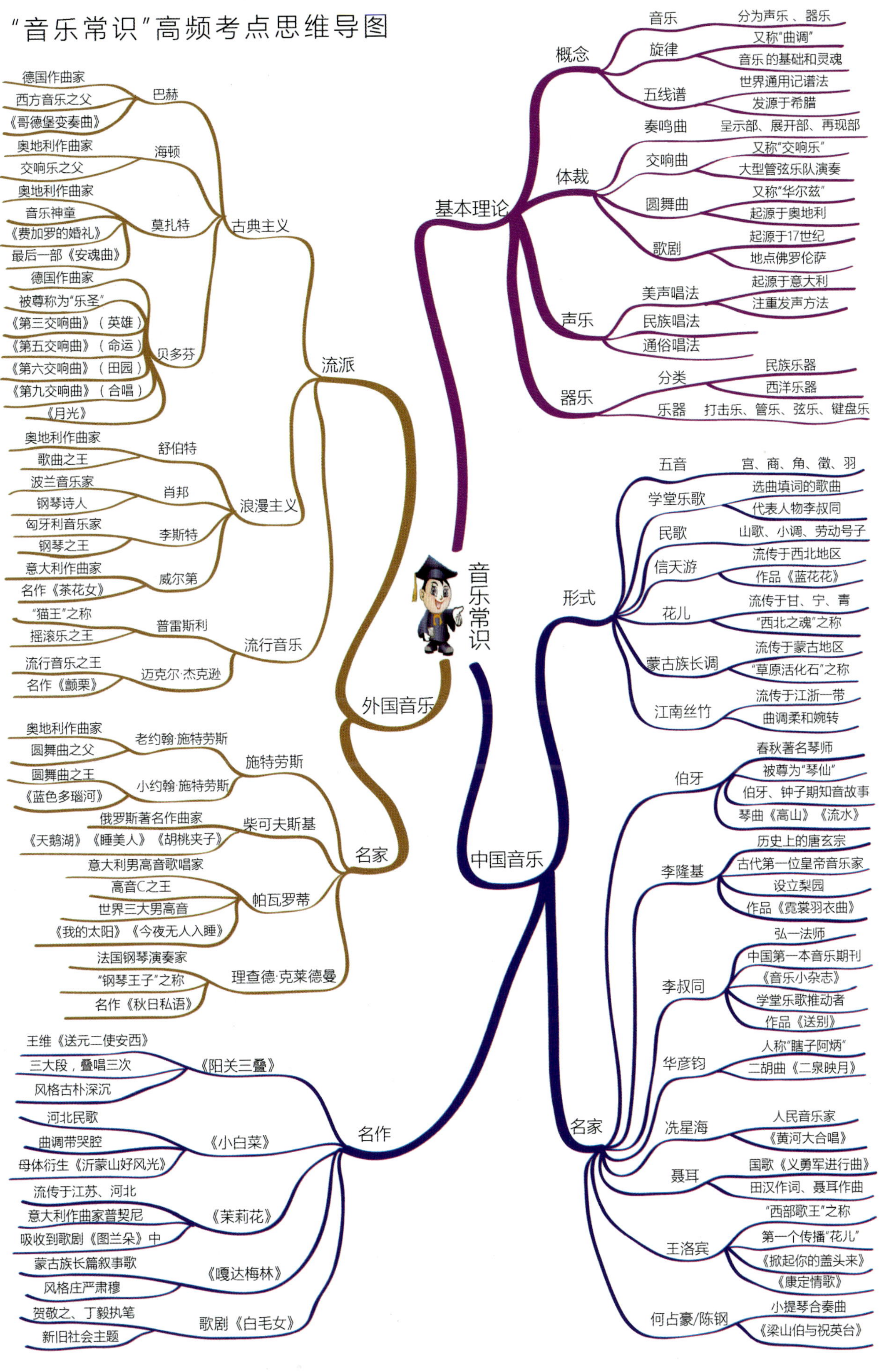

“戏剧戏曲”高频考点思维导图

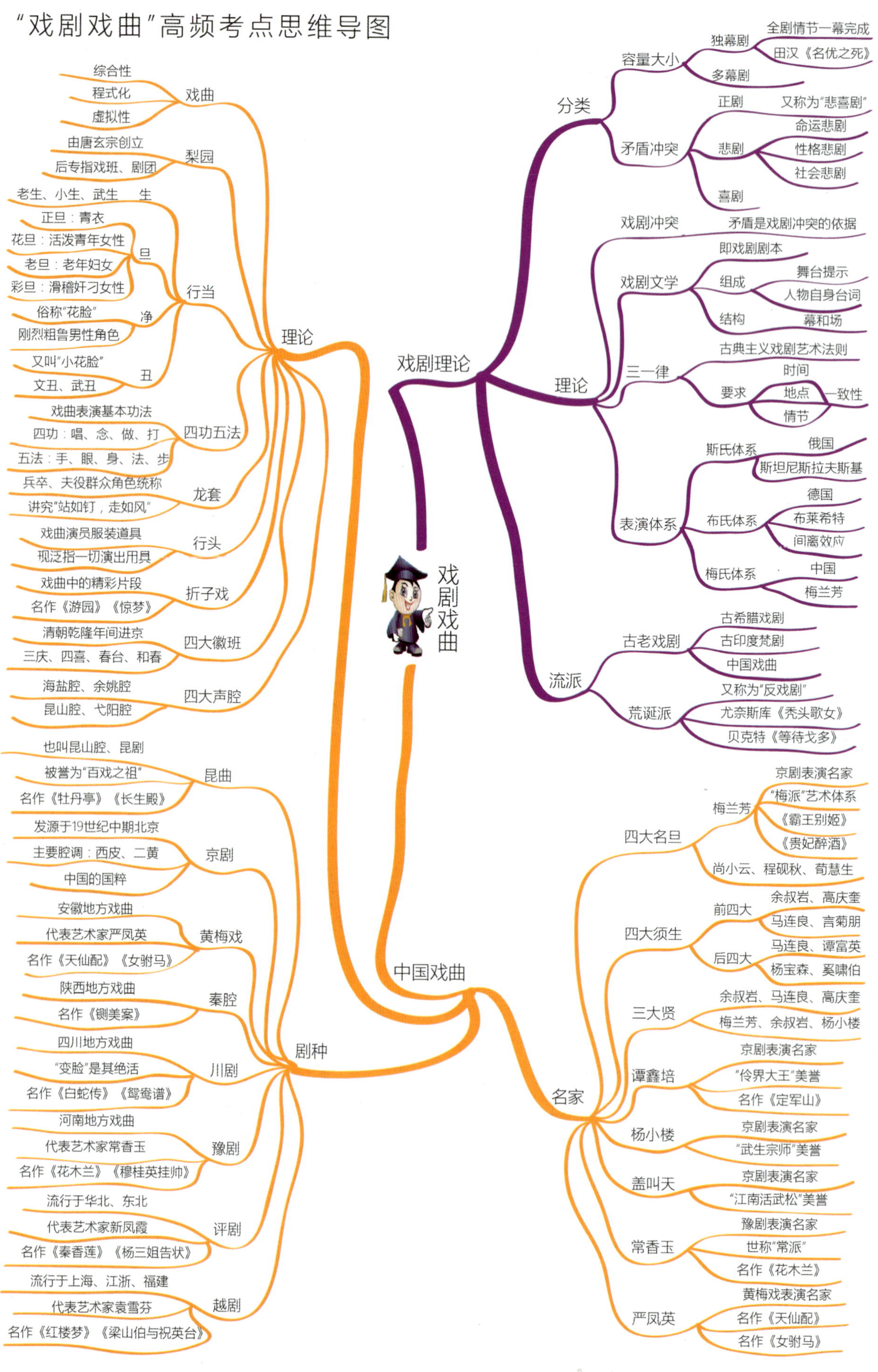

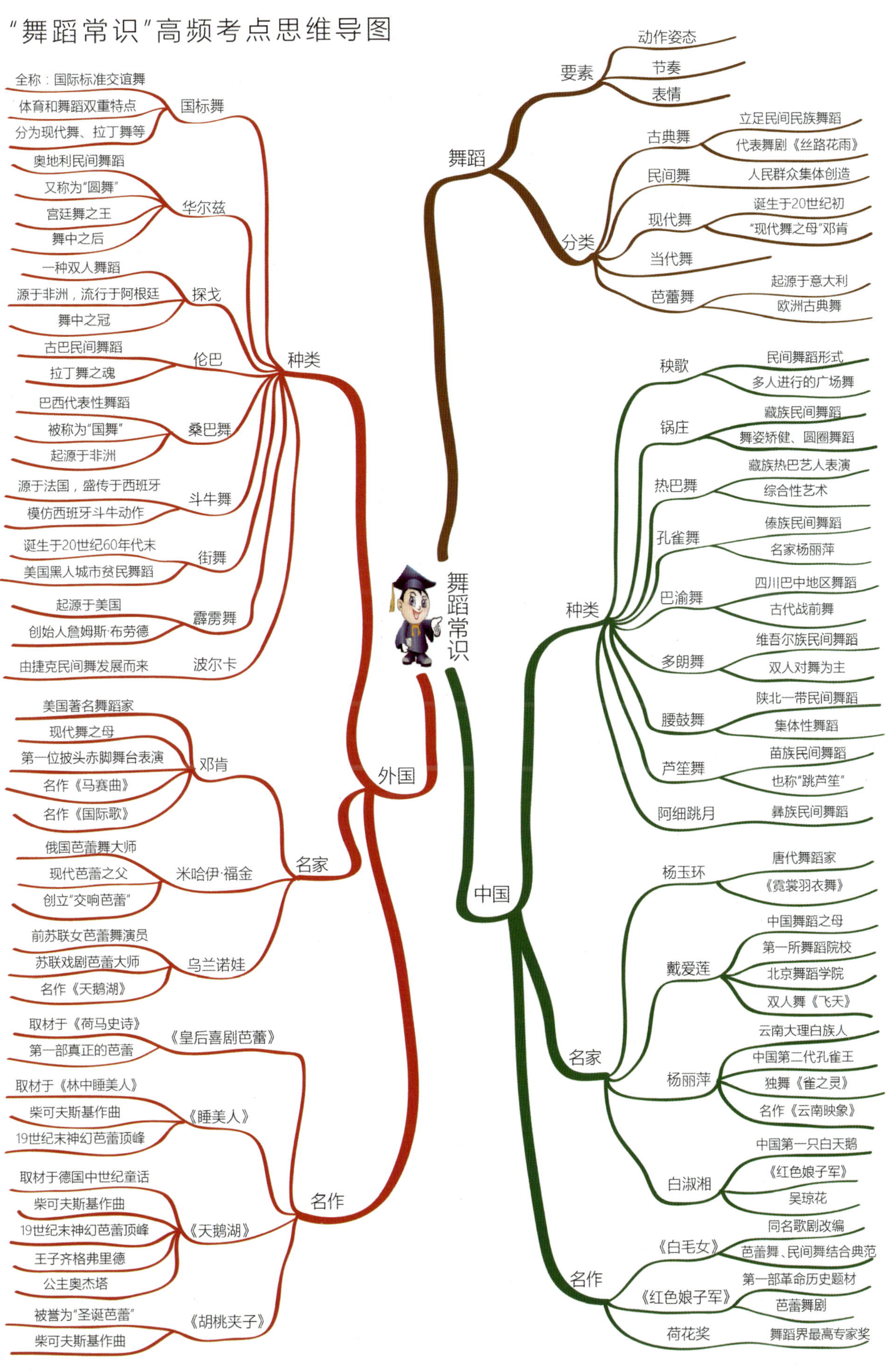
"舞蹈常识"高频考点思维导图
舞蹈常识
舞蹈
要素
动作姿态
节奏
表情
分类
古典舞
立足民间民族舞蹈
代表舞剧《丝路花雨》
民间舞
人民群众集体创造
现代舞
诞生于20世纪初
"现代舞之母"邓肯
当代舞
芭蕾舞
起源于意大利
欧洲古典舞
外国
种类
国标舞
全称：国际标准交谊舞
体育和舞蹈双重特点
分为现代舞、拉丁舞等
华尔兹
奥地利民间舞蹈
又称为"圆舞"
宫廷舞之王
舞中之后
探戈
一种双人舞蹈
源于非洲，流行于阿根廷
舞中之冠
伦巴
古巴民间舞蹈
拉丁舞之魂
桑巴舞
巴西代表性舞蹈
被称为"国舞"
起源于非洲
斗牛舞
源于法国，盛传于西班牙
模仿西班牙斗牛动作
街舞
诞生于20世纪60年代末
美国黑人城市贫民舞蹈
霹雳舞
起源于美国
创始人詹姆斯·布劳德
波尔卡
由捷克民间舞发展而来
名家
邓肯
美国著名舞蹈家
现代舞之母
第一位披头赤脚舞台表演
名作《马赛曲》
名作《国际歌》
米哈伊·福金
俄国芭蕾舞大师
现代芭蕾之父
创立"交响芭蕾"
乌兰诺娃
前苏联女芭蕾舞演员
苏联戏剧芭蕾大师
名作《天鹅湖》
名作
《皇后喜剧芭蕾》
取材于《荷马史诗》
第一部真正的芭蕾
《睡美人》
取材于《林中睡美人》
柴可夫斯基作曲
19世纪末神幻芭蕾顶峰
《天鹅湖》
取材于德国中世纪童话
柴可夫斯基作曲
19世纪末神幻芭蕾顶峰
王子齐格弗里德
公主奥杰塔
《胡桃夹子》
被誉为"圣诞芭蕾"
柴可夫斯基作曲
中国
种类
秧歌
民间舞蹈形式
多人进行的广场舞
锅庄
藏族民间舞蹈
舞姿矫健、圆圈舞蹈
热巴舞
藏族热巴艺人表演
综合性艺术
孔雀舞
傣族民间舞蹈
名家杨丽萍
巴渝舞
四川巴中地区舞蹈
古代战前舞
多朗舞
维吾尔族民间舞蹈
双人对舞为主
腰鼓舞
陕北一带民间舞蹈
集体性舞蹈
芦笙舞
苗族民间舞蹈
也称"跳芦笙"
阿细跳月
彝族民间舞蹈
名家
杨玉环
唐代舞蹈家
《霓裳羽衣舞》
戴爱莲
中国舞蹈之母
第一所舞蹈院校
北京舞蹈学院
双人舞《飞天》
杨丽萍
云南大理白族人
中国第二代孔雀王
独舞《雀之灵》
名作《云南映象》
白淑湘
中国第一只白天鹅
《红色娘子军》
吴琼花
名作
《白毛女》
同名歌剧改编
芭蕾舞、民间舞结合典范
《红色娘子军》
第一部革命历史题材
芭蕾舞剧
荷花奖
舞蹈界最高专家奖

"曲艺杂技"高频考点思维导图

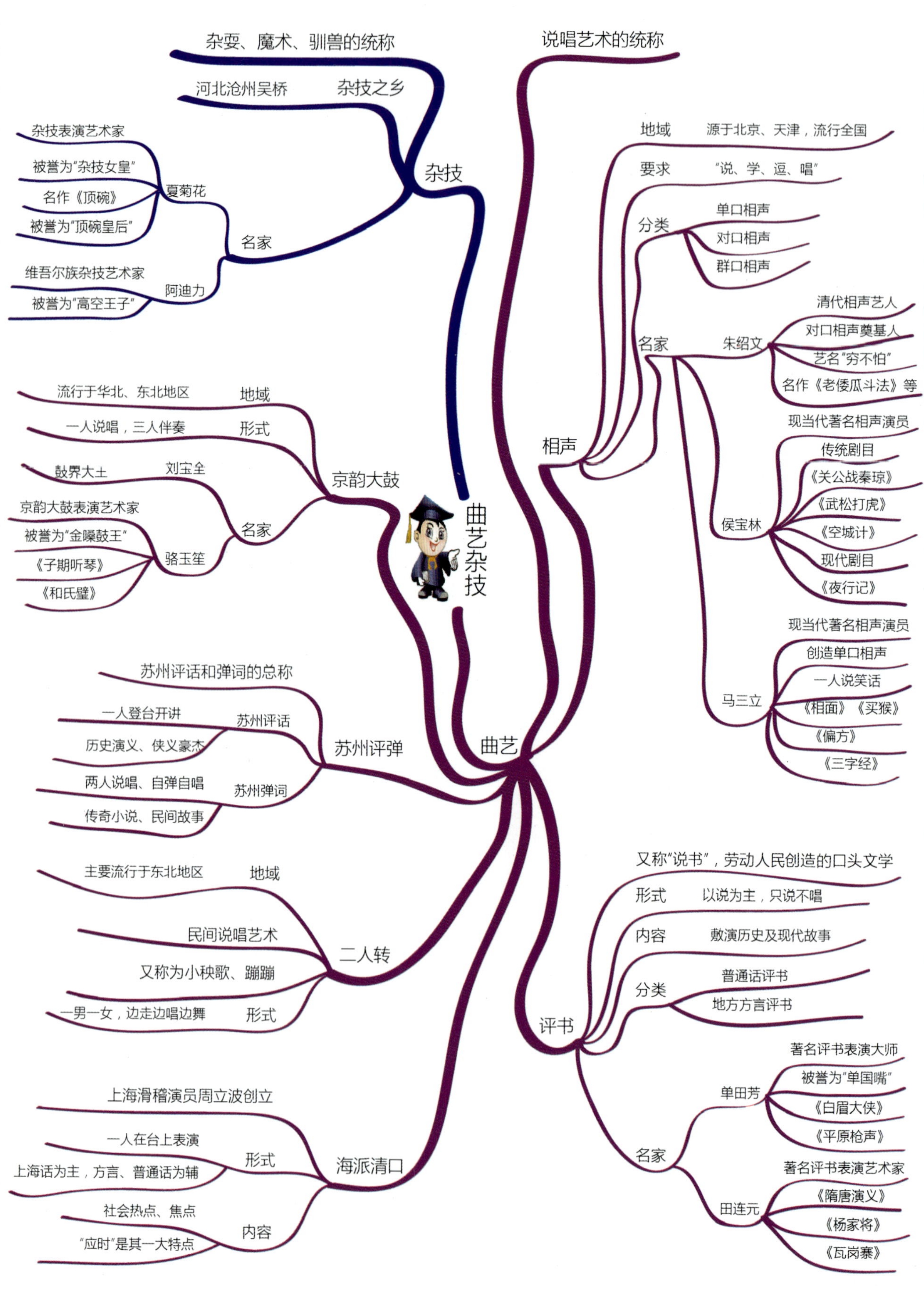

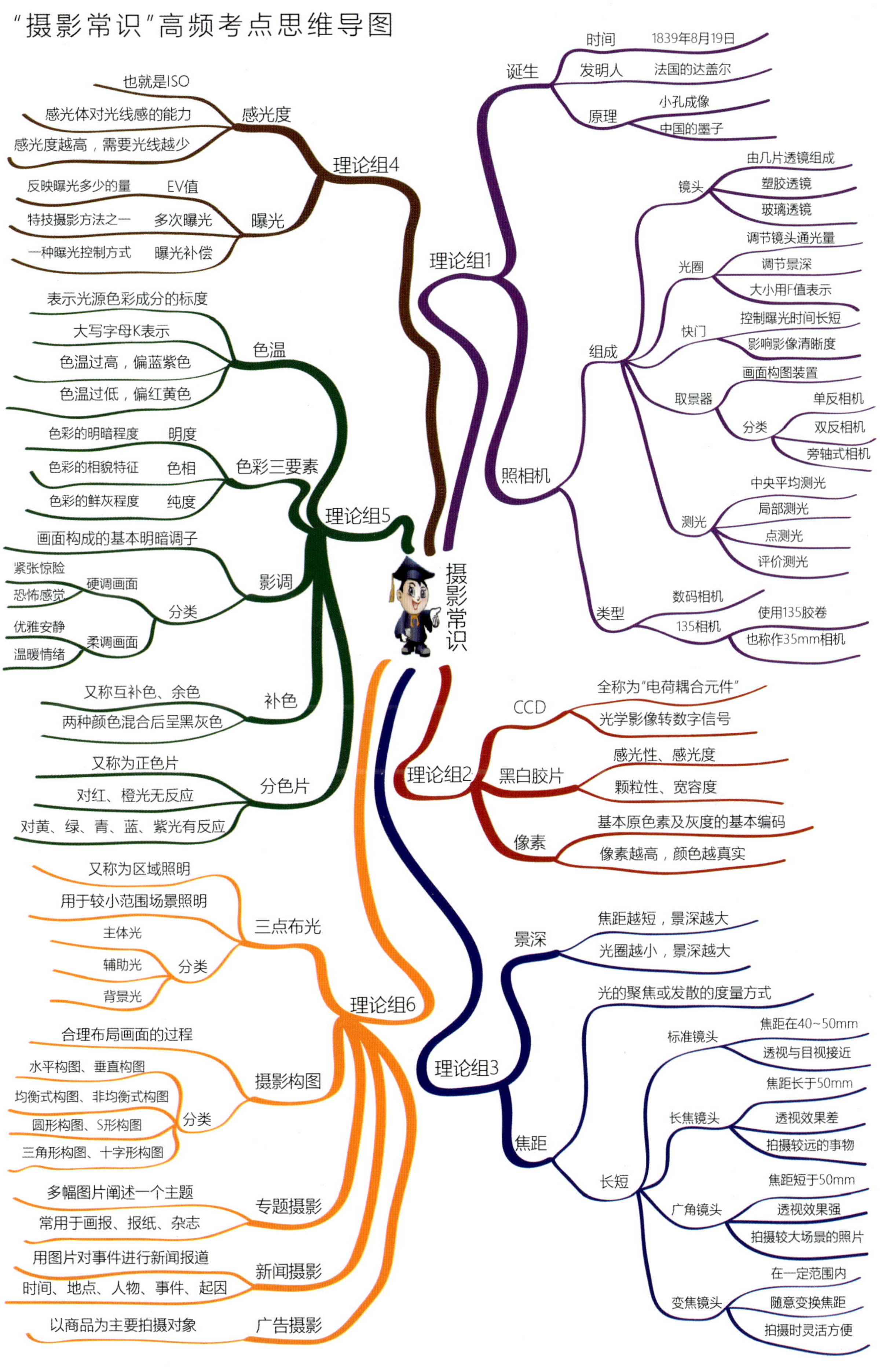

"摄影常识"高频考点思维导图
摄影常识
理论组1
诞生
时间
1839年8月19日
发明人
法国的达盖尔
原理
小孔成像
中国的墨子
照相机
组成
镜头
由几片透镜组成
塑胶透镜
玻璃透镜
光圈
调节镜头通光量
调节景深
大小用F值表示
快门
控制曝光时间长短
影响影像清晰度
取景器
画面构图装置
分类
单反相机
双反相机
旁轴式相机
测光
中央平均测光
局部测光
点测光
评价测光
类型
数码相机
135相机
使用135胶卷
也称作35mm相机
理论组2
CCD
全称为"电荷耦合元件"
光学影像转数字信号
黑白胶片
感光性、感光度
颗粒性、宽容度
像素
基本原色素及灰度的基本编码
像素越高，颜色越真实
理论组3
景深
焦距越短，景深越大
光圈越小，景深越大
焦距
光的聚焦或发散的度量方式
长短
标准镜头
焦距在40~50mm
透视与目视接近
长焦镜头
焦距长于50mm
透视效果差
拍摄较远的事物
广角镜头
焦距短于50mm
透视效果强
拍摄较大场景的照片
变焦镜头
在一定范围内
随意变换焦距
拍摄时灵活方便
理论组4
感光度
也就是ISO
感光体对光线感的能力
感光度越高，需要光线越少
曝光
EV值
反映曝光多少的量
多次曝光
特技摄影方法之一
曝光补偿
一种曝光控制方式
理论组5
色温
表示光源色彩成分的标度
大写字母K表示
色温过高，偏蓝紫色
色温过低，偏红黄色
色彩三要素
明度
色彩的明暗程度
色相
色彩的相貌特征
纯度
色彩的鲜灰程度
影调
画面构成的基本明暗调子
分类
硬调画面
紧张惊险
恐怖感觉
柔调画面
优雅安静
温暖情绪
补色
又称互补色、余色
两种颜色混合后呈黑灰色
分色片
又称为正色片
对红、橙光无反应
对黄、绿、青、蓝、紫光有反应
理论组6
三点布光
又称为区域照明
用于较小范围场景照明
分类
主体光
辅助光
背景光
摄影构图
合理布局画面的过程
分类
水平构图、垂直构图
均衡式构图、非均衡式构图
圆形构图、S形构图
三角形构图、十字形构图
专题摄影
多幅图片阐述一个主题
常用于画报、报纸、杂志
新闻摄影
用图片对事件进行新闻报道
时间、地点、人物、事件、起因
广告摄影
以商品为主要拍摄对象

"传统文化"高频考点思维导图

传统文化

- 饮食起居
  - 茶的分类
    - 红茶：祁门红茶
    - 绿茶：西湖龙井、黄山毛峰
    - 白茶：白毫银针
    - 黑茶：云南普洱
    - 黄茶：霍山黄芽
    - 乌龙茶：安溪铁观音
  - 中国十大名茶
    - 安溪铁观音、西湖龙井
    - 洞庭碧螺春、黄山毛峰
    - 六安瓜片、信阳毛尖
    - 君山银针、庐山云雾
    - 武夷岩茶、祁门红茶
  - 八大菜系
    - 川菜、鲁菜、粤菜、苏菜
    - 浙菜、闽菜、湘菜、徽菜
- 教育科技
  - 三纲五常
    - 三纲：君为臣纲、父为子纲、夫为妻纲
    - 五常：仁、义、礼、智、信
  - 三教九流
    - 三教：儒教、道教、佛教
    - 九流：儒家、道家、墨家；法家、名家、杂家；农家、纵横家、阴阳家
  - 琴棋书画：古琴、围棋、书法、绘画
  - 四大书院
    - 湖南长沙岳麓书院
    - 江西庐山白鹿洞书院
    - 河南登封嵩阳书院
    - 河南商丘应天书院
  - 连中三元：解元、会元、状元
  - 佛教三宝：佛宝、法宝、僧宝
  - 四大发明：火药、指南针、造纸术、印刷术
  - 九宫格
    - 唐代书法家欧阳询创制
    - 《九成宫醴泉铭》
    - 正书第一
- 民间工艺
  - 泥塑艺术
    - 天津"泥人张"
    - 敦煌石窟彩塑
  - 风筝："风筝之都"山东潍坊
  - 四大瓷窑
    - 河北的瓷州窑
    - 浙江的龙泉窑
    - 江西的景德镇窑
    - 福建的德化窑
  - 四大名绣：苏绣、湘绣、粤绣、蜀绣
- 天文地理
  - 二十四节气
    - 立春、雨水、惊蛰、春分、清明、谷雨
    - 立夏、小满、芒种、夏至、小暑、大暑
    - 立秋、处暑、白露、秋分、寒露、霜降
    - 立冬、小雪、大雪、冬至、小寒、大寒
  - 十二生肖
    - 子鼠、丑牛、寅虎、卯兔、辰龙、巳蛇
    - 午马、未羊、申猴、酉鸡、戌狗、亥猪
  - 山南水北
    - 山南水北阳
    - 山北水南阴
  - 五湖四海
    - 五湖：洞庭湖、鄱阳湖；太湖、巢湖、洪泽湖
    - 四海：天下、全国
  - 中国五岳
    - 东岳山东泰山
    - 西岳陕西华山
    - 南岳湖南衡山
    - 北岳山西恒山
    - 中岳河南嵩山
  - 四大佛教名山
    - 浙江普陀山、四川峨眉山
    - 山西五台山、安徽九华山
  - 江南三大名楼
    - 湖南岳阳岳阳楼
    - 湖北武汉黄鹤楼
    - 江西南昌滕王阁
- 民俗礼制
  - 传统节日
    - 除夕：大年三十
    - 春节：大年初一
    - 元宵节：正月十五
    - 清明节：公历4月5日前后
    - 端午节：五月初五
    - 七夕节：七月初七
    - 中秋节：八月十五
    - 重阳节：九月初九
  - 年龄称谓
    - 豆蔻：十三岁女
    - 弱冠：二十岁男
    - 而立之年：三十岁
    - 不惑之年：四十岁
    - 知命之年：五十岁
    - 花甲之年：六十岁
    - 古稀之年：七十岁
    - 耄耋之年：八十到九十岁
  - 奴隶制五刑
    - 墨刑：在受刑人面上或额头上刺字染墨
    - 劓刑：割去受刑人的鼻子
    - 膑刑：剔去受刑人的膝盖骨
    - 剕刑：砍去受刑人的手或足
    - 宫刑：破坏受刑人的生殖器
    - 大辟：死刑的统称

前言

近年来，由于国家推行文化体制改革，特别是党的十七届六中全会把文化产业列为国民经济发展的重点后，影视传媒艺术随之蓬勃发展，开设影视传媒艺术类专业的院校也越来越多，影视传媒艺术类高考愈发受人关注，越来越多的高三考生开始主动选择这条有广阔发展前景的道路。

在影视传媒艺术类高考中，文艺常识一直都是考试的重点科目。目前，全国设置影视传媒类专业的招生院校共有200所之多，其中专门将文艺常识列为主考科目的院校就有100多所，而且还有逐年增多的趋势，文艺常识的重要性由此可见一斑。然而，文艺常识虽然是历年影视传媒艺术类高考的必考内容和最能拉开分数差距的科目，但是因其涉及的知识点过于繁杂，许多考生无法在短时间内掌握，因此一向是考生在备考过程中的难点，每年也会有很多考生因为在文艺常识科目中失分较多，而与梦想中的大学失之交臂，抱憾终生。为了帮助广大考生解决这一难题，方便他们在最短的时间内掌握最多的考试要点和难点，我们编写了这本《文艺常识》作为应试辅导教材。

本书包含文艺理论及方针政策、文学、电影、广播电视、美术、音乐、戏剧戏曲、舞蹈、曲艺杂技、摄影、传统文化等常识，分类精确、层次分明、脉络清晰，紧扣考试重点，便于考生掌握，能够在有限的篇幅内，为广大考生提供系统、实用、高效的专业辅导。本书主要有以下几个特点：

一、考点全面，词条精炼

本书在编写过程中主要参考了100多所院校2005年至今的近万套影视传媒类高考真题，并参考了文学和艺术方面的10余本权威工具书，可以说是融合了各大院校历年来文艺常识考试中98%的高频知识点，考点十分全面。而在词条的选择及内容的撰写上，我们按照艺术学科的常用标准进行分类，并用最简明扼要的语言进行阐述，力求做到考点全而精、内容短而准，最大限度地节省了图书篇幅、缩短了识记时间，完全贴近考生的备考需求。

二、重点突出，一目了然

考生在以往的备考过程中，常常因为需要掌握的知识点过于庞杂，市面上的文艺常识辅导教材又大多仅限于对知识点的简单罗列、描述，而理不清头绪，搞不清考试重点，最终大大影响了识记效果。因此，本书在编写过程中，根据具体词条在历年笔试、面试真题中出现的频率和在学科中的重要性，对每个词条以“★”号的多少进行了不同标记，以突出学习重点、提高学习效率。

另外，本书为了方便考生使用，独家制作了一种革命性的思维记忆工具——文艺常识的思维导图。它可以帮助考生图解文艺常识的重点、难点，以点带面，辅助考生进行思考、记忆，就好比让考生拥有了自己的知识树，而知识树将文艺常识的考点记忆和思维导向变得可视化。

三、注重技巧，实用性强

归根结底，广大考生目前学习的主要目的就是为了应对考试，"一切从考试出发，一切为了考试"也正是我们编写这本教材的宗旨所在。所以，在本书中，我们不但为考生提供了最丰富和最全面的文艺常识知识点"干货"，还提供了最贴近考试、最实用的文艺常识各大题型的应试技巧。只要广大考生在扎扎实实掌握好本书知识点的同时，又能够很好地应用上这些考试技巧，就一定能在文艺常识的考试中取得好成绩。

四、结合真题，针对性强

为了帮助广大考生更好地学习文艺常识，更好地应对文艺常识的考试，本书不仅根据真题出现频率标注出了高频考点词条，而且还在重点词条后面设置了"真题链接"板块。该板块中经过精心选择罗列的真题，均源于各大院校历年来最权威的考试题目，而所考查的知识点既是对该重点词条内容的扩展、延伸及补充，又是历年考试中的高频考点。考生通过"真题链接"板块，不但能够进行考点复习自测，查漏补缺，还能够在练习中拓展知识点，一举两得，从而大大提高学习的针对性。

五、配套使用，事半功倍

目前山东人民出版社出版的广播影视类高考专用丛书中"文艺常识"系列已有不下五个品种。在这里重点介绍一下该系列的其他三种图书，相信在以后的学习中搭配使用，一定能取得事半功倍的效果。

《文艺常识(同步专题练习)》，被誉为"文艺常识的高分胜经"，配合《文艺常识》使用，一能达到有学有练、边学边练的学习效果，二能在查漏补缺中强化对《文艺常识》词条的记忆，使学到的知识点更完善和牢固；而在检验知识点的学习效果上，利用一册代入感极强的**《文艺常识(全真模拟试卷)》**进行分梯度的评估测试，能检测不同复习阶段对《文艺常识》的掌握水平，从而提高学习效率；新版**《文艺常识(考前冲刺预测试卷)》**是最新文化热点的汇总、最新高频考点的预测、最新权威专家的详解，是标准的考前真题精华试卷，真正意义上实现了冲刺、提高、预测、强化的应试效果。以上三种图书，在配套《文艺常识》的使用中，相信会给广大考生一个满意的用书效果。

本书适用于广播电视编导、戏剧影视文学、导演、影视摄影与制作、影视制片管理、媒体创意等艺术类专业的招生考试，此外，对现在高考中基本能力测试科目的备考以及大学本科文艺类专业的考研复习，也能提供切实的帮助。

最后，编者希望本书能够帮助广大考生顺利实现自己心中的梦想！

预祝广大考生金榜题名！

编者

2017 年 6 月

目录

文艺常识应试技巧点拨

文艺常识是近年来各大院校影视传媒类专业考试中出现频率最高的考试科目之一,也是近几年来又重新受到重视的一项考试内容。文艺常识考试重在考查学生的知识面和基本专业素养,**考试的一般形式是以填空题、选择题、名词解释题、简答题为主**,有些院校的考试中**还会涉及论述题**。考试的具体形式和考题数量每年由各大招生院校自行制定。至于文艺常识的**考查内容和范围,则非常宽泛且灵活多变**,除主要考查文艺理论及方针政策、文学、电影、广播电视、美术、音乐、戏剧戏曲、舞蹈、曲艺杂技、摄影、传统文化等文学和艺术的十一大方面内容外,有些招生院校甚至会考查地理、时政、体育、生活、物理、时尚等方面的知识点,例如,北京电影学院——

【真题举例】

1. 考查地理知识的题目

下面哪个星球最大?(　　)(2011年北京电影学院导演专业招生考试试题)

A. 水星　　B. 木星　　C. 土星　　D. 火星

2. 考查时政知识的题目

原铁道部部长(　　)因贪污受贿被依法处理。(2014年北京电影学院文学系策划专业招生考试试题)

A. 刘志军　　B. 李森茂　　C. 韩杼滨　　D. 傅志寰

3. 考查体育知识的题目

李娜在澳网中击败了运动员(　　),从而获得了冠军。(2014年北京电影学院文学系策划专业招生考试试题)

A. 费德勒　　B. 齐布尔科娃　　C. 克里斯特尔斯　　D. 莎拉波娃

4. 考查生活知识的题目

普洱茶属于(　　)茶。(2014年北京电影学院文学系策划专业招生考试试题)

A. 红茶　　B. 绿茶　　C. 花茶　　D. 黑茶

5. 考查物理知识的题目

在爱因斯坦著名的$E=MC^2$方程式中,"C"代表的是(　　)。(2011年北京电影学院导演专业招生考试试题)

A. 能量　　B. 质量　　C. 光速　　D. 长度

6. 考查时尚知识的题目

以下哪个服饰品牌符合"MOD"风格?(　　)(2010年北京电影学院导演专业招生考试试题)

A. 宾舍曼　　B. 梦特娇　　C. 香奈尔　　D. 迪奥

文艺常识是历年来各大院校招生考试中的重中之重,它具有"知识点超多、涉及面较广、客观性最强"等特点,多数情况下考查的是考生"死记硬背"的记忆能力,也正是因为这一点，造成了很多考生学习文艺常识的误区，以为只要在考前突击背诵一下就可顺利过关，事实证明，这种认识是十分错误的：由于复习时间短，知识点特别多，各大招生院校的考查重点又难以捉摸，所以很多考生一时之间难以走出文艺常识的学习困境，恰好败在了自以为可以轻松过关的文艺常识上，从而与理想的院校失之交臂，抱憾终生！

其实，考生要想顺利通过文艺常识的考查也并非难事，前提是必须**要掌握好“十六字”口诀，即战线要长、复习要细、记忆要勤、做题要多**。第一，文艺常识的学习一定要早准备，早动手，制订较长时间的学习计划，慢慢积累。第二，知识点的学习要做到深入、细致，要点清晰，记忆准确，万不可“不知而自以为知”，草草了事。第三，根据艾宾浩斯遗忘曲线，人的遗忘是有规律的，所以对于文艺常识的基础知识点要反复记忆、勤于记忆，这样才能将其牢牢掌握住。第四，要尽可能多地做练习题、做历年考试真题。只有通过做题才能检验学习的效果，同时做习题也是变相记忆知识点的一种行之有效的方法，此外，考生还能在做题中寻找和适应考试的感觉。

对于广大考生而言，目前我们所有的努力最终都是为了应对考试，所以考生除了要肯下苦工夫，多背诵多练习之外，更**要掌握一定的考试答题技巧**。虽然各大招生院校文艺常识的考查内容和范围让人难以把控，但是万变不离其宗，为了让广大考生能够轻松迎战文艺常识的考试，下面我们就用几个小节来介绍一下文艺常识考试中主要题型的答题技巧。

第一节　填空题答题技巧

填空题是一种比较简单直接的题型，考查范围往往是在某一个点上，例如考查某部作品的名称、作者，某个事件发生的时间、地点，某首诗词的名称、名句等。填空题的特点是：会做就是会做，不会做就是不会做。它不像选择题一样，即便不会做，运气好的话也有做对的可能性；也不像名词解释题，随便写上几个自己知道的要点，也有得分的希望。所以说，填空题虽然看起来题型简单，实际上却是难度最大的题目。

考生在做填空题时，要掌握以下几点：

（一）回答问题要完整

填空题一般要求作答的字数都比较少（对诗词名句的考查除外），所以考生在答题时一定要准确、完整，**尽量不要使用简写或缩写**，否则很可能明明会做的题目，却因为这个原因而丢了分数。

【实例分析】

1.贝多芬的《第三交响曲》又叫什么交响曲？________。

错误答案：《英雄》

正确答案：《英雄交响曲》

2.巴金的小说《家》《春》《秋》属于什么三部曲？________。

错误答案：激流

正确答案：激流三部曲

遇到这样的试题，一定要作答完整，万不可因贪图省力而白白丢了分。当然，近年来各大院校的填空题都已经趋于规范，一般是以这样的形式出现：

1. 贝多芬的《第三交响曲》又叫《________交响曲》。

2. 巴金的小说《家》《春》《秋》属于"________三部曲"。

作答这样的试题，恐怕很多考生就不会出现上面的错误了。

（二）回答人名要准确

这主要是针对外国人名而言的，因为有一些外国人名，由于音译的差别，翻译出来的汉字也会不一样，遇到这样的情况，**考生要尽量使用比较权威和常见的翻译名称**。

【实例分析】

1. 名画《梅杜萨之筏》的创作者是法国浪漫主义先驱________。

正确答案1：席里柯

正确答案2：籍里柯

2. "文艺复兴美术三杰"分别是达·芬奇、________、拉斐尔。

正确答案1：米开朗基罗

正确答案2：米开朗琪罗

以上两个试题的两种答案都是正确的，两种形式的人名的使用程度也难分伯仲，但是考生若遇到一些生僻的外国人名，则一定要使用权威的翻译名称。

（三）回答作品要典型

在文艺常识的考试中，经常会遇到要填写名家名作的考题，建议考生在作答此类考题时，一定**要尽量填写这位作者最有名、最典型的作品**。

【实例分析】

1. 沈从文以反映湘西的人生状况及人生哀乐的作品而闻名，其代表作品有________。

最佳答案：《边城》

正确答案：《湘西散记》

2. 宁浩被称为新生代的"鬼才导演"，他的作品善于从小人物的视角出发，故事带有很强的戏剧性，其代表作品有________。

最佳答案：《疯狂的石头》

正确答案1：《疯狂的赛车》

正确答案2：《绿草地》

填空题的考查点一般都比较精确，所以考生的回答也要切中要害。遇到上面这种考题时，应尽量回答出最佳答案，以免因不必要的疏忽而造成丢分、失分的情况。

总而言之，应对填空题，要从两点入手，一是复习要"广"，二是答题要"准"。复习面广，才能尽可能多地掌握知识点；答题精准，才能提高作答的正确率，获得更高的得分。

第二节　选择题答题技巧

文艺常识考试中的选择题，一般都是单选题（也有一小部分院校的考题中会出现多选题)，所以考生在答题前一定要认真阅读题目要求，不要因为看不清楚题意，而丢掉一些冤枉分。与填空题和名词解释题相比，选择题是难度最低的一种题型，因为选择题的答案是公开的，难度只在如何选择上。而且，选择题还有一个最重要的特点，就是即便一道题所涉及的知识点你并不掌握，也可以通过一些技巧，找出正确答案。那到底有什么方法和技巧呢？下面我们就来具体讲解选择题的答题技巧。

(一)看清题目要求是关键

做选择题，最基本的是要看清楚题目要求。考生首先要弄清楚是“单选”还是“多选”，其次，要看清楚题目本身是“否定”的问法还是“肯定”的问法。如果考生在做题时忽略了这两点，那么答案也就“失之毫厘，差之千里”了。

【实例分析】

1. 下列不是俄国作家的是(　　)。(多选题)

A. 普希金　　B. 泰戈尔　　C. 爱森斯坦　　D. 契诃夫

正确答案:BC

2. 下列是俄国人的是(　　)。(多选题)

A. 普希金　　B. 泰戈尔　　C. 爱森斯坦　　D. 契诃夫

正确答案:ACD

3. 下列是俄国作家的是(　　)。(多选题)

A. 普希金　　B. 泰戈尔　　C. 爱森斯坦　　D. 契诃夫

正确答案:AD

4. 下列不是作家的是(　　)。(单选题)

A. 普希金　　B. 泰戈尔　　C. 爱森斯坦　　D. 契诃夫

正确答案:C

5. 下列不是俄国人的是(　　)。(单选题)

A. 普希金　　B. 泰戈尔　　C. 爱森斯坦　　D. 契诃夫

正确答案:B

由此可见，选择题的形式和问法可以千变万化，要求不同选出的答案肯定也不相同，所以考生在做选择题时，一定要看清楚题目的要求。

(二)做选择题最常用的方法——排除法

排除法是做选择题时最常用也是最有效的答题方法，这种方法简单、便捷，可以大大节省做题的时间和提高正确率。

【实例分析】

1. 下列乐器中属于打击类的是(　　)。(单选题)

A. 小提琴　　B. 琵琶　　C. 沙槌　　D. 二胡

正确答案:C

2. 维也纳三大古典乐派代表人物不包括(　　)。(单选题)

A. 莫扎特　　B. 贝多芬　　C. 海顿　　D. 柴可夫斯基

正确答案:D

第一道题目:“沙槌”是什么乐器，可能很多人并不知道，可是其他三个选项中的“小提琴”“琵琶”和“二胡”却是大家在日常生活中经常见到的，显然它们都不是通过打击发出声音的乐器，所以运用排除法，可以顺利选出正确答案 C。

第二道题目：选项中的四位人物都是著名音乐家，虽然对于很多考生而言，可能并不清楚谁的音乐属于古典乐派，但是题目主干中提问的是"**维也纳**三大古典乐派代表人物"，而大多数考生应该都知道柴可夫斯基是俄国人，所以通过排除法，可以顺利选出正确答案 D。

（三）做选择题的另一方法——联想推算法

其实，**联想推算法归根到底也是为了一一排除不正确的选项**，与排除法属于同宗同源，只不过这种排除不能简单直接地进行，而是需要通过其他信息的辅助，慢慢地推算出来。

【实例分析】

1.（ ）年 12 月 28 日是公认的世界电影诞生日。

A. 1895　　B. 1905　　C. 1906　　D. 1910

正确答案：A

2. 世界上第一部有声电影是（ ）。

A.《工厂的大门》　　B.《一个国家的诞生》

C.《党同伐异》　　D.《爵士歌王》

正确答案：D

第一道题目：假设考生不记得世界电影的诞生日，但是却知道中国电影的诞生日和电影诞生于法国，那么可以通过这些信息进行推算：先看一下四个选项中时间的特点，A 选项为 19 世纪末期，其他三个选项为 20 世纪初期。我们知道中国电影的诞生日是 1905 年，而且世界电影诞生于法国，然后才传入中国，所以世界电影的诞生日肯定要早于中国电影的诞生时间，借此可以轻松排除选项 B、C、D，得出正确答案 A。

第二道题目：如果是在考生只模糊记得中国出现有声电影的时间是 20 世纪 30 年代初、外国出现有声片的时间可能是 20 世纪 20 年代末期的情况下，我们可以进行这样的联想推算：A 选项是电影诞生日放映的影片，肯定不可能是有声片，排除掉；B、C 两个选项都是格里菲斯的电影，格里菲斯是美国早期电影的奠基人，而这两部影片的拍摄时间大约为 20 世纪 20 年代以前，所以也可以排除掉。最终选出正确选项 D。

联想推算法要求考生在不知道正确答案的情况下，一定不要气馁和乱了阵脚，而是要静下心来，尽可能地从脑海中搜集出较多的、与这个知识点相关联的其他的正确知识点，借助这些信息，尝试着联想推算出正确答案。

不过，归根结底，做选择题仅仅依靠这些技巧是不够的，关键还是要靠考生的勤学苦练。无论是使用排除法还是联想推算法，都需要考生掌握较多的知识点作为支撑，所以说，考生最终还是要把文艺常识的知识点记准、记牢，因为这才是取得高分的关键。

第三节　名词解释题答题技巧

名词解释题型，就是要求考生对一个名词进行直接的说明，特点是开门见山、单刀直入，要点全面，言简意赅，不需要考生作较多的发挥。不过，这种题型也有一定的主观性，不像填空题型和选择题型，答案对就是对，错就是错，所以考生对于那些实在不甚了解的名词，唯一的办法就是能发挥多少就写多少，尽力而为，有时候还是会有希望得到分数的。

通过总结发现，名词解释题型从考查内容上看，大体可分为以下几类：

1.考查流派、思潮

例如"文艺复兴""意大利新现实主义电影""婉约派""新月派""中国左翼作家联盟""立体主义"等。

2.考查各类奖项

例如"茅盾文学奖""金鸡奖""百花奖""金像奖""金鹰奖""华表奖"等。

3.考查对某事物的定义

例如"芭蕾舞""公益广告""主观镜头""章回小说""京剧""卫星电视""写意画""戏剧文学""蒙太奇""交响曲"等。

4.考查名人

例如"梅兰芳""德彪西""老舍""白居易""贝多芬""王羲之""泰戈尔""宫崎骏""司马迁"等。

5.考查名作

例如"《清明上河图》""《蒙娜丽莎》""《诗经》""《荷马史诗》""《离骚》""《黄河大合唱》""《史记》""《早春二月》"等。

6.考查某种说法

例如"吴带当风""第五代导演""建安七子""曹衣出水""皇家富贵，徐熙野逸""马一角""夏半边"等。

7.考查某事物包含的内容

例如"色彩三要素""莎士比亚四大悲剧""临川四梦""双百方针""三言二拍""四书五经"等。

一般而言，名词解释题型虽然考查的内容和重点各不相同，但是也有一套常规的答题模式，即：

发生时间 ＋ 发生地点 ＋ 主要内容 ＋ 历史意义（作用、影响等）＋ 代表作家 ＋ 代表作品

众所周知，文艺常识内容繁杂，考生不可能把每一个知识点都完完全全地背诵下来，所以**最有效的学习方法就是把每项知识点中的"重要小点"记下来即可，而这些重要小点也正是做名词解释题和简答题、论述题所需要回答的"要点"**。只要把这些要点写全面、写准确，名词解释题的考分就很容易拿到手了。下面就通过实例来分析不同类型名词解释题的答题思路。

（一）考查流派、思潮

【答题思路】

产生时间 ＋ 地点 ＋ 性质 ＋ 主要思想 ＋ 社会影响 ＋ 代表作家（代表作品）

【实例分析 1】

名词解释：文艺复兴

参考答案：

文艺复兴是14世纪中期至16世纪末欧洲新兴资产阶级在文化领域的一场反封建

运动，发源于佛罗伦萨，后扩展至欧洲各国。文艺复兴运动倡导理性与科学精神，重视人性，肯定人的价值，把人从封建神学的束缚中解放出来，确立了“人文主义”的思想体系。文艺复兴运动是一场伟大的思想解放运动，对人类社会、科学、文化的进步起到了巨大的推动作用。文艺复兴的代表人物有意大利的文学家但丁、彼特拉克、薄伽丘等，美术家达·芬奇、米开朗基罗、拉斐尔等，科学家伽利略、布鲁诺等；西班牙的文学家塞万提斯；法国的文学家拉伯雷；英国的戏剧家莎士比亚、思想家培根、科学家牛顿等。

思路展示：

产生时间：14 世纪中期至 16 世纪末

产生地点：发源于佛罗伦萨，后扩展至欧洲各国

性质：新兴资产阶级在文化领域的一场反封建运动

主要思想：“人文主义”思想，倡导理性与科学

社会影响：对人类社会、科学、文化的进步起到了巨大的推动作用

代表作家：但丁、达·芬奇、塞万提斯等

【实例分析 2】

名词解释：意大利新现实主义

参考答案：

意大利新现实主义产生于二战后 40 年代的意大利，是一次写实主义的电影创作运动，与二战后的意大利社会密切相关。它的艺术主张是“真实”，与一切虚假为敌，在内容和形式上提出了“还我普通人”和“把摄影机扛到大街上”两个响亮的口号。“日常性”是新现实主义电影在结构情节上的基本原则，另外，这类电影还拒绝给主人公的命运寻找出路，反对明星效应和扮演角色等。主要代表作品有罗西里尼执导的《罗马，不设防的城市》、德·西卡执导的《偷自行车的人》等。意大利新现实主义电影具有世界性影响，是法国电影理论家巴赞“长镜头”理论的实践来源。

思路展示：

产生时间：二战后 40 年代

产生地点：意大利

性质：写实主义的电影创作运动

主要思想：“真实”“还我普通人”“把摄影机扛到大街上”“日常性”

社会影响：世界性影响

代表作家、作品：罗西里尼《罗马，不设防的城市》、德·西卡《偷自行车的人》

（二）考查各类奖项

【答题思路】

产生时间 ＋ 主办方 ＋ 性质 ＋ 主要内容 ＋ 社会影响

【实例分析 1】

名词解释：金鸡奖

参考答案：

中国电影金鸡奖是中国电影界专业性评选的最高奖，由中国电影家协会和中国文联主办，以奖励优秀影片和表彰成就卓著的电影工作者。首届金鸡奖评奖活动于1981 年（农历鸡年）5 月举行，以“金鸡啼鸣”象征“百家争鸣”并激励电影工作者“闻鸡起舞”。金鸡奖每年评选一次，奖杯为一只金鸡的雕像，评奖委员会由电影专家组成，反映了一定的学术价值。

思路展示：

产生时间：1981年

主办方：中国电影家协会和中国文联

性质：中国电影界专业性评选的最高奖

主要内容：奖杯为一只金鸡的雕像，激励电影工作者，每年评选一次

社会影响：反映了一定的学术价值

【实例分析2】

名词解释：茅盾文学奖

参考答案：

茅盾文学奖1981年由中国作家协会设立，每四年评选一次，是我国的长篇小说文学奖，以著名作家茅盾先生的名字命名。茅盾生前曾捐赠25万元作为资金，以鼓励优秀长篇小说的创作，推动我国的文学繁荣。魏巍的《东方》获首届茅盾文学奖。

思路展示：

产生时间：1981年

主办方：中国作家协会

性质：长篇小说文学奖

主要内容：每四年评选一次，鼓励优秀长篇小说的创作

社会影响：推动我国的文学繁荣

(三)考查对某事物的定义

【答题思路】

一句话定义 ＋ 产生时间(地点) ＋ 主要特点 ＋ 主要内容 ＋ 例证

【实例分析1】

名词解释：芭蕾舞

参考答案：

芭蕾舞是一种流行于欧美的古典舞蹈、舞剧形式，是综合了音乐、戏剧、哑剧、舞台美术等形式的舞蹈艺术品种。芭蕾孕育于文艺复兴时期的意大利，形成于17世纪后期的法国，18世纪传入俄国，19世纪初成长为独立的戏剧艺术。其主要特征是女演员要穿上特制的足尖鞋立起脚尖起舞。世界著名的芭蕾舞剧有《天鹅湖》《胡桃夹子》《吉赛尔》《仙女》等。

思路展示：

一句话定义：流行于欧美的古典舞蹈……的舞蹈艺术品种

产生的时间、地点：文艺复兴时期的意大利

主要特点：女演员要穿上特制的足尖鞋立起脚尖起舞

主要内容：形成于17世纪后期……18世纪……19世纪初……

例证：《天鹅湖》《胡桃夹子》《吉赛尔》《仙女》

【实例分析2】

名词解释：章回小说

参考答案：

章回小说是中国古代长篇小说的唯一体裁，产生于元明之交。章回小说具有分章叙事、分回标目的特点，通常全书分若干卷，卷中分若干节，节前有简单目录，结构上前回与后回保持连贯性。例如我国的四大名著《西游记》《三国演义》《水浒传》和《红楼梦》

均为章回小说。

思路展示：

一句话定义：中国古代长篇小说的唯一体裁

产生时间：元明之交

主要特点：分章叙事、分回标目

主要内容：全书分若干卷……

例证：我国四大名著

（四）考查名人

【答题思路】

身份地位 ＋ 所处年代 ＋ 业务特点 ＋ 主要成就 ＋ 代表作品

【实例分析 1】

名词解释：白居易

参考答案：

白居易，字乐天，号香山居士，是唐代最负盛名的诗人之一，也是唐代创作量最大的诗人。白居易是新乐府运动的开创者和集大成者，他的诗歌分为讽喻、感伤、闲适和杂律四类，具有强烈的现实性和批判性。主要代表作有《长恨歌》《琵琶行》《卖炭翁》等。

思路展示：

身份地位：最负盛名的诗人之一，唐代创作量最大的诗人

所处年代：唐代

业务特点：其诗歌具有强烈的现实性和批判性

主要成就：是新乐府运动的开创者和集大成者

代表作品：《长恨歌》《琵琶行》《卖炭翁》

【实例分析 2】

名词解释：贝多芬

参考答案：

贝多芬生活于18世纪70年代到19世纪30年代之间，是维也纳古典乐派高峰时期的代表人物，被称为“乐圣”。他一生共创作了九部交响曲，其中第三部又称为《英雄交响曲》，第五部又称为《命运交响曲》，第六部又称为《田园交响曲》，第九部又称为《合唱交响曲》，他的音乐象征着自由、力量、激情和意志，给人以极度震撼。《费德里奥》是其唯一的一部歌剧作品。

思路展示：

身份地位：维也纳古典乐派高峰时期的代表人物，被称为“乐圣”

所处年代：18世纪70年代到19世纪30年代

业务特点：音乐象征着自由、力量、激情和意志，给人以极度震撼

主要成就：一生共创作了九部交响曲

代表作品：《英雄交响曲》《命运交响曲》等

（五）考查名作

【答题思路】

创作者 ＋ 价值 ＋ 主要内容 ＋ 社会影响

【实例分析1】

名词解释:《清明上河图》

参考答案:

《清明上河图》由北宋画家张择端所画,是中国十大传世名画之一,现存于北京故宫博物院。《清明上河图》流传至今已有800多年的历史。全卷以全景式构图、严谨精细的笔法展示出北宋都城东京市民的生活状况和汴河上店铺林立、市民熙来攘往的热闹场面,以及运载东南粮米财货的漕船通过汴河桥紧张繁忙的景象。画家在创作时用心经营,采用散点透视,整幅画卷充满了戏剧性的情节和引人入胜的细节描写。这幅作品是我国古代绘画史上的不朽杰作,具有高度的历史真实性和极高的史料价值。

思路展示:

创作者:北宋画家张择端

价值:中国十大传世名画之一

主要内容:全卷以全景式构图……

社会影响:是我国古代绘画史上的不朽杰作,具有极高的史料价值

【实例分析2】

名词解释:《史记》

参考答案:

《史记》是我国第一部纪传体通史,由西汉伟大的史学家司马迁所著。它记载了上至黄帝下至汉武帝太初年间,大约3000年的历史。全书共130篇,52万余字,本纪、世家、列传是书的主体。《史记》暴露了封建统治阶级的骄奢、残酷,对下层人物的智慧、才能进行了肯定,并在描述故事、塑造人物、谋篇布局等方面取得了巨大的成就,被鲁迅先生评价为"史家之绝唱,无韵之离骚"。

思路展示:

创作者:史学家司马迁

价值:我国第一部纪传体通史

主要内容:记载了上至黄帝……

社会影响:被鲁迅先生评价为"史家之绝唱,无韵之离骚"

(六)考查某种说法

【答题思路】

说法的由来 + 特点 + 主要代表 +(社会影响)

【实例分析1】

名词解释:"第五代导演"

参考答案:

"第五代导演"是指20世纪80年代从北京电影学院毕业的年轻导演,他们对新的思想、新的艺术手法特别敏感,力图在每一部影片中寻找新的角度。他们强烈渴望通过影片探索民族文化的历史和民族心理的结构。在选材、叙事、刻画人物、镜头运用、画面处理等方面,都力求标新立异。他们凭着全新的电影语言、冷峻的哲理性反思、富有力度的银幕造型,创作出了主观性、象征性、寓意性都特别强烈的作品,给中国影坛带来了一股强烈的冲击波。主要的代表人物有陈凯歌、张艺谋、吴子牛、田壮壮、黄建新、张军钊、李少红、胡玫、周晓文、刘苗苗等。

思路展示:

说法的由来:20世纪80年代从北京电影学院毕业的年轻导演

特点:全新的电影语言、冷峻的哲理性反思、富有力度的银幕造型

主要代表:陈凯歌、张艺谋等

社会影响:给中国影坛带来了一股强烈的冲击波

【实例分析2】

名词解释:"建安七子"

参考答案:

"建安七子"是建安年间孔融、陈琳、王粲、徐干、阮瑀、应玚、刘桢七位文学家的合称。七子均以诗文有名于当时,每个人擅长的文体各不相同。孔融的主要成就在散文方面,诗歌成就最高的是王粲、刘桢,王粲的赋作也很好,徐干诗文兼擅,陈琳、阮瑀在章表书记方面的成就较高。

思路展示:

说法的由来:建安年间七位文学家的合称

特点:每个人擅长的文体各不相同

主要代表:孔融、陈琳、王粲等

(七)考查某事物包含的内容

【答题思路】

(出现的时间)+(相关人物)+ 主要包含内容 +(价值或意义)

【实例分析1】

名词解释:莎士比亚四大悲剧

参考答案:

莎士比亚是英国文艺复兴时期伟大的剧作家、诗人,人文主义文学的集大成者。他的四部经典悲剧作品分别是《哈姆雷特》《奥赛罗》《李尔王》《麦克白》,里面的故事均取材于欧洲的历史传说。

思路展示:

相关人物:莎士比亚

主要包含内容:《哈姆雷特》《奥赛罗》《李尔王》《麦克白》

【实例分析2】

名词解释:临川四梦

参考答案:

临川四梦是指明代作家汤显祖的《牡丹亭》《邯郸记》《南柯记》《紫钗记》这四部作品,又称为《玉茗堂四梦》。这四部作品包含了深邃的思想内涵,以虚幻的纪梦方式,表明鲜明的价值倾向。

思路展示:

相关人物:汤显祖

主要包含内容:《牡丹亭》《邯郸记》《南柯记》《紫钗记》

价值:包含了深邃的思想内涵

总体而言,名词解释题的特点是:得分容易,得满分难。所以,考生在答题时要重点突出,适当发挥,卷面清晰,知识点准确。

第四节　简答题答题技巧

近年来，各大院校的文艺常识考试，主要以填空题、选择题和名词解释题为主，但是也有少部分院校会涉及判断题、简答题和论述题等题型。判断题基本上没有技巧性可言，而且判断题的难度也不高，只有“对”与“错”两种选择，一般情况下分值所占比重都比较小，所以这里就不再赘述了。

简答题这类题型和名词解释题型可以说是同宗同源，只不过简答题比名词解释题的作答范围更为宽广，也就是说，**简答题除了必须要作答出名词解释题的精华和要点外，还可以在此基础上有更多自由发挥的空间**，所以，关于简答题的答题技巧，考生直接参考以上名词解释题的答题思路即可，在这里也不再作具体分析了。

第五节　论述题答题技巧

论述题型，是影视传媒类专业笔试中的常见题型，属于比较“大”的一类题目。这里的“大”指的是，“思考占用时间多，回答问题时间长，题目答案内容多，题目占据分值大”。具体分析而言，所谓论述题，也就是论证阐述题，需要考生对所提出的问题有一个逻辑清晰、有理有据的论证阐述过程。所以从本质上讲，做论述题目，其实就相当于写一篇百字以上的小型议论文。那既然是议论文，自然就需要具备写作这类文体的几大要素，即论点、论据、论证，考生只要掌握好了这几点，做好一道论述题也就不在话下了。

但是在实际考试中，情况却并非如此！通过对多名考生的问卷调查发现，很多考生作答这一类题目时非常犯难：有的考生由于不熟悉这一类题型而不知如何下手；有的考生则寥寥几句话应付过去；甚至有的考生因为考试时间紧张，则以空白处置，从而白白丢掉了大量分值。

其实，在文艺常识的众多考试题型中，论述题属于比较简单的一类题型，因为从某种意义上讲，这类题目的答案没有严格的对错之分。例如——

论述题：你最喜欢央视的哪一档文艺节目？为什么？

论述题：干露露在《棒棒糖》节目录制现场大爆粗口，你如何看待这一事件？

所以从以上这两道最为常见的考试题中，我们能够看出，**论述题是主观性最强的一类题型，往往没有标准答案**，只要考生能在题目要求下亮出自己的观点，并且言之有物、言之有理地将其阐述出来，阅卷考官就会酌情给分。而且鉴于文科类考试的特点，对于这一类题型，考生只要是有自己的想法写在卷面上，一般情况下就会得分。所以说，论述题型看似很难，事实上却是最简单和最容易得分的题型之一，考生一定要树立起做这一类题目的信心。

通过研究十多年来的影视传媒类专业文艺常识科目的考试真题发现，在考试中论述题型一般可分为三大类：

一是专业理论题。例如："论述文学与电影的关系。""论述文学与艺术的关系。""你认为一位优秀的艺术家应当具备怎样的修养和能力？""论述如何培养和提高艺术鉴赏能力。"等等。

二是专业常识题。例如："谈一谈京剧的艺术价值在哪里。""论述电影音乐的功能有哪些。""谈谈你最喜欢的一位亚洲导演，并论述其导演风格。""什么是现场真人秀节目？你对这一节目类型的看法是什么？"等等。

三是文化热点题。例如："你对莫言获得诺贝尔文学奖有什么看法？""谈谈对《江南Style》火爆原因的认识。""谈谈对国家广电总局颁布'限广令'的评价。""谈谈对清宫剧泛滥荧屏的认识。""你认为近年来微电影火爆的原因是什么？"等等。

在这三类题型中，以文化热点题最为常见，而考查到的文化热点则多以当年的文化热点为主。

虽然论述题型在考试中会按照考查内容的不同而分成一些小的类别，但**答题模式和技巧都是一样的**，即——

第一步：提出论点。这一论点必须是斩钉截铁的，不能模棱两可。

第二步：阐述原因。一般情况下，原因至少要有2个，大多数为3～4个。总体来说是具体问题具体分析，对原因的具体数量没有强制要求。

第三步：举例论证。这一点可有可无，考生可以根据实际答题情况和自身能力作出取舍。

第四步：最后总结或提出建议。做题要有头有尾，在作答最后再次总结和强调自己的论点或是提出好的建议方法，会使题目内容看起来更加完整。

下面我们通过具体题目来进行具体分析。

【实例分析1】

论述题：你认为一位优秀的艺术家，应当具备怎样的修养和能力？

参考答案：

一位优秀的艺术家，必须具备一定的艺术素质和能力，主要包括：真性情和人格境界、发现的眼光和独到的体验、艺术技巧和文化修养，尤其重要的是创造精神。

真性情与人格境界是一个成功艺术家的首要素质。所谓真性情，是指人们对待世界的一种态度，率性而发，真挚自然；人格境界则是艺术家的精神实体，是艺术家艺术生命的常青树。例如，贝多芬的音乐被公认为最伟大的交响乐，但是人们欣赏的不仅仅是他的音乐，还有他不朽的人格境界。

发现的眼光和丰富的生活体验结合起来就会形成艺术家独到的艺术思考。发现的眼光要求艺术家有敏锐的洞察力，能够关注到普通人易于忽略的生活与自然的内涵，生活体验则主要包括人类生活体验和自然生活体验。

艺术技巧与文化修养是艺术家必备的素质。从一定程度上说，它们制约着艺术家的创作水准。有的艺术家凭借天赋的优势或某种偶然的机缘获得了一定的成功，但是由于缺乏文化底蕴而显得后劲不足，这种现象在艺术界大量存在。

艺术家的创造精神是至关重要的。衡量一位艺术家水准的高低，创造精神是一个重要的尺度；评估一件艺术品艺术价值的高低，独创性也是一个重要的尺度。创造精神也是艺术家独特艺术风格的源泉。

综上所述，一位艺术家必须具备以上这些艺术修养和能力，才能称得上是一位真正

优秀的艺术家。

思路展示:

提出论点:真性情和人格境界、发现的眼光和独到的体验、艺术技巧和文化修养,尤其重要的是创造精神。

阐述原因:第一,真性情与人格境界是一个成功艺术家的首要素质。

第二,发现的眼光和丰富的生活体验结合起来会形成艺术家独到的艺术思考。

第三,艺术技巧与文化修养是艺术家必备的素质。

第四,艺术家的创造精神是至关重要的。

最后总结:综上所述……

【实例分析2】

论述题:什么是“现场真人秀节目”? 对于这一节目类型,你的看法是什么?

参考答案:

真人秀节目,目前尚没有很规范的定义,多指“由普通人(非演员)在规定的情景中,按照预定的游戏规则,为了一个明确的目的,做出自己的行动,同时被记录下来而做成电视节目”,也泛指“由制作者制定规则、由普通人参与并录制播出的电视竞技游戏节目”。真人秀节目强调实时现场直播,没有剧本,不是角色扮演,是一种声称百分百反映真实的电视节目。真人秀节目迎合了普通人的求知欲、猎奇心、偷窥他人隐私的心理。

但是目前,中国的真人秀节目还存在以下问题:

一是流于形式,原创力低下。中国本土的真人秀节目原创力低下,节目主要是对国外成功节目的借鉴和模仿。

二是对受众的把握不能与时俱进。国内的真人秀节目形态与欧美呈逆向发展:欧美是人性大暴露的室内节目,国内真人秀节目则全体走进大自然。例如《走进香格里拉》将重点放在行走与探险,与天地斗而不与人斗,虽名为真人秀却像一部纪实专题片。

三是挥之不去的纪录片情结。中国电视人不遗余力地淡化真人秀的娱乐色彩,固然是出于对中西文化差异的考量,但充溢于心中的纪录片情结,也是不可忽视的原因。因此,我们常常看到扣人心弦的“原版”真人秀被克隆成一档有“中国特色”的民俗纪录片,失去了原有的特色。

针对以上的问题,我们应该从以下几方面着手改进:一是跟进国际真人秀节目最新进展的同时,倚重本土的策划制作力量;二是充分利用反馈渠道,把握年轻受众的心理;三是正视并重视真人秀的娱乐功能。

思路展示:

提出论点:由制作者制定规则、由普通人参与并录制播出的电视竞技游戏节目。

阐述原因:第一,流于形式,原创力低下。

第二,对受众的把握不能与时俱进。

第三,挥之不去的纪录片情结。

提出建议:一是倚重本土制作;二是严把受众心理;三是重视娱乐功能。

【实例分析3】

论述题:2013年全国政协会议期间,身为全国政协委员的高满堂、陈道明炮轰抗日剧的娱乐化。你怎么看待这种现象?

参考答案:

抗日剧如此泛滥,早已消解了严肃的主题,故事情节从歌颂英雄演变成了崇尚武侠、力捧爱情和娱乐享受，这严重误导了广大观众对于抗日战争那段历史的正确解读。如果不对这类影视剧加以限制，将给一个民族的历史记忆和中国电视剧艺术的发展，留下莫大的创伤。

仔细分析，抗日电视剧泛滥的原因有以下几个方面：

一是电视剧市场清规戒律比较多，而抗日题材电视剧门槛很低，且很容易通过审查，这就使得很多导演转行去拍摄抗日剧。

二是抗日题材电视剧创作成本较低，不需要大量的人力和物力，出场人物多以群众演员为主，剧本情节简单，播出以后收益却很高。

三是如今影视作品制作的门槛过低，影视公司良莠不齐，影视作品市场秩序浮躁，使得一些低俗剧作和节目有漏洞可钻。

当前要改变抗日剧这种状况，除了国家相关部门应出台政策进行宏观调控外，关键是编剧人员及导演要有一定的社会责任感。一部优秀的历史题材的电视剧应该做到：复述那段历史，把合理的艺术加工呈现出来，显现历史应该借鉴学习之处。如果我们的国产电视剧不能改变一味地“跟风”现象，不去扩宽思路寻求发展，最终只会“因噎废食”，失去观众。

思路展示：

提出论点：必须对影视剧有所限制，中国的电视剧艺术才能获得长久发展。

阐述原因：第一，抗日题材电视剧门槛低。

第二，抗日题材电视剧创作成本低。

第三，当前影视作品市场秩序不严整，存在漏洞。

提出建议：一是国家宏观调控；二是从业人员要有责任感。

总体而言，论述题的作答并没有考生想象中的那么困难，恰恰相反，只要大家充分掌握了论述题的答题技巧，就会变得非常简单。另外，考生还要注意的是，由于论述题从本质上讲是一种写作题，所以考生在答题时书写一定要认真、清晰。

到此为止，文艺常识主要题型的答题技巧已经全部介绍完毕，考生只要认真领悟并巧加运用，就一定会对考试有所帮助。只是值得注意的是，这些解题技巧仅仅是一种方法和手段而已，在考试中也只能起到“治标不治本”的作用，如果考生想借此投机取巧，以为仅仅依靠这些方法就能获得高分，则不仅绝对不可能，还会与成功失之交臂。考生在掌握这些考试技巧的同时，关键还是要下苦工夫勤学苦练。在勤学苦练的基础上，配合运用实用有效的答题技巧，才是考试制胜的至尊法宝！

第一章 文艺理论及方针政策

本章主要包括两大方面内容，一是**文学和艺术理论**；二是**文学和艺术方针政策**。总体来说，这一章理论性较强，很多知识点非常抽象而难以记忆，所以考生在复习时要注意以下几点：

1. 文学和艺术理论部分建议考生**主要以理解记忆为主**，最好是在授课老师的指导下，先对知识点进行深入剖析，做到真正理解以后，再逐步进行记忆。对于这一部分知识点，**考生在答题时只要按照自己理解的意思正确表达即可**，没有必要逐字逐句按照课本作答。

2. 文学和艺术方针政策部分知识点比较少，相对而言也比较简单，所以考生只要扎扎实实地死记硬背就可以了。从历年各招生院校的出题方向来看，**"双百方针""二为方向""关于宣传工作的四句话"是高频考点**。

3. 通过研究历年来各招生院校的考试真题发现，**本章知识点在考试中所占的比重不高，一般而言不会高于总分值的10%**。而考查文学和艺术理论部分的院校，主要以综合类院校和师范类院校为主，所以考生可根据自身的情况安排学习时间。

第一节 文艺理论常识

艺 术 ★★☆☆☆

是指人们为了满足自身的审美需求，以一定的物质形式和情感为中介，表现社会生活或艺术家思想情感的审美形态。其主要特点是通过塑造形象具体地反映社会生活，表现作者的思想感情。艺术是人们现实生活和精神世界的形象反映，也是艺术家知觉、情感、理想、意念等心理活动的产物。

■ **真题链接**

1. 名词解释：艺术

（2014年湖南科技学院广播电视编导专业招生考试试题）

2. 齐白石先生所说的"学我者生，似我者死"反映了艺术的（ B ）。

A. 情感性　　B. 创造性　　C. 合规律性　　D. 合目的性

（2017年四川文化艺术学院广播电视编导/戏剧影视文学专业招生考试试题）

艺术起源的几种学说 ★★★☆☆

艺术的起源是一个复杂的问题，目前流行的有以下几种学说：**模仿说、表现说、游戏说、巫术说、劳动实践说**等。

■ **真题链接**

简答题：简述关于艺术起源的五大学说。

（2012年山东师范大学广播电视编导专业招生考试试题）

艺术的分类 ★★★★☆

根据艺术形象的存在方式可分为：**时间艺术、空间艺术、时空艺术**。时间艺术有音乐、文学等；空间艺术有雕塑、绘画、建筑等；**时空艺术有舞蹈、戏剧、影视**等。

根据艺术形象的感知方式可分为：视觉艺术、听觉艺术、视听艺术和想象艺术。视觉艺术有雕塑、绘画、建筑等；听觉艺术有音乐等；视听艺术有戏剧、舞蹈、影视等；想象艺术有文学。

根据艺术形象的媒介方式可分为：造型艺术、音响艺术、语言艺术。造型艺术有雕塑、绘画、建筑、舞蹈、影视艺术等；音响艺术主要指音乐等；语言艺术主要指文学等。

根据艺术形象的展示方式可分为：静态艺术和动态艺术。静态艺术有雕塑、绘画、建筑等；动态艺术主要指音乐、舞蹈、戏剧等。

根据艺术的创作特征可分为：表现艺术和再现艺术。表现艺术主要有音乐、舞蹈、建筑、文学等；再现艺术主要指绘画、雕塑、戏剧、影视等。

■ **真题链接**

根据作品存在的方式，艺术一般可分为时间艺术、空间艺术以及________。

（2017年赣南师范大学广播电视编导专业招生考试试题）

艺术传播 ★★★☆☆

是指借助于一定的物质媒介和传播方式，将艺术信息或作品传递给接受者的过程，是指艺术信息在社会上的流动。艺术传播的四大要素是**艺术信息、传播主体、受传者、传播媒介**。

■ **真题链接**

1. 简答题：艺术传播的方式主要有哪些？

（2012年泰山学院广播电视编导专业招生考试试题）

2. 艺术传播的四大要素是艺术信息、________、________、________。

（2013年西安邮电大学广播电视编导专业招生考试试题）

艺术形象 ★☆☆☆☆

是指艺术家通过艺术语言创造出来的形象，是艺术作品的核心。根据艺术感知方式的不同，艺术形象可分为视觉形象、听觉形象、视听形象与文学形象。

■ **真题链接**

1. 从艺术作品的角度来看，艺术形象可以分为视觉形象、听觉形象、（ A ）。

A. 综合形象　　B. 立体形象

C. 画面形象　　D. 实用形象

（2014年江西师范大学广播电视编导专业招生考试试题）

2.(　　)是指由人物的眼睛直接感受到的艺术形象,其构成材料都是空间性的。

A.视觉形象　　B.听觉形象

C.综合形象　　D.文学形象

(2015 年赣南师范学院广播电视编导专业招生考试试题)

艺术风格 ★★★☆☆

是指艺术家在艺术创作中形成的具有一定稳固性的创作个性和艺术特色。其主要特性是独创性、稳定性和多样性。

■ **真题链接**

论述题:论述艺术风格的特点。

(2012 年临沂大学文化产业管理专业招生考试试题)

艺术的功能 ★★★☆☆

艺术的主要功能有审美认知功能、审美教育功能和审美娱乐功能。艺术作为人类审美意识的最高表现形式,它的多重社会功能始终是以审美价值为基础的。

艺术技巧 ★★★☆☆

是艺术创作的要素之一,指作家、艺术家提炼生活素材,设计作品框架,安排情节线索,运用语言、色彩、音响等艺术手段塑造形象、反映生活、表现主题的一整套技能。它是作家、艺术家不断地观察生活,分析、研究生活,在长期的创作实践中勤学苦练,并批判地借鉴前人艺术经验的结果。艺术技巧对于创造完美形式、正确表现作品的思想内容、深刻反映生活的本质具有重要的作用。

■ **真题链接**

名词解释:艺术技巧

(2012 年青岛农业大学广播电视编导专业招生考试试题)

艺术流派 ★☆☆☆☆

是指艺术史上的一些思想观念、美学主张、创作方法和艺术风格相近或相似的艺术家群体。它往往与艺术大师或新的艺术观念、艺术风格结合在一起,例如京剧大师梅兰芳的梅派风格。

艺术批评 ★★☆☆☆

指艺术批评家在艺术欣赏的基础上,运用一定的理论观点和批评标准,对艺术现象所作的科学分析和评价。艺术批评的对象包括一切艺术现象,如艺术作品、艺术运动、艺术思潮、艺术流派、艺术风格以及艺术批评本身等,中心是艺术作品。艺术批评既可以指一种活动,也可以指这种活动的结果。

艺术鉴赏 ★☆☆☆☆

是指人们对艺术形象进行感受、理解和评判的过程。它常常伴随着强烈的情感活动与复杂的心理机制。艺术鉴赏是艺术家与艺术观众之间的双向交流,是观众的审美再创造。

艺术作品内容与形式的关系 ★★★☆☆

艺术作品的内容与形式是对立统一、互相包容、互相制约的关系。在艺术创造中，艺术作品的内容决定所采用的形式，形式的选择要以是否适应内容的需要为原则。同时，形式又呈现出相对的独立性，不仅具有独立的审美价值，而且形式的变化，可以直接影响和制约内容审美价值的体现。所以，艺术作品的内容和形式是不可分离的，二者的和谐统一共同构成了艺术作品的生命。

■ **真题链接**

简答题：简述艺术内容与组成的关系。

（2010 年聊城大学广播电视编导专业招生考试试题）

文　学 ★★☆☆☆

也称为“语言艺术”，是艺术的基本样式之一。它以语言文字为媒介和手段塑造艺术形象，反映社会现实生活，表现人物的精神世界，通过审美的方式发挥其多方面的社会作用。文学主要包括戏剧、诗歌、小说、散文等体裁。

文学形象 ★☆☆☆☆

是指文学作品中所塑造的表现作家审美意识、反映客观对象审美属性的具体生动的形象，是文学创作的直接结果。文学形象是靠语言来塑造的，也是文学欣赏的对象和起点。

圆形人物 ★★★☆☆

是指文学作品中具有复杂性格特征的人物。其基本特征是：塑造人物打破了好的全好、坏的全坏的简单分类方法，按照生活的本来面目去刻画人物形象，更真实、更深入地揭示人性的复杂，具有更高的审美价值。这种塑造人物的方法给读者一种多侧面、立体可感的印象，往往能够带来心灵的震动。

■ **真题链接**

名词解释：圆形人物

（2013 年鲁东大学广播电视编导专业招生考试试题）

典　型 ★★★☆☆

是指文艺作品中能够反映现实生活某些方面的本质规律而又具有极其鲜明生动的个性特征的艺术形象，包括**典型人物和典型环境**。典型人物是指以鲜明独特的个性，充分概括了一定范围的共性，反映社会生活的本质，并具有独特审美价值的艺术形象。典型环境则是指典型人物的生活、性格的形成、行动的原因的种种特定关系、条件的综合，包括整个大的时代背景、作品描绘的总环境与人物生活的具体环境等。

■ **真题链接**

简答题：简述典型是个性与共性的统一。

（2012 年曲阜师范大学戏剧影视文学专业招生考试试题）

小　说 ★★★☆☆

起源于**上古神话**，是指通过塑造人物、叙述故事、描写环境来反映生活、表达思想的一种文学体裁。**小说必须具备人物、故事情节、环境描写三个要素。**

■ **真题链接**

1.小说起源于(　　)。

A.上古神话　　B.先秦散文

C.楚辞　　D.民间传说

(2013年四川音乐学院戏剧影视文学专业招生考试试题)

2.小说,以刻画人物形象为中心,通过完整的故事情节和环境描写来反映社会生活。人物、情节、环境是小说的三要素,情节一般包括开端、发展、高潮、结局四部分。环境包括自然环境和社会环境。

(2017年周口师范学院戏剧影视文学专业招生考试试题)

情节 ★★☆☆☆

是指叙事性文艺作品中人物性格形成和发展的演变过程。由一组以上能显示人物与人物、人物与环境之间关系的具体事件和矛盾冲突所构成,用以展示人物性格和表现主题。情节一般包括**开端、发展、高潮、结局**等,有的作品还有序幕和尾声。

高潮 ★☆☆☆☆

是指叙事性文艺作品中主要矛盾冲突发展到最尖锐、最紧张的阶段,是决定矛盾双方命运和发展前景的关键一环。在高潮中,主要人物的性格和作品的主题思想都能获得最集中、最充分的表现。

诗歌 ★★★☆☆

是世界上最古老的文学体裁。诗歌产生于劳动中,具有想象丰富、饱含感情、音韵和谐、语言优美的特点。孔子认为,诗具有兴、观、群、怨四种作用。

■ **真题链接**

人类最古老的文学体裁是(　　)。

A.诗歌　　B.散文　　C.小说　　D.戏剧

(2014年重庆师范大学戏剧影视文学专业招生考试试题)

意境 ★★★★☆

是指文艺作品中所描绘的生活图景和所表现的思想感情融合一致而形成的一种艺术境界。其特点是景中有情,情中有景,情景交融,能够激发读者的联想和想象,获得超越具体形象的更深广的艺术时空。

■ **真题链接**

名词解释:意境

(2017年山东师范大学戏剧影视文学专业招生考试试题)

灵感 ★★★☆☆

是指艺术家在创作过程中,由于大脑皮质的高度兴奋,所产生的一种特殊的心理状态和思维方式。它是艺术创作中令人神迷而又无法捉摸的奇异现象,是创作的发现和飞跃。其特点是**突发性、超常性、易逝性**。

■ **真题链接**

灵感的特征包括________性、________性和________性。

(2013年西安邮电大学广播电视编导专业招生考试试题)

虚 构 ★☆☆☆☆

是指作家在创作时运用想象充实素材，补充内容、情节中的不足部分，丰富人物的性格，设计情节以构成整个形象体系的过程。所虚构的人物和事件来源于社会生活，而又比普通的实际生活更典型，使整个作品更具有真实性和感染力。

夸 张 ★☆☆☆☆

是文艺创作的一种表现手法。夸张是以现实生活为基础，并借助丰富的想象，抓住表现对象的某些特点加以夸大和强调，以突出所反映事物的本质特征，加强艺术效果。

讽 刺 ★☆☆☆☆

是文艺创作的一种表现手法。讽刺是用讥刺和嘲讽的笔法描写敌对的或是落后的事物，有时用夸张的手法加以暴露，以达到贬斥、否定的效果。

细 节 ★★★☆☆

是文艺作品中描绘人物性格、事件发展、社会环境和自然景物的最小组成单位。细节的表现要具有真实性，要服从艺术形象的塑造、故事情节的展开和主题思想的表达，以达到具体生动地反映事物的特征、增强艺术感染力的目的。

■ **真题链接**

文艺作品中描绘人物性格、事件发展、社会环境和自然景物的最小的组成单位被称为________。

（2013 年江西师范大学广播电视编导专业招生考试试题）

主 题 ★★☆☆☆

又称为“主题思想”。是指文艺作品通过描绘现实生活和塑造艺术形象所体现出来的中心思想，是作品内容的核心。主题也是艺术家通过提炼题材形成的思想结晶，体现了艺术家对生活的主观评价。

■ **真题链接**

（　　）在作品中居统帅地位，是作品的灵魂。

A. 主题　　B. 题材

C. 形象　　D. 主体

（2014 年赣南师范学院广播电视编导专业招生考试试题）

伏 笔 ★☆☆☆☆

文学创作中描写、叙述的一种手法。是指作者对将要在作品中出现的人物或事件，预作提示或暗示，以求前后呼应。这种手法有助于全文达到结构严谨、情节发展合理的效果。在戏剧创作中又称为“伏线”。

共 鸣 ★★★☆☆

是文学接受进入高潮阶段的一个标志。通常包括两种含义：一是指在阅读文学作品时，由于读者与作家所表现的作品中的人物的经历相同或相似，从而形成的一种强烈的心理感应状态；二是指不同的读者，包括不同时代、阶级和民族的读者，在阅读同一作品时，可能产生大致相同或相近的情绪激动和审美趣味趋同现象。共鸣通常有两种情形：一是读者与文本的作者产生共鸣，二是读者与文本中的人物产生共鸣。

■ **真题链接**

名词解释：共鸣

（2012年青岛农业大学广播电视编导专业招生考试试题）

纪实主义 ★★☆☆☆

是指艺术家对现实的“再现”。纪实的价值绝不在于原封不动地“复制”现实，而体现于创作者对现实的“再现”，一种包含认知价值与审美价值的“再现”。纪实的前提是要对现实材料做有效的选择，不能为了追求和达到所谓的客观记录而放弃思想、思考、态度，导致内容空泛而浅薄。

■ **真题链接**

名词解释：纪实主义

（2013年四川音乐学院绵阳艺术学院广播电视编导专业招生考试试题）

古典主义 ★★☆☆☆

17世纪流行于西欧特别是法国的一种文学思潮。因为它在文艺理论和创作实践中以古希腊、罗马文学为典范和样板而被称为“古典主义”。古典主义在创作理论上强调模仿古代，主张用民族规范语言，按照规定的创作原则（如戏剧的三一律）进行创作，追求艺术完美。代表人物有拉辛、莫里哀、布瓦洛等。

■ **真题链接**

名词解释：古典主义

（2013年四川音乐学院绵阳艺术学院广播电视编导专业招生考试试题）

浪漫主义 ★★★☆☆

产生于18世纪末，与现实主义同为文学艺术上的两大主要思潮，对后来的现代主义和后现代主义产生了深远的影响。浪漫主义在政治上反对封建制度，不再刻意突出人的理性，而是深入发掘人类的感情世界，通过想象和夸张的手法塑造特点鲜明的人物形象。在创作风格上，以想象力丰富的构思和跌宕起伏的情节为主要特征。

■ **真题链接**

1. 简答题：浪漫主义创作方法的基本内涵是什么？

（2012年青岛大学广播电视编导专业招生考试试题）

2. 名词解释：浪漫主义

（2015年长沙学院广播电视编导专业招生考试试题）

3. 简答题：请简要介绍浪漫主义运动。

（2017年广西艺术学院美术理论类专业招生考试试题）

象征主义 ★☆☆☆☆

产生于19世纪末，是西方现代派中产生最早和影响最大的派别之一。象征主义侧重表达个人幻影和内心感受，极少涉及广阔的社会题材；在艺术方法上强调运用有质感的形象和暗示、烘托、对比、联想的方法来创作，多重视作品的音乐性和韵律感。

网络文学 ★★★★☆

是指新近产生的、以互联网为展示平台和传播媒介的、借助超文本链接和多媒体演绎等手段来表现的文学作品、类文学文本及含有一部分文学成分的网络艺术品。其中，

以网络原创作品为主。网络文学具有更新快速、传播广、阅读群体庞大、不受传统限制等特点。

■ **真题链接**

名词解释：网络文学

（2013 年山东师范大学戏剧影视文学专业招生考试试题）

第二节 文艺方针政策

"双百"方针 ★★★★★

即**"百花齐放，百家争鸣"**。"百花齐放"和"百家争鸣"分别于 1951 年被提出，而"双百"方针于 1956 年正式由**毛泽东**在中共中央政治局扩大会议上提出，旨在提倡文学、科学研究的思考自由、辩论自由、创作和批评自由。

■ **真题链接**

1. 名词解释："双百"方针

（2013 年西安邮电大学广播电视编导专业招生考试试题）

2. ________提出的"双百方针"，具体内容是________，其主旨是在文艺创作上，允许不同风格、不同流派、不同题材、不同手法的作品同时存在，在学术理论上，提倡不同学派、不同观点互相争鸣，自由讨论。

（2017 年北京城市学院广播电视编导专业招生考试试题）

"二为"方向 ★★★★☆

即**"文艺为人民服务，为社会主义服务"**。

■ **真题链接**

名词解释："二为"方向

（2016 年四川文化艺术学院广播电视编导专业招生考试试题）

"两结合"创作方法 ★★★★☆

1958 年，毛泽东同志提出文艺的创作方法，即**"革命的现实主义和革命的浪漫主义相结合"**。前者强调要深入生活、反映现实、大胆揭示矛盾；后者强调要用英雄主义、理想主义教育人、鼓舞人，既要源于生活，又要高于生活，并将这两者结合起来。

■ **真题链接**

"两结合"的创作方法是指________。

（2013 年天津师范大学广播电视编导专业招生考试试题）

关于宣传工作的四句话 ★★★★☆

20 世纪 90 年代，**江泽民**同志针对宣传工作作出重要指示，讲了四句话，即**"以科学**

的理论武装人，以正确的舆论引导人，以高尚的精神塑造人，以优秀的作品鼓舞人”。

■ **真题链接**

“以科学的理论武装人，以正确的舆论引导人，以高尚的精神塑造人，以优秀的作品鼓舞人”出自（　　）。

A. 邓小平　　B. 江泽民

C. 胡锦涛　　D. 温家宝

（2012 年临沂大学文化产业管理专业招生考试试题）

关于精品的三个标准 ★★★☆☆

江泽民同志提出，所谓文艺精品，是指那些“**思想精深、艺术精良、制作精湛**”的作品。

五个一工程 ★★★★☆

由中宣部组织的精神文明建设“五个一工程”评选活动，自 1992 年起每年举办一次。“五个一”是指：一部好的戏剧作品，一部好的电视剧（片）作品，一部好的电影作品，一部好的图书（限社会科学方面），一部好的理论文章（限社会科学方面）。1995 年起，将一首好歌和一部好的广播剧列入评选范围，“五个一工程”的名称不变。

■ **真题链接**

由中宣部主办的精神文明建设奖是＿＿＿＿＿＿。

（2012 年临沂大学文化产业管理专业招生考试试题）

“三贴近”原则 ★★★★☆

由胡锦涛同志提出，要求文化宣传工作要“**贴近群众、贴近实际、贴近生活**”。

■ **真题链接**

宣传文化的“三贴近”原则是指贴近群众、贴近生活和（　A　）。

A. 贴近实际　　B. 贴近自然

C. 贴近社会　　C. 贴近农民

（2017 年武昌首义学院广播电视编导专业招生考试试题）

第二章 文学常识

本章主要包括两大方面内容:一是**中国文学常识**;二是**外国文学常识**。这一章的最大特点是知识点非常多,但同时其中的很多知识点考生们也非常熟悉,因为在中学时期的语文、历史等课本上都学习过,所以总体而言,考生们只要耐下心来学习本章,对于知识点的记忆和掌握就不会很困难。建议大家在学习时注意以下几点:

1. 中国文化博大精深,源远流长,为了方便考生们更好地学习,所以将中国文学常识部分按照历史时期的不同又分成了9个小节。从历年的出题方向来看,一般情况下,**先秦文学、魏晋南北朝文学、隋唐五代文学、宋代文学、明清文学和现当代文学,是出题频率较高的几个部分**。

2. 同样,为了方便考生们更好地学习知识点,外国文学常识部分也按照国家和地区的不同分成了10个小节。在这些小节当中,从历年的出题方向来看,**英国文学、法国文学、德国文学、俄国和苏联文学均为出题的高频部分**,建议考生们有重点地进行学习。另外,外国文学常识部分中的很多人名和作品名等知识点相对比较难记,考生们要多下工夫,或是在授课老师的指导下进行技巧性记忆。

3. 通过研究历年来的考试真题发现,**本章知识点在考试中所占的比重最高**,甚至很多院校对于文艺常识部分的考查,主要是以文学常识为主,平均来看,对于该章的考查**最多可以占到总分值的60%~70%**。而考查文学常识部分的院校,大多是以综合类院校和师范类院校为主,当然也包括一小部分艺术类专业院校。在整个文艺常识的学习过程中,**建议考生要拿出至少一半的时间用在文学常识部分的学习上**。

第一节 中国文学

(一)先秦文学

上古神话 ★★★☆☆

作为中国文学的源头之一,上古神话表现了远古人民对自然和社会现象的认识,主要分为三类:第一类是创世神话,例如《盘古开天辟地》《女娲补天》;第二类是自然灾害神话,例如《后羿射日》《大禹治水》《精卫填海》等;第三类是战争神话,例如《黄帝战蚩尤》等。

■ **真题链接**

1. 中国古代神话中开天辟地、炼石补天、衔石填海的人物是________、________、________。

(2012 年平顶山学院广播电视编导专业招生考试试题)

2. 神话中四大天王指哪几位?(A)

A. 东方持国天王　西方广目天王　北方多闻天王　南方增长天王

B. 东方广目天王　西方持国天王　北方增长天王　南方多闻天王

C. 东方增长天王　西方多闻天王　北方持国天王　南方广目天王

D. 东方广目天王　西方增长天王　北方多闻天王　南方持国天王

(2017 年北京电影学院广播电视编导专业招生考试试题)

《山海经》 ★★★★☆

我国古代地理名著,也是我国目前保存神话资料最多的著作,现存 18 篇,大致可分为《山经》《海经》和《大荒经》三部分。《山海经》中保存了不少远古神话传说的片段,例如**夸父逐日、精卫填海、黄帝战蚩尤**等。《山海经》具有非凡的文献价值,对中国古代历史、地理、文化、中外交通、民俗、神话等的研究均有参考意义,其中的矿物记录更是世界上最早的有关文献。

■ **真题链接**

1. 精卫填海的故事出自神话古籍________。

(2015 年聊城大学东昌学院广播电视编导专业招生考试试题)

2. 先秦时期记载了神话故事以及地理知识的著作是________。

(2017 年江西师范大学广播电视编导专业招生考试试题)

六　艺 ★★★★☆

在中国周朝的贵族教育体系中,周王官学要求学生掌握六种基本才能,即**“礼、乐、射、御、书、数”**。“礼”是指礼节;“乐”是指音乐;“射”是指射箭技术;**“御”是指驾驶车马的技术**;“书”是指文学;“数”是指算术与数论知识。

■ **真题链接**

1. 古代六艺中的“六艺”是指:礼、乐、书、数、________、御。

(2014 年齐齐哈尔大学戏剧影视文学专业招生考试试题)

2. 先秦时代,教育内容以“六艺”为主,下列不属于“六艺”的是(　　)。

A. 射　　B. 御　　C. 礼　　D. 武

(2015 年贺州学院广播电视编导专业招生考试试题)

四书五经 ★★★★★

是“四书”和“五经”的合称,中国**儒家**的经典书籍。“四书”指的是**《论语》《孟子》《大学》《中庸》**;“五经”指的是**《诗经》《尚书》《礼记》《周易》**和**《春秋》**。

■ **真题链接**

1. “四书”是指《论语》________《孟子》________。

(2014 年首都师范大学科德学院广播电视编导专业招生考试试题)

2. “五经”是指《周易》《诗经》《尚书》《礼记》《________》。

(2014 年沈阳大学广播电视编导专业招生考试试题)

3. 名词解释:四书五经

(2017 年青岛大学广播电视编导专业招生考试试题)

诸子百家 ★★★★☆

诸子百家是后世对先秦学术思想代表人物和派别的总称。“诸子”指**孔子、老子、庄**

子、墨子、孟子、荀子等人物；“百家”是指儒家、道家、墨家、名家、法家等学术流派。

■ 真题链接

名词解释：诸子百家

（2013 年山东女子学院文化产业管理专业招生考试试题）

老 子 ★★★★★

姓李，名耳，是我国春秋时期伟大的哲学家和思想家，**道家学派**的创始人。其主要作品是**《老子》**，也叫**《道德经》**，书中传递出老子**“无为而治”**的思想主张。《老子》开创了我国古代哲学思想的先河，其学说对中国哲学发展产生了深远影响。

■ 真题链接

1.“道可道，非常道；名可名，非常名”这句话出自中国古代老子的《道德经》。

（2011 年北京电影学院公共事业管理专业招生考试试题）

2.（　　）首先提出了“无为而治”的主张。

A. 孔子　　B. 孟子　　C. 老子　　D. 庄子

（2012 年西南大学广播电视编导专业招生考试试题）

3.“祸兮福之所倚，福兮祸之所伏”是出自道家学派的语句。

（2013 年赣南师范学院广播电视编导专业招生考试试题）

4.《道德经》的作者是（　　）。

A. 墨子　　B. 孔子　　C. 老子　　D. 孟子

（2014 年重庆邮电大学广播电视编导专业招生考试试题）

孔 子 ★★★★★

名丘，字仲尼，**春秋时期鲁国人**，我国古代著名的思想家、教育家，**儒家学派**的创始人。孔子主张恢复西周礼乐制度，创办私学。其思想核心是**“仁”**和**“礼”**，主张“仁政”，认为只有实施仁政才能使“天下之人皆归之”。

■ 真题链接

1. 孔子是我国________学派的创始人，思想核心是________和________。

（2013 年四川音乐学院广播电视编导专业招生考试试题）

2. 作为春秋时期杰出的教育家，孔子主张“敏而好学，不耻下问”的学习态度，强调“不愤不启，不悱不发”的启发式教育。

（2014 年河南省普通高校编导制作类专业招生统考试题）

《论 语》 ★★★★★

儒家学派的经典著作之一，**记载了孔子及其弟子的言行**，由孔子的弟子整理而成。它以语录体和对话文体为主，集中体现了孔子的政治主张、伦理思想、道德观念及教育原则等。

■ 真题链接

1.《论语》中贯穿全文的思想是（ A ）。

A. 仁　　B. 义　　C. 礼　　D. 信

（2013 年西南大学戏剧影视文学专业招生考试试题）

2.“学而不思则罔，思而不学则殆”出自《论语》。

（2013 年齐齐哈尔大学戏剧影视文学专业招生考试试题）

3. ________是记载春秋末期大思想家孔子及其弟子言行的书，全书共二十篇，内容涉及政治、教育、文学、哲学以及立身处世的道理等多方面，为语录体。

（2017 年周口师范学院戏剧影视文学专业招生考试试题）

孟　子 ★★★★★

邹国(今山东邹城)人,战国时期的思想家、文学家。他继承和发展了孔子的思想,其政治学说的核心内容是“仁政”“民贵君轻”,并在哲学上提出了“**性善论**”,被尊奉为“**亚圣**”。其主要作品是**《孟子》**。

■ **真题链接**

1.“人之初,性本善”的提出者是(　　)。

A.孔子　　B.孟子　　C.墨子　　D.荀子

(2011年山东师范大学广播电视编导专业招生考试试题)

2.生于忧患,死于安乐。——《孟子》

(2012年南京大学戏剧影视文学专业招生考试试题)

3.富贵不能淫,贫贱不能移,威武不能屈,此之谓大丈夫。

(2013年赣南师范学院广播电视编导专业招生考试试题)

4.世称“亚圣”的是(　　)。

A.荀子　　B.孟子　　C.庄子　　D.老子

(2014年重庆邮电大学广播电视编导专业招生考试试题)

5.“揠苗助长”出自作品________。

(2017年重庆邮电大学广播电视编导专业招生考试试题)

庄　子 ★★★★★

名周,和老子同为**道家学派**的创始人,世称“老庄”。他宣扬虚无主义和宿命论。其主要著作是**《庄子》**,又名《南华经》。《庄子》在文体上已经脱离了语录体的形式,其文以巧用寓言见长,富有浓厚的文学气息和浪漫主义色彩,标志着先秦散文发展到了成熟阶段。书中的名篇有**《秋水》《逍遥游》**等;著名的寓言故事有“**呆若木鸡**”“**庖丁解牛**”“螳臂当车”“东施效颦”等。

■ **真题链接**

1.“北冥有鱼,其名曰鲲。鲲之大,不知其几千里也。化而为鸟,其名为鹏。”出自《逍遥游》。

(2012年河南大学广播电视编导专业招生考试试题)

2.成语“庖丁解牛”出自下列哪部作品?(　　)

A.《论语》　　B.《左传》　　C.《庄子》　　D.《韩非子》

(2013年井冈山大学广播电视编导专业招生考试试题)

3.《庄子》是下列哪个学派的代表著作?(　　)

A.阴阳家　　B.法家　　C.墨家　　D.道家

(2014年重庆市普通高校编导类专业招生统考试题)

4.成语“游刃有余”出自________。

(2014年浙江传媒学院广播电视编导专业招生考试试题)

5.简答题:简要介绍庄子其人及其著作。

(2017年广西艺术学院美术理论类专业招生考试试题)

6.“君子之交淡如水,小人之交甘若醴”这句话出自(　C　)。

A.《管子》　　B.《韩非子》　　C.《庄子》　　C.《荀子》

(2017年安徽省普通高校艺术专业招生统考试题)

荀　子 ★★★★☆

战国后期的思想家、教育家,先秦儒家最后一位大师。荀子继承了孔子的礼乐学说,主张性恶,提出了“**性恶论**”。其主要著作是**《荀子》**,此书思想深邃丰富,论证严谨周详。《劝学》是其中的名篇。

■ **真题链接**

1.《天论》是荀子阐述其宇宙观的重要论文，在这篇文章中，荀子提出了什么杰出命题？（ C ）

A. 天人合一　　B. 天人之分　　C. 天行有常　　D. 存天理，灭人欲

（2015 年贺州学院广播电视编导专业招生考试试题）

2. 荀子《劝学》通过"积土成山，风雨兴焉；积水成渊，蛟龙生焉"的比喻，阐述了学习过程中积累的重要性。

（2015 年河南省普通高校编导制作类专业招生统考试题）

韩非子 ★★★★☆

战国末期**法家**学派代表人物，主张君主集权制，重赏、重罚、重农、重战。其主要著作是**《韩非子》**，该书具有强烈的批判精神，还运用了大量生动的寓言，例如**"守株待兔""滥竽充数""买椟还珠""郑人买履""千里之堤，溃于蚁穴"**等。

■ **真题链接**

1. 下列属于法家学派代表人物的是（　　）。

A. 老子　　B. 韩非子　　C. 孔子　　D. 孟子

（2013 年天津工业大学广播电视编导专业招生考试试题）

2."守株待兔"这个成语出自（　　）。

A.《庄子》　　B.《韩非子》　　C.《老子》　　D.《荀子》

（2016 年泰山学院广播电视编导专业招生考试试题）

《孙子兵法》 ★★★☆☆

也称《孙武兵法》，是我国**第一部军事理论著作**，作者为春秋末年的**齐国人孙武**。该书共 13 篇，是中国古典军事文化遗产中的瑰宝。

■ **真题链接**

我国第一部兵书是__________。

（2014 年齐齐哈尔大学戏剧影视文学专业招生考试试题）

《诗　经》 ★★★★★

又称为**《诗》**或**《诗三百》**，**是我国第一部诗歌总集**，收录了西周至春秋中期的各地民歌及朝庙乐章共 305 篇。分为"风""雅""颂"三大类。**"风"又叫"国风"，收录的是各地的民间歌谣；"雅"是指朝廷正乐；"颂"是指宗庙祭祀的乐调**。《诗经》的艺术成就有两点：一是**开创了我国文学的现实主义传统**；二是赋、比、兴修辞手法的运用。《诗经》中的著名篇目有**《关雎》**《伐檀》《硕鼠》《七月》等。

■ **真题链接**

1.《诗经》中的名句有：蒹葭苍苍，白露为霜。所谓伊人，在水一方。

（2012 年河南省普通高校编导制作类专业招生统考试题）

2."关关雎鸠，在河之洲，窈窕淑女，君子好逑"出自（ D ）。

A.《楚辞》　　B.《离骚》　　C.《史记》　　D.《诗经》

（2013 年四川音乐学院戏剧影视文学专业招生考试试题）

3. ________开创了我国现实主义诗歌的源头。

（2013 年井冈山大学广播电视编导专业招生考试试题）

4. 名词解释：《诗经》

（2014 年鲁东大学广播电视编导专业招生考试试题）

5. 我国第一部诗歌总集是(　　)。

A.《诗经》　B.《梦溪笔谈》　C.《丽情集》　D.《声画集》

(2014 年四川音乐学院绵阳艺术学院摄影专业招生考试试题)

6. 我国第一部诗歌总集《诗经》是由风、________、颂三部分组成。

(2014 年江西省普通高校编导类专业招生联考试题)

7. 名词解释:《诗经》六义

(2017 年周口师范学院广播电视编导专业招生考试试题)

先秦散文 ★★★☆☆

春秋战国时期是中国古代散文蓬勃发展的阶段,出现了许多优秀的散文著作,这就是中国文学史上的先秦散文。先秦散文分为两种:**历史散文和诸子散文**。前者包括《左传》《国语》《战国策》等;后者包括《论语》《墨子》《孟子》等。

■ **真题链接**

先秦散文包括诸子散文和________散文。

(2013 年宝鸡文理学院广播电视编导专业招生考试试题)

《尚　书》 ★★★☆☆

又称为《书》或《书经》,是**我国现存最早的一部历史文献总集**。它由《虞书》《夏书》《商书》《周书》四部分组成,记载了从尧、舜到周朝的重大事件。

■ **真题链接**

我国历史上第一部散文集是________。

(2013 年蚌埠学院广播电视编导专业招生考试试题)

《春　秋》 ★★★★☆

是我国**第一部编年体史书**,记载了鲁隐公元年(公元前 722 年)至鲁哀公十四年(公元前 481 年)共 242 年间的各国大事。后经孔子整理修订成为儒家经典。其突出特点是**寓褒贬于记事。孔子在《春秋》中还首创了一种叫作“春秋笔法”的文章写法**。

■ **真题链接**

1. 春秋笔法是(　　)首创的一种文章写法。

A. 老子　B. 司马迁　C. 孔子　D. 孟子

(2013 年天津工业大学广播电视编导专业招生考试试题)

2.《郑伯克段于鄢》出自<u>《春秋》</u>。

(2013 年青岛农业大学广播电视编导专业招生考试试题)

3. 我国的第一部编年体史书是(　　)

A.《春秋》　B.《史记》　C.《国语》　D.《汉书》

(2017 年甘肃省普通高校戏剧影视类专业招生统考试题)

《左　传》 ★★★★☆

左丘明著,全称**《春秋左氏传》**,又名**《左氏春秋》**,**是一部为《春秋》做注解的史书**,也是中国**第一部叙事详尽完整的编年体史书**。《左传》与《公羊传》《穀梁传》并称**“春秋三传”**。

■ **真题链接**

1. <u>《左传》</u>标志着我国叙事散文的成熟。

(2012 年赣南师范学院广播电视编导专业招生考试试题)

2. 我国第一部叙事详尽的编年体史书是《________》。

(2014 年江西师范大学广播电视编导专业招生考试试题)

3.________相传是春秋末年鲁国的左丘明为《春秋》所注解的一部史书，与《公羊传》《穀梁传》合称“春秋三传”。

（2017年井冈山大学广播电视编导专业招生考试试题）

4.《春秋》是我国第一部________体史书；“春秋三传”指的是《________》《________》和《穀梁传》。

（2017年河南省普通高校编导制作类专业招生统考试题）

《国　语》 ★★★☆☆

是我国第一部国别体史书。分别记载了周、鲁、齐、晋、郑、楚、吴、越八国事，成书约在战国初年。《国语》主要反映了儒家崇礼重民等观念，以记言为主、记事为辅，所记多为朝聘、飨宴、讽谏、辩诘、应对之辞。

■ 真题链接

________是我国第一部国别体历史著作，以记言为主，通过人物的言论，反映了从西周到春秋列国的政治、经济、军事、外交等各方面的状况，同时，也表现了各种思想观念，如爱国意识和民主观念。

（2013年南昌理工学院广播电视编导专业招生考试试题）

《战国策》 ★★★☆☆

又称为《国策》，**是一部国别体史书**，记述了从战国初年到秦灭六国约240年间的历史。全书以谋士的游说活动为中心，反映了这一时期各国政治、外交的情形，既是一部史学著作又是一部文学名著。“画蛇添足”“狐假虎威”“鹬蚌相争”等成语均出自此书。

■ 真题链接

1.“图穷匕见”这一典故出自西汉末年刘向根据战国时期史料编订的史书《战国策》，讲述的是荆轲刺秦王的故事。

（2015年河南省普通高校编导制作类专业招生统考试题）

2.“荆轲刺秦王”出自（　B　）。

A.《史记》　　B.《战国策》　　C.《汉书》　　D.《左传》

（2017年重庆市普通高校广播电视编导专业招生联考试题）

楚　辞 ★★★★☆

是指楚国的诗歌，它在内容上以楚地文化为基础，又吸收了中原文化并加以发展，句式长短不一，多用“兮”字。同时，《楚辞》也是一本书，西汉末年的刘向把屈原、宋玉的作品以及汉代贾谊等人的仿作合为一集，取名《楚辞》。《楚辞》**开创了我国诗歌的浪漫主义传统**，它和《诗经》中的国风并称**“风骚”**。其最具代表性的作家及作品是**屈原的《离骚》**《九歌》《天问》等。

■ 真题链接

1.由西汉时的刘向把战国时期楚国的诗歌编制而成（　　）。

A.《楚辞》　　B.《离骚》　　C.《诗经》　　D.《春秋》

（2012年西北大学现代学院广播电视编导专业招生考试试题）

2.名词解释：楚辞

（2014年贺州学院广播电视编导专业招生考试试题）

3.与《离骚》并称为“风骚”的是________。

（2014年宝鸡文理学院广播电视编导专业招生考试试题）

屈　原 ★★★★★

名平，字原，**战国时期楚国人**，中国文学史上**第一位伟大的浪漫主义爱国诗人**，创立了楚辞新诗体。屈原的诗作想象丰富，构思奇伟，大量运用比兴和拟人化的手法，开创了我国浪漫主义文学的先河。其主要作品有《离骚》《天问》《九歌》《九章》《招魂》等。

■ **真题链接**

1.“何处招魂，香草还生三户地；当年呵壁，湘流应识九歌心”歌颂的是（　　）。

A. 贾谊　　B. 诸葛亮　　C. 屈原　　D. 文天祥

（2011 年河南省普通高校编导制作类专业招生统考试题 A 卷）

2. 屈原是战国时期的浪漫主义诗人，其“投江自尽”的故事发生在下列哪个地区？（ C ）

A. 四川　　B. 贵州　　C. 湖南　　D. 江西

（2014 年重庆市普通高校编导类专业招生统考试题）

3. 屈原是________时期________国人，杰出的________、________。他创作的________是《诗经》之后的一种新诗体，是我国诗歌________风格的源头。

（2017 年沈阳大学广播电视编导专业招生考试试题）

4. 屈原是战国时期下列哪国的爱国政治家和伟大诗人？（　　）

A. 魏国　　B. 赵国　　C. 齐国　　D. 楚国

（2017 年湖南师范大学广播电视编导专业招生考试试题）

5. 屈原在《离骚》中表现自己同情百姓苦难并且流泪叹息的名句是：长太息以掩涕兮，哀民生之多艰。

（2017 年安徽省普通高校艺术专业招生统考试题）

《离　骚》 ★★★★★

战国时期楚国诗人屈原所作，是中国古代诗歌史上一首带有自传体性质的长篇抒情诗。表现了诗人坚持“美政”理想，抨击黑暗现实，不与邪恶势力同流合污的斗争精神和至死不渝的爱国热情。开创了中国诗词以“香草美人”寄情言志的比兴手法。**“路漫漫其修远兮，吾将上下而求索”**是《离骚》中的名句。

■ **真题链接**

1. 名词解释：《离骚》

（2013 年西安邮电大学广播电视编导专业招生考试试题）

2.“路漫漫其修远兮，吾将上下而求索”选自（　　）。

A.《离骚》　　B.《远游》　　C.《涉江》　　D.《诗经》

（2014 年赣南师范学院广播电视编导专业招生考试试题）

3. ________是我国第一部长篇政治抒情诗，该作品被人们称为“辞赋之祖”。

（2017 年周口师范学院广播电视编导专业招生考试试题）

《尔雅》 ★★★☆☆

是我国第一部词典、辞书之祖，也是中国古代典籍“十三经”中的一种。在中国语言学史和辞书史上都占有显著的地位，它首创的按意义分类编排的体例和多种释词方法，对后代辞书、类书的发展产生了很大的影响。后人模仿《尔雅》，写作了一系列以“雅”为书名的词书，如《广雅》《骈雅》《通雅》《别雅》等，而研究雅书又成为一门学问，被称为“雅学”。

■ **真题链接**

中国第一部词典是________。

（2012 年云南艺术学院公共事业管理专业招生考试试题）

十三经 ★★☆☆☆

指儒家的十三部经书，即《易》《书》《诗》《周礼》《仪礼》《礼记》《春秋左氏传》《春秋公羊传》《春秋穀梁传》《论语》《孝经》《尔雅》《孟子》。由汉朝的五经逐渐发展而来，最终形成于南宋。“十三经”作为儒家文化的经典，其地位之尊崇、影响之深广，是其他任何典籍所无法比拟的。

（二）秦汉文学

《吕氏春秋》 ★★★☆☆

又称《吕览》，是秦国丞相**吕不韦**集合门客共同编撰的一部杂家名著。全书共分十二卷，一百六十篇，二十余万字。以儒、道思想为主，并融合进墨、法、兵、农、纵横、阴阳等各家思想。书中创作了丰富多彩的寓言，如**“刻舟求剑”**等，同时本书的编撰给后世留下了“一字千金”的典故。

■ **真题链接**

《吕氏春秋》属于下列哪个学派的代表著作？（ C ）

A. 法家　　B. 道家　　C. 杂家　　D. 儒家

（2014 年重庆邮电大学广播电视编导专业招生考试试题）

汉　赋 ★★★☆☆

是汉代出现的一种新的文学形式，介于诗歌和散文之间。它从楚辞发展而来，讲究修饰，注重句子的整齐美、节奏美，讲究铺张。汉赋主要有两种文体：一是骚体赋，盛行于汉初；另一种是散体大赋，兴盛于汉中叶。

■ **真题链接**

汉朝出现的一种新的文学形式，被称为诗化的散文，指的是________。

（2012 年南阳理工学院广播电视编导专业招生考试试题）

汉赋四大家 ★★☆☆☆

是指汉代以创作大赋闻名的四位文学家，分别是**司马相如、扬雄、班固、张衡**。

■ **真题链接**

下列哪一个人不属于汉赋四大家？（ A ）

A. 枚乘　　B. 扬雄　　C. 班固　　D. 张衡

（2017 年安徽省普通高校艺术专业招生统考试题）

汉初三杰 ★★★☆☆

指西汉建立时**张良、萧何、韩信**这三位开国功臣。韩信是杰出的军事家，张良是杰出的政治家、军事家，萧何是杰出的政治家。刘邦打天下时，手下文臣武将不计其数，萧何、张良、韩信居功至伟，被史学家称为“汉初三杰”。

司马相如 ★★★★☆

西汉著名辞赋家，他的作品辞藻富丽，结构宏大，后人称之为**“赋圣”**。其主要作品有**《子虚赋》《上林赋》**等，**成语“子虚乌有”就是出自他的《子虚赋》**。此外，他与卓文君的爱情故事也广为流传。

■ **真题链接**

1.“凤求凰”的故事与下列哪位历史人物有关？（ C ）

A. 孟子　　B. 曹植　　C. 司马相如　　D. 唐伯虎

（2014 年重庆邮电大学广播电视编导专业招生考试试题）

2.《子虚赋》《上林赋》的作者是________，与其同属一个朝代的擅长同一体裁的文学家有扬雄、班固、张衡。

（2015年南京艺术学院戏剧影视文学专业招生考试试题）

枚　乘 ★★☆☆☆

西汉辞赋家。代表作有**《七发》**《柳赋》《梁王菟园赋》等。《七发》辞采华美、气势壮观，标志着汉代**散体大赋**的正式形成，并在赋中形成了一种主客问答形式的文体——“七体”。

贾　谊 ★★★☆☆

西汉杰出的政论家、文学家，最早的汉赋作家之一，世称贾生。贾谊是骚体赋的代表作家，其作品有《吊屈原赋》。他的散文作品也很有名，代表作有**《过秦论》**《论积贮疏》《陈政事疏》等，其中，**《过秦论》**深刻总结了秦亡的教训，对后世影响很大。

■ **真题链接**

1. 贾谊的文集是（　A　）。

A.《新书》　　B.《新语》　　C.《至言》　　D.《治安策》

（2016年赣南师范学院广播电视编导专业招生考试试题）

2.《过秦论》的作者是西汉政论家、文学家________，“过秦论”者，论秦之过也。

（2017年海口经济学院广播电视编导专业招生考试试题）

《淮南子》 ★★★★☆

西汉淮南王刘安及其门客所撰，其中保存了不少神话传说故事，中国著名的四大神话：**女娲补天、共工触山、后羿射日和嫦娥奔月**，就保留在《淮南子》中。

■ **真题链接**

《女娲补天》的神话故事出自（　　）。

A.《山海经》　　B.《淮南子》　　C.《搜神记》　　D.《述异记》

（2017年安徽省普通高校艺术专业招生统考试题）

《史　记》 ★★★★★

由我国西汉著名史学家**司马迁撰写**，是**中国历史上第一部纪传体通史**。全书共130篇，**记载了上至黄帝下至汉武帝太初年间大约3000年的历史**。书中分为本纪（记历代帝王政绩）、世家（记侯国兴亡）、列传（记王侯以外著名人物的言行事迹）、八书（记各种典章制度）、十表（记大事年月）五个部分。**鲁迅称它为“史家之绝唱，无韵之离骚”**。

■ **真题链接**

1. 成语“负荆请罪”出自《史记·廉颇蔺相如列传》。

（2011年四川音乐学院戏剧影视文学专业招生考试试题）

2. 史书《史记》所反映的最早历史是（　　）。

A. 盘古开天辟地　　B. 黄帝时代　　C. 商朝建立　　D. 西周灭亡

（2012年重庆邮电大学广播电视编导专业招生考试试题）

3.《史记》的作者是________，是中国第一部纪传体通史。

（2014年首都师范大学科德学院广播电视编导专业招生考试试题）

4. 司马迁的________描述的是从黄帝到汉武帝期间的历史。

（2014年江西师范大学广播电视编导专业招生考试试题）

5. 被鲁迅先生誉为“史家之绝唱，无韵之离骚”的是________。

（2017年湖南工业大学戏剧影视文学专业招生考试试题）

6.《史记》是我国第一部________类史书，作者是________，自述撰写太史公书的目的是究天人之际，通古今之变，成一家之言。

（2017年江西师范大学广播电视编导专业招生考试试题）

班　固 ★★★★☆

东汉著名史学家、文学家。其主要作品是纪传体断代史**《汉书》**。班固还善于作赋，所创作的**《两都赋》**为汉赋名篇，“两都”指的是西汉的都城**长安**和东汉的都城**洛阳**。

■ **真题链接**

1. 水至清则无鱼，人至察则无徒。（班固《汉书·东方朔传》）

（2013年南京艺术学院戏剧影视文学专业招生考试试题）

2. 司马迁，字子长，与司马光并称“史界两司马”，与班固并称“班马”。

（2016年江西师范大学广播电视编导专业招生考试试题）

《汉　书》 ★★★★★

又名《前汉书》，是我国**第一部纪传体断代史**，由东汉**班固**编撰。《汉书》记载了汉高祖元年至王莽地皇四年共229年的历史，它与**《史记》《后汉书》《三国志》并称为“前四史”**。

■ **真题链接**

1.“前四史”指的是司马迁的________、班固的________、范晔的________和陈寿的________。

（2012年海口经济学院广播电视编导专业招生考试试题）

2.（　　）是我国第一部纪传体断代史。

A.《国语》　　B.《战国策》

C.《汉书》　　D.《史记》

（2014年蚌埠学院广播电视编导专业招生考试试题）

3. 班固编撰的我国第一部纪传体断代史是（　　）。

A.《左传》　　B.《史记》　　C.《汉书》　　D.《后汉书》

（2017年湖北省普通高校广播电视编导专业招生统考试题）

汉乐府 ★★★☆☆

主要包含两种意思。两汉时，所谓“乐府”是指音乐机关，它一方面将文人歌功颂德的诗制成曲谱，另外还收集民间的歌辞入乐。魏晋六朝时，“乐府”乃由机关的名称转变为一种带有音乐性的诗体的名称，即“乐府诗”。这些诗歌反映了汉朝时民间的风貌，其中的名篇有《陌上桑》《孔雀东南飞》《十五从军记》等。汉乐府诗以其匠心独运、高超熟练的叙事技巧，以及灵活多样的体制，成为中国古代诗歌新的范本。

《孔雀东南飞》 ★★★★☆

是我国文学史上**第一首长篇叙事诗**，也是汉乐府民歌中最长的一首叙事诗。该诗通过叙述**焦仲卿**和**刘兰芝**夫妇在封建礼教摧残下的婚姻悲剧，揭露了封建礼教、封建家长制的深重罪孽。**《孔雀东南飞》**与北朝民歌**《木兰诗》**并称**“乐府双璧”**。

■ **真题链接**

1. 名词解释：“乐府双璧”

（2012年山东师范大学广播电视编导专业招生考试试题）

2. ________原题为《古诗为焦仲卿妻作》，是中国文学史上第一部长篇叙事诗，与北朝________并称“乐府双璧”。

（2017年周口师范学院戏剧影视文学专业招生考试试题）

3. 名词解释:《孔雀东南飞》

(2017年山东艺术学院艺术史论专业招生考试试题)

《古诗十九首》 ★★★☆☆

最早见于南朝萧统的《文选》。其反映的主题主要是闺人怨别、游子怀乡、追求享乐、失意人士的矛盾和苦闷等,艺术特色是长于抒情,**代表了汉代文人五言诗的最高成就**。其中的名篇有《行行重行行》《迢迢牵牛星》等。

■ **真题链接**

代表汉代五言诗最高成就的是(　　)。

A.《咏史》　　B.《同声歌》

C.《赠妇诗》　　D.《古诗十九首》

(2014年赣南师范学院广播电视编导专业招生考试试题)

《说文解字》 ★★★★☆

由东汉著名经学家、文字学家**许慎**撰写,是我国**第一部按部首编排的字典**。全书共分为540个部首,共收录了9353个字,在解释字义的时候,涉及了天地、鬼神、山川、草木、制度、礼仪等各个方面的内容。

■ **真题链接**

1. ________是我国第一部按部首编排的字典。

(2012年西南大学育才学院广播电视编导专业招生考试试题)

2. 我国第一部字典是东汉许慎的《________》,关于汉字的构造,古人有"六法"之说,即象形、指事、会意、形声、转注、假借。

(2014年河南省普通高校编导类专业招生统考试题)

(三)魏晋南北朝文学

建安文学 ★★★☆☆

是指汉末建安至魏初的文学。这一时期的文学作品以诗歌的成就最高,不少诗歌继承了汉乐府民歌的优良传统,反映了社会动荡的现实和人民遭受离乱的痛苦,表达了渴望国家统一的要求,形成了慷慨悲凉的"**建安风骨**"这一独特风格。其主要作家有**曹操、曹丕、曹植和建安七子**等。

■ **真题链接**

简答题:简述建安风骨的艺术特征。

(2017年青岛农业大学广播电视编导专业招生考试试题)

"三　曹" ★★★★★

是对汉魏间**曹操**与其子**曹丕、曹植**的并称。

■ **真题链接**

1. "三曹"所处的文学时代,被称为(D)。

A. 正始　　B. 两晋　　C. 太康　　D. 建安

(2015年江西省普通高校戏剧影视文学类专业招生统考试题)

2. 我国文学史上,著名的"三曹"指的是:曹操、曹植和(　　)。

A. 曹彰　　B. 曹仁　　C. 曹丕　　D. 曹冲

(2016年重庆市普通高校编导类专业招生统考试题)

曹操 ★★★★★

字孟德，小名阿瞒，三国时期杰出的政治家、军事家和文学家，“建安文学”的开创者。他的创作继承了乐府民歌的现实主义传统，诗歌气魄宏伟、慷慨悲壮。其主要作品有**《短歌行》《龟虽寿》**《观沧海》等。

■ **真题链接**

1.诗句“何以解忧，唯有杜康”的作者是曹操。

（2013年重庆邮电大学广播电视编导专业招生考试试题）

2.“老骥伏枥，志在千里”出自曹操的《龟虽寿》。

（2014年宝鸡文理学院广播电视编导专业招生考试试题）

3.“对酒当歌，人生几何”的作者是（ C ）。

A.曹植　　B.曹丕　　C.曹操　　D.孔融

（2017年北京城市学院广播电视编导专业招生考试试题）

曹丕 ★★★☆☆

字子桓，三国时期著名的政治家、文学家，史称魏文帝。其主要作品**《燕歌行》是我国现存最早的完整的文人七言诗**。曹丕的**《典论·论文》**也是我国较早的文学批评著作。

■ **真题链接**

我国现存的第一首完整的七言诗出自________的《________》。

（2013年江西师范大学广播电视编导专业招生考试试题）

曹植 ★★★★☆

字**子建**，建安时期杰出的诗人。是第一位大力写作五言诗的文人、五言诗的奠基人，其主要作品有**《白马篇》《赠白马王彪》《七步诗》**等。辞赋、散文以**《洛神赋》《与杨德祖书》**等著称于世。

■ **真题链接**

1.《白马篇》的作者是________。

（2012年赣南师范学院广播电视编导专业招生考试试题）

2.“曹子建”指的是（　）。

A.曹雪芹　　B.曹操　　C.曹丕　　D.曹植

（2013年重庆邮电大学广播电视编导专业招生考试试题）

3.“煮豆燃豆萁，豆在釜中泣，本是同根生，相煎何太急”是曹植的《七步诗》。

（2014年云南师范大学广播电视编导专业招生考试试题）

建安七子 ★★★☆☆

建安年间七位文学家的合称，分别是**孔融、陈琳、王粲、徐干、阮瑀、应玚、刘桢**。

诸葛亮 ★★★★☆

字孔明，号卧龙，三国时期蜀汉的丞相，杰出的政治家、军事家、散文家、书法家、发明家。其散文代表作有**《出师表》《诫子书》**等。死后被追谥为忠武侯，故后世常以武侯、诸葛武侯尊称之。诸葛亮一生“鞠躬尽瘁，死而后已”，是中国传统文化中忠臣与智者的代表人物。

■ **真题链接**

1.“静以修身，俭以养德”出自________的《诫子书》。

（2013年四川音乐学院戏剧影视文学专业招生考试试题）

2.诸葛亮(181—241 年),字孔明,三国时期的政治家、军事家。“臣本布衣,躬耕于南阳”是其千古传颂的名篇《出师表》中的句子。

(2013 年南阳师范学院广播电视编导/戏剧影视文学专业招生考试试题)

蔡 琰 ★★☆☆☆

字文姬,汉末著名文学家、书法家蔡邕之女。其主要作品有五言《悲愤诗》,记述了她遭掳掠入胡直至被赎回国的经历,另外还有骚体《悲愤诗》和《胡笳十八拍》。

竹林七贤 ★★★★☆

魏晋间文士**嵇康**、**阮籍**、**山涛**、**向秀**、**阮咸**、**王戎**、**刘伶**七人的合称。其中,嵇康、阮籍文学成就最高。竹林七贤的作品多采用比兴、象征、神话等手法,隐晦曲折地表达自己的思想感情。

■ **真题链接**

竹林七贤有________、________、________、________、________、________、________。

(2017 年吉林动画学院戏剧影视文学专业招生考试试题)

左 思 ★★★☆☆

西晋著名文学家。其诗风继承了建安文学的传统,主要作品有《咏史诗》8 首,借古讽今,抒发个人抱负。左思的辞赋也颇有盛名,其主要作品是**《三都赋》**。据记载,《三都赋》写成以后,“豪贵之家,竞相传写,洛阳为之纸贵”,成语**“洛阳纸贵”**即出自此典故。

■ **真题链接**

左思创作《________》后,豪贵之家争相传抄,使得洛阳纸价上涨,遂有了“________”的典故。

(2016 年河南省普通高校编导制作类专业招生统考试题)

《三国志》 ★★★★☆

由西晋著名史学家**陈寿**撰写。《三国志》是一部纪传体国别史,分国记载了东汉末年至东吴灭亡约 110 年的历史。条理清晰,简约生动,体例创新,对后世的史学、文学均有较大影响。

■ **真题链接**

《三国志》的作者是(　　)。

A.陈寿　　B.班固　　C.曹操　　D.罗贯中

(2015 年重庆邮电大学广播电视编导专业招生考试试题)

陶渊明 ★★★★★

东晋著名文学家、诗人,又名潜,字**元亮**,号**五柳先生**。陶渊明是我国**田园诗派的开创者**。其主要作品有**《桃花源记》《饮酒》《归园田居》《归去来兮辞》**《五柳先生传》等。

■ **真题链接**

1.“羁鸟恋旧林,池鱼思故渊”出自陶渊明的(B)。

A.《归去来兮辞》　　B.《归园田居》　　C.《桃花源记》　　D.《饮酒》

(2013 年四川音乐学院绵阳艺术学院戏剧影视文学专业招生考试试题)

2.陶渊明字________,号________。

(2013 年枣庄学院广播电视编导专业招生考试试题)

3.“山水田园诗派”中被称为“隐居诗人”的是________,其幻想“世外桃源”生活之作是________。

(2014 年浙江传媒学院广播电视编导专业招生考试试题)

4.“采菊东篱下，悠然见南山”出自陶渊明的（ C ）。

A.《归去来兮辞》 B.《桃花源记》 C.《饮酒》 D.《归园田居》

（2014年广西壮族自治区普通高校影视传媒类专业招生统考试题）

5.“不为五斗米折腰”的古代人物是陶渊明。

（2014年宝鸡文理学院广播电视编导专业招生考试试题）

6.开创田园诗派的诗人是________，代表作有《归园田居》。

（2017年甘肃省普通高校戏剧影视类专业招生统考试题）

《搜神记》 ★★★★★

由东晋史学家**干宝**撰写，是魏晋**志怪小说**的集大成之作。书中所记多为神怪灵异故事，采自经史旧闻和民间传说，神道色彩极浓，具有强烈的浪漫主义色彩，其中的《干将莫邪》《李寄》《董永》等故事家喻户晓。唐代传奇就是在志怪小说的基础上发展而来的。

■ **真题链接**

1.《搜神记》完成于________。

（2012年四川大学锦江学院广播电视编导专业招生考试试题）

2.中国第一部文言志怪小说集是________。

（2014年吉林动画学院广播电视编导专业招生考试试题）

3.志怪小说《搜神记》的作者是（ ）。

A.干宝 B.刘义庆 C.吴承恩 D.蒲松龄

（2017年武昌首义学院广播电视编导专业招生考试试题）

元嘉三大家 ★★☆☆☆

是指南朝时期活跃在文坛上的三位诗人，分别是**谢灵运**、**颜延之**、**鲍照**。他们在注重描绘山川景物、讲究辞藻的华丽和对仗的工整方面有相似之处，因此被称为“元嘉三大家”。

大小谢 ★★★★☆

又称“二谢”，是对南朝宋诗人**谢灵运**、齐诗人**谢朓**的并称。“大谢”**谢灵运是山水诗的开创者**，是我国文学史上著名的山水诗人。谢朓因与谢灵运同以山水诗名世，因此被称为“小谢”。

■ **真题链接**

1.“蓬莱文章建安骨，中间小谢又清发”两句中的“小谢”是指________。

（2014年平顶山学院戏剧影视文学专业招生考试试题）

2.山水诗第一人是（ A ）。

A.谢灵运 B.谢朓 C.陶渊明 D.白居易

（2017年重庆市普通高校广播电视编导专业招生联考试题）

《后汉书》 ★★★★☆

由南朝刘宋时期的史学家、文学家**范晔**撰写。《后汉书》是一部记载东汉历史的纪传体断代史。书中首创《列女传》和《文苑列传》，对后世史学影响很大。

■ **真题链接**

史书《后汉书》的作者是________。

（2013年重庆邮电大学广播电视编导专业招生考试试题）

《世说新语》 ★★★★★

由南朝宋**刘义庆**撰写。《世说新语》是现存最早的一部**笔记小说集**，记载了魏晋人

物的言谈轶事，反映了士族地主的精神面貌和生活方式，是研究魏晋时期社会生活的重要资料，同时也对后世笔记小说、戏曲影响颇大。

■ **真题链接**

1.《世说新语》是一部笔记体小说集，组织和主持该书编纂的作者是________。

（2017 年江西服装学院广播电视编导专业招生考试试题）

2. 出自《世说新语》的成语是（ AD ）。

A. 望梅止渴　　B. 穷途末路　　C. 黔驴技穷　　D. 汗不敢出

（2017 年商丘学院广播电视编导专业招生考试试题）

永明体 ★★☆☆☆

南朝齐武帝永明时期所形成的诗体，也称新诗体。永明体要求严格遵照**平上去入**四声韵律，讲究声律和对偶，为律诗的成熟和唐诗的繁荣奠定了基础。其代表诗人有**沈约、谢朓、王融、萧琛、范云、任昉、陆倕、萧衍**（合称“竟陵八友”）等。

《文心雕龙》 ★★★★★

是我国第一部系统的古代文学理论著作，由南朝梁文学理论批评家**刘勰**撰写。全书主要记述了各类作品的特征和历史演变，创作、批评的相关原则和方法，文与质的关系等，把文学理论批评推向了一个新阶段，是我国古代文学批评史上杰出的著作。

■ **真题链接**

1. 我国文学史上第一部文学评论专著是（　　）。

A.《资治通鉴》　　B.《文心雕龙》　　C.《史通》　　D.《典论·论文》

（2014 年聊城大学东昌学院广播电视编导专业招生考试试题）

2.《文心雕龙》是我国第一部有严密体系的文学理论著作，作者是________。

（2014 年南京艺术学院影视策划专业招生考试试题）

《诗　品》 ★★★☆☆

由南朝梁文学批评家**钟嵘**撰写，是我国**第一部系统的评论诗歌创作的专著**。书中把从汉至梁的 122 位诗人分为上中下三品，对每位诗人直率褒贬。《诗品》是研究古代诗歌史的重要参考资料之一，对后世诗歌批评影响很大。

■ **真题链接**

钟嵘的________是中国文学史上第一部诗论。

（2015 年蚌埠学院广播电视编导专业招生考试试题）

《玉台新咏》 ★★☆☆☆

是南朝梁简文帝命**徐陵**编纂的一部上继《诗经》《楚辞》，下至南朝梁代的诗歌总集，共 10 卷，专收关于男女情感的诗作，以绮艳的宫体诗为主，代表篇目有《孔雀东南飞》《陌上桑》《羽林郎》等。

《水经注》 ★★★☆☆

由北魏时期**郦道元**著。该书山川景物描写生动，语言简练而传神，行文疏朗而整饬，既是一部综合性的地理巨著，又是一部优美的文学著作，堪称我国游记文学的开创者。

■ **真题链接**

《水经注》的作者是（　　）。

A. 谢灵运　　B. 郭璞　　C. 郦道元　　D. 谢朓

（2017 年赣南师范大学广播电视编导专业招生考试试题）

（四）隋唐五代文学

初唐四杰 ★★★★★

唐初文学家**王勃、杨炯、卢照邻、骆宾王**的合称。王勃的代表作有**《滕王阁序》《送杜少府之任蜀州》**等。杨炯以作边塞征战诗著名，代表作有《从军行》《出塞》等。卢照邻擅长诗歌骈文，代表作有《长安古意》《行路难》等。骆宾王七岁时因《咏鹅》一诗而闻名，后期作品以《在狱咏蝉》为代表。

■ **真题链接**

1.“海内存知己，天涯若比邻”两句出自（　　）的《送杜少府之任蜀州》。

A. 王勃　　B. 杨炯　　C. 卢照邻　　D. 骆宾王

（2012 年湖北民族学院广播电视编导专业招生考试试题）

2.“露重飞难进，风多响易沉”是骆宾王描写什么的诗句？（ B ）

A. 燕子　　B. 蝉　　C. 蜻蜓　　D. 杜鹃

（2012 年西南大学戏剧影视文学专业招生考试试题）

3.“落霞与孤鹜齐飞，秋水共长天一色”出自下列名篇（ A ）。

A.《滕王阁序》　　B.《前赤壁赋》　　C.《后赤壁赋》　　D.《春江花月夜》

（2014 年江西省普通高校编导专业招生联考试题）

4. 王勃，字子安，初唐文学家，著有《王子安集》。他和卢照龄、骆宾王、杨炯一起被称为“王杨卢骆”，亦称“________”，《滕王阁序》是其骈文代表作。

（2017 年周口师范学院戏剧影视文学专业招生考试试题）

陈子昂 ★★★★☆

初唐诗人，是继“初唐四杰”之后又一位诗歌革新的倡导者。他反对六朝绮丽之风，提倡古朴淡雅，主张诗歌要恢复汉魏风骨，并提出诗美理想，对唐诗的变革起到了关键性的作用。其主要作品是**《登幽州台歌》**：“前不见古人，后不见来者。念天地之悠悠，独怆然而涕下。”

■ **真题链接**

1. 诗句“前不见古人，后不见来者，念天地之悠悠，独怆然而涕下”的作者是（　　）。

A. 王维　　B. 卢照邻　　C. 岳飞　　D. 陈子昂

（2014 年重庆邮电大学广播电视编导专业招生考试试题）

2. 唐朝分为初唐、盛唐和晚唐，下列哪位诗人是初唐诗人？（　　）

A. 孟浩然　　B. 王维　　C. 陈子昂　　D. 李白

（2017 年重庆市普通高校广播电视编导专业招生联考试题）

张若虚 ★★★★★

唐代诗人，与贺知章、张旭、包融并称“吴中四士”。现仅存诗两首：《代答闺梦还》和《春江花月夜》。**《春江花月夜》**是一篇脍炙人口的名作，有**“孤篇压全唐”**之誉。

■ **真题链接**

1. 号称“孤篇压全唐”的作品是（　　）。

A.《山居秋暝》　　B.《行路难》　　C.《长恨歌》　　D.《春江花月夜》

（2014 年重庆师范大学戏剧影视文学专业招生考试试题）

2. 张若虚的《春江花月夜》：江畔何人初见月？江月何年初照人？人生代代无穷已，江月年年只相似。

（2014 年九江学院戏剧影视文学专业招生考试试题）

山水田园诗派 ★★★★☆

源于东晋的谢灵运和陶渊明，以唐代的**王维**、**孟浩然**为代表。这类诗以描写自然风光、农村景物以及安逸恬淡的隐居生活见长。诗境隽永优美，风格恬静淡雅，语言清丽洗练，多用白描手法。诗人们借诗歌表达对现实的不满、对宁静平和生活的向往。

■ **真题链接**

唐代的"山水田园派"诗人是指________和________。

（2014 年浙江传媒学院广播电视编导专业招生考试试题）

王　维 ★★★★★

字摩诘，唐代著名诗人、画家，**山水田园诗派**的代表人物，有**"诗佛"**之称。其主要作品有**《山居秋暝》《送元二使安西》《鸟鸣涧》《观猎》**《九月九日忆山东兄弟》等。宋代**苏轼**称赞王维的诗画作品**"诗中有画，画中有诗"**。

■ **真题链接**

1. 王维的诗被苏轼赞为"________，________"。

（2011 年南阳理工学院广播电视编导专业招生考试试题）

2. 王维是盛唐________诗派的代表作家。

A. 边塞　　B. 讽谕　　C. 山水田园　　D. 送别

（2017 年赣南师范大学广播电视编导专业招生考试试题）

3. 中国古代名曲之一《阳关三叠》，是根据唐代诗人________的七言绝句《送元二使安西》创作的琴歌。

（2017 年河南省普通高等学校编导制作类专业招生统考试题）

孟浩然 ★★★★★

唐代**山水田园诗派**的代表人物，与**王维**齐名，并称**"王孟"**。他的诗作具有平淡清幽且兼壮逸之美的特点。其主要作品有**《过故人庄》**《春晓》《望洞庭湖赠张丞相》等。著有《孟浩然集》。

■ **真题链接**

1. 孟浩然《过故人庄》是一首著名的（ C ）。

A. 山水诗　　B. 边塞诗　　C. 田园诗　　D. 哲理诗

（2012 年西南大学广播电视编导专业招生考试试题）

2. "待到重阳日，还来就菊花"是（ B ）的诗句。

A. 王维　　B. 孟浩然　　C. 孟郊　　D. 贾岛

（2013 年西南大学戏剧影视文学专业招生考试试题）

3. 与孟浩然并称为"王孟"的唐朝诗人是（　　）。

A. 王勃　　B. 骆宾王　　C. 王维　　D. 王粲

（2014 年重庆邮电大学广播电视编导专业招生考试试题）

边塞诗派 ★★★★★

盛唐诗歌的主要流派之一。文学史家根据作品反映的题材，将盛唐诗坛上善于表现边塞生活的诗人归为"边塞诗派"。其代表人物有**高适**、**岑参**、**王昌龄**等。高适的主要作品有《燕歌行》《塞上》《塞下曲》等；岑参的主要作品有**《逢入京使》《白雪歌送武判官归京》**等；王昌龄的主要作品有**《出塞》**等。

■ **真题链接**

1. 名词解释：盛唐边塞诗派

（2011 年周口师范学院广播电视编导专业招生考试试题）

2. 七言绝句《出塞》的作者是(　　)。

A. 高适　　B. 岑参　　C. 王维　　D. 王昌龄

(2013 年四川音乐学院戏剧影视文学专业招生考试试题)

3. 被称为“七绝圣手”的是(　D　)。

A. 李白　　B. 李商隐　　C. 王维　　D. 王昌龄

(2014 年贺州学院广播电视编导专业招生考试试题)

李　白 ★★★★★

字**太白**，号**青莲居士**，唐代著名的**浪漫主义诗人**，被后人尊称为“**诗仙**”。其诗风豪放飘逸。名篇有《蜀道难》《**行路难**》《**将进酒**》《**月下独酌**》《梦游天姥吟留别》《**静夜思**》《秋浦歌》《**早发白帝城**》《**赠汪伦**》等。

■ 真题链接

1. “天门中断楚江开，碧水东流至此回”出自李白写的《望天门山》。

(2011 年广西民族大学广播电视编导专业招生考试试题)

2. 主人何为言少钱，径须沽取对君酌。五花马，千金裘，呼儿将出换美酒，与尔同销万古愁。——李白《将进酒》

(2012 年南京大学戏剧影视文学专业招生考试试题)

3. “天生我材必有用，千金散尽还复来”出自李白的《将进酒》。

(2012 年重庆邮电大学广播电视编导专业招生考试试题)

4. “桃花潭水深千尺，不及汪伦送我情”中，“我”指的是李白。

(2013 年四川音乐学院绵阳艺术学院文化产业管理专业招生考试试题)

5. ________ 是唐代最著名的诗人之一，他的诗热情浪漫，想象力丰富，人称“诗仙”。

(2014 年首都师范大学科德学院广播电视编导专业招生考试试题)

6. 李白诗风多样，既有“安能摧眉折腰事权贵，使我不得开心颜”的豪情，也有“孤帆远影碧空尽，唯见长江天际流”的深情。

(2017 年河南省普通高等学校编导制作类专业招生统考试题)

杜　甫 ★★★★★

字子美，自号少陵野老，唐代著名的**现实主义诗人**，被后人尊称为“**诗圣**”。其诗**沉郁顿挫**，具有很强的现实性，被誉为“**诗史**”。代表作品有“**三吏**”(《潼关吏》《石壕吏》《新安吏》)、“**三别**”(《无家别》《新婚别》《垂老别》)、《贫交行》、《登岳阳楼》、《望岳》、《春望》等。

■ 真题链接

1. “为人性僻耽佳句，语不惊人死不休”是(　B　)的名句。

A. 李白　　B. 杜甫　　C. 孟浩然　　D. 李贺

(2011 年河南省普通高校编导制作类专业招生统考试题 B 卷)

2. “会当凌绝顶，一览众山小”是唐代诗人杜甫的著名诗句。

(2011 年广西民族大学广播电视编导专业招生考试试题)

3. 诗句“出师未捷身先死，长使英雄泪满襟”的作者是杜甫。

(2013 年重庆邮电大学广播电视编导专业招生考试试题)

4. 杜甫诗歌的风格是(　　)。

A. 雄浑豪放　　B. 通俗易懂　　C. 沉郁顿挫　　D. 平易自然

(2013 年吉林动画学院广播电视编导专业招生考试试题)

5. “无边落木萧萧下，不尽长江滚滚来”出自(　C　)的《登高》。

A. 李白　　B. 白居易　　C. 杜甫　　D. 杜牧

(2013 年湖北民族学院广播电视编导专业招生考试试题)

6.杜甫的“三吏”“三别”分别是指:《石壕吏》《________》《________》和《________》《________》《垂老别》。
(2014 年河南省普通高校编导制作类专业招生统考试题)

7.(　　)的诗被称为“诗史”,在于其具有史的认识价值,提供了史的事实,可以证史,补史之不足。

A.李白　　B.杜甫　　C.王昌龄　　D.王维

(2014 年赣南师范学院广播电视编导专业招生考试试题)

孟　郊 ★★★★☆

唐代著名诗人。其诗以五言古诗为主,**《游子吟》**为其传世名篇。因其作诗刻意苦吟,好奇险,与贾岛齐名,有“郊寒岛瘦”之称。又因他是韩愈文学主张的积极支持者,遂有“孟诗韩笔”之誉。孟郊著有《孟东野诗集》。其《游子吟》全诗:**“慈母手中线,游子身上衣。临行密密缝,意恐迟迟归。谁言寸草心,报得三春晖!”**

■ **真题链接**

1.古诗名句“谁言寸草心,报得三春晖”出自(　　)的作品。

A.李白　　B.王维　　C.孟浩然　　D.孟郊

(2012 年西南大学广播电视编导专业招生考试试题)

2.“寸草春晖”出自唐代诗人________的诗句,其含义是比喻父母的恩情难以报答。

(2013 年湖北民族学院广播电视编导专业招生考试试题)

贾　岛 ★★★☆☆

唐代著名的“苦吟诗人”,其作诗注重词句的锤炼,自称“两句三年得,一吟双泪流”。**“推敲”**的典故即由其诗句“僧敲月下门”而来,此句出自他的诗作**《题李凝幽居》**。其他代表作还有《寻隐者不遇》等。

■ **真题链接**

“推敲”一词出自(　　)。

A.李白《梦游天姥吟留别》　　B.杜甫《春望》

C.贾岛《题李凝幽居》　　D.韩愈《师说》

(2015 年汉口学院广播电视编导专业招生考试试题)

古文运动 ★★★☆☆

是指唐代中叶及北宋时期以提倡古文、反对骈文为特点的文体改革运动。古文运动的倡导者们强调正统的儒家孔孟之道,反对简单地模仿古文,提倡创新。他们主张文章要有实际内容,提倡朴实自然的文风。主要代表人物是唐代的**韩愈和柳宗元**,宋代的**欧阳修、王安石、曾巩、苏洵、苏轼、苏辙**等。

■ **真题链接**

中唐时期古文运动的主要倡导者是________和________。

(2014 年蚌埠学院广播电视编导专业招生考试试题)

韩　愈 ★★★★☆

唐代的一位古文大家,位列“唐宋八大家”之首。其作品收入**《昌黎先生集》**。名篇有**《师说》《马说》**《原毁》《答李翊书》《左迁至蓝关示侄孙湘》等。苏轼称赞韩愈的文章**“文起八代之衰,道济天下之溺”**。

■ **真题链接**

1.韩愈在《进学解》中提到“业精于勤,荒于嬉;行成于思,毁于随”。

(2011 年聊城大学广播电视编导专业招生考试试题)

2."世有伯乐，然后有千里马。千里马常有，而伯乐不常有"出自名篇《马说》，作者是________。

(2014 年平顶山学院戏剧影视文学专业招生考试试题)

3. ________，字退之，唐代文学家，唐代"古文运动"的倡导者，"唐宋八大家"之首，著有《昌黎先生集》。

(2017 年周口师范学院戏剧影视文学专业招生考试试题)

柳宗元 ★★★★☆

世称"柳河东"，是我国文学史上杰出的散文家和诗人，与韩愈同为古文运动的倡导者，并称"韩柳"，同被列入"唐宋八大家"。他的散文以寓言散文、山水游记和传记散文最富特色。其主要作品有**《三戒》《永州八记》**等。

■ **真题链接**

1.(　　)与韩愈一起倡导古文运动，其代表作是《三戒》《永州八记》。

A. 李白　　B. 杜甫　　C. 白居易　　D. 柳宗元

(2013 年四川音乐学院戏剧影视文学专业招生考试试题)

2. 曾被贬官到广西柳州的唐代诗人是________，世称"柳河东"，代表作品有《永州八记》等。

(2017 年重庆邮电大学广播电视编导专业招生考试试题)

新乐府运动 ★★★★☆

中唐时期，朝政日益腐败，一部分文人认为古题乐府已不能适应时代要求，深刻反映民生疾苦，起到匡救时弊的作用，于是在继承乐府诗的现实主义创作传统的基础上，提倡"即事名篇"，主张"文章合为时而著，歌诗合为事而作"，兴起新乐府运动。主要代表人物是**白居易、元稹**。

■ **真题链接**

1. 白居易、元稹领导的________运动，主张诗歌要反映现实社会生活和民生疾苦，形式上要学习新乐府民歌的语言，做到通俗易懂、生动活泼。

(2012 年廊坊师范学院戏剧影视文学专业招生考试试题)

2. 名词解释：新乐府运动

(2017 年青岛大学广播电视编导专业招生考试试题)

白居易 ★★★★★

字乐天，晚号**香山居士**。他的诗歌具有强烈的现实性和批判性，其主要作品有**《长恨歌》《琵琶行》《卖炭翁》《钱塘湖春行》**等。另外，白居易还是唐代新乐府运动的主要倡导者，主张**"文章合为时而著，歌诗合为事而作"**。

■ **真题链接**

1."离离原上草，一岁一枯荣"的作者是(　D　)。

A. 孟浩然　　B. 李白　　C. 杜牧　　D. 白居易

(2011 年重庆邮电大学广播电视编导专业招生考试试题)

2. 白居易以唐玄宗和杨贵妃的爱情为题材创作的长篇叙事诗是《长恨歌》。

(2013 年齐齐哈尔大学戏剧影视文学专业招生考试试题)

3."同是天涯沦落人，相逢何必曾相识"出自于下列哪一首诗？(　C　)

A.《水调歌头》　　B.《长恨歌》　　C.《琵琶行》　　D.《将进酒》

(2014 年重庆邮电大学广播电视编导专业招生考试试题)

4."在天愿作比翼鸟，在地愿为连理枝"出自(　B　)。

A.《长歌行》　　B.《长恨歌》

C.《琵琶行》　　D.《长生殿》

(2014 年西南大学广播电视编导专业招生考试试题)

5.《琵琶行》中的文学名句“大珠小珠落玉盘”所指的乐器是（ B ）。

A. 古琴　　B. 琵琶　　C. 扬琴　　D. 排箫

（2014 年西南大学戏剧影视文学专业招生考试试题）

6. 提出“文章合为时而著，歌诗合为事而作”的文人是________。

（2017 年赣南师范大学广播电视编导专业招生考试试题）

元　稹　★★★★☆

唐代著名诗人，与白居易齐名，共同倡导了新乐府运动，并称**“元白”**。他在诗歌、散文、传奇方面都有一定的成就。其诗歌代表作有《酬乐天》等，所作传奇**《莺莺传》**即后来《西厢记》的故事来源。

■ **真题链接**

在文学史上，有“元白”之称的是________和白居易。

（2014 年聊城大学广播电视编导专业招生考试试题）

刘禹锡　★★★☆☆

唐代著名文学家、哲学家。其诗风雄浑深沉，言近旨远，加之创作数量极多，后世称之为**“诗豪”**。其主要作品有《陋室铭》《竹枝词》《柳枝词》《乌衣巷》等。著有《刘梦得文集》。

■ **真题链接**

被称为“诗豪”的是________。

（2015 年北京电影学院创意与策划专业招生考试试题）

李　贺　★★★★☆

唐代著名的浪漫主义诗人。其诗作想象丰富奇特，擅用神话传说，富有象征性，语言新颖诡异，有**“诗鬼”**之称。其主要作品有《李凭箜篌引》《雁门太守行》《梦天》等。

■ **真题链接**

唐代诗人中，________被称为“诗鬼”。

（2014 年吉林动画学院广播电视编导专业招生考试试题）

李商隐　★★★★★

字义山，号玉溪生，又号樊南生，晚唐杰出诗人。李商隐以近体诗和律诗的成就最高，代表了晚唐诗歌的最高成就。他的诗作大都以男女爱情相思为题材，无题诗是其别具一格的创造。其主要作品有**《锦瑟》《无题》《夜雨寄北》**等。

■ **真题链接**

1. 诗句“春蚕到死丝方尽，蜡炬成灰泪始干”的作者是李商隐。

（2013 年重庆邮电大学广播电视编导专业招生考试试题）

2.“夕阳无限好，只是尽黄昏”是（ A ）的诗句。

A. 李商隐　　B. 张九龄　　C. 杜牧　　D. 陆游

（2013 年西南大学戏剧影视文学专业招生考试试题）

3.“身无彩凤双飞翼，心有灵犀一点通”是李商隐的传世名句。

（2013 年湖北民族学院广播电视编导专业招生考试试题）

杜　牧　★★★★☆

唐代著名文学家。晚年居住于长安南樊川别墅，故称“杜樊川”。杜牧博学多才，诗、赋、散文皆工，以诗的成就最高。其诗与**李商隐**齐名，世称**“小李杜”**。其主要作品有

《江南春》《泊秦淮》**《阿房宫赋》**等。著有《樊川文集》。

■ **真题链接**

1."商女不知亡国恨,隔江犹唱后庭花"出自(D)的作品。

A. 李商隐　　B. 韩愈　　C. 杜甫　　D. 杜牧

(2012年西南大学广播电视编导专业招生考试试题)

2.《阿房宫赋》是________的代表作。

A. 白居易　　B. 元稹　　C. 杜牧　　D. 李商隐

(2012年商丘师范学院广播电视编导专业招生考试试题)

3. 唐代诗人中,与杜牧合称为"小李杜"的是(　　)。

A. 李白　　B. 李商隐　　C. 李煜　　D. 李贺

(2014年重庆邮电大学广播电视编导专业招生考试试题)

4."南朝四百八十寺,多少楼台烟雨中""停车坐爱枫林晚,霜叶红于二月花""一骑红尘妃子笑,无人知是荔枝来"是唐代诗人(A)的诗句。

A. 杜牧　　B. 杜甫　　C. 李白　　D. 李贺

(2014年海南大学戏剧影视文学专业招生考试试题)

刘希夷 ★★★☆☆

唐朝诗人。他的诗以歌行见长,多写闺情,辞意柔婉华丽,且多感伤情调。其主要作品有《代悲白头吟》《从军行》《采桑》《江南曲八首》等。其中,名句**"年年岁岁花相似,岁岁年年人不同"出自其《代悲白头吟》**(一作《代悲白头翁》)。

■ **真题链接**

"年年岁岁花相似,岁岁年年人不同"出自(　　)。

A. 张若虚《春江花月夜》　　B. 刘希夷《代悲白头翁》

C. 白居易《长恨歌》　　D. 李商隐《夜雨寄北》

(2012年南京大学戏剧影视文学专业招生考试试题)

温庭筠 ★★★☆☆

晚唐著名诗人、词人。温庭筠是唐代写词最多的作家,也是中国文学史上第一个致力于填词的文人。他的词主要以描写妇女生活、闺愁宫怨为主,为**花间词派**的鼻祖。其作品大都收录在**我国第一部文人词总集《花间集》**中。

■ **真题链接**

温庭筠被尊为花间派鼻祖,"过尽千帆皆不是,斜晖脉脉水悠悠。肠断白蘋洲。"(《望江南》)为其著名词句。

(2016年河南省普通高校编导制作类专业招生统考试题)

陆　羽 ★★☆☆☆

中国唐代著名的茶文化家和鉴赏家。陆羽一生嗜茶,精于茶道,对中国和世界茶业的发展做出了卓越贡献,被誉为"茶仙"。他也很善于写诗。其主要作品有**《茶经》**,这是世界上第一部茶叶专著。

■ **真题链接**

唐代陆羽的________是我国最早的一部茶叶专著。

(2013年吉林动画学院广播电视编导专业招生考试试题)

李　煜 ★★★★☆

中国五代时最著名的词人。其前期作品多写帝王的享乐生活,风格柔靡,后期作品转为“故国之思”“亡国之痛”。其主要作品有《虞美人·春花秋月何时了》《相见欢·无言独上西楼》等。

■ **真题链接**

1. 五代著名诗人________有《虞美人·春花秋月何时了》等文学作品。

(2015 年平顶山学院戏剧影视文学专业招生考试试题)

2. 电影《一江春水向东流》的片名取自我国古代诗人(　　)词作中的佳句。

A. 苏轼　　B. 李煜　　C. 李清照　　D. 辛弃疾

(2016 年西南大学广播电视编导专业招生考试试题)

唐传奇 ★★★☆☆

是指唐代流行的文言短篇小说,作者大多以记、传名篇,以史家笔法,传奇闻异事。唐传奇内容广泛,多以历史、爱情、侠义、神怪故事等为题材。其主要作品有**李朝威的《柳毅传》**、**元稹的《莺莺传》**、**白行简的《李娃传》**、**蒋防的《霍小玉传》**、**陈鸿的《长恨歌传》**等。

■ **真题链接**

名词解释:唐传奇

(2015 年湖南师范大学广播电视编导专业招生考试试题)

(五)宋代文学

唐宋八大家 ★★★★★

唐、宋两代八位著名散文家的合称,即唐代的**韩愈**、**柳宗元**,宋代的**欧阳修**、**苏洵**、**苏轼**、**苏辙**、**王安石**、**曾巩**。因明代茅坤选辑他们的作品为《唐宋八大家文钞》而得名。

■ **真题链接**

1. 唐宋八大家有韩愈、柳宗元、苏洵、苏轼、苏辙、王安石、欧阳修、________。

(2013 年枣庄学院广播电视编导专业招生考试试题)

2. 名词解释:唐宋八大家

(2014 年池州学院广播电视编导专业招生考试试题)

欧阳修 ★★★★☆

号醉翁,又号**六一居士**,**北宋**著名的文学家、史学家,谥文忠。欧阳修是北宋诗文革新运动的领袖,他继承并发展了韩愈的古文理论,提出“文”“道”并重、“道”先“文”后的观点,其文学成就以散文最高。其主要作品有《醉翁亭记》《六一诗话》等。著有《欧阳文忠公集》等。

■ **真题链接**

1. 欧阳修是________朝著名的文学家。

(2013 年吉林动画学院广播电视编导专业招生考试试题)

2. “六一居士”是下列哪位文学家的别号?(　　)

A. 欧阳修　　B. 李商隐　　C. 王安石　　D. 杜牧

(2014 年重庆邮电大学广播电视编导专业招生考试试题)

王安石 ★★★☆☆

世称临川先生,北宋政治家、思想家、文学家。其主要作品有政论文《上仁宗皇帝言事书》《答司马谏议书》,小品文《读孟尝君传》《伤仲永》,山水游记散文《游褒禅山记》,诗作《泊船瓜洲》等。著有**《王临川集》**《临川集拾遗》。

■ **真题链接**

名句"世之奇伟、瑰怪,非常之观,常在于险远"来自(　　)。

A.《登鹳雀楼》　　B.《黄鹤楼》　　C.《游褒禅山记》　　D.《登高》

(2017年重庆邮电大学广播电视编导专业招生考试试题)

苏　轼 ★★★★★

字子瞻,号**东坡居士**,北宋杰出的文学家、书画家。苏轼在散文、诗词、书画等方面都有很高的造诣和成就。他的词气势磅礴、风格雄健,开创了**豪放词派**。苏轼与其父苏洵、其弟苏辙合称为**"三苏"**。其主要词作有《水调歌头·明月几时有》《念奴娇·赤壁怀古》《定风波·莫听穿林打叶声》等。他的辞赋也取得了很高的成就,创作了《前赤壁赋》《后赤壁赋》等名篇。

■ **真题链接**

1.诗句"日啖荔枝三百颗,不辞长作岭南人"的作者是苏轼。

(2013年重庆邮电大学广播电视编导专业招生考试试题)

2."一门三父子,都是大文豪。诗赋传千古,峨眉共比高。"这首诗中的"三父子"指的是(　C　)。

A.曹操 曹丕 曹植　　B.班彪 班固 班超

C.苏洵 苏轼 苏辙　　D.杜甫 杜牧 杜荀鹤

(2014年聊城大学东昌学院广播电视编导专业招生考试试题)

3."横看成岭侧成峰,远近高低各不同。不识庐山真面目,只缘身在此山中"出自(　C　)的《题西林壁》。

A.王安石　　B.黄庭坚　　C.苏轼　　D.秦观

(2014年海南大学戏剧影视文学专业招生考试试题)

4.苏轼在《念奴娇·赤壁怀古》中写道:"羽扇纶巾,谈笑间,樯橹灰飞烟灭。"其中"羽扇纶巾"指的是(　B　)。

A.诸葛亮　　B.周瑜　　C.曹操　　D.孙权

(2016年西南大学广播电视编导专业招生考试试题)

5."天下第三行书"是哪个?(　C　)

A.《兰亭集序》　　B.《祭侄文稿》　　C.《寒食帖》　　D.《值雨帖》

(2017年北京电影学院广播电视编导专业招生考试试题)

苏门四学士 ★★★☆☆

秦观、**黄庭坚**、**晁补之**和**张耒**四人并称为**"苏门四学士"**,这四人均出自**苏轼**门下。

■ **真题链接**

"苏门四学士"是指________、________、________、________。

(2013年蚌埠学院广播电视编导专业招生考试试题)

黄庭坚 ★★★☆☆

号**山谷道人**,北宋著名诗人、书法家。在诗歌创作方面,他推崇杜甫,重视诗法,但刻意求奇,与苏轼齐名,并称**"苏黄"**。黄庭坚的书法成就也较为突出,尤擅行草,与苏轼、米芾、蔡襄并称为**"宋四家"**。其主要作品有《登快阁》《雨中登岳阳楼望君山二首》等。

■ **真题链接**

1.书法史上论及宋代书法,素有"苏、黄、米、蔡"四大家之称,其中,"黄"是指________,"米"是指________。

(2014年南京艺术学院戏剧影视文学专业招生考试试题)

2.黄庭坚既是宋代四大书法家之一,又是江西诗派的开山之祖。

(2014年吉林动画学院广播电视编导专业招生考试试题)

秦　观 ★★★☆☆

北宋著名词人，被称为“婉约之宗”。他的词多写男女情爱，风格委婉含蓄、清丽雅淡。其主要作品有《鹊桥仙·纤云弄巧》《满庭芳·山抹微云》等。名句**“两情若是久长时，又岂在朝朝暮暮”**出自秦观的**《鹊桥仙·纤云弄巧》**。

■ **真题链接**

简答题：谈谈对词人秦观的看法。

（2015年武汉大学戏剧影视文学专业招生考试试题）

梅尧臣 ★★☆☆☆

北宋诗人，字圣俞，宣州宣城人，世称**宛陵先生**。其诗与苏舜钦齐名，时称**“苏梅”**。他对开辟宋诗的道路做出了重要贡献，被誉为宋诗的“开山祖师”，甚受陆游等人的推崇。代表作有《田家四时》《伤桑》等，著有《宛陵先生文集》。

柳　永 ★★★★☆

婉约派最具代表性的人物之一。是北宋第一位致力于写词的作家，开拓了词的铺叙手法，使词通俗化、口语化，在词史上产生了较大影响。他的词流传较广，时有**“凡有井水饮处，即能歌柳词”**之说。其主要作品有**《雨霖铃·寒蝉凄切》**《八声甘州·对潇潇暮雨洒江天》等。

■ **真题链接**

1.“衣带渐宽终不悔”的下句是“为伊消得人憔悴”，这首词的作者是宋代大词人柳永。

（2014年河北美术学院广播电视编导专业招生考试试题）

2.诗句“念去去千里烟波，暮霭沉沉楚天阔”的作者是（　　）。

A.柳永　　B.秦观　　C.辛弃疾　　D.李清照

（2017年重庆邮电大学广播电视编导专业招生考试试题）

范仲淹 ★★★★☆

北宋著名政治家、文学家，谥文正。他的作品具有鲜明的政治内容，多反映爱国爱民的思想感情。其主要作品有《岳阳楼记》《渔家傲》《苏幕遮》《御街行》等。著有**《范文正公集》**。

■ **真题链接**

“先天下之忧而忧，后天下之乐而乐”出自范仲淹的《岳阳楼记》。

（2013年齐齐哈尔大学广播电视编导专业招生考试试题）

司马光 ★★★★★

北宋史学家、文学家，官至宰相，谥文正。他在政治上是保守派，对抗王安石变法。在学术上有不朽的贡献，主编了**我国最大的一部编年体通史《资治通鉴》**，此书被称为“帝王的镜子”，与西汉司马迁的《史记》一起被誉为**“史学双璧”**。著有《司马文正公集》。

■ **真题链接**

1.被誉为“史学双璧”的两部史学著作是《资治通鉴》和________。

（2013年重庆邮电大学广播电视编导专业招生考试试题）

2.被称为“帝王的镜子”的历史著作是（　　）。

A.《史记》　　B.《资治通鉴》

C.《汉书》　　D.《后汉书》

（2013年云南艺术学院公共事业管理/文化产业管理专业招生考试试题）

3. 作者自述以"关国家兴衰，系生民休戚"为著作主旨，立志为统治者提供历史经验与教训的史书是（ D ）。

A.《春秋》　　B.《史记》　　C.《汉书》　　D.《资治通鉴》

（2017 年海口经济学院广播电视编导专业招生考试试题）

4. 名词解释：《资治通鉴》

（2017 年山东艺术学院艺术史论专业招生考试试题）

沈　括 ★★★★☆

北宋科学家、政治家，精通天文、数学、物理学、化学、地质学、气象学、地理学、农学和医学。其主要作品是**《梦溪笔谈》**，被西方学者称为"中国古代的百科全书"。

■ **真题链接**

1. 我国第一部科普作品、以笔记体写成的学术著作是（　　）。

A. 沈括《梦溪笔谈》　　B. 徐弘祖《徐霞客游记》

C. 刘勰《文心雕龙》　　D. 钟嵘《诗品》

（2012 年河南大学广播电视编导专业招生考试试题）

2.《梦溪笔谈》的作者是（　　）。

A. 沈括　　B. 郦道元　　C. 柳宗元　　D. 辛弃疾

（2013 年四川音乐学院戏剧影视文学专业招生考试试题）

《张协状元》 ★★★☆☆

南戏作品，南宋时期由温州九山书会的才人创作，收录在《永乐大典》中，与《宦门子弟错立身》《小孙屠》统称为"《永乐大典》戏文三种"。《张协状元》是唯一完整保留下来的南宋戏文，也是中国迄今所发现的最早、保存最完整的中国古代戏曲剧本。

■ **真题链接**

最早的南戏剧本是________。

（2015 年湖南师范大学戏剧影视文学专业招生考试试题）

岳　飞 ★★★☆☆

南宋初期抗金名将、文学家。他戎马一生，写下了不少洋溢着爱国激情的作品，慷慨激昂，动人心魄，感人肺腑，其名篇有**《满江红·怒发冲冠》**等。

■ **真题链接**

1. "三十功名尘与土，八千里路云和月"出自岳飞的《满江红》。

（2014 年安阳师范学院广播电视编导专业招生考试试题）

2. 岳飞的《满江红》"笑谈渴饮匈奴血"中的"匈奴"是指（ A ）。

A. 女真统治者　　B. 西夏统治者　　C. 蒙古统治者　　D. 鞑靼统治者

（2015 年甘肃省普通高校编导类专业招生统考试题）

范成大 ★★★☆☆

南宋时期著名的田园诗人。他的诗风清新奔逸，语言明快质朴，揭露社会问题比较深刻。其主要作品有《四时田园杂兴六十首》等。**范成大与尤袤、杨万里、陆游齐名，号称"中兴四大诗人"。**

■ **真题链接**

中兴四大诗人是________、________、________、________。

（2011 年平顶山学院广播电视编导专业招生考试试题）

杨万里 ★★★☆☆

南宋著名诗人。其诗新鲜泼辣，想象丰富，意境新颖，自成一家，世称**"诚斋体"**。其主要作品有《过扬子江》《悯农》等。著有《诚斋集》。

■ 真题链接

南宋诗人________的诗被称为"诚斋体"。

(2014年贺州学院广播电视编导专业招生考试试题)

李清照 ★★★★★

号**易安居士**，济南章丘人。南宋著名女词人、**婉约派**的代表人物，也是我国文学史上**第一位女词人**。其词擅用白描手法塑造形象，能以常语创意，在两宋词坛中独树一帜，被称为"易安体"。其主要作品有**《声声慢·寻寻觅觅》《一剪梅·红藕香残玉簟秋》《如梦令·昨夜雨疏风骤》**等，收录在词集**《漱玉词》**中。

■ 真题链接

1.文集《漱玉词》的作者是________。

(2013年重庆邮电大学广播电视编导专业招生考试试题)

2."莫道不消魂，帘卷西风，人比黄花瘦"出自宋词《醉花阴》，作者是李清照。

(2014年贺州学院广播电视编导专业招生考试试题)

3.宋代女词人 ________ 是婉约词派的代表人物，其作品有《声声慢·寻寻觅觅》等。

(2014年吉林动画学院摄影专业招生考试试题)

4.号"易安居士"的宋代文学家是________。

(2016年重庆市普通高校编导类专业招生统考试题)

5."知否？知否？应是绿肥红瘦"的作者是(　　)。

A.蔡琰　　B.柳永　　C.晏殊　　D.李清照

(2017年沈阳大学广播电视编导专业招生考试试题)

陆　游 ★★★★☆

号**放翁**，南宋伟大的爱国主义诗人。是中国文学史上创作最丰富的诗人，存诗共约9300余首。其诗歌始终贯穿着炽热的爱国主义精神。主要作品有**《卜算子·咏梅》《书愤》《十一月四日风雨大作》**《示儿》《关山月》等。

■ 真题链接

1.________是南宋时期著名的爱国诗人，是中国文学史上创作最丰富的诗人，代表作有《书愤》《十一月四日风雨大作》等。

(2013年山东女子学院文化产业管理专业招生考试试题)

2."红酥手，黄藤酒，满城春色宫墙柳"出自宋代著名词人陆游的词作(　A　)。

A.《钗头凤》　　B.《诉衷情》　　C.《卜算子》　　D.《相见欢》

(2013年池州学院广播电视编导专业招生考试试题)

3.号"放翁"的宋代文学家是(　　)。

A.陆游　　B.辛弃疾　　C.李清照　　D.苏洵

(2014年重庆邮电大学广播电视编导专业招生考试试题)

辛弃疾 ★★★★★

字**幼安**，号**稼轩**，历城(今山东济南)人。南宋爱国词人。他的词苍凉悲壮，词风豪迈，是宋词**豪放派**的代表，并把苏轼开创的豪放词风推向了新的高峰。其主要作品有**《青玉案·元夕》《永遇乐·京口北固亭怀古》**《破阵子·为陈同甫赋壮词以寄之》《菩萨

蛮·书江西造口壁》等。著有词集《稼轩长短句》。

■ **真题链接**

1.词句"醉里挑灯看剑,梦回吹角连营"的作者是辛弃疾。

(2012年重庆邮电大学广播电视编导专业招生考试试题)

2."青山遮不住,毕竟东流去"是宋代著名词人辛弃疾《菩萨蛮》中的词句。

(2012年青岛农业大学广播电视编导专业招生考试试题)

3.字"幼安"、号"稼轩"的宋代文学家是(　　)。

A.欧阳修　　B.王安石　　C.陆游　　D.辛弃疾

(2014年重庆市普通高校编导制作类专业招生统考试题)

4."二安"是指宋代词人李清照和辛弃疾。

(2014年广西壮族自治区普通高校影视传媒类专业招生统考试题)

5.辛弃疾,字幼安,号稼轩,其词《西江月》(明月别枝惊鹊)以"七八个星天外,两三点雨山前"等优美词句,描写了农村月夜的优美幽静。

(2016年河南省普通高校编导制作类专业招生统考试题)

姜　夔 ★★★☆☆

南宋文学家、音乐家。他对诗词、散文、书法、音乐,无不精擅,是继苏轼之后又一难得的艺术全才。他的词题材广泛,有感时、抒怀、咏物、恋情、写景、记游等。他在词中抒发了自己流落江湖却不忘君国的感时伤世的思想,描写了漂泊的羁旅生活,以及超凡脱俗、如孤云野鹤般的个性。其主要作品有**《扬州慢·淮左名都》**《暗香·旧时月色》《疏影·苔枝缀玉》等。

■ **真题链接**

1."念桥边红药,年年知为谁生"中,"红药"是指(　A　)。

A.芍药　　B.牡丹　　C.美女　　D.红梅

(2012年西南大学戏剧影视文学专业招生考试试题)

2.姜夔不仅是南宋文学家,他还是颇有成就的(　A　)。

A.音乐家　　B.画家　　C.政治家　　D.书法家

(2012年西南大学戏剧影视文学专业招生考试试题)

3.南宋中后期崛起的一个以姜夔为代表的新词派是清雅词派。

(2016年赣南师范学院广播电视编导专业招生考试试题)

文天祥 ★★★★☆

南宋杰出的民族英雄和爱国诗人。其前期诗歌清新、明快、豪放,感情特别丰富、浓郁,充满了饱满的战斗精神;后期诗歌则大多是对人生旅途多"险阻艰难"、未尽如人意的感叹。其主要诗作有**《过零丁洋》**《正气歌》《金陵驿二首》等。

■ **真题链接**

1."人生自古谁无死,留取丹心照汗青"的作者是文天祥。

(2014年南京艺术学院影视策划专业招生考试试题)

2.诗集《指南录》的作者是________。

(2016年赣南师范学院广播电视编导专业招生考试试题)

朱　熹 ★★☆☆☆

南宋著名理学家,世称朱文公、朱子。中国教育史上继孔子后的又一人。他写了大量讲解儒家经传的著作,发展了程颢、程颐关于理气关系的学说,建立了一个完整的客观唯心主义的理论体系。明清两代他被提升到儒学的正宗地位,是理学之集大成者。

在人性论上，主张“**存天理、灭人欲**”“格物致知”。其诗文创作也有一定的成就，代表作有《四书章句集注》《韩文考异》等。

（六）元代文学

话　本 ★★★★☆

宋元间“说话”艺人的底本，是随着民间“说话”伎艺发展起来的一种文学形式。“说话”通常分为小说、说经、讲史、合生四种，其中以小说、讲史两家最为重要，影响也最大。

■ **真题链接**

1. 名词解释：话本

（2011 年广西艺术学院文化产业管理专业招生考试试题）

2. 宋代说书艺人称故事的底本为________，既是曲艺又是白话文。其中的讲史专讲长篇历史故事，为后来的《三国演义》《水浒传》留下雏形。

（2014 年西北大学现代学院广播电视编导专业招生考试试题）

元　曲 ★★★☆☆

包括**杂剧和散曲**两种形式，是元代文学的主体。杂剧是在北方戏曲的基础上发展起来的戏曲，是音乐、歌舞、道白、做功等结合起来表演故事的一种综合性舞台艺术，**它标志着元代文学的最高成就**。散曲则属诗歌，是金元时期在北方兴起的一种合乐歌唱的诗歌新体式，体制主要分为小令和套数两类。

■ **真题链接**

元代文学的主流是元曲，元曲包括杂剧和（　　）。

A. 京剧　　B. 戏曲　　C. 小令　　D. 散曲

（2014 年聊城大学广播电视编导专业招生考试试题）

元杂剧 ★★★☆☆

又称为北杂剧、北曲，是在金院本的基础上孕育发展形成的。“四折一楔子”的结构形式和“一人主唱”是其显著特色。元杂剧的主要代表人物和作品有关汉卿的《窦娥冤》、白朴的《墙头马上》、马致远的《汉宫秋》、郑光祖的《倩女离魂》、王实甫的《西厢记》、纪君祥的《赵氏孤儿》等。

■ **真题链接**

名词解释：元杂剧

（2017 年山东艺术学院艺术史论专业招生考试试题）

散　曲 ★★☆☆☆

是一种同音乐结合的长短句歌词，主要分成两大类，即**小令和套数**。**小令是散曲的基本单位**。元散曲的代表作家和作品有**关汉卿的（南吕）《一枝花 · 不伏老》、白朴的（双调）《沉醉东风 · 渔父》、马致远的（双调）《夜行船 · 秋思》、张养浩的（中吕）《山坡羊 · 潼关怀古》**等。

元曲四大家 ★★★★★

是指**关汉卿、白朴、马致远、郑光祖**四位元代杂剧作家。他们四人代表了元代不同时期不同流派杂剧创作的成就，因此被称为“元曲四大家”。其主要代表作品有关汉卿的《窦娥冤》、白朴的《梧桐雨》、马致远的《汉宫秋》、郑光祖的《倩女离魂》。

■ **真题链接**

1.元曲四大家及其代表作：________(人名)，代表作品《________》；________(人名)，代表作品《________》；________(人名)，代表作品《________》；________(人名)，代表作品《________》。

(2016年解放军艺术学院戏剧影视文学专业招生考试试题)

2.下列哪位不属于"元曲四大家"？(　　)

A.马致远　　B.关汉卿　　C.王实甫　　D.郑光祖

(2017年重庆市普通高校广播电视编导专业招生联考试题)

3.名词解释：元曲四大家

(2017年山东艺术学院戏剧影视文学专业招生考试试题)

关汉卿 ★★★★★

元代著名杂剧作家。他创作的杂剧内容具有强烈的现实性，弥漫着昂扬的战斗精神。大致分为三类：第一类是公案剧，代表作品是**《窦娥冤》**；第二类是女性生活剧，代表作品是**《救风尘》**《拜月亭》等；第三类是历史剧，代表作品是**《单刀会》**等。

■ **真题链接**

1."我是个蒸不烂、煮不熟、捶不扁、炒不爆、响当当一粒铜豌豆"是(　A　)的自喻。

A.关汉卿　　B.龚自珍　　C.鲁迅　　D.文天祥

(2011年广西民族大学广播电视编导专业招生考试试题)

2.下列作品不属于关汉卿作品的是(　C　)。

A.《窦娥冤》　　B.《救风尘》　　C.《琵琶记》　　D.《单刀会》

(2013年南阳师范学院广播电视编导/戏剧影视文学专业招生考试试题)

3."地也，你不分好歹何为地！天也，你错勘贤愚枉做天"出自元代四大悲剧中的哪一部作品？(　A　)

A.关汉卿《窦娥冤》　　B.王实甫《西厢记》

C.郑光祖《赵氏孤儿》　　D.马致远《汉宫秋》

(2014年天津工业大学广播电视编导专业招生考试试题)

马致远 ★★★★☆

元代著名散曲家、杂剧家，被称为**"秋思之祖"**。他的杂剧语言清丽，善于把朴实自然的语句锤炼得精致而富有表现力，曲文充满了强烈的抒情性和主观性。他的散曲声调和谐优美，语言疏宕豪爽。其主要作品有杂剧**《汉宫秋》**《岳阳楼》《青衫泪》等，小令**《天净沙·秋思》**。

■ **真题链接**

1.被称为"秋思之祖"的是________，"夕阳西下，断肠人在天涯"出自其作品《天净沙·秋思》。

(2014年浙江传媒学院广播电视编导专业招生考试试题)

2.马致远创作的杂剧《汉宫秋》是以昭君出塞为题材的。

(2014年赣南师范学院广播电视编导专业招生考试试题)

白　朴 ★★★★☆

元代著名的文学家、曲作家、杂剧家。他善于利用历史题材，敷演故事，因旧题，创新意，词采优美，情意深切绵长。其主要作品有**《墙头马上》《梧桐雨》**等。

■ **真题链接**

1.《梧桐雨》的作者是________。

(2014年廊坊师范学院戏剧影视文学招生考试试题)

2.白朴是________著名戏剧家，他的作品《梧桐雨》第一次把唐明皇与杨贵妃的故事搬上舞台。

(2014年河北美术学院广播电视编导专业招生考试试题)

郑光祖 ★★★☆☆

元代著名杂剧家、散曲家。其描写男女爱情生活的剧作，以文采见长，语言典雅，受王实甫影响颇深。其主要作品有**《倩女离魂》**《王粲登楼》等。

■ **真题链接**

郑光祖的代表作是________。

（2014 年廊坊师范学院戏剧影视文学招生考试试题）

王实甫 ★★★★★

元代杰出戏剧家。其主要作品**《西厢记》**在元代杂剧中具有“天下夺魁”的艺术成就。该剧成功塑造了**张生**、**崔莺莺**、**红娘**等鲜明的艺术形象，具有强烈的反封建思想。其他作品还有《丽春堂》《破窑记》等。

■ **真题链接**

1. 名词解释：西厢记

（2013 年四川大学锦江学院广播电视编导专业招生考试试题）

2. 王实甫的________讲述了________和张生敢于冲破封建礼教的束缚，对于爱情的忠贞不渝。

（2014 年河南省普通高校编导制作类专业招生统考试题）

3. 唱词“碧云天，黄花地，西风紧，北雁南飞，晓来谁染霜林醉，总是离人泪”出自（ A ）。

A.《西厢记》　B.《救风尘》　C.《牡丹亭》　D.《汉宫秋》

（2014 年吉林动画学院广播电视编导专业招生考试试题）

4.《西厢记》的作者是__________。其男主角为__________。

（2016 年云南师范大学广播电视编导专业招生考试试题）

纪君祥 ★★★★★

元代杂剧作家。所撰杂剧 6 种，今仅存《赵氏孤儿》1 种。**《赵氏孤儿》**是一部具有浓郁悲剧色彩的历史剧，在 18 世纪传入欧洲，被法国著名文学家伏尔泰翻译成《中国孤儿》上演，轰动巴黎。《赵氏孤儿》是我国**第一部传入欧洲的戏剧作品**。

■ **真题链接**

1. 法国文豪伏尔泰将中国一部悲剧作品改编成话剧，并在巴黎上演，这部中国悲剧作品是________。

（2012 年临沂大学广播电视编导专业招生考试试题）

2. 我国第一部被介绍到欧洲的戏剧是________，其作者是纪君祥。

（2014 年宝鸡文理学院广播电视编导专业招生考试试题）

3. 将左右两列最密切相关项用实线连接起来。

纪君祥	《赵氏孤儿》
莫言	徐渭
Dogma95	《玩偶之家》
《四声猿》	《透明的红萝卜》
娜拉	导演之名不可出现在职员表中

（2016 年青岛大学广播电视编导专业招生考试试题）

4. 纪君祥的代表作是（ ）。

A.《梧桐雨》　B.《汉宫秋》　C.《屈原》　D.《赵氏孤儿》

（2017 年湖南师范大学戏剧影视文学专业招生考试试题）

张养浩 ★★★☆☆

元代著名散曲作家。他的作品文字显白流畅，感情真朴醇厚，无论是抒情或是写

景，都能出自真情而较少雕镂。作品中往往流露出对黑暗官场的厌恶，寄寓着壮志难酬的愤慨。其主要作品有**《山坡羊·潼关怀古》**《山坡羊·骊山怀古》等。

■ **真题链接**

峰峦如聚，波涛如怒，山河表里潼关路。——张养浩《山坡羊·潼关怀古》

（2012年南京大学戏剧影视文学专业招生考试试题）

元杂剧四大爱情剧 ★★★★☆

王实甫的《西厢记》、关汉卿的《拜月亭》、白朴的《墙头马上》、郑光祖的《倩女离魂》，合称为元杂剧的四大爱情剧。

■ **真题链接**

元杂剧四大爱情剧是指关汉卿的《拜月亭》、王实甫的________、白朴的《墙头马上》、郑光祖的《倩女离魂》。

（2014年大连艺术学院广播电视编导专业招生考试试题）

元杂剧四大悲剧 ★★★★★

关汉卿的《窦娥冤》、马致远的《汉宫秋》、白朴的《梧桐雨》、纪君祥的《赵氏孤儿》，合称为元杂剧的四大悲剧。

■ **真题链接**

元杂剧中的四大悲剧指关汉卿的《________》、马致远的《汉宫秋》、白朴的《梧桐雨》和纪君祥的《赵氏孤儿》，《赵氏孤儿》被喻为"雪里梅花"。

（2017年井冈山大学广播电视编导专业招生考试试题）

南 戏 ★★★☆☆

又称"南曲戏文"，是宋元时期用南曲演唱的一种戏曲形式。它在形成和发展过程中吸收了大曲、诸宫调、滑稽戏等民间说唱技艺，因起源于浙江、温州一带，所以又称为"温州杂剧"或"永嘉杂剧"。南戏曲调轻柔婉转，伴奏以管乐为主，剧中各个角色可以分唱或合唱。

■ **真题链接**

1. 目前唯一能看到的南戏剧本是《张协状元》。

（2012年天津师范大学广播电视编导专业招生考试试题）

2. 南戏是中国戏曲最早的表现形式，它形成于南北宋之交的浙江温州（古称永嘉）一带的民间。

（2013年江西师范大学广播电视编导专业招生考试试题）

四大南戏 ★★★☆☆

即**《荆钗记》、《白兔记》（又名《刘知远白兔记》）、《拜月亭记》、《杀狗记》**四部著名的南戏作品，也被称为"四大传奇"，简称"**荆刘拜杀**"。

■ **真题链接**

1. 四大南戏是指：《荆钗记》《白兔记》《拜月亭记》《________》。

（2014年池州学院广播电视编导专业招生考试试题）

2. 四大南戏中流传最广、影响最大的是哪一部？《拜月亭记》。

（2016年天津师范大学戏剧影视文学专业招生考试试题）

3. 四大南戏中的"拜"指的是________。

（2017年湖南师范大学戏剧影视文学专业招生考试试题）

（七）明清文学

二十四史 ★★★☆☆

分别是《史记》《汉书》《后汉书》《三国志》《晋书》《宋书》《南齐书》《梁书》《陈书》《魏书》《北齐书》《周书》《隋书》《南史》《北史》《旧唐书》《新唐书》《旧五代史》《新五代史》《宋史》《辽史》《金史》《元史》《明史》。

■ **真题链接**

1. 下列不属于二十四史的是（　　）。

A.《史记》　B.《辽史》　C.《三国志》　D.《清史稿》

（2013 年天津工业大学广播电视编导专业招生考试试题）

2. 下列不属于二十四史的是（　　）。

A.《左传》　B.《旧唐书》　C.《宋史》　D.《明史》

（2013 年沈阳大学广播电视编导专业招生考试试题）

后四史 ★★★☆☆

一般指的是**《宋史》《元史》《明史》《清史稿》**。

■ **真题链接**

后四史包括________、________、________、________。

（2013 年广西民族大学广播电视编导专业招生考试试题）

《永乐大典》 ★★★☆☆

明朝永乐年间内阁首辅解缙总编的一部中国古代集大成的旷世大典。全书正文 2 万多卷，目录 60 卷，装成 11095 册，总字数约 3.7 亿。书中保存了我国上自先秦、下迄明初的佚文秘典等各种文籍资料达 8000 余种，是**中国古代最大的一部百科全书**。

■ **真题链接**

15 世纪初世界上第一部百科全书是________。

（2013 年北京电影学院摄影专业招生考试试题）

明代四大奇书 ★★★☆☆

明代的四部长篇小说**《三国演义》《水浒传》《西游记》《金瓶梅》**被称为“明代四大奇书”。

■ **真题链接**

1. 明代四大奇书：《水浒传》《________》《________》《________》。

（2017 年江西师范大学广播电视编导专业招生考试试题）

2. 名词解释：明代四大奇书

（2017 年山东艺术学院广播电视编导专业招生考试试题）

《三国演义》 ★★★★★

是我国第一部长篇章回体小说，由元末明初**罗贯中**著。是根据陈寿《三国志》及范晔《后汉书》、元代《三国志平话》和一些民间传说写成。该书语言文白相间，形成了一种**“文不甚深，言不甚俗”**的语体风格。

■ **真题链接**

1.《三国演义》中“千里走单骑”“单刀赴会”的英雄人物是关羽。

（2012 年河南省普通高校编导制作类专业招生统考试题）

2. 古典长篇小说《三国演义》中，蜀国的"五虎上将"指的是关羽、张飞、马超、黄忠、赵云。（填写人名）

（2013 年重庆邮电大学广播电视编导专业招生考试试题）

3. 著名的"温酒斩华雄""威震长坂坡""单骑救幼主""七擒孟获"等流传极广的故事出自元末明初小说家________的《________》。

（2014 年平顶山学院广播电视编导专业招生考试试题）

4.（　　）是我国第一部章回体小说，也是我国最优秀的长篇历史小说。

A.《三国演义》　B.《水浒传》　C.《红楼梦》　D.《西游记》

（2014 年蚌埠学院广播电视编导专业招生考试试题）

《水浒传》 ★★★★★

是我国第一部用白话文写成的章回体小说，由元末明初**施耐庵**著。书中生动地描写了北宋末年一百〇八位梁山好汉从起义到兴盛再到最终失败的全过程，鲜明地表现了"官逼民反"的主题。

■ **真题链接**

1.《水浒传》中"玉麒麟"是卢俊义。

（2013 年重庆邮电大学广播电视编导专业招生考试试题）

2."呼保义"是指（ A ）。

A. 宋江　B. 卢俊义　C. 呼延灼　D. 柴进

（2013 年重庆邮电大学广播电视编导专业招生考试试题）

3. 施耐庵的《________》是我国第一部反映农民起义的长篇章回体小说。

（2013 年湖北民族学院广播电视编导专业招生考试试题）

4. 用《水浒传》中的两个情节描述鲁智深这个人。

（2016 年江苏省普通高校广播电视编导专业招生联考试题）

5. 简述《水浒传》中林冲的人物形象。

（2017 年山东师范大学戏剧影视文学专业招生考试试题）

《西游记》 ★★★★★

是我国第一部长篇神怪小说，由明代**吴承恩**著。该书描写了孙悟空、猪八戒、沙僧保护唐僧西天取经，历经九九八十一难的传奇故事。

■ **真题链接**

1. 名词解释：《西游记》

（2012 年鲁东大学广播电视编导专业招生考试试题）

2. 吴承恩的《________》是著名的长篇神魔小说。

（2012 年商丘师范学院广播电视编导专业招生考试试题）

3.《西游记》的作者是________。

（2016 年华中师范大学武汉传媒学院摄影/影视摄影与制作专业招生考试试题）

4. 简答题：分析《西游记》中唐僧的人物形象。

（2017 年广州大学广播电视编导专业招生考试试题）

《金瓶梅》 ★★★★☆

是中国文学史上第一部由文人独立创作的长篇世情小说，作者署名**兰陵笑笑生**。小说托古讽今，暴露了明代封建社会的黑暗和腐败。结构大而不乱，内容丰富，思想深邃，是一部明代中后期社会的百科全书。

■ **真题链接**

我国第一部文人独创的以描写家庭生活为题材的长篇小说是________。

（2012 年天津师范大学广播电视编导专业招生考试试题）

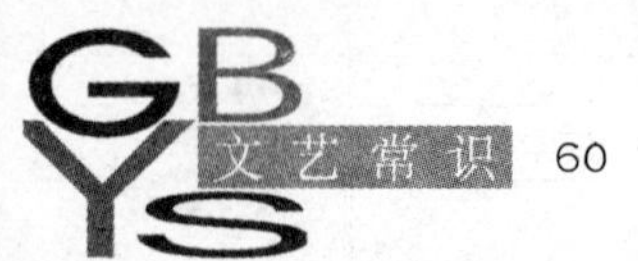

三言二拍 ★★★★★

五部明代人辑著的白话短篇小说集总称。“三言”是指明代**冯梦龙**纂辑的**《喻世明言》《警世通言》《醒世恒言》**三部小说集。“二拍”是指明代**凌濛初**编著的**《初刻拍案惊奇》《二刻拍案惊奇》**两部小说集。

■ 真题链接

1. 明中叶市民文学达到繁荣的标志是冯梦龙的________、________、________和凌濛初的________、________，被合称为__________。

（2014 年平顶山学院戏剧影视文学专业招生考试试题）

2. 名词解释：三言二拍

（2017 年青岛农业大学广播电视编导专业招生考试试题）

汤显祖 ★★★★★

明代戏曲作家，是与英国莎士比亚处于同一时代的剧作家，所以有**“东方的莎士比亚”**之称。汤显祖在戏曲创作上，提倡文采，主张抒写人物的真情实感，反对极力追求声调格律。其主要作品有“临川四梦”，或称“玉茗堂四梦”，即**《牡丹亭》《南柯记》《邯郸记》《紫钗记》**。

■ 真题链接

1. 被誉为“东方的莎士比亚”的明代戏剧大师是（　　）。

A. 沈璟　　B. 李渔　　C. 汤显祖　　D. 屠隆

（2014 年赣南师范学院广播电视编导专业招生考试试题）

2. 明代戏曲家汤显祖的代表作“临川四梦”，包括《________》《南柯记》《________》和《紫钗记》。

（2017 年河南省普通高等学校编导制作类专业招生统考试题）

3. 名词解释：汤显祖

（2017 年湖南省普通高等院校广播电视编导专业招生统考试题）

《牡丹亭》 ★★★★★

由汤显祖创作，又名《还魂记》，是我国戏曲史上的浪漫主义杰作，代表了明代戏曲创作的最高峰。作品表现了**杜丽娘**与**柳梦梅**之间生死离合的爱情故事，揭露了封建礼教的罪恶，歌颂了青年男女生死不渝的爱情。其中**《游园》《惊梦》**两折最为精彩。

■ 真题链接

1. 名词解释：《牡丹亭》

（2012 年长沙学院广播电视编导专业招生考试试题）

2. 汤显祖的代表剧作是（　　），描写了贵族小姐杜丽娘和柳梦梅冲破礼教的束缚，历尽艰险终于结为夫妻的故事。

A.《牡丹亭》　　B.《西厢记》　　C.《长恨歌》　　D.《桃花扇》

（2014 年聊城大学广播电视编导专业招生考试试题）

3. “原来姹紫嫣红开遍，似这般都付与断井颓垣”出自明代戏曲（ C ）。

A.《南柯记》　　B.《邯郸记》　　C.《牡丹亭》　　D.《紫钗记》

（2017 年安徽省普通高校艺术专业招生统考试题）

公安派 ★★★☆☆

明代后期的文学流派，以**袁宏道**及其兄**袁宗道**、其弟**袁中道**为首，因三人是公安（在今湖北）人而得名。公安派反对拟古风气，主张文学要“独抒性灵，不拘格套”。其创作以散文成就最高，风格清新活泼、自然率真，在当时很有影响。

■ **真题链接**

名词解释：公安派

（2013年周口师范学院广播电视编导专业招生考试试题）

《徐霞客游记》 ★★☆☆☆

明末地理学家**徐弘祖**（号霞客）所作，是以日记体为主的中国地理名著。该书不但对地理、水文、地质、植物等现象做了详细记录，而且还以抒情的笔调、典雅的文辞描绘了祖国的名山大川，被誉为**“古今记游第一”**。

■ **真题链接**

徐霞客是什么朝代的？（　　）

A. 唐　　B. 明　　C. 元　　D. 清

（2017年重庆市普通高校广播电视编导专业招生联考试题）

《封神演义》 ★★★☆☆

明代许仲琳所作，俗称**《封神榜》**，为中国古代神魔小说。书中的**哪吒闹海**、姜子牙下山、文王访贤、三抢封神榜、众仙斗阵斗法等情节，展现了古人丰富的想象力。

■ **真题链接**

创作于明代，以武王伐纣、商周易代的历史为框架，叙写天上的神仙分成两派卷入这场战争的神魔小说是（ A ）。

A.《封神演义》　　B.《西游记》　　C.《牡丹亭》　　D.《桃花扇》

（2014年赣南师范学院广播电视编导专业招生考试试题）

四大民间传说 ★★★★☆

是指在中国民间以口头、文稿等形式流传宽广、影响最大的四个神话传说。分别为：**《牛郎织女》《梁山伯与祝英台》《孟姜女哭长城》《白蛇传》**。民间传说故事是中国民间文化的一个重要组成部分，对广大民众的生活有着深刻的影响。以上四个传说全部是爱情故事，也反映了人们对真挚感情的认同。

■ **真题链接**

中国古代民间四大传说指的是：《白蛇传》________《梁山伯与祝英台》《孟姜女》。

（2016年宝鸡文理学院广播电视编导专业招生考试试题）

《古文观止》 ★★☆☆☆

是清代以来最为流行的古代散文选本之一，由吴楚材、吴调侯于康熙年间选定。上自先秦下迄明代，选文222篇，以散文为主，按时间先后编排，旧时为**启蒙读本**。此书入选之文皆为语言精练、短小精悍、便于传诵的佳作。

苏州派 ★☆☆☆☆

清初戏剧流派，以李玉为首，包括朱素臣、朱佐朝、毕魏、丘园等人。他们交往密切，有时合作创作剧本，因为都是苏州人，故称苏州派。苏州派的剧作大多能联系社会现实，思想性强，在当时的剧坛产生了一定影响。其主要作品有李玉的《清忠谱》、朱素臣的《十五贯》等。

李　玉 ★★★★☆

明末清初戏曲作家，字玄玉，号苏门啸侣。早期剧作以描写人情世态为主，《一捧雪》《人兽关》《永团圆》《占花魁》(合称"一笠庵四种曲")最负盛名，世称"**一人永占**"。晚期代表作以描写历史人物为主，表达兴利除弊、扬善惩恶的主题，作品有《清忠谱》《牛头山》《麒麟阁》等。

■ **真题链接**

下列艺术理论对应不正确的一项是(C)。

A. 张彦远——《历代名画记》　　B. 郭熙——《林泉高致》

C. 李玉——《闲情偶寄》　　D. 亚里士多德——《诗学》

(2015年广西壮族自治区普通高校影视传媒类专业招生统考试题)

李渔 ★★★★☆

清代著名的戏曲作家和戏曲理论家。在长期的戏曲艺术实践中，积累了丰富的剧本创作和表演、导演方面的经验。其主要作品有**我国第一部完整的戏曲理论著作《闲情偶寄》**，以及剧作《奈何天》《比目鱼》《风筝误》等。

■ **真题链接**

1. 中国戏曲史上第一位专门从事戏剧创作的作家是李渔。

(2012年廊坊师范学院戏剧影视文学专业招生考试试题)

2. 李渔是我国________(朝代)著名戏曲作家和戏曲理论家，其论著________是我国第一部完整的戏曲理论著作。

(2016年黄山学院广播电视编导/戏剧影视文学专业招生考试试题)

3.《闲情偶寄》的作者是清代戏剧家________。

(2017年湖南师范大学戏剧影视文学专业招生考试试题)

南洪北孔 ★★★★★

即清初两位著名剧作家**洪昇和孔尚任**的合称。因洪昇是南方浙江钱塘人，孔尚任是北方山东曲阜人，故后人誉之为"南洪北孔"。洪昇的代表作**《长生殿》**与孔尚任的代表作**《桃花扇》**堪称清代传奇的双璧，代表了17世纪末传奇创作的最后辉煌。

■ **真题链接**

并称"南洪北孔"的清代两位著名的戏曲作家是________、________。"南洪"的代表作是________，"北孔"的代表作是________。

(2015年黄山学院广播电视编导专业招生考试试题)

《长生殿》 ★★★★☆

是清初剧作家**洪昇**创作的剧本。取材于唐代诗人白居易的长诗**《长恨歌》**和元代剧作家白朴的剧作《梧桐雨》，讲述的是**唐玄宗**和贵妃**杨玉环**之间的爱情故事，既歌颂了两人的真挚感情，又批判了他们的荒淫无度，寄寓了一种"乐极哀来，垂戒来世"的思想。

■ **真题链接**

1. 洪昇的传奇作品《长生殿》取自白居易的________，描写了________和________的爱情故事。

(2013年南京艺术学院戏剧影视文学专业招生考试试题)

2. 洪昇的戏曲《长生殿》主要讲述的是下列哪些历史人物的爱情故事？( )

A. 许仙与白娘子　　B. 李隆基与杨玉环　　C. 梁山伯与祝英台　　D. 勾践与夫差

(2015年重庆邮电大学广播电视编导专业河南考点招生考试试题)

《桃花扇》 ★★★★☆

是清初剧作家**孔尚任**创作的一部伟大的现实主义历史剧。作品通过**侯方域与李香君**悲欢离合的爱情故事,反映了明末动荡的社会现实及统治阶级内部的派系斗争,从而揭示了南明覆灭的根本原因。整部剧是**"借离合之情,写兴亡之感"**,饱含了强烈的爱国主义情感。

■ **真题链接**

1. 名词解释:《桃花扇》

(2013年山东艺术学院公共事业管理专业招生考试试题)

2.《桃花扇》的作者是(　　)。

A. 汤显祖　　B. 孔尚任　　C. 洪昇　　D. 冯梦龙

(2016年天津工业大学广播电视编导专业招生考试试题)

3. 孔尚任的戏曲作品________是"借离合之情,写兴亡之感"。

(2017年衡水学院广播电视编导专业招生考试试题)

桐城派 ★☆☆☆☆

清代最大的散文流派。其散文的基本特征是以程朱理学为思想基础,以清王朝的政权稳固为服务目的,以先秦两汉和唐宋八大家的古文为楷模。桐城派创始于**方苞**,主要代表人物还有刘大櫆、姚鼐等人。

■ **真题链接**

"极天云一线异色,须臾成五采。日上,正赤如丹,下有红光,动摇承之"出自(C)。

A. 方苞　　B. 汪中　　C. 姚鼐　　D. 刘大魁

(2017年安徽省普通高校艺术专业招生统考试题)

蒲松龄 ★★★★☆

号柳泉居士,世称聊斋先生。其主要作品是文言短篇小说集**《聊斋志异》**,书中故事多取材于民间传说和野史轶闻,将花妖狐魅和幽冥世界的事物人格化、社会化,揭露了封建社会的黑暗和官场的罪恶,讽刺了科举制度的虚伪和种种弊端,歌颂了青年男女的纯真爱情,批判了不合理的婚姻制度等。此书被誉为"中国文言短篇小说之王"。其中的优秀篇章有《画皮》《崂山道士》《婴宁》《促织》等。

■ **真题链接**

1.《聊斋志异》的作者是________,作品属于志怪小说体裁。

(2014年浙江传媒学院广播电视编导专业招生考试试题)

2. 清代的《聊斋志异》是我国古代成就最高的文言短篇小说集,作者是(　　)。

A. 曹雪芹　　B. 纪晓岚　　C. 蒲松龄　　D. 刘墉

(2016年天津工业大学广播电视编导专业招生考试试题)

中国古典四大名著 ★★★★★

中国古典四大名著分别是:罗贯中的**《三国演义》**、施耐庵的**《水浒传》**、吴承恩的**《西游记》**、曹雪芹和高鹗的**《红楼梦》**。

■ **真题链接**

1. 我国的四大名著有《红楼梦》《三国演义》《西游记》和(　　)。

A.《聊斋志异》　　B.《金瓶梅词话》　　C.《封神演义》　　D.《水浒传》

(2014年四川音乐学院绵阳艺术学院摄影专业招生考试试题)

2."中国四大古典文学名著"包含以下哪些作品?(ABD)(多选)

A.《红楼梦》　　B.《三国演义》　　C.《聊斋志异》　　D.《西游记》

(2017年商丘学院广播电视编导专业招生考试试题)

《红楼梦》 ★★★★★

又名《石头记》，是我国一部伟大的古典长篇章回体小说，全书共一百二十回，前八十回为清代**曹雪芹**所作，后四十回多认为由**高鹗**续成。小说以**贾宝玉**、**林黛玉**的爱情悲剧为主线，描写了以贾家为代表的“**贾、史、王、薛**”四大家族的衰落过程，批判并揭示了封建社会制度濒于崩溃和必然灭亡的历史趋势。

■ **真题链接**

1.“一个是阆苑仙葩，一个是美玉无瑕。若说没奇缘，今生偏又遇着他；若说有奇缘，如何心事终虚化？”这段歌词反映的是哪部小说？（ A ）

A.《红楼梦》　B.《水浒传》　C.《三国演义》　D.《西游记》

（2012 年安阳师范学院人文管理学院广播电视编导专业招生考试试题）

2. 蒲松龄的《聊斋志异》和曹雪芹的________，堪称中国古典小说创作上的“双璧”。

（2013 年南阳理工学院广播电视编导专业招生考试试题）

3.“年貌虽小，其举止言谈不俗，身体面庞虽怯弱不胜，却有一段自然的风流态度，便知他有不足之症。”这段描写的人物是（ A ）。

A. 林黛玉　B. 迎春　C. 李香君　D. 莺莺

（2013 年南阳理工学院广播电视编导专业招生考试试题）

4. 林黛玉是作品________中所塑造的人物形象。

（2014 年贺州学院广播电视编导专业招生考试试题）

5.《红楼梦》后四十回的作者是________。

（2016 年北京师范大学珠海分校电影学专业招生考试试题）

6. 试析《红楼梦》中王熙凤的性格特点及其性格的丰富性。

（2017 年海南大学戏剧影视文学专业影视编导方向招生考试试题）

纪 昀 ★★☆☆☆

字晓岚，清代著名学者、文学家。他以毕生精力编纂《四库全书总目提要》200 卷，囊括了清代中期以前传世的经典文献，是代表清代目录学成就的巨著。其代表作还有《阅微草堂笔记》，该书是继《聊斋志异》后又一部影响很大的文言短篇小说集。

■ **真题链接**

1. 清代《四库全书》的总纂官是________。

（2016 年广州大学广播电视编导专业招生考试试题）

2.《四库全书》是中国现存最大的一部官修丛书，是清乾隆皇帝诏谕编修的中国乃至世界最大的文化工程。全书分经、史、子、集四部，故名四库。

（2017 年江西师范大学广播电视编导专业招生考试试题）

《儒林外史》 ★★★★★

由清代**吴敬梓**著，是我国文学史上**第一部长篇讽刺小说**。小说揭示了八股制对士人心灵的摧残，并由此扩展到对当时的官僚制度、人伦关系乃至整个社会风尚的批判。书中的主要人物有**周进**、**范进**、**严贡生**、**杜少卿**、**沈琼枝**等。其中，**严监生是经典的吝啬鬼形象**。

■ **真题链接**

1. 我国第一部长篇讽刺小说是吴敬梓的__________。

（2013 年井冈山大学广播电视编导专业招生考试试题）

2. 被誉为“古代讽刺小说的典范”的是（　）。

A.《儒林外史》　B.《镜花缘》　C.《西游记》　D.《海上花》

（2014 年重庆邮电大学广播电视编导专业招生考试试题）

3. 名词解释:《儒林外史》

(2015 年中国戏曲学院编导类专业招生考试试题)

4.《儒林外史》的作者是哪朝人?(　　)

A. 唐朝　　B. 宋朝　　C. 明朝　　D. 清朝

(2017 年周口师范学院戏剧影视文学专业招生考试试题)

中国古典十大喜剧 ★★☆☆☆

分别是:关汉卿的**《救风尘》**、白朴的**《墙头马上》**、王实甫的**《西厢记》**、康进之的**《李逵负荆》**、郑廷玉的**《看钱奴》**、施惠的**《幽闺记》**、康海的**《中山狼》**、高濂的**《玉簪记》**、吴炳的**《绿牡丹》**、李渔的**《风筝误》**。

中国古典十大悲剧 ★★★☆☆

分别是:关汉卿的**《窦娥冤》**、马致远的**《汉宫秋》**、纪君祥的**《赵氏孤儿》**、高则诚的**《琵琶记》**、冯梦龙的**《精忠旗》**、孟称舜的**《娇红记》**、李玉的**《清忠谱》**、洪昇的**《长生殿》**、孔尚任的**《桃花扇》**、方成培的**《雷峰塔》**。

■ **真题链接**

简答题:说出中国古典十大悲剧作品及作者。

(2011 年聊城大学广播电视编导专业招生考试试题)

(八)近代文学

魏　源 ★★★☆☆

近代著名学者、思想家、诗人。他认为论学应以"经世致用"为宗旨,提出"变古愈尽,便民愈甚"的变法主张,倡导学习西方的先进科学技术,总结出"师夷长技以制夷"的新思想。其主要作品《海国图志》**是我国第一部较完整的世界地理书**。

龚自珍 ★★★☆☆

清代思想家、文学家。他的诗文主张"更法""改图",揭露了清朝统治者的腐朽,洋溢着爱国热情,以瑰丽见长,被柳亚子誉为"三百年来第一流"。其主要作品有**《己亥杂诗》《病梅馆记》**等。

诗界革命 ★☆☆☆☆

是指戊戌变法前后的诗歌改良运动。最早反映出诗歌变革趋向并获得创作成功的是**黄遵宪**,而提出"诗界革命"口号的是**梁启超**。诗界革命冲击了长期统治诗坛的拟古主义、形式主义倾向,要求作家努力反映新的时代和新的思想。

黄遵宪 ★★☆☆☆

中国近代著名政治家、诗人,**"诗界革命"**的重要倡导者之一。在诗歌创作上,他主张**"我手写我口"**,其诗体裁广泛、内容丰富深刻,多为中国近代社会生活的真实写照,有晚清"诗史"之称。其主要作品是《书愤》。

梁启超 ★★★☆☆

号**饮冰室主人**，戊戌维新运动的领袖，中国近代著名政治家、文学家。他先后发起了“诗界革命”“文界革命”“小说界革命”和戏剧改良运动，对于促进近代文化的转型有着显赫的功绩。其主要作品有《变法通议》《少年中国说》等。著有**《饮冰室合集》**。

■ **真题链接**

1.________在青年时期和其师康有为一起，倡导变法维新，并称“康梁”，是百日维新的领袖之一。

（2015 年平顶山学院戏剧影视文学专业招生考试试题）

2.《少年中国说》的作者是（　　）。

A. 黄遵宪　　B. 谭嗣同　　C. 梁启超　　D. 康有为

（2017 年湖北省普通高校广播电视编导专业招生统考试题）

晚清四大谴责小说 ★★★★★

指**李宝嘉（字伯元）**的**《官场现形记》**、**吴趼人（原名沃尧）**的**《二十年目睹之怪现状》**、**刘鹗**的**《老残游记》**和**曾朴**的**《孽海花》**。晚清四大谴责小说的出现，是中国小说创作进入到又一个繁荣时期的重要标志。

■ **真题链接**

1. 晚清的四大谴责小说是《官场现形记》《老残游记》《孽海花》________。

（2014 年西北师范大学广播电视编导专业招生考试试题）

2. 刘鹗的（　　）是我国晚清四大谴责小说之一。

A.《官场现形记》　　B.《二十年目睹之怪现状》

C.《老残游记》　　D.《孽海花》

（2017 年井冈山大学广播电视编导专业招生考试试题）

王国维 ★★★★☆

中国近现代在文学、美学、史学、哲学、古文字、考古学等方面成就卓著的学术巨子、国学大师。著述多达 62 种，成就甚高。其主要作品有**《人间词话》**《〈红楼梦〉评论》《宋元戏曲史》等。

■ **真题链接**

1. 王国维提出的“三种境界”，第一种境界是：________，________，________。意思是________。第二种境界是：________，________。意思是________。第三种境界是：________，________，________、________。意思是________。

（2016 年解放军艺术学院戏剧影视文学专业招生考试试题）

2.《人间词话》的作者是谁？（　　）

A. 艾青　　B. 王国维　　C. 郭沫若　　D. 穆旦

（2017 年重庆市普通高校广播电视编导专业招生联考试题）

（九）现当代文学

新文化运动 ★★★★☆

1915 年 9 月，由陈独秀主编的《青年杂志》（后改名为《新青年》）掀起的一场波澜壮阔的文化运动。该运动挥舞着**民主和科学**两面大旗，以个性主义和人道主义为思想武器，向中国传统封建文化发起了空前规模的挑战。其代表人物有**陈独秀**、**胡适**、**李大钊**、蔡元培、鲁迅等人。

■ **真题链接**

1.新文化运动中“赛先生”主要是指(D)。

A.人文科学与无产阶级专政学说　　B.社会科学与马列主义原理

C.西方资本主义的民主思想与制度　　D.自然科学法则和科学精神

(2013年浙江传媒学院摄影专业招生考试试题)

2.名词解释:新文化运动

(2014年山东师范大学广播电视编导专业招生考试试题)

《新青年》杂志 ★★★★☆

1915年9月15日由陈独秀在上海创办,初名为《青年杂志》。该杂志宣传倡导科学、民主和新文学。1917年初胡适的**《文学改良刍议》**和陈独秀的《文学革命论》的发表,标志着“五四”文学革命正式开始。1918年5月发表了鲁迅的**《狂人日记》**,标志着中国现代文学的开端。1920年9月,它成为上海共产主义小组的机关刊物,1926年终刊。

■ **真题链接**

1.1915年由陈独秀创办、成为“新文化运动”主阵地的刊物是(　　)。

A.《新青年》　　B.《红旗杂志》　　C.《创造月刊》　　D.《共产党人》

(2012年西南大学广播电视编导专业招生考试试题)

2.1915年9月陈独秀主编的________标志着新文化运动的开始。

(2014年贺州学院广播电视编导专业招生考试试题)

3.1917年陈独秀在《新青年》上发表了________。

(2017年安徽省普通高校艺术专业招生统考试题)

胡　适 ★★★★☆

中国现代著名学者、作家。1917年初,他在《新青年》上发表了**《文学改良刍议》**,提倡以白话文代替文言文,成为文学革命的先声。其作品还有**《尝试集》,是中国现代文学史上第一部白话新诗集**。

■ **真题链接**

1.提出“白话文学之为中国文学之正宗”的是(D)。

A.李大钊　　B.鲁迅　　C.陈独秀　　D.胡适

(2014年贺州学院广播电视编导专业招生考试试题)

2.胡适的________是中国现代第一部新诗集。

(2017年广州大学广播电视编导专业招生考试试题)

鲁　迅 ★★★★★

浙江绍兴人,原名周树人,伟大的文学家、思想家和革命家,中国现代文学的奠基人。1918年,他在《新青年》上发表了现代文学史上第一篇白话小说**《狂人日记》**。其主要作品有短篇小说集**《呐喊》《彷徨》**和**《故事新编》**;散文诗集**《野草》**;回忆性散文集**《朝花夕拾》**;杂文集《坟》《华盖集》《三闲集》《二心集》《南腔北调集》等;此外,鲁迅先生还著有文学论著《中国小说史略》。

■ **真题链接**

1.鲁迅在《自嘲》一诗中写道:“横眉冷对千夫指,俯首甘为孺子牛。”这是他一生的真实写照。

(2011年聊城大学广播电视编导专业招生考试试题)

2.《从百草园到三味书屋》出自鲁迅的回忆性散文集________。

(2013年齐齐哈尔大学戏剧影视文学专业招生考试试题)

3.《藤野先生》是鲁迅回忆自己的日本老师藤野严九郎的散文名篇。
(2013年湖北民族学院广播电视编导专业招生考试试题)

4.1918年，________在《新青年》上发表了现代文学史上第一篇白话小说《________》。
(2013年江西师范大学广播电视编导专业招生考试试题)

5.鲁迅先生的《故事新编》从文学体裁上划分，属于(　　)。
A.散文集　B.小说集　C.戏剧集　D.诗歌集
(2014年重庆邮电大学广播电视编导专业招生考试试题)

6.《拿来主义》选自鲁迅的(　A　)。
A.《且介亭杂文》　B.《三闲集》　C.《而已集》　D.《南腔北调集》
(2014年西南大学广播电视编导专业招生考试试题)

7.鲁迅唯一一部中篇小说的名称是《阿Q正传》。
(2014年安阳师范学院广播电视编导专业招生考试试题)

8.鲁迅的《呐喊》和《彷徨》是中国现代小说的开端与成熟的标志。
(2016年解放军艺术学院戏剧影视文学专业招生考试试题)

9.《为了忘却的纪念》出自鲁迅的哪部作品？(　C　)
A.《呐喊》　B.《朝花夕拾》　C.《南腔北调集》　D.《彷徨》
(2017年重庆市普通高校广播电视编导专业招生联考试题)

10.鲁迅的小说《孤独者》的主人公是(　B　)。
A.吕纬甫　B.魏连殳　C.祥林嫂　D.涓生
(2017年安徽省普通高校艺术专业招生统考试题)

文学研究会 ★★★★☆

是**我国现代文学史上第一个文学团体**，于1921年1月4日在北京中山公园成立，由周作人、郑振铎、沈雁冰、郭绍虞、朱希祖、瞿世英、蒋百里、孙伏园、耿济之、王统照、叶绍钧、许地山等十二人发起。文学研究会以**《小说月报》**为阵地，宗旨是“研究介绍世界文学，整理中国旧文学，创造新文学”，宣扬“为人生而艺术”，也被称为**“人生派”**。

■ **真题链接**

1.(　　)属于文学研究会成员。
A.徐志摩　B.鲁迅　C.沈雁冰　D.成仿吾
(2012年西南大学广播电视编导专业招生考试试题)

2.________是我国现代文学史上第一个新文学团体，于________年1月在北京成立。
(2014年蚌埠学院广播电视编导专业招生考试试题)

周作人 ★★★★☆

中国现代著名散文家、文学理论家、翻译家，新文化运动的杰出代表，“文学研究会”发起人之一。“五四”运动时期，他提出**“人的文学”**的口号，多创作一些表现性灵、情趣的闲适小品文。其主要作品有《小河》《谈酒》**《故乡的野菜》《乌篷船》《喝茶》**等。其中**《小河》被誉为“新诗中的第一首杰作”**。

■ **真题链接**

1.在我国，第一个提出“人的文学”的学者是________。
(2012年天津师范大学广播电视编导专业招生考试试题)

2.《故乡的野菜》《乌篷船》《吃茶》《谈酒》等是(　　)的散文名篇。
A.林语堂　B.梁实秋　C.周作人　D.俞平伯
(2014年海南大学戏剧影视文学专业招生考试试题)

创造社 ★★★☆☆

1921年成立的文学团体,初期主张**"为艺术而艺术"**,注重自我表现;后期在倡导革命文学和革命文学理论建设方面,做出了较大的贡献。先后创办有《创造》季刊、《创造周报》、《创造日》等刊物。其主要成员有**郭沫若**、**成仿吾**、**郁达夫**、**田汉**等人。

■ **真题链接**

"五四"时期,新文学社团和流派蜂起,其中最有代表性的是文学研究会和创造社,创造社的创作主张是(　　)。

A. 为人生　　B. 为艺术　　C. 为中国　　D. 为经济

(2013年南昌理工学院广播电视编导专业招生考试试题)

郭沫若 ★★★★★

原名郭开贞,中国现代著名作家、诗人、戏剧家、历史学家。他的作品大都气势宏伟,境界开阔,充满了无所畏惧的破坏精神和顶天立地的创造精神。作品主题通常表现爱国主义以及对光明、美好理想的追求和对大自然的歌颂。其主要作品有诗集**《女神》**,历史剧**《屈原》《虎符》《棠棣之花》**《孔雀胆》《南冠草》《高渐离》《王昭君》《卓文君》《蔡文姬》《武则天》等。

■ **真题链接**

1. 1942年,郭沫若的历史剧《屈原》在重庆首演。

(2013年河南师范大学戏剧影视文学专业招生考试试题)

2. 话剧《虎符》的作者是________。

(2013年安阳师范学院广播电视编导专业招生考试试题)

3. 历史剧《屈原》的作者是________,他的著名诗集是________。

(2014年浙江传媒学院广播电视编导专业招生考试试题)

4. 郭沫若是(B)的发起成立者。

A. 文学研究会　　B. 创造社　　C. 沉钟社　　D. 新月社

(2016年赣南师范学院广播电视编导专业招生考试试题)

5. 下列哪部作品不属于郭沫若20世纪40年代创作的戏剧作品?(C)

A.《棠棣之花》　　B.《虎符》　　C.《海国英雄》　　D.《高渐离》

(2017年安徽省普通高校艺术专业招生统考试题)

鸳鸯蝴蝶派 ★★★☆☆

20世纪初叶在上海形成的一个**文学流派**,由清末民初的言情小说发展而来。该流派多写才子佳人"相悦相恋,分拆不开,柳荫花下,象一对蝴蝶,一双鸳鸯",因此得名为鸳鸯蝴蝶派。它以文学的娱乐性、消遣性、趣味性为标志,少数作品在一定程度上暴露了社会的黑暗,但多数作品内容庸俗,缺乏思想性。其主要代表作家有**张恨水**、包天笑、徐枕亚、周瘦鹃、李涵秋等。

■ **真题链接**

1. 鸳鸯蝴蝶派是清末民初出现的一个(　　)。

A. 美术流派　　B. 文学流派　　C. 音乐流派　　D. 戏剧流派

(2011年鲁东大学广播电视编导专业招生考试试题)

2. 名词解释:鸳鸯蝴蝶派

(2017年山东艺术学院戏剧影视文学专业招生考试试题)

张恨水 ★★★★☆

原名心远,著名章回体小说家,**鸳鸯蝴蝶派**代表作家。其作品情节曲折复杂,结构布局严谨完整,将中国传统的章回体小说与西洋小说的新技法融为一体。主要作品有**《啼笑因缘》《金粉世家》**《春明外史》等。

■ **真题链接**

1. 张恨水在20世纪30年代创作的一部最畅销的小说是(B)。

A.《金粉世家》　B.《啼笑因缘》　C.《青春之花》　D.《天上人间》

(2012年陕西科技大学广播电视编导专业招生考试试题)

2. 影视作品《金粉世家》和《啼笑因缘》改编自(　　)的作品。

A. 张恨水　B. 朱自清　C. 琼瑶　D. 老舍

(2014年赣南师范学院广播电视编导专业招生考试试题)

新月派 ★★★★★

即"新格律诗派",是中国现代新诗史上一个重要的诗歌流派。该流派主张"理性节制情感"的美学原则和诗的形式格律化,反对滥情主义和诗的散文化倾向,在理论和实践上对新诗的格律化进行了认真的探索。其主要成员有**闻一多**、**徐志摩**、胡适、梁实秋、**卞之琳**等。

■ **真题链接**

新月诗派的代表人物有________、________等。

(2014年宝鸡文理学院广播电视编导专业招生考试试题)

汉园三诗人 ★★★☆☆

指20世纪30年代中国现代派诗歌创作中三位风格独异的诗人:**何其芳**、**李广田**、**卞之琳**。1936年出版了诗歌合集《汉园集》,收录有何其芳《燕泥集》、李广田《行云集》、卞之琳《数行集》,由此得名。

■ **真题链接**

20世纪30年代中国现代派诗歌中风格独异的"汉园三诗人"分别是________、________、________。

(2015年黄山学院广播电视编导专业招生考试试题)

徐志摩 ★★★★★

中国现代著名诗人,新月派的代表人物。他创作的诗歌主要以爱情诗为主,有的歌颂爱情,色调明快,有的表达忧伤情绪,色调沉郁。其主要作品有诗集《志摩的诗》《翡冷翠的一夜》《猛虎集》《云游》,著名诗篇有**《再别康桥》**《沙扬娜拉》《偶然》等。

■ **真题链接**

1. 寻梦?撑一支长篙,向青草更青处漫溯;满载一船星辉,在星辉斑斓里放歌。——徐志摩《再别康桥》

(2012年南京大学戏剧影视文学专业招生考试试题)

2. 我是天空里的一片云,偶尔投影在你的波心,你不必讶异,更无须欢喜,在转瞬间消灭了踪影。(徐志摩《偶然》)

(2013年南京艺术学院戏剧影视文学专业招生考试试题)

3. 被茅盾称为"中国第一个布尔乔亚诗人,也是最后一个布尔乔亚诗人"的是(C)。

A. 闻一多　B. 李金发　C. 徐志摩　D. 戴望舒

(2013年黄山学院广播电视编导专业招生考试试题)

4.《再别康桥》是现代文学家徐志摩的作品,诗歌中的康桥位于(D)。

A. 美国　B. 德国　C. 意大利　D. 英国

(2016年重庆市普通高校编导类专业招生统考试题)

5. 诗句"最是那一低头的温柔,像一朵水莲花不胜凉风的娇羞"的作者是(A)。

A. 徐志摩　B. 闻一多　C. 郭沫若　D. 柳亚子

(2017年周口师范学院戏剧影视文学专业招生考试试题)

闻一多 ★★★★☆

诗人、学者、民主战士、中国民主同盟早期领导人。闻一多是**新月派**的代表诗人，主张新诗的格律化，追求诗的**“三美”**，即音乐美、建筑美、绘画美，诗中表达了强烈的爱国主义热情。其主要作品有诗集**《红烛》《死水》**等，著名诗篇有《太阳吟》《发现》《洗衣歌》《七子之歌·澳门》等。

■ **真题链接**

1. 下列属于闻一多作品的是(　　)。

A.《死水》　B.《翡冷翠的一夜》　C.《春风沉醉的晚上》　D.《沉沦》

(2014 年西南大学广播电视编导专业招生考试试题)

2. 新月派理论家闻一多提出诗歌的“三美”，包括________、________、________。

(2016 年黄山学院广播电视编导/戏剧影视文学专业招生考试试题)

3. 闻一多的第一本诗集是《红烛》。

(2017 年上饶师范学院广播电视编导专业招生考试试题)

叶圣陶 ★★★★☆

原名**叶绍钧**，中国著名作家、教育家、编辑家。他的作品如同一面镜子，反映了社会的阴暗面和人性。其主要作品有《倪焕之》《潘先生在难中》等。其中，1923 年出版的**《稻草人》**是我国第一部童话集；**《倪焕之》**是其创作的第一部长篇小说。

■ **真题链接**

1. 我国现代文学史上第一部长篇小说是叶圣陶的《倪焕之》。

(2013 年南昌理工学院广播电视编导专业招生考试试题)

2. 叶圣陶先生的原名是(　　)。

A. 叶小刚　B. 叶绍翁　C. 叶圣陶　D. 叶绍钧

(2015 年湖南师范大学广播电视编导专业招生考试试题)

冰　心 ★★★★★

原名**谢婉莹**，中国现代著名诗人、作家、翻译家、儿童文学作家。她是“问题小说”的最早写作者之一，也是“繁星体”小说的开创者，还创造了清丽柔美的“冰心体”散文，其作品以“爱的哲学”为主题，充满了浓浓的爱国主义情思。诗集**《繁星》《春水》**、小说集**《超人》《去国》《冬儿姑娘》**、散文集《南归》**《寄小读者》**等是她早期的代表作品。1949 年后又创作了《小桔灯》《樱花赞》《再寄小读者》等优秀作品。

■ **真题链接**

1. 著名作家冰心原名________。

(2013 年安阳师范学院人文管理学院广播电视编导专业招生考试试题)

2. (　　)的散文、小说及诗歌，赞美母爱、儿童、大自然，体现了“爱的哲学”的创作主题。

A. 郁达夫　B. 林徽因　C. 冰心　D. 朱自清

(2014 年海南大学戏剧影视文学专业招生考试试题)

3. 现代儿童文学作品《寄小读者》的作者是________。

(2015 年甘肃省普通高校编导类专业招生统考试题)

朱自清 ★★★★★

中国现代著名散文家、诗人、学者、民主战士。朱自清的散文创作分为三类：一类是表现鲜明的政治倾向和强烈的社会正义感的杂文；一类是质朴无华的抒情小品；一类是富有诗意美、绘画美的游记。其主要作品有**《荷塘月色》**《背影》《春》《绿》《匆匆》**《桨声灯影里的秦淮河》等。

■ **真题链接**

1. 朱自清曾经写过散文《桨声灯影里的秦淮河》，还有一位现代作家也写过同名散文，他是俞平伯。
(2013 年南京艺术学院戏剧影视文学专业招生考试试题)

2. 散文《荷塘月色》的作者是________。
(2014 年安阳师范学院广播电视编导专业招生考试试题)

3. 中国现代著名散文家________，代表作有《桨声灯影里的秦淮河》《荷塘月色》。
(2017 年赣南师范大学广播电视编导专业招生考试试题)

郁达夫 ★★★★★

中国现代著名小说家、散文家、诗人。其小说大都带有自传性质和浓郁的浪漫主义抒情色彩。其主要作品有**短篇小说集《沉沦》**，小说**《春风沉醉的晚上》《迟桂花》**《薄奠》等，著名散文**《故都的秋》**《钓台的春昼》等。

■ **真题链接**

1. “自叙体”抒情小说作为一种创作潮流是从(　　)在 1921 年出版的小说集《沉沦》开始的，《沉沦》也是中国现代文学史上出版的第一部白话小说集。

A. 冰心　　B. 郁达夫　　C. 徐志摩　　D. 沈从文

(2014 年海南大学戏剧影视文学专业招生考试试题)

2. 多项选择：以下属于郁达夫作品的是(　AB　)。

A.《春风沉醉的晚上》　　B.《沉沦》　　C.《伤逝》　　D.“漂流三部曲”

(2016 安徽省普通高校广播电视编导/戏剧影视文学/艺术史论/戏剧学/电影学专业招生统考试题)

3. 被称为“现代小说之父”的中国小说家是________。代表作品有《沉沦》《春风沉醉的晚上》等。
(2017 年井冈山大学广播电视编导专业招生考试试题)

冯　至 ★★★☆☆

中国现代诗人、翻译家、教授。其诗歌创作带有强烈的浪漫主义色彩，被鲁迅誉为“中国最为杰出的抒情诗人”。其主要作品有**《我是一条小河》**《蛇》等。

■ **真题链接**

被鲁迅评价为“中国最为杰出的抒情诗人”的是冯至。
(2014 年北京电影学院戏剧影视文学专业招生考试试题)

欧阳予倩 ★★★☆☆

著名戏剧、戏曲、电影艺术家，中国现代话剧的创始人之一。1907 年，**他在日本东京加入了中国最早的话剧团体“春柳社”**。欧阳予倩的作品与时代脉搏相通，为中国的民族演剧艺术体系做出了重要贡献。其主要作品有《欧阳予倩剧作选》《自我演戏以来》《电影半路出家记》《唐代舞蹈》等。

■ **真题链接**

1907 年欧阳予倩等人在日本东京加入了戏剧团体________。
(2013 年池州学院广播电视编导专业招生考试试题)

中国左翼作家联盟 ★★★☆☆

简称**“左联”**，是中国共产党于 **1930 年**在上海创建的一个文学组织，领导成员有鲁迅、夏衍、冯雪峰、冯乃超、丁玲、周扬等。左联以马克思主义文艺理论指导自己的实践，

重视理论批评，创办了《萌芽月刊》《北斗》《文学月报》等刊物，推动了左翼文化运动的迅猛发展，粉碎了国民党的文化“围剿”，在培养文艺新人方面也做出了极大贡献。1936年初，为了建立文艺界抗日民族统一战线而自动解散。

■ **真题链接**

中国左翼作家联盟成立于(　　)。

A. 1921 年　　B. 1930 年　　C. 1931 年　　D. 1937 年

(2011 年湖北民族学院广播电视编导专业招生考试试题)

孤岛文学 ★★★☆☆

存在时间是自 1937 年 11 月上海沦陷至 1941 年 12 月珍珠港事变日军侵入上海租界。存在于上海租界的孤岛文学在党的领导下，产生了很大的社会影响：一是杂文，以唐弢为代表，带有强烈的“鲁迅风”；二是戏剧，以反映沦陷区人民生活和斗争的《夜上海》为代表；另外还有报告文学等流行文学样式以及黄裳、柯灵等代表作家。

柔　石 ★★★★☆

原名赵平复，中国现代小说家，“左联五烈士”之一。他的小说富有强烈的现实感，总是透露出一种无法摆脱的绝望和宿命。其主要作品有中篇小说**《二月》**《三姊妹》，短篇小说**《为奴隶的母亲》**等。其中《二月》被导演**谢铁骊改编成电影《早春二月》**。

■ **真题链接**

1.《早春二月》是根据柔石的作品________改编拍摄的。

(2013 年南京艺术学院戏剧影视文学专业招生考试试题)

2.“左联五烈士”中写过《为奴隶的母亲》的是________。

(2017 年海口经济学院广播电视编导专业招生考试试题)

茅　盾 ★★★★★

原名沈德鸿，字**雁冰**，中国现代著名作家、文学评论家，他提倡“为人生”的文学主张。其主要作品**长篇小说《子夜》**被誉为中国第一部成功的现实主义作品，确立了他在中国现代文学史上的革命现实主义作家的地位。其他作品还有**“农村三部曲”(《春蚕》《秋收》《残冬》)**、**“蚀三部曲”(《幻灭》《动摇》《追求》)**、短篇小说**《林家铺子》**、散文名篇《白杨礼赞》等。茅盾被誉为**“20 世纪中国的巴尔扎克”**。

■ **真题链接**

1. 茅盾在《子夜》中塑造的民族资本家形象是吴荪甫。

(2013 年江西师范大学广播电视编导专业招生考试试题)

2. 茅盾的“蚀三部曲”指《幻灭》《动摇》(　　)。

A.《春蚕》　　B.《秋收》　　C.《残冬》　　D.《追求》

(2013 年南昌理工学院广播电视编导专业招生考试试题)

3.《林家铺子》的作者是(　　)。

A. 张恨水　　B. 朱自清　　C. 茅盾　　D. 老舍

(2014 年赣南师范学院广播电视编导专业招生考试试题)

4. 1929 年茅盾的长篇小说《子夜》，标志着茅盾的创作思想已从小资产阶级立场转向了无产阶级立场。

(2016 年江西师范大学广播电视编导专业招生考试试题)

5. 茅盾的小说《春蚕》以“一·二八”战事后的江南农村为背景，写了老通宝一家蚕花丰收成灾的故事，作品深刻揭露出现实的贫苦罪恶的根源是帝国主义的侵略和国民党的统治。

(2017 年周口师范学院广播电视编导专业招生考试试题)

6. 茅盾的"农村三部曲"包括《秋收》《残冬》和（　　）。

A.《幻灭》　B.《追求》　C.《春蚕》　D.《动摇》

（2017年重庆市普通高校广播电视编导专业招生联考试题）

巴　金 ★★★★★

原名李尧棠，是中国著名的现代文学家、出版家、翻译家。其主要作品有**"激流三部曲"（《家》《春》《秋》）、"爱情三部曲"（《雾》《雨》《电》）、《团圆》、《寒夜》**、《憩园》、《第四病室》等。此外还有短篇小说集《复仇》《光明》《神·鬼·人》，散文集《点滴》《生之忏悔》《梦与醉》等。晚年的重要作品是散文集**《随想录》**。

■ **真题链接**

1. 电影《英雄儿女》是根据巴金的小说《团圆》改编而成的。

（2011年重庆邮电大学广播电视编导专业招生考试试题）

2. 巴金的散文集《随想录》被称为一部代表当代文学最高成就的散文作品，其最大的特点就是敢于说真话。

（2013年山东女子学院文化产业管理专业招生考试试题）

3. 描绘抗战时期生活的长篇小说《寒夜》的作者是（　　）。

A. 鲁迅　B. 张爱玲　C. 巴金　D. 丁玲

（2014年重庆邮电大学广播电视编导专业招生考试试题）

4. 觉慧是哪本书上的人物？作者是谁？

（2016年北京师范大学戏剧影视文学专业招生考试试题）

5. 巴金的"激流三部曲"包括下列哪些选项？（ AB ）

A.《家》　B.《春》　C.《雨》　D.《风》

（2017年商丘学院广播电视编导专业招生考试试题）

6. 巴金的代表作"爱情三部曲"是《雾》《雨》《________》。

（2017年赣南师范大学广播电视编导专业招生考试试题）

老　舍 ★★★★★

原名**舒庆春**，字舍予，满族，现代著名作家，杰出的语言大师。老舍是**新中国第一位获得"人民艺术家"称号的作家**。其作品大多取材于市民生活，"带泪的笑"是其一大特色。其主要作品有小说**《骆驼祥子》《四世同堂》《我这一辈子》**，话剧**《茶馆》《龙须沟》**等。

■ **真题链接**

1.《骆驼祥子》中的女主人公叫虎妞。

（2013年鲁东大学广播电视编导专业招生考试试题）

2. 王利发是老舍戏剧作品《茶馆》中的主人公。

（2013年池州学院广播电视编导专业招生考试试题）

3. 下列文学作品中不属于老舍先生创作的是（　　）。

A.《茶馆》　B.《龙须沟》　C.《四世同堂》　D.《原野》

（2014年重庆邮电大学广播电视编导专业招生考试试题）

4. 老舍的《茶馆》反映了旧中国社会近半个世纪的兴衰演变，从而达到了作者"葬送三个朝代"的目的。

（2014年平顶山学院戏剧影视文学专业招生考试试题）

5. ________的长篇小说《骆驼祥子》以祥子为中心，记述了下层劳动人民的悲惨遭遇。

（2014年吉林动画学院摄影专业招生考试试题）

6. 老舍先生的小说《四世同堂》主要反映了某个地区人民的生活状况，这个地区是（ D ）。

A. 济南　B. 重庆　C. 上海　D. 北京

（2016年重庆市普通高校编导类专业招生统考试题）

7. 第一位获得“人民艺术家”称号的作家是(　　)。

A. 老舍　　B. 巴金　　C. 鲁迅　　D. 茅盾

(2017 年沈阳大学广播电视编导专业招生考试试题)

沈从文 ★★★★★

湖南凤凰县人，原名沈岳焕，中国现代著名作家、历史文物研究家、京派小说代表人物。其创作中影响最大的是乡土小说，以反映湘西人的人生状况及人生哀乐而闻名。作品具有散文化的特点，语言质朴，充满生活气息，多用比喻、夸张等修辞手法，极富象征性的意境与含蓄的诗意。其主要作品有**中篇小说《边城》《长河》和散文集《湘西散记》**等。

■ **真题链接**

1. 沈从文的小说《边城》中的理想女性形象是翠翠。

(2013 年齐齐哈尔大学戏剧影视文学专业招生考试试题)

2. 沈从文的小说创造了多种文体形态，下列不属于沈从文小说文体形态的是(D)。

A. 写实故事　　B. 浪漫传奇　　C. 自我抒情小说　　D. 讽刺小说

(2015 年江西师范大学广播电视编导专业招生考试试题)

3. 中篇小说《边城》是中国现代著名作家________的代表作，书中的主人公是________，描写的是我国湘西地区的风土人情。

(2017 年河北美术学院广播电视编导专业招生考试试题)

曹　禺 ★★★★★

原名**万家宝**，是中国现代话剧的奠基人之一。他的创作受到了莎士比亚性格悲剧、古希腊命运悲剧和奥尼尔心灵悲剧的影响。其主要作品有**《雷雨》《日出》《原野》**《北京人》《王昭君》等。

■ **真题链接**

1. 为了鼓励戏剧创作，我国设立了以一位剧作家命名的奖项是曹禺戏剧文学奖。

(2012 年山东师范大学戏剧影视文学专业招生考试试题)

2. 金子是曹禺作品(A)中的人物。

A.《原野》　　B.《雷雨》　　C.《日出》　　D.《北京人》

(2013 年重庆邮电大学广播电视编导专业招生考试试题)

3. 周朴园是曹禺话剧《雷雨》中的主人公。

(2013 年湖北民族学院广播电视编导专业招生考试试题)

4. 陈白露是曹禺先生创作的戏剧作品中的一位悲剧性的女性形象，这部作品是(B)。

A.《原野》　　B.《日出》　　C.《北京人》　　D.《雷雨》

(2014 年重庆市普通高校编导类专业招生统考试题)

5. 话剧(C)是著名戏剧家曹禺的处女作，也是他的成名作和代表作。

A.《日出》　　B.《原野》　　C.《雷雨》　　D.《北京人》

(2016 年西南大学广播电视编导专业招生考试试题)

6.《雷雨》是由曹禺创作的，展示了一个带有浓厚封建色彩的资产阶级家庭的悲剧，是中国话剧现实主义的基石。

(2017 年衡水学院广播电视编导专业招生考试试题)

7. 曾皓出自曹禺的戏剧作品(C)。

A.《雷雨》　　B.《家》　　C.《北京人》　　D.《日出》

(2017 年安徽省普通高校艺术专业招生统考试题)

丁　玲 ★★★★☆

中国现当代著名女作家、社会活动家。其作品具有鲜明而强烈的女权主义色彩。

其主要作品有小说**《莎菲女士的日记》《太阳照在桑干河上》**《我在霞村的时候》等。其中长篇小说《太阳照在桑干河上》讲述了**解放战争时期**的故事，该作品获得了1951年斯大林文学奖。

■ **真题链接**

1. 丁玲小说《太阳照在桑干河上》的时代背景是(　　)。

A. 解放战争时期　　B. 抗日战争时期　　C. 大革命时期　　D. 建国初期

(2013年江西师范大学广播电视编导专业招生考试试题)

2. 下列属于中国著名女作家丁玲的代表作的是(　　)。

A.《致橡树》　　B.《生死场》　　C.《半生缘》　　D.《莎菲女士的日记》

(2014年天津工业大学广播电视编导专业招生考试试题)

萧　红　★★★★☆

中国现代著名女作家，被誉为“30年代文学洛神”。萧红的创作继承了鲁迅等前辈开辟的现实主义文学传统，写出了在苦难中挣扎奋斗的人民的生活和憧憬。其主要作品有**《生死场》《呼兰河传》**等。

■ **真题链接**

1. 萧红的代表性长篇自传体小说是1941年出版的《呼兰河传》。

(2013年齐齐哈尔大学广播电视编导专业招生考试试题)

2. 中国“30年代文学洛神”是指________。

(2017年江西师范大学广播电视编导专业招生考试试题)

新感觉派　★★★☆☆

是20世纪30年代产生于上海文坛的一个现代主义小说流派，是20世纪中国第一个也是唯一一个现代主义小说流派。其内容多展示半殖民地大都市的生活百态，着重描写病态的生活、畸形的两性关系及心理等；极力捕捉新奇的感觉、印象，对人物的意识和潜意识进行精神分析，并追求小说形式、技巧的花样翻新。其主要作品有刘呐鸥的小说集《都市风景线》、施蛰存的小说集《将军底头》、穆时英的小说集《公墓》等。

■ **真题链接**

1. 名词解释：新感觉派

(2012年青岛大学广播电视编导专业招生考试试题)

2. 新感觉派的代表人物有________、________、________。

(2015年黄山学院广播电视编导专业招生考试试题)

语丝社　★★☆☆☆

中国现代文学史上的一个重要社团，以《语丝》周刊为依托，《语丝》是中国现代文学史上最早以散文创作为主的刊物。语丝社倡导“文明批评”与“社会批评”，形成了独具风格的“语丝文体”，主要发表杂感、短评、小品等。其主要撰稿人有鲁迅、周作人、川岛、刘半农、林语堂等。

九叶诗派　★★★☆☆

是抗战后期和解放战争时期的一个具有现代主义倾向的诗歌流派。他们强调反映现实与挖掘内心的统一，诗作视野开阔，具有强烈的时代感、历史感和现实精神。在艺术上，自觉追求现实主义与现代派的结合，注重在诗歌里营造新颖奇特的意象和境界。主要成员有**辛笛、曹辛之、穆旦**、陈敬容、杜运燮等九人。主要刊物有《诗创造》《中国新诗》。

■ **真题链接**

以下哪位不是九叶诗派的诗人？（　　）

A. 穆旦　　B. 曹辛之　　C. 冯至　　D. 辛笛

（2012年南京大学戏剧影视文学专业招生考试试题）

穆　旦　★★★☆☆

著名爱国主义诗人、翻译家，九叶诗派成员之一。他的创作将西欧现代主义和中国诗歌传统结合起来，诗风富于象征寓意和心灵思辨。其主要作品有《我》《赞美》《哀国难》《冬》等。

■ **真题链接**

从子宫割裂，失去了温暖，是残缺的部分渴望着救援，永远是自己，锁在荒野里。——穆旦《我》

（2012年南京大学戏剧影视文学专业招生考试试题）

戴望舒　★★★★☆

现代派诗歌代表作家，有**“雨巷诗人”**之称。他的诗作既吸收了象征派诗歌重直觉、多暗示和表现潜意识情绪的特征，也借鉴了中国古典诗歌的意境，表现出一种优雅和成熟的气质。其主要作品有**《雨巷》**《寻梦者》《单恋者》《烦忧》等。

■ **真题链接**

1. 作品《我用残损的手掌》出自作者（ A ）。

A. 戴望舒　　B. 艾青　　C. 卞之琳　　D. 冯至

（2017年安徽省普通高校艺术专业招生统考试题）

2. 戴望舒是现代著名诗人，代表作《雨巷》。他又被称为________。

（2017年赣南师范大学广播电视编导专业招生考试试题）

3. 名词解释：戴望舒

（2017年四川大学锦江学院广播电视编导专业招生考试试题）

臧克家　★★★☆☆

中国著名作家。主要以**诗歌**创作为主，他擅长比喻，把感情和倾向性凝聚、隐蔽在诗的形象里，以格律诗的形式反映社会现实，诗风质朴凝练、含蓄深沉。他也是一位以**“土地—农民”**为关注中心的作家。主要作品有《有的人》《烙印》等。

■ **真题链接**

现代文学家臧克家主要是以哪种文学体裁的创作而得名？（　　）

A. 小说　　B. 散文　　C. 诗歌　　D. 戏剧

（2014年重庆邮电大学广播电视编导专业招生考试试题）

七月诗派　★☆☆☆☆

是形成于抗日战争初期的诗歌流派，因其成员多在胡风主编的《七月》杂志上发表诗作而得名。该派作品多反映抗日战争时期的现实生活，以自由体为主要形式，在当时产生了较大影响。其代表人物有艾青、田间等。

钱钟书　★★★★★

中国现代著名作家、文学研究家、翻译家。他以智者的眼光去洞察人类的种种劣根性，擅用象征等现代主义文学最基本的表达方式，常用精辟字句带出尖刻文意，寓意深刻，文笔简洁且一针见血。其主要作品有长篇小说**《围城》**、短篇小说集《人·兽·鬼》、诗文评《谈艺录》、学术著作**《管锥编》**和散文随笔集《写在人生边上》等。

■ **真题链接**

1.名词解释:钱钟书

(2012年周口师范学院广播电视编导专业招生考试试题)

2.长篇小说《围城》是________的唯一一部长篇小说。

(2013年湖北民族学院广播电视编导专业招生考试试题)

3.“城外的人想冲进去,城里的人想逃出来”出自小说《围城》。

(2014年贺州学院广播电视编导专业招生考试试题)

4.方鸿渐是(B)创作的长篇小说里的人物,该书以《儒林外史》的描写气氛,揭露了抗战期间中上层知识界的众生相。

A.吴敬梓 B.钱钟书 C.沈从文 D.郁达夫

(2014年海南大学戏剧影视文学专业招生考试试题)

5.小说《围城》的作者是________,其主人公名为________。

(2016年云南师范大学广播电视编导专业招生考试试题)

杨 绛 ★★★☆☆

原名杨季康,江苏无锡人。女作家,文学翻译家,中国社会科学院外国文学研究所研究员。主要著作有散文集《干校六记》《我们仨》《走到人生边上》等,文论集《春泥集》,小说集《倒影集》及剧本、译著多种。她的文章记述的都是一些生活琐事,但从中却写出了许多人生的沧桑感、变迁感,特别是对十年动乱中体现出来的许多人性的变态,她给予了生动的描绘,使读者从中悟出的生活哲理像心灵的警钟一样,悠长而刻骨。

■ **真题链接**

中国著名的作家、评论家、翻译家杨绛的代表作小说是(C)。

A.《顽主》 B.《人生》 C.《洗澡》 D.《看上去很美》

(2017年赣南师范大学广播电视编导专业招生考试试题)

邹韬奋 ★★☆☆☆

中国卓越的新闻记者、政论家、出版家。邹韬奋的文章从来不畏权势,勇于一贯地讲真话。他曾主编《生活》周刊,先后创办过生活书店、《大众生活》周刊、《生活日报》、《全民抗战》等。其主要创作收录在《韬奋文集》中。

夏 衍 ★★★★☆

原名沈乃熙,中国著名文学、电影、戏剧作家,翻译家,文艺评论家。他善于描写普通知识分子与小市民平凡的人生,关注大时代中个人的命运,作品充满浓郁的人情味,情节、结构简约含蓄。其主要作品有电影剧本《狂流》《春蚕》《祝福》《林家铺子》,话剧《秋瑾传》《上海屋檐下》及报告文学《包身工》等。

■ **真题链接**

1.《上海屋檐下》是夏衍杰出的现实主义力作,该作发表于1937年。

(2013年齐齐哈尔大学广播电视编导专业招生考试试题)

2.报告文学《包身工》的作者是__________。

(2016年河南大学广播电视编导专业招生考试试题)

田 汉 ★★★★☆

中国现代最杰出的戏剧家,现代话剧的开拓者和戏曲改革的先驱,中国戏剧运动的奠基人。田汉早期的作品充满了浪漫主义气息,1930年加入左联后,创作风格从浪漫主义转向现实主义。其主要作品有**《关汉卿》《名优之死》**《文成公主》等。

■ **真题链接**

1.我国国歌《义勇军进行曲》的词作者是（ B ）。

A.聂耳　　B.田汉

C.李叔同　　D.冼星海

（2013年重庆邮电大学广播电视编导专业招生考试试题）

2.田汉的《名优之死》是20世纪20年代中国最优秀的话剧作品。

（2013年池州学院广播电视编导专业招生考试试题）

3.《义勇军进行曲》出自电影《风云儿女》，作词者是________。

（2016年汉口学院广播电视编导专业招生考试试题）

洪　深 ★★★☆☆

江苏常州人，中国电影戏剧理论家、剧作家、导演。剧作有《赵阎王》《冯大少爷》等，其"农村三部曲"**《五奎桥》《香稻米》《青龙潭》**是"五四"以来第一次较全面反映农民苦难生活及其英勇斗争的优秀剧作。导演作品有**《少奶奶的扇子》**《第二梦》等。中国电影史上第一个比较完整的电影剧本是由其编写的历史题材剧《申屠氏》。著有《洪深文集》。

■ **真题链接**

1924年经过曾经留美专攻戏剧的洪深的积极倡导，成功地演出了根据英国王尔德作品改编的《少奶奶的扇子》，从此开始了中国的现代话剧。

（2009年天津师范大学戏剧影视文学专业招生考试试题）

沙　汀 ★★☆☆☆

原名杨朝熙，四川安县人。现代作家。主要作品有长篇小说**《淘金记》《困兽记》《还乡记》**等，代表作**《在其香居茶馆里》**是"五四"以来最优秀的短篇小说之一。新中国成立后，陆续创作了中长篇小说《木鱼山》和短篇小说《你追我赶》等。

艾　芜 ★★☆☆☆

原名汤道耕，四川新繁人。现代作家。一生主要精力用于文学创作，作品数量很多，主要有长篇小说《百炼成钢》《故乡》《山野》，中篇小说《一个女人的悲剧》《乡愁》，短篇小说集**《南行记》**《烟雾》《夜归》等。

宗白华 ★★☆☆☆

中国现代著名的哲学家、美学家、诗人。他把中国体验美学推向了极致，其主要作品是美学论文集**《美学散步》**，该书几乎汇集了其一生最精要的美学篇章，词句典雅优美、充满诗意，是中国美学经典之作和必读之书。

冯友兰 ★★★☆☆

中国现代著名哲学家、教育家，其哲学作品为中国哲学史的学科建设做出了重大贡献，被誉为"现代新儒家"。其主要作品有《中国哲学简史》《三松堂自序》等。**他在《人生的境界》中把人生境界分为自然境界、功利境界、道德境界和天地境界。**

■ **真题链接**

________在《人生的境界》中把人生境界分为自然境界、功利境界、道德境界和天地境界。

（2013年湖北民族学院广播电视编导专业招生考试试题）

林海音 ★★☆☆☆

原名林含英，台湾苗栗人，中国现代著名女作家，连接大陆与台湾文学之间、中国与世界文坛之间的桥梁。主要作品有小说《春风丽日》《冬青树》《两地》《作客美国》《阿太婆的故事》等。**《城南旧事》**是其代表作，取材于对北京往事的回忆，文笔流畅，风格优美典雅，1982 年在大陆被改编成电影。

张爱玲 ★★★★★

中国现代女作家。她的创作注意挖掘人物的精神世界，表现人性中的种种病弱和丑拙。其主要作品有**《色·戒》《倾城之恋》《金锁记》《沉香屑——第一炉香》**《沉香屑——第二炉香》**《半生缘》**（又名《十八春》）等。

■ **真题链接**

1.2007 年根据张爱玲同名小说（ C ）改编的电影获得威尼斯大奖。

A.《金锁记》 B.《半生缘》 C.《色·戒》 D.《倾城之恋》

（2011 年南阳理工学院广播电视编导专业招生考试试题）

2.20 世纪 40 年代有"南玲北梅"之称的是中国女作家张爱玲和梅娘。

（2012 年河南大学广播电视编导专业招生考试试题）

3.电影《半生缘》是根据哪位文学家的作品改编的？（ C ）

A.郁达夫 B.老舍 C.张爱玲 D.夏衍

（2014 年重庆邮电大学广播电视编导专业招生考试试题）

4.不属于张爱玲创作的人物是（ B ）。

A.长安 B.李佩钟 C.佟振保 D.葛薇龙

（2016 年江西省普通高校编导类专业招生统考试题）

5.在张爱玲作品中，描写上海与香港两城故事的是（ C ）。

A.《茉莉香片》 B.《沉香屑——第一炉香》

C.《倾城之恋》 D.《红玫瑰与白玫瑰 》

（2017 年北京城市学院广播电视编导专业招生考试试题）

艾　青 ★★★★★

原名**蒋正涵**，中国现代著名诗人。他的诗歌有两个中心意象：一是土地，象征忧郁和悲怆；二是太阳，象征激昂与希望。他还提倡运用口语化的语言，以自由的散文化形式来体现主题，为中国新诗的发展开辟了广阔的空间。其主要作品有**《大堰河——我的保姆》《我爱这土地》**等。

■ **真题链接**

1.《我爱这土地》的作者是（ ）。

A.艾青 B.郑愁予 C.穆旦 D.戴望舒

（2013 年湖北民族学院广播电视编导专业招生考试试题）

2.作家艾青是以哪种文学体裁的创作而闻名？（ ）

A.诗歌 B.散文 C.小说 D.戏剧

（2014 年重庆邮电大学广播电视编导专业招生考试试题）

3.《大堰河——我的保姆》的作者是（ ）。

A.艾青 B.舒婷 C.戴望舒 D.顾城

（2014 年池州学院广播电视编导专业招生考试试题）

贺敬之 ★★★★☆

中国现代著名诗人，他的诗歌中保持着昂扬的革命热情和理想精神。1945 年，他

和丁毅执笔集体创作的我国第一部新歌剧**《白毛女》**，是我国新歌剧发展的里程碑，该剧生动地表现出**“旧社会把人逼成鬼，新社会把鬼变成人”**这一深刻主题。其他作品还有诗作**《回延安》**《雷锋之歌》等。

■ **真题链接**

表达“旧社会把人逼成鬼，新社会把鬼变成人”主题的作品是（　　）。

A.《茶馆》　　B.《月牙儿》　　C.《龙须沟》　　D.《白毛女》

（2014年西安工程大学广播电视编导专业招生考试试题）

周立波 ★★★☆☆

中国现代著名作家，擅长描写农村生活，乡土气息浓厚。其主要作品有长篇小说**《暴风骤雨》**《铁水奔流》**《山乡巨变》**等。其中，**《暴风骤雨》反映了土改运动中东北地区的农村生活，1951年与丁玲的《太阳照在桑干河上》共同获得了苏联的斯大林文学奖**。

■ **真题链接**

周立波最为人称道的两部作品是《________》和《山乡巨变》。

（2014年赣南师范学院广播电视编导专业招生考试试题）

《红　岩》 ★★★★☆

是由**罗广斌、杨益言**等人合著的长篇小说。作品描写了新中国成立前夕，在**重庆**“中美合作所”集中营内的一场革命与反革命的惊心动魄的斗争，歌颂了革命者在酷刑考验下的坚贞节操。书中成功地塑造了**江姐**、许云峰、成岗、刘思扬等众多可歌可泣的革命英雄形象。小说曾被改编成电影《烈火中永生》。

■ **真题链接**

1.《红岩》中塑造的一位坚贞不屈的女共产党员形象是________。

（2012年廊坊师范学院戏剧影视文学专业招生考试试题）

2. 中国20世纪五六十年代文学创作中所谓的“三红一创”是指《红岩》《红日》《红旗谱》《创业史》。

（2014年九江学院戏剧影视文学专业招生考试试题）

荷花淀派 ★★★★☆

又称“白洋淀派”，是中国当代文学史上一个重要的作家群体，因20世纪40年代**孙犁**发表短篇小说**《荷花淀》**而得名。该派作品大多描绘冀中人民的生活变迁、民情风俗、英勇斗争和纯美心灵，描绘白洋淀、北运河、冀中平原优美的自然风光；在风格上追求诗的意境和散文的韵味，强调文学的现实主义品格而又在其中渗透着浪漫主义气息。其主要作家及作品有孙犁的《风云初记》《铁木前传》，刘绍棠的《运河的桨声》，从维熙的《鸡鸭委员》等。

■ **真题链接**

中国当代文学史上“荷花淀派”的创始人是谁？（　　）

A. 杨朔　　B. 萧红　　C. 孙犁　　D. 赵树理

（2014年天津工业大学广播电视编导专业招生考试试题）

孙　犁 ★★★★★

原名孙树勋，中国当代著名文学家，**“荷花淀派”**的创始人。他的小说语言清新自然，充满诗情画意。其主要作品有短篇小说**《荷花淀》**《芦花荡》，长篇小说《风云初记》，散文集**《白洋淀纪事》**等。其中，名篇《荷花淀》出自《白洋淀纪事》，创作于**1945年**，是荷花淀派的重要代表作。

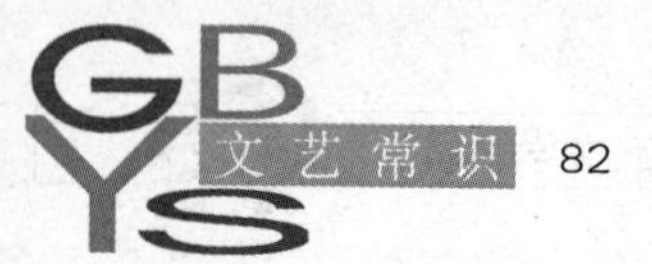

■ **真题链接**

《荷花淀》选自孙犁的《白洋淀纪事》，此小说作者在________年于延安写成。

（2012年商丘师范学院广播电视编导专业招生考试试题）

十七年文学 ★★★☆☆

是指从中华人民共和国成立到“无产阶级文化大革命”开始，这一阶段的中国文学历程。这一阶段的作品题材主要为歌颂、回忆和斗争，少数作品的艺术性不强，作品风格往往过于简单，人物也呈现出一些程式化的倾向。但这个时期同样产生了很多艺术成就很高的作品，例如《保卫延安》《红日》《林海雪原》《太阳照在桑干河上》等，涌现出赵树理、柳青、周立波、魏巍等优秀作家，老舍、田汉等老作家也奉献了不少好的作品。

■ **真题链接**

十七年文学是指________________________________。

（2015年北京电影学院影视项目策划专业招生考试试题）

赵树理 ★★★★★

中国当代著名小说家、人民艺术家。他的小说多以华北农村为背景，反映农村社会的变迁和存在于其间的矛盾斗争，塑造了各式各样的农村人物形象，被誉为“写农村的铁笔圣手”。他开创了文学史上的**“山药蛋派”**，其主要作品有**《小二黑结婚》《李有才板话》《三里湾》**《李家庄的变迁》等。

■ **真题链接**

1. 在现代文学史上，“山药蛋派”的代表作家为________。

（2011年许昌学院戏剧影视文学专业招生考试试题）

2. 二诸葛和三仙姑是赵树理小说《小二黑结婚》中的人物。

（2014年吉林动画学院广播电视编导专业招生考试试题）

3. 赵树理，是我国现代小说家和人民艺术家，代表作有小说________等，作品有浓厚的乡土气息。

（2017年吉林动画学院戏剧影视文学专业招生考试试题）

柳　青 ★★★★☆

中国当代著名作家，主要从事长篇小说的创作。他的小说大都以农村生活为题材，生活气息浓厚，比较真实地反映了近几十年历次重大历史时期农民的现实生活和精神面貌。其主要作品是**《创业史》**，是一部反映农村社会主义革命的史诗性巨著，小说塑造了一系列饱满生动的人物形象，如**梁生宝**、郭振山、改霞等。

■ **真题链接**

1. 小说《创业史》的作者是（　　）。

A. 罗广斌　　B. 柳青　　C. 杨沫　　D. 梁斌

（2011年河南省普通高校编导制作类专业招生统考试题C卷）

2. 梁生宝是柳青的长篇小说（　　）中的主人公。

A.《红旗谱》　　B.《创业史》

C.《白鹿原》　　D.《玉卿嫂》

（2014年赣南师范学院广播电视编导专业招生考试试题）

魏　巍 ★★★★☆

中国当代著名作家。他的作品能及时地反映现实生活，并擅长把叙事、写景、议论、抒情巧妙地融为一体，具有鲜明的艺术风格。其主要作品有**《谁是最可爱的人》**《东方》等。

■ **真题链接**

魏巍的《谁是最可爱的人》是写（ B ）采访到的事例。

A. 抗日战争　　B. 抗美援朝　　C. 中越战争　　D. 三年内战

（2012年吉林动画学院广播电视编导专业招生考试试题）

杜鹏程 ★★☆☆☆

中国当代著名作家。他的小说多为重大题材，从严峻的斗争与考验中，描写人物的精神面貌。其主要作品**《保卫延安》**是我国第一部大规模正面描写革命战争史迹的有较高成就的长篇小说。其他作品还有《夜走灵官峡》《工地之夜》《延安人》等。

杨　朔 ★★★★☆

中国当代著名作家、散文家、小说家。他的作品基调是歌颂新时代、新生活和普通劳动者。杨朔是当今文坛一再精辟阐述散文诗化理论，并通过认真实践形成自己独特风格的散文作家。代表作有**《荔枝蜜》**《樱花雨》《香山红叶》《茶花赋》《铁骑兵》等。

■ **真题链接**

1. 杨朔是我国当代著名散文家，他的优秀散文是（　　）。

A.《白杨礼赞》　　B.《荔枝蜜》

C.《珍珠鸟》　　D.《第二次考试》

（2011年周口师范学院广播电视编导专业招生考试试题）

2.（　　）的散文结构巧妙、曲径通幽，语言含蓄，充满诗情画意。《香山红叶》是他的代表作。

A. 秦牧　　B. 刘白羽　　C. 杨朔　　D. 茅盾

（2014年海南大学戏剧影视文学专业招生考试试题）

刘白羽 ★★★☆☆

中国当代文学杰出代表人物，卓越的散文家、报告文学家、小说家、作家。其创作以散文为主，富有深刻的哲理性。代表作品有《长江三日》《日出》等。

■ **真题链接**

我国20世纪50年代文坛上的三大散文家是杨朔、秦牧和刘白羽。

（2013年南昌理工学院广播电视编导专业招生考试试题）

秦　牧 ★★★☆☆

中国著名作家，以散文著称于文坛。他的散文继承和发展了现代散文史上的**"谈话风"传统**。其主要作品有《土地》《花蜜与蜂刺》等。此外，他还写了不少儿童文学作品和美学论著，自选集《长河浪花集》是其散文的代表作。

杨　沫 ★★★★★

中国当代女作家。其主要作品是**《青春之歌》**，是一部反映20世纪30年代知识分子精神面貌和思想历程的优秀长篇小说，生动地刻画了**林道静**等一系列青年知识分子形象。另有作品《红红的山丹花》《苇塘纪事》《芳菲之歌》等。

■ **真题链接**

1. 杨沫的著名小说《青春之歌》的女主人公是________。

（2014年平顶山学院戏剧影视文学专业招生考试试题）

2.《青春之歌》的作者是________。

（2014年赣南师范学院广播电视编导专业招生考试试题）

梁 斌 ★★★☆☆

中国当代著名作家。他的作品深沉、浑厚、雄健、豪放，富有浓郁的乡土气息和民族气魄。其主要作品是长篇小说**《红旗谱》**，该书通过农民朱、严两家和地主冯老兰一家的斗争历史，成功地塑造了**朱老忠**这个革命农民的光辉形象，被誉为“一部描绘农民革命斗争的壮丽史诗”。

■ **真题链接**

________创作的《红旗谱》，先后被拍成电影和电视剧。

（2009 年天津师范大学广播电视编导专业招生考试试题）

周而复 ★★★☆☆

中国当代作家。他的文学作品紧扣时代脉搏，弘扬主旋律，并以高超的艺术水平，真实地反映典型环境中的典型人物，受到国内外文艺界的高度赞赏。其主要作品有**《上海的早晨》**《长城万里图》等。

■ **真题链接**

《上海的早晨》的作者是（　　）。

A. 周而复　　B. 郁达夫　　C. 郭沫若　　D. 巴金

（2013 年天津工业大学广播电视编导专业招生考试试题）

王 蒙 ★★★☆☆

中国当代著名作家。他的作品大多反映中国人民在前进道路上的坎坷历程。1953 年，开始创作处女作长篇小说**《青春万岁》**。1956 年发表的短篇小说**《组织部来了个年轻人》**是其成名作。其他作品还有《活动变人形》《蝴蝶》《相见时难》《悠悠寸草心》等。

■ **真题链接**

《组织部来了个年轻人》的作者是中国当代作家________。

（2010 年河南省普通高校编导制作类专业招生统考试题 B 卷）

郭小川 ★☆☆☆☆

中国当代著名诗人。其诗歌多取材于工农兵群众的斗争生活，歌颂社会主义革命和事业的胜利。其主要作品有《甘蔗林—青纱帐》《向困难进军》《将军三部曲》等。

伤痕文学 ★★☆☆☆

是指经历了“文革”十年浩劫最先出现的文学现象。其发轫之作是刘心武的短篇小说《班主任》，名称源于卢新华的短篇小说《伤痕》，主要代表作家及作品有张贤亮的《灵与肉》、从维熙的《大墙下的红玉兰》、周克芹的《许茂和他的女儿们》等。这些小说沉痛地揭露了“文革”给中华民族带来的灾难，深刻地提出了一系列社会问题，并引导人们去思考导致悲剧的原因。

刘心武 ★★★☆☆

中国当代著名作家。他的创作擅长青年题材，注重解剖心灵，刻画人性。其著名短篇小说**《班主任》**荣获首届全国优秀短篇小说奖，长篇小说**《钟鼓楼》**荣获第二届茅盾文学奖。其他作品还有《如意》《立体交叉桥》《风过耳》《飘窗》等。

■ **真题链接**

1. 下列作家作品完全对应的一项是（ B ）。

A. 张承志——《钟鼓楼》　　B. 刘心武——《班主任》
C. 贾平凹——《黑骏马》　　D. 张贤亮——《红高粱》
(2010 年河南省普通高校编导制作类专业招生统考试题 A 卷)
2. 电视栏目《百家讲坛》中揭秘《红楼梦》的学者是刘心武。
(2014 年浙江传媒学院照明艺术/摄影专业招生考试试题)

张贤亮 ★★☆☆☆

中国当代著名作家。他的小说在表现知识分子的苦难历程时,往往把知识分子放到极端苦难的环境中,使人物的灵魂在极端苦难的炼狱中被扭曲、分裂。其主要作品有短篇小说**《灵与肉》**,中篇小说《绿化树》《龙种》,长篇小说《男人的风格》《我的菩提树》,散文集《追求智慧》等。

■ **真题链接**

当代作家张贤亮的代表作品《灵与肉》,被改编成了电影《牧马人》。
(2012 年重庆邮电大学广播电视编导专业招生考试试题)

高晓声 ★★☆☆☆

中国当代作家。他是新时期最杰出的专写农民的作家,被誉为继周立波、赵树理、柳青之后描写当代农村生活的高手。其作品歌颂了农民的淳朴、勤劳、善良和忍耐的品格。主要作品有小说**《陈奂生上城》**《李顺大造屋》等。

■ **真题链接**

陈奂生是当代作家高晓声中篇小说《陈奂生上城》中的主人公。
(2013 年湖北民族学院广播电视编导专业招生考试试题)

路　遥 ★★★☆☆

中国当代著名作家。他的小说大气磅礴,震撼人心,具有很强的现实主义色彩和批判性。其主要作品是**《平凡的世界》**,该小说以恢宏的气势和史诗般的品格,全景式地展现了改革开放时期中国城乡的社会生活和人们思想情感的巨大变迁,并荣获茅盾文学奖。

■ **真题链接**

名词解释:《平凡的世界》
(2014 年山东师范大学戏剧影视文学专业招生考试试题)

张承志 ★★★☆☆

原籍山东济南,生于北京,回族。中国当代作家、学者。其作品是表达人生理想和精神追求的物态载体,多涉及宗教等,引起争议。其主要作品有短篇小说《骑手为什么歌唱母亲》,中篇小说**《黑骏马》**《北方的河》,长篇小说《金牧场》,散文《方丈眺危楼》等。

■ **真题链接**

张承志的代表作品是____________。
(2015 年河南大学广播电视编导专业招生考试试题)

朦胧诗派 ★★★★☆

这一流派兴起于 20 世纪 70 年代末 80 年代初,因章明发表《令人气闷的"朦胧"》一文而得名。他们反叛现实主义传统,肯定人的自我价值和尊严;在艺术上大量运用象征、隐喻、通感等现代诗歌的艺术创作手法,意蕴朦胧。主要代表人物有**顾城**、**舒婷**、**北岛**、**江河**、杨炼等。

■ **真题链接**

1. 朦胧诗派的代表人物是________、北岛、顾城和江河等。

(2013年天津师范大学广播电视编导专业招生考试试题)

2. 名词解释:朦胧诗派

(2014年广西壮族自治区普通高校影视传媒类专业招生统考试题)

舒 婷 ★★★★☆

中国当代著名女诗人,**朦胧诗派**的代表人物。她的诗歌具有女性特有的细腻和敏感,充盈着浪漫主义和理想色彩。她的诗擅长运用比喻、象征、联想等艺术手法表达内心感受,在朦胧的氛围中流露出理性的思考,朦胧而不晦涩。其主要作品有**《致橡树》**《四月的黄昏》《祖国啊,我亲爱的祖国》等。著有诗集《双桅船》《会唱歌的鸢尾花》《始祖鸟》,散文集《心烟》等。

■ **真题链接**

诗歌《致橡树》的作者是(　　)。

A. 舒婷　　B. 北岛　　C. 海子　　D. 顾城

(2016年甘肃省普通高校戏剧与影视学类专业招生统考试题)

顾 城 ★★★★☆

中国当代著名诗人,**朦胧诗派**的代表人物。早期的诗歌有孩子般的纯稚风格、梦幻情绪,用直觉和印象式的语句来咏唱童话般的少年生活,唯美浪漫,有**"童话诗人"**之称。其主要作品有**《一代人》《我是一个任性的孩子》**《远和近》《生命幻想曲》,诗集《白昼的月亮》《黑眼睛》《顾城诗集》等。

■ **真题链接**

1. 当代诗人________被称为"童话诗人"。

(2014年贺州学院广播电视编导专业招生考试试题)

2. "黑夜给了我黑色的眼睛,我却用它来寻找光明"出自(　　)的名句。

A. 顾城　　B. 裴多菲　　C. 舒婷　　D. 汪国真

(2017年四川文化艺术学院广播电视编导/戏剧影视文学专业招生考试试题)

王小波 ★★★☆☆

中国当代著名作家。中国富有创造性的作家之一,其作品对我们生活中所有的荒谬和苦难作出了最彻底的反讽。主要作品有**"时代三部曲"**(《黄金时代》《白银时代》《青铜时代》)、《黑铁时代》、《我的精神家园》等。

■ **真题链接**

王小波在小说上的贡献,主要是他的"时代三部曲",包括《黄金时代》《白银时代》和《____________》。

(2016年赣南师范学院广播电视编导专业招生考试试题)

寻根文学 ★★☆☆☆

是指以"文化寻根"为主题的文学形式,主张寻找民族文化的自我和作家个性的自我。寻根文学作家希望立足于我国自己的民族土壤中,挖掘分析国民的劣根性,发扬文化传统中的优秀成分,从文化背景来把握我们民族的思想方式和理想、价值标准,努力创造出具有真正民族风格和民族气派的文学。代表人物有**阿城**、**韩少功**、**郑义**、**贾平凹**等。

■ **真题链接**

被张艺谋搬上银幕的莫言的寻根文学作品是《红高粱》。

(2017年衡水学院广播电视编导专业招生考试试题)

阿　城 ★★★★☆

中国当代寻根小说的重要代表作家。他的作品以白描淡彩的手法渲染民俗文化的氛围，透露出浓厚隽永的人生逸趣，寄寓了关于宇宙、生命、自然和人类的哲学玄思。其主要作品有“三王”：**《树王》、《孩子王》（曾被陈凯歌拍成同名电影）和《棋王》（曾被徐克拍成同名电影）**。

■ **真题链接**

小说《棋王》《树王》《孩子王》的作者是（　　）。

A. 阿城　　B. 顾城　　C. 王蒙　　D. 刘心武

（2016年湖北省普通高校广播电视编导专业招生统考试题）

贾平凹 ★★★★☆

中国当代著名作家。他是当代中国极具叛逆性、创造精神和广泛影响的具有世界意义的作家，被誉为“鬼才”。其主要作品有短篇小说《满月儿》《山镇夜店》，中篇小说《腊月·正月》《天狗》，长篇小说《商州》《浮躁》**《秦腔》《废都》**《高兴》，散文集《月迹》《心迹》《爱的踪迹》等。

■ **真题链接**

1.20世纪90年代贾平凹创作的长篇小说以<u>《废都》</u>最具影响，也最有争议。

（2013年齐齐哈尔大学戏剧影视文学专业招生考试试题）

2.荣获第七届茅盾文学奖的长篇小说《秦腔》是（　　）的作品。

A. 余华　　B. 苏童　　C. 贾平凹　　D. 莫言

（2013年湖北民族学院广播电视编导专业招生考试试题）

余秋雨 ★★★☆☆

浙江余姚人，当代著名作家、学者。其散文作品始终贯穿着一条鲜明的主线，那就是对中国历史、中国文化的追溯、思索和反问。有散文集**《山居笔记》《霜冷长河》《文化苦旅》**等。

■ **真题链接**

1.（　　）于1992年曾以散文集《文化苦旅》震动文坛，他的文化散文集还有《文明的碎片》《霜冷长河》等。

A. 余秋雨　　B. 王小波　　C. 季羡林　　D. 金克木

（2014年海南大学戏剧影视文学专业招生考试试题）

2.以“文化散文”闻名的是________。

（2015年北京电影学院影视摄影与制作专业招生考试试题）

莫　言 ★★★★★

原名管谟业，山东高密人，中国当代著名作家。他的作品中充满着“怀乡”以及“怨乡”的复杂情感。其主要作品有短篇小说**《白狗秋千架》**《枯河》《拇指铐》，中篇小说**《透明的红萝卜》、《红高粱》系列**、《爆炸》，长篇小说《红高粱家族》《丰乳肥臀》**《檀香刑》**《生死疲劳》**《蛙》**等。**2012年获得诺贝尔文学奖**，成为中国本土第一位获得诺贝尔文学奖的作家。

■ **真题链接**

1.《透明的红萝卜》的作者是________。

（2013年安阳师范学院广播电视编导专业招生考试试题）

2.《蛙》的作者是________。

（2013年云南艺术学院公共事业管理/文化产业管理专业招生考试试题）

3.电影《红高粱》是根据________的小说改编的。

（2014年首都师范大学科德学院广播电视编导专业招生考试试题）

4. 首次打破中国无诺贝尔文学奖获奖历史的年份是________年，获奖作家是________。
(2014 年重庆师范大学戏剧影视文学专业招生考试试题)
5. 电影《暖》是根据莫言的小说《白狗秋千架》改编的。
(2014 年安阳师范学院广播电视编导专业招生考试试题)
6. 判断题：(　　)莫言是我国第一位获得诺贝尔文学奖的作家。
(2016 年湖北省普通高校广播电视编导专业招生统考试题)
7. 莫言小说《蛙》中，姑姑的名字叫万心(乳名端阳)，是一个乡村妇产科医生。
(2017 年青岛大学广播电视编导专业招生考试试题)

铁　凝 ★★★☆☆

中国当代著名女作家。她的作品多描写生活中普通的人与事，特别是细腻地描写人物的内心，从中反映人们的理想与追求、矛盾与痛苦，语言柔婉清新。其主要作品有**《哦，香雪》《没有纽扣的红衬衫》**《麦秸垛》《对面》《玫瑰门》**《大浴女》**《笨花》等。

■ **真题链接**

小说《大浴女》的作者是(　　)。

A. 毕淑敏　　B. 马原　　C. 铁凝　　D. 茅盾

(2014 年赣南师范学院广播电视编导专业招生考试试题)

海　子 ★★★☆☆

原名查海生，中国新诗史上最有影响力的诗人之一。他的诗充满了对一切美好事物的眷恋，但敏感而脆弱的心灵又构成了他极为忧郁的品格，最终以死亡来完成对诗歌的追求。其主要作品有**《面朝大海，春暖花开》《九月》**《麦地》《以梦为马》，出版有《土地》《海子的诗》等。

■ **真题链接**

目击众神死亡的草原上野花一片，远在远方的风比远方更远。——海子《九月》
(2012 年南京大学戏剧影视文学专业招生考试试题)

余　华 ★★★★☆

中国当代著名作家。其早期的小说带有很强的实验性，以极其冷峻的笔调揭示人性的阴暗丑陋；后期的作品逼近生活真实，以平实的民间姿态呈现一种淡泊而又坚毅的力量。其主要作品有长篇小说**《活着》《许三观卖血记》《在细雨中呼喊》**，短篇小说《黄昏里的男孩》《鲜血梅花》《世事如烟》等。

■ **真题链接**

1. 名词解释：余华
(2017 年四川大学锦江学院广播电视编导专业招生考试试题)
2. 电影《活着》是根据________的同名小说改编的。
(2017 年甘肃省普通高校戏剧影视类专业招生统考试题)

苏　童 ★★★★☆

中国当代作家。他的作品着笔清雅而富有江南情调。其主要作品有**《妻妾成群》**《米》《城北地带》《罂粟之家》《已婚男人》等。其中，**《妻妾成群》被张艺谋改编成电影《大红灯笼高高挂》**。

■ **真题链接**

1. 张艺谋执导的电影《大红灯笼高高挂》改编自________的小说。
(2014 年重庆市普通高校编导类专业招生统考试题)

2. 电影《大红灯笼高高挂》是根据苏童的小说________改编的。
（2014 年宝鸡文理学院广播电视编导专业招生考试试题）

王 朔 ★★★☆☆

中国当代著名作家、编剧。他的小说叙述语言以戏谑、反讽为主，尤其是对权威话语和知识分子的精英立场都有嘲讽之意。其主要作品有《一半是海水，一半是火焰》《顽主》《千万别把我当人》《我是你爸爸》**《动物凶猛》**《看上去很美》《过把瘾就死》等。

■ **真题链接**

《阳光灿烂的日子》改编自________的小说《动物凶猛》。
（2013 年蚌埠学院广播电视编导专业招生考试试题）

陈忠实 ★★★★☆

中国当代著名作家，长篇小说**《白鹿原》**是其成名作，并获得第四届“茅盾文学奖”。2012 年，《白鹿原》电影版上映，由**王全安**执导，影片以白家和鹿家在白鹿原上的争斗为背景，主要表达北方农民生存状态中那种耐人寻味的原生态的东西。影片反映的地理环境是我国陕西关中地区，片中主要人物有：**田小娥**、白嘉轩、鹿子霖、黑娃等。

■ **真题链接**

1. 根据同名小说改编的电影《白鹿原》的导演是________。
（2013 年重庆邮电大学广播电视编导专业招生考试试题）
2. 小说《白鹿原》的作者是________。
（2014 年安阳师范学院广播电视编导专业招生考试试题）
3. 白嘉轩是哪位作家笔下的人物？（　　）
A. 陈忠实　　B. 东西　　C. 王朔　　D. 刘震云
（2015 年四川外国语大学广播电视编导专业招生考试试题）

史铁生 ★★★★☆

中国电影编剧，著名小说家、文学家。他把写作当作是对个人精神历程的叙述和探索，具有浓重的哲理意味。他的作品中贯穿着一种温情，同时也有着对宿命的感伤和抗争。其主要作品有**《我与地坛》《我的遥远的清平湾》**等。

■ **真题链接**

1.《我的遥远的清平湾》的作者是________。
（2013 年池州学院广播电视编导专业招生考试试题）
2. 简答题：请简述散文《我与地坛》的艺术特色。
（2014 年赣南师范学院广播电视编导专业招生考试试题）

海 岩 ★★★☆☆

中国当代著名作家、编剧、收藏家、企业家，主要从事小说、散文以及剧本的创作。其主要作品有长篇小说**《便衣警察》**《一场风花雪月的事》《永不瞑目》《你的生命如此多情》《玉观音》《拿什么拯救你，我的爱人》《五星大饭店》等。

■ **真题链接**

许鞍华 2003 年执导的________，由赵薇、谢霆锋主演，根据海岩的同名小说改编。
（2015 年浙江传媒学院戏剧影视文学专业招生考试试题）

茅盾文学奖 ★★★☆☆

是著名作家茅盾先生将自己的 25 万元稿费捐献出来设立的**长篇小说文学奖**，以茅

盾先生的名字命名。茅盾文学奖由中国作家协会主办，目的是为了鼓励优秀**长篇小说**的创作，推动我国文学的繁荣。从1982年开始，每四年评选一次，是我国最高荣誉的文学奖之一。

■ **真题链接**

1.“茅盾文学奖”是根据作家茅盾的遗嘱设立的，主要用于奖励长篇小说的创作，获第一届茅盾文学奖的小说是古华的《芙蓉镇》。《平凡的世界》获第三届茅盾文学奖，作者是路遥。

（2013年江西师范大学广播电视编导专业招生考试试题）

2.为了奖励长篇小说创作，我国设立的奖项是（　　）。

A.茅盾文学奖　　B.长江韬奋奖　　C.鲁迅文学奖　　D.文华奖

（2017年湖南师范大学广播电视编导专业招生考试试题）

林语堂 ★★☆☆☆

中国当代著名学者、文学家、语言学家。他提倡创作“以自我为中心，以闲适为格调”的小品文，其主要作品有长篇小说**《京华烟云》**等。

梁实秋 ★★☆☆☆

中国著名散文家、学者、文学批评家、翻译家。他主张“文学无阶级”，不主张把文学当作政治的工具，反对思想统一，要求思想自由。其主要作品有《雅舍小品》《英国文学史》《莎士比亚全集》(译作)等。

金　庸 ★★★★☆

原名查良镛，当代著名武侠小说家。与古龙、梁羽生并称为中国武侠小说三大宗师。其主要作品有**《书剑恩仇录》《射雕英雄传》《神雕侠侣》《倚天屠龙记》《天龙八部》《笑傲江湖》《碧血剑》《鹿鼎记》**等。金庸曾将他的中、长篇作品名称首字组成一副对联为**“飞雪连天射白鹿，笑书神侠倚碧鸳”**。

■ **真题链接**

1.金庸一共写了十四部武侠小说，每部第一字凑成一副对联是________。

（2012年曲阜师范大学戏剧影视文学专业招生考试试题）

2.金庸的第一部作品是《书剑恩仇录》，他最为人称道的是“射雕三部曲”。

（2016年黄山学院广播电视编导/戏剧影视文学专业招生考试试题）

3.金庸先生的武侠小说《射雕英雄传》中的主人公郭靖、杨康的名字来自于历史上的“靖康之变”。靖康是指（ B ）。

A.河南开封　　B.宋钦宗年号　　C.宋徽宗庙号　　D.宋徽宗谥号

（2017年海口经济学院广播电视编导专业招生考试试题）

琼　瑶 ★★★★★

原名陈喆，笔名“琼瑶”出自《诗经》**“投我以木桃，报之以琼瑶”**，台湾当代作家、编剧、影视制作人。1963年出版自传体长篇小说《窗外》一举成名，之后陆续出版《幸运草》《烟雨蒙蒙》《在水一方》《几度夕阳红》《心有千千结》《月朦胧，鸟朦胧》等50多部中篇、长篇小说。

■ **真题链接**

1.“琼瑶”这一笔名源自（　　）。

A.楚辞　　B.宋词　　C.唐诗　　D.《诗经》

（2015年广西民族大学广播电视编导专业招生考试试题）

2. 下列电视连续剧中有一部不是改编自琼瑶的小说，它是（ A ）。

A.《家和万事兴》 B.《一帘幽梦》 C.《还珠格格》 D.《在水一方》

（2016年重庆邮电大学广播电视编导专业招生考试试题）

梁羽生 ★★★★☆

港台新派武侠小说的代表作家之一，被誉为**“新派武侠小说的开山鼻祖”**。他摒弃了旧派武侠小说一味复仇与嗜杀的倾向，将侠行建立在正义、尊严、爱民的基础上，提出“以侠胜武”的理念。其主要作品有《龙虎斗京华》**《萍踪侠影录》**《白发魔女传》《七剑下天山》《云海玉弓缘》《还剑奇情录》等。

■ **真题链接**

广义上的“新派武侠小说”的开山鼻祖是（ ）。

A. 金庸 B. 古龙 C. 温瑞生 D. 梁羽生

（2013年黄山学院广播电视编导专业招生考试试题）

余光中 ★★★★☆

台湾当代著名诗人和评论家。他的作品兼有中国古典文学和外国现代文学的气质，创作手法新颖灵活，比喻奇特，抒情细腻缠绵。其主要作品有**《乡愁》《我的四个假想敌》**《白玉苦瓜》《等你，在雨中》《舟子的悲歌》《天狼星》《听听那冷雨》《左手的缪斯》等。

■ **真题链接**

1.《我的四个假想敌》的作者是（ ）。

A. 余光中 B. 龙应台 C. 台静农 D. 梁实秋

（2013年池州学院广播电视编导专业招生考试试题）

2. 被称为“乡愁诗人”的是（ ）。

A. 艾青 B. 郑愁予 C. 余光中 D. 舒兰

（2016年西南大学广播电视编导专业招生考试试题）

第二节 外国文学

（一）古希腊文学

古希腊神话 ★★★★★

是古希腊人集体口头创作，并且口头流传下来的一种文学形式，大约产生于公元前8世纪以前，其内容包括两大部分：神的故事和英雄传说。在古希腊神话中，**众神之主是宙斯，太阳神是阿波罗，智慧女神是雅典娜，爱神是维纳斯，小爱神是丘比特，文艺科学之神是缪斯，海神是波塞冬**。海神波塞冬手中常拿的武器是**三叉戟**；太阳神阿波罗经常弹奏的乐器是**七弦琴**。

■ **真题链接**

1. 古希腊神话中雅典娜是________女神。

（2012年西南大学育才学院广播电视编导专业招生考试试题）

2. 维纳斯是希腊神话中的（ B ）。

A. 智慧女神 B. 爱神和美神 C. 自由女神 D. 月亮女神

（2012年黄山学院戏剧影视文学专业招生考试试题）

3. 古希腊神话中（ C ）为人类带来了火种。

A. 丘比特　B. 阿修罗　C. 普罗米修斯　D. 雅典娜

（2013 年池州学院广播电视编导专业招生考试试题）

4. 希腊神话中的文艺女神是（　）。

A. 缪斯　B. 雅典娜　C. 维纳斯　D. 阿波罗

（2014 年廊坊师范学院戏剧影视文学招生考试试题）

5. 在古希腊神话中，________是太阳神。

（2014 年平顶山学院戏剧影视文学专业招生考试试题）

6. 古希腊神话中，宙斯是雷电神，________是智慧与战争女神。

（2015 年广西民族大学广播电视编导专业招生考试试题）

7. 古希腊神话中代表天空的是乌拉诺斯（人名）。

（2016 年北京电影学院电影学专业招生考试试题）

《荷马史诗》 ★★★★★

相传由古希腊盲诗人荷马创作的两部长篇史诗**《伊利亚特》**和**《奥德赛》**的统称。两大史诗规模宏伟，内容丰富。因为史诗里塑造了大量的英雄形象，所以又被称为“英雄史诗”。《荷马史诗》广泛而丰富地反映了古希腊史前时代的生活面貌，是研究希腊早期社会的重要文献，对后世欧洲文学和世界文学的发展具有深远影响。

■ **真题链接**

1. 名词解释：《荷马史诗》

（2013 年新疆艺术学院广播电视编导专业招生考试试题）

2.《荷马史诗》由古希腊诗人荷马搜集汇编而成，共分为两部分：________、________。

（2014 年首都师范大学科德学院广播电视编导专业招生考试试题）

3. 欧洲四大古典文学著作是《荷马史诗》《神曲》《哈姆雷特》《浮士德》。

（2015 年四川传媒学院摄影专业招生考试试题）

柏拉图 ★★☆☆☆

雅典奴隶主贵族派的思想家，倡导“理念论”和“灵感说”，认为现实世界是对理念的模仿，而文艺又是对现实的模仿，即“模仿的模仿”，所以文艺是不真实的，灵感是文艺创作的源泉。其主要作品有《理想国》《伊安篇》《会饮篇》等。

■ **真题链接**

苏格拉底的弟子、著名哲学家________，代表作有《理想国》。

（2017 年大连艺术学院广播电视编导专业招生考试试题）

亚里士多德 ★★☆☆☆

古希腊伟大的哲学家、科学家和教育家。他继承了柏拉图的某些观点，认为文艺的本质是模仿现实，但是他认为现实世界本身是真实的，文艺也是真实的，他还肯定了文艺的认识作用和教育作用。其主要作品有文艺理论著作**《诗学》**。

■ **真题链接**

1.《诗学》的作者是________。

A. 莱辛　B. 亚里士多德

C. 车尔尼雪夫斯基　D. 布莱希特

（2016 年青岛大学广播电视编导专业招生考试试题）

2. 柏拉图的主要著作是《理想国》，亚里士多德的主要著作是________。

（2017 年东北电力大学广播电视编导专业招生考试试题）

《伊索寓言》 ★★★★★

是**世界上最早的寓言故事集**，相传为公元前6世纪古希腊奴隶**伊索**所作，经后人的整理汇编得以流传下来。《伊索寓言》共收集有350余篇小寓言，并多以动物生活为主要内容。比较著名的寓言故事有**《农夫与蛇》《龟兔赛跑》《狼和小羊》《狐狸和葡萄》《乌鸦和狐狸》**等。

■ **真题链接**

1.《________》是一部寓言故事集，记载了古希腊、古罗马时期流传下来的故事，是世界文化史上流传最广的寓言故事集之一。

(2014年平顶山学院戏剧影视文学专业招生考试试题)

2.寓言故事《狐狸和葡萄》《农夫与蛇》等出自________。

(2014年赣南师范学院广播电视编导专业招生考试试题)

3.名词解释：《伊索寓言》

(2015年山东艺术学院艺术史论专业招生考试试题)

埃斯库罗斯 ★★★★★

古希腊著名戏剧家，恩格斯赞誉他为**"悲剧之父"**。其主要作品有**《被缚的普罗米修斯》**《俄瑞斯忒亚》等。**埃斯库罗斯、索福克勒斯和欧里庇得斯**被称为**"古希腊三大悲剧作家"**。

■ **真题链接**

1.名词解释：古希腊三大悲剧作家

(2012年中国传媒大学广播电视编导专业招生考试试题)

2."悲剧之父"是古希腊悲剧家(　　)。

A.埃斯库罗斯　　B.索福克勒斯　　C.欧里庇得斯　　D.阿里斯托芬

(2014年贺州学院广播电视编导专业招生考试试题)

3.代表作有《被缚的普罗米修斯》的"悲剧之父"是________。

(2017年湖南师范大学戏剧影视文学专业招生考试试题)

索福克勒斯 ★★★★☆

古希腊三大悲剧家之一，被誉为"戏剧艺术的荷马"。他的作品重视人物性格的刻画，其主要作品有**《俄狄浦斯王》《安提戈涅》**《厄勒克特拉》等。

■ **真题链接**

1.戏剧史上的伟大作品《安提戈涅》的作者是古希腊悲剧作家________。

(2014年中央戏剧学院戏剧影视文学专业招生考试试题)

2.弗洛伊德精神分析学说中的"俄狄浦斯情结"即所谓的"恋母情结"，出自索福克勒斯的作品________。

(2014年赣南师范学院广播电视编导专业招生考试试题)

欧里庇得斯 ★★★☆☆

公元前5世纪的古希腊悲剧作家，享有**"舞台上的哲学家"**的美誉。他的作品虽取材于神话传说，但是却反映了社会现实和思想危机，被誉为"心理戏剧鼻祖"。代表作品有**《美狄亚》**《阿尔刻提斯》《特洛伊妇女》等。

■ **真题链接**

1.名词解释：《美狄亚》

(2011年中国戏曲学院戏剧影视文学专业招生考试试题)

2.被誉为"舞台上的哲学家"的是________。

(2014年江西师范大学广播电视编导专业招生考试试题)

阿里斯托芬 ★★★★☆

古希腊早期的喜剧作家，恩格斯称他为**“喜剧之父”**。他的作品通常使用漫画式的夸张手法，擅长运用象征和滑稽语言来反映严肃、深刻的主题，代表作有《阿卡奈人》《和平》《鸟》《骑士》等。《阿卡奈人》是阿里斯托芬的成名作，也是现存最早的古希腊喜剧。

■ **真题链接**

“喜剧之父”是古希腊时期的________。

(2016 年汉口学院广播电视编导专业招生考试试题)

(二)英国文学

乔　叟 ★★★☆☆

英国最早的人文主义作家，享有**“英国诗歌之父”**的美誉。其最主要的作品是**《坎特伯雷故事集》**，该作品广泛地反映了资本主义萌芽时期的英国社会生活，揭露了教会的腐败、教士的贪婪和伪善，肯定了世俗的爱情生活，是英国现实主义文学的第一部典范之作。

■ **真题链接**

乔叟的代表作是__________。

(2011 年曲阜师范大学戏剧影视文学专业招生考试试题)

莎士比亚 ★★★★★

16 世纪英国文艺复兴时期伟大的戏剧家、诗人，被誉为“时代的灵魂”，马克思称他为“人类最伟大的戏剧天才”。他的戏剧不受三一律束缚，努力反映生活的本来面目，深入探索人物的内心奥秘，以博大、深刻、富于诗意和哲理著称。其主要作品有“四大悲剧”、“四大喜剧”、《无事生非》、《罗密欧与朱丽叶》等。“四大悲剧”是**《哈姆雷特》《奥赛罗》《李尔王》《麦克白》**。“四大喜剧”是**《威尼斯商人》《仲夏夜之梦》《皆大欢喜》《第十二夜》**。

■ **真题链接**

1. 莎士比亚的作品中哈姆雷特是性格悲剧。

(2011 年许昌学院戏剧影视文学专业招生考试试题)

2. 莎士比亚的作品《威尼斯商人》塑造了著名的吝啬鬼形象夏洛克。

(2013 年南京艺术学院戏剧影视文学专业招生考试试题)

3. 莎士比亚喜剧中最富悲剧色彩的一部作品是(D)。

A.《第十二夜》　B.《仲夏夜之梦》　C.《无事生非》　D.《威尼斯商人》

(2016 年赣南师范学院广播电视编导专业招生考试试题)

4. 莎士比亚四大喜剧是________、________、________、________。

(2017 年湖南省普通高校广播电视编导专业招生统考试题)

5. 下列属于莎士比亚悲剧作品的是(B)。

A.《仲夏夜之梦》　B.《李尔王》　C.《美狄亚》　D.《第十二夜》

(2017 年安徽省普通高校艺术专业招生统考试题)

弥尔顿 ★★★☆☆

17 世纪英国清教徒文学的代表人物，他的一生都在为资产阶级民主运动而奋斗。其主要作品有**《失乐园》**《复乐园》《论出版自由》《为英国人民声辩》等。

■ **真题链接**

弥尔顿的代表作品是(　　)。

A.《失乐园》　B.《论人生》　C.《唐璜》　D.《鲁滨逊漂流记》

(2013 年赣南师范学院广播电视编导专业招生考试试题)

笛　福 ★★★★☆

英国现实主义小说的开创者之一，被誉为“英国和欧洲小说之父”。他的作品多用自述形式，情节曲折，可读性强。其主要作品有长篇小说**《鲁滨逊漂流记》**《辛格顿船长》(国内译名《海盗船长》)等。

■ **真题链接**

1. 恩格斯称丹尼尔·笛福小说中塑造的鲁滨逊为“一个真正的资产者”。

(2013年黄山学院广播电视编导专业招生考试试题)

2.《鲁滨逊漂流记》的作者是(　　)。

A. 福楼拜　　B. 笛福　　C. 塞万提斯　　D. 歌德

(2014年西南大学广播电视编导专业招生考试试题)

莫　尔 ★★★☆☆

英国的空想社会主义者，欧洲早期空想社会主义学说的创始人。其主要作品是对话体幻想小说**《乌托邦》**，书中虚构了航海家航行到奇乡异国乌托邦的旅行见闻。“乌托邦”表示一个幸福理想的国家。

斯威夫特 ★★☆☆☆

18世纪英国讽刺作家、政论家。他在作品中对资本主义本质进行了无情的鞭挞，并反映了普通人生活的艰辛与困苦，坚持现实主义创作，作品具有极高的文学价值。其主要作品有**《格列佛游记》**《桶的故事》《书的战争》等。

■ **真题链接**

寓言小说《________》是斯威夫特的著名作品。

(2017年赣南师范大学广播电视编导专业招生考试试题)

意象派诗歌 ★★☆☆☆

20世纪初出现的现代诗歌流派，1909年至1917年间一些英美诗人发起并付诸实践，是当时盛行于西方世界的象征主义文学运动的一个分支。其宗旨是要求诗人以鲜明、准确、含蓄和高度凝练的意象生动而形象地展现事物，并将诗人瞬息间的思想感情熔炼在诗中。反对发表议论及感叹。代表人物是埃兹拉·庞德。

■ **真题链接**

名词解释：意象派诗歌

(2013年山东艺术学院文化产业管理专业招生考试试题)

“湖畔派”诗人 ★★★☆☆

19世纪英国浪漫主义文学的代表。该流派反对古典主义传统，向往唯情论，歌颂大自然，强调诗人的内心探索和感情的自然流露，通过缅怀中古的淳朴来否定现实的城市文明。其主要代表人物有华兹华斯、柯勒律治和骚塞。由于他们三人曾一同隐居在英国西北部的昆布兰湖区，先后在格拉斯米尔和温德米尔两个湖畔居住，所以有“湖畔派诗人”之称。

华兹华斯 ★★★☆☆

英国浪漫主义文学的先驱，“湖畔派”诗人的代表。他的诗文笔朴素清新，多采用下层人民的生活题材，歌颂大自然的美，开创了新鲜奇特的浪漫主义诗风。其主要作品有

《采干果》《不朽颂》《露丝》，抒情诗《孤独的割麦女》《快乐的战士》等。

■ **真题链接**

华兹华斯是(　　)诗人，是“湖畔派”的代表人物。

A. 美国　　B. 德国　　C. 法国　　D. 英国

(2012年西南大学广播电视编导专业招生考试试题)

简·奥斯汀 ★★★☆☆

英国著名女作家。她的作品善于以乡镇中产阶级青年男女的爱情婚姻为主题，擅用幽默反讽的艺术手法，对英国的现实主义小说产生了很大影响。其主要作品有**《傲慢与偏见》**《爱玛》《理智与情感》《劝导》等。

■ **真题链接**

简·奥斯汀的代表性作品是《________》。

(2017年赣南师范大学广播电视编导专业招生考试试题)

拜　伦 ★★★☆☆

19世纪初**英国**最伟大的浪漫主义诗人。他的作品热情洋溢、奔放洒脱，评古论今，对被压迫民族和人民的生活产生了深远的影响。其主要作品有**长篇叙事诗《唐璜》**，抒情叙事长诗《恰尔德·哈洛尔德游记》，讽刺诗《审判的幻景》《青铜世纪》等。

■ **真题链接**

《唐璜》的作者是________。

(2014年赣南师范学院广播电视编导专业招生考试试题)

雪　莱 ★★★★☆

19世纪初**英国**伟大的浪漫主义诗人。他的作品热情而富于哲理思辨，惯用梦幻象征手法和远古神话题材，诗歌节奏明快，积极向上。其主要作品有诗剧**《解放了的普罗米修斯》《西风颂》《致云雀》**等。著名诗句**“冬天来了，春天还会远吗”**就出自他的**《西风颂》**。

■ **真题链接**

1.“冬天来了，春天还会远吗”这句诗的作者是________。

(2014年赣南师范学院广播电视编导专业招生考试试题)

2.英国19世纪积极浪漫主义文学家雪莱的代表作品是(　AD　)。

A.《西风颂》　　B.《玩偶之家》

C.《百年孤独》　　D.《解放了的普罗米修斯》

(2017年商丘学院广播电视编导专业招生考试试题)

狄更斯 ★★★★★

19世纪**英国**批判现实主义文学的创始人。他的作品反映了英国资本主义社会的丑恶现实，并主张以“小人物”的温情来改变社会。其主要作品有自传体小说**《大卫·科波菲尔》**，历史小说**《双城记》**，长篇小说**《雾都孤儿》**《远大前程》等。

■ **真题链接**

1.《双城记》和《雾都孤儿》的作者是________。

(2014年西北师范大学广播电视编导专业招生考试试题)

2.“这是一个最好的时代，也是一个最坏的时代”出自狄更斯的《双城记》。

(2017年重庆邮电大学广播电视编导专业招生考试试题)

3.《双城记》描写的是哪两个城市？（ C ）

A. 柏林和伦敦　B. 柏林和巴黎　C. 巴黎和伦敦　D. 纽约和巴黎

（2017年重庆市普通高校广播电视编导专业招生联考试题）

勃朗特三姐妹 ★★★★☆

指的是**夏洛蒂·勃朗特、艾米莉·勃朗特和安妮·勃朗特**，她们三人都是英国文坛的著名女小说家，被称为“一个家庭中演出的一曲奇异的三重奏”。夏洛蒂·勃朗特的代表作**《简·爱》**揭露了资产阶级的虚伪和冷酷，同时反映了具有反叛精神的女性意识。艾米莉·勃朗特的长篇小说**《呼啸山庄》**，具有“**文学史上的斯芬克斯之谜**”的美誉。安妮·勃朗特的**《艾格尼丝·格雷》**带有自传的性质。

■ **真题链接**

英国作家夏洛蒂·勃朗特的________描述了罗切斯特庄园的风光。

（2014年大连艺术学院广播电视编导专业招生考试试题）

哈　代 ★★★☆☆

19世纪英国杰出的批判现实主义小说家和诗人。其作品反映了资本主义侵入英国农村、城镇后所引起的社会经济、政治、道德、风俗等方面的深刻变化以及人民的悲惨命运，批判了资产阶级道德、宗教、法律的虚伪。主要作品有**《德伯家的苔丝》**《无名的裘德》等。

柯南·道尔 ★★★★★

英国著名的侦探小说家。他的作品在艺术上追求情节的复杂、紧张、惊险，是历史上最受读者推崇的侦探小说，对后世的侦探小说产生了重大影响。其主要作品是侦探系列小说《**福尔摩斯探案全集**》。

■ **真题链接**

1. 西方侦探小说的鼻祖是（ D ）。

A. 柯南·道尔　B. 钱德勒　C. 阿加莎·克里斯蒂　D. 爱伦·坡

（2013年天津工业大学广播电视编导专业招生考试试题）

2. 侦探小说《福尔摩斯探案全集》的作者柯南·道尔是下列哪个国家的文学家？（　）

A. 德国　B. 英国　C. 俄国　D. 美国

（2016年重庆邮电大学广播电视编导专业招生考试试题）

毛　姆 ★★★☆☆

英国著名的小说家和剧作家，被誉为“最会讲故事的作家”。他对生活抱有既不抗争也不颂赞的“超然”态度，被后人看作是自然主义的继承人。其主要作品有《**月亮和六便士**》《人生的枷锁》《兰贝斯的丽莎》《在中国屏风上》等。

■ **真题链接**

小说《月亮和六便士》的作者是________。

（2009年北京电影学院戏剧影视文学专业招生考试试题）

乔治·奥威尔 ★★★☆☆

英国著名小说家、散文家和评论家。他在短暂的一生中，以敏锐的洞察力和犀利的文笔审视和记录着所生活的那个时代，作出了许多超越时代的预言，被称为“一代人的

冷峻良知”。其主要作品有《1984》和《动物庄园》。

■ **真题链接**

小说《1984》的作者是（　　）。

A. 乔治·奥威尔　　B. 亨利

C. 村上春树　　D. 海明威

（2011 年北京电影学院导演专业招生考试试题）

阿加莎·克里斯蒂 ★★★☆☆

英国著名的古典推理小说作家，有“推理小说女王”的美誉。她开创了侦探小说的“乡间别墅派”，即凶杀案发生在一个特定封闭的环境中，而凶手也是几个特定关系人中的一个或几个。欧美甚至日本的很多侦探作品都使用了这一模式。她在小说中塑造了**大侦探波洛**的人物形象。其主要作品有**《东方快车谋杀案》《尼罗河上的惨案》**等。

■ **真题链接**

大侦探波洛是（　　）的小说中塑造的人物形象。

A. 福尔摩斯　　B. 柯南·道尔

C. 阿加莎·克里斯蒂　　D. 井原西鹤

（2014 年北京电影学院文学系策划专业招生考试试题）

王尔德 ★★★☆☆

英国著名的作家、诗人、戏剧家，唯美主义艺术运动的倡导者。其文学主张是“为艺术而艺术”。主要作品有小说**《道林·格雷的画像》**，剧本**《少奶奶的扇子》**《薇拉》，诗作《斯芬克斯》《瑞丁监狱之歌》，童话集《快乐王子和其他故事》等。

■ **真题链接**

1924 年经过曾经留美、专攻戏剧的洪深的积极倡导，成功地演出了根据英国王尔德作品改编的《少奶奶的扇子》，从此开始了中国的现代话剧。

（2009 年天津师范大学戏剧影视文学专业招生考试试题）

唯美主义 ★★★☆☆

19 世纪末起源于英国的西欧资产阶级文学流派，领袖人物是**王尔德**。唯美主义主张**“为艺术而艺术”**，艺术与政治、道德、功利无关。其作品以爱情和欢乐为基本主题，以消遣度日的特权人物为主人公，讲究辞藻、韵律，重视静物的描绘，以造成听觉、视觉的美感。最具代表性的作品是王尔德的小说《道林·格雷的画像》。

艾略特 ★★★☆☆

20 世纪英国著名诗人、文学评论家、戏剧家。代表作**《荒原》**被誉为“现代诗歌的里程碑”，此外，有作品《四个四重奏》《空心人》等。1943 年出版的《四个四重奏》使他获得了 1948 年的诺贝尔文学奖。

约翰·福尔斯 ★★☆☆☆

英国当代著名小说家，实验主义作家的杰出代表。福尔斯是一个存在主义者，其作品宣扬人在一个荒诞、丑恶、冷酷的现实世界中为获取存在和自由而陷入的焦急不安、彷徨和痛苦。其主要作品有**《法国中尉的女人》**。

（三）法国文学

拉伯雷 ★★★★☆

16 世纪**法国**人文主义杰出作家。他反对天主教会，要求享受现世的幸福。其主要作品是长篇小说**《巨人传》**，该书情节离奇，讽刺辛辣，想象夸张，强烈地抨击了法国封建社会的黑暗和罪恶，嘲讽了统治阶级、教会以及神学，对后世欧洲的讽刺文学产生了较大影响。

■ **真题链接**

拉伯雷的代表作为（ ）。

A.《巨人传》 B.《熙德》 C.《三个火枪手》 D.《十日谈》

（2011 年山东师范大学广播电视编导专业招生考试试题）

莫里哀 ★★★★★

17 世纪**法国古典主义喜剧作家**，被戏剧界誉为“舞台上最全面的竞技者”。他的作品多表现当代题材，立足社会现实，熟练运用古典主义艺术法则，写出了很多具有人文主义思想的剧作，具有民主倾向。其主要作品有**《伪君子》**、**《悭吝人》**（又译《吝啬鬼》）、《可笑的女才子》、《恨世者》（又译《愤世嫉俗》）、《贵人迷》、《女博士》等。

■ **真题链接**

1.文学作品中塑造的四大吝啬鬼形象是：夏洛克、葛朗台、阿巴贡、泼留希金，其作者分别是莎士比亚、巴尔扎克、莫里哀、果戈理。

（2010 年吉林动画学院广播电视编导专业招生考试试题）

2.达尔杜弗是莫里哀小说（ B ）中的主人公，其性格特征是追求美色和虚伪。

A.《母亲》 B.《伪君子》 C.《巴黎圣母院》 D.《项链》

（2016 年井冈山大学广播电视编导专业招生考试试题）

3.歌德所说的“像他那样的开场是现存最伟大的最好的开场”，是指莫里哀的作品（ B ）。

A.《吝啬鬼》 B.《伪君子》 C.《可笑的女才子》 D.《太太学堂》

（2017 年赣南师范大学广播电视编导专业招生考试试题）

高乃依 ★★★☆☆

17 世纪上半叶法国古典主义悲剧的代表作家，法国古典主义戏剧的奠基人。他推出了轰动整个巴黎的悲剧**《熙德》**，创立了法兰西民族戏剧的光辉典范。代表作品还有《梅丽特》《梅德》《贺拉斯》《西拿》和《波利厄克特》等。

■ **真题链接**

17 世纪法国古典主义悲剧的奠基人和代表人物是高乃依、拉辛。

（2016 年北京电影学院电影学专业招生考试试题）

拉 辛 ★★☆☆☆

法国剧作家，与高乃依、莫里哀合称 17 世纪最伟大的三位法国剧作家。拉辛的戏剧创作以悲剧为主，作品被称为古典主义戏剧代表作。代表作品有《昂朵马格》《费德尔》《阿达莉》等。

法国启蒙文学 ★★☆☆☆

是 18 世纪欧洲启蒙运动的一个重要组成部分。其显著特征是崇尚理性，弘扬人的

价值和个性尊严，宣扬自由、平等、博爱，其作品具有强烈的战斗性和批判性。启蒙文学为建立资本主义国家制度奠定了理论基础。其主要代表人物及作品有伏尔泰的《老实人》、狄德罗的《百科全书》、卢梭的《忏悔录》和博马舍的《费加罗的婚礼》等。

费加罗三部曲 ★★★☆☆

18 世纪法国戏剧家**博马舍**创作的三部戏剧《塞维勒的理发师》《费加罗的婚礼》《有罪的母亲》的统称，其中以《费加罗的婚礼》影响最大。

■ **真题链接**

法国启蒙主义时期杰出戏剧家博马舍的“费加罗三部曲”中影响最大的一部是________，该作品被拿破仑称为“法国资产阶级革命的第一声炮响”，后来被奥地利音乐家改编为同名歌剧。

（2013 年山东艺术学院戏曲文化传播专业招生考试试题）

伏尔泰 ★★☆☆☆

法国启蒙思想家、哲学家、文学家，被誉为“法兰西思想之王”**“欧洲的良心”**。他的文学作品中最有价值的是哲理小说，这是他开创的一种新体裁，用戏谑的笔调讲述荒诞不经的故事，影射和讽刺现实，阐明深刻的哲理，其主要作品有《老实人》《天真汉》等。另有哲学著作《哲学通信》《形而上学论》和历史著作《路易十四时代》等。

■ **真题链接**

法国文豪伏尔泰将中国的一部悲剧作品改编成话剧，并在巴黎上演，这部中国悲剧作品是《赵氏孤儿》。

（2012 年临沂大学广播电视编导专业招生考试试题）

卢　梭 ★★★☆☆

法国启蒙思想家、文学家、教育家。他对文学的贡献主要体现在书信体小说《新爱洛绮丝》里面，书中卢梭描写了美丽的田园风光、风土人情、自由的思想和浪漫的爱情等，对后世浪漫主义小说的发展具有很大的促进作用。其主要作品有**自传体小说《忏悔录》**、长篇教育小说**《爱弥儿》**、政治著作《社会契约论》等。

■ **真题链接**

1. 卢梭是法国启蒙运动时期的思想家，他宣称“人生而自由，却无往不在枷锁之中”。他的主要代表作是（　　）。

A.《哲学通信》　　B.《天真汉》

C.《论法的精神》　　D.《社会契约论》

（2014 年海南大学戏剧影视文学专业招生考试试题）

2. 以下是卢梭代表作品的是（ CD ）。

A.《巨人传》　　B.《十日谈》

C.《爱弥儿》　　D.《忏悔录》

（2017 年商丘学院广播电视编导专业招生考试试题）

司汤达 ★★★★☆

法国批判现实主义作家，被称为“现代小说之父”。他的作品擅长描写政治斗争和社会问题，并以准确的人物心理分析和凝练的笔法而闻名。其主要作品是**《红与黑》**，这是一部欧洲批判现实主义文学的奠基之作，书中的主人公是**于连**。

■ **真题链接**

《红与黑》的作者是________。

（2013 年重庆邮电大学广播电视编导专业招生考试试题）

巴尔扎克 ★★★★★

19世纪**法国**最伟大的批判现实主义作家。他将一生创作的96部长、中、短篇小说和随笔收录为**《人间喜剧》**，被称为**法国社会的“百科全书”**。其主要作品有**《欧也妮·葛朗台》《高老头》《幻灭》《朱安党人》《农民》《驴皮记》**等。

■ **真题链接**

1. 名词解释：《人间喜剧》

（2012年山东师范大学戏剧影视文学专业招生考试试题）

2.《高老头》的作者是________。

（2013年广西民族大学广播电视编导专业招生考试试题）

3. 下列哪部文学作品是由法国文豪巴尔扎克创作的？（　　）

A.《巨人传》　　B.《悲惨世界》　　C.《人间喜剧》　　D.《三个火枪手》

（2014年重庆邮电大学广播电视编导专业招生考试试题）

4. 被誉为资本主义社会的“百科全书”的巴尔扎克的代表作总称是________。

（2016年北京师范大学戏剧影视文学专业招生考试试题）

大仲马 ★★★★☆

法国19世纪浪漫主义作家，最杰出的通俗小说家。其作品大都以真实的历史作为背景，以主人公的奇遇为内容，情节曲折离奇，深受人们喜爱。其主要作品有**《三个火枪手》《基督山伯爵》**等。

■ **真题链接**

1.《三个火枪手》的作者是________。

（2013年天津师范大学戏剧影视文学专业招生考试试题）

2.《基督山伯爵》的作者是（　　）。

A. 大仲马　　B. 小仲马　　C. 雨果　　D. 但丁

（2013年四川音乐学院戏剧影视文学专业招生考试试题）

3. 简答题：《基督山伯爵》的作者是谁？《茶花女》的作者是谁？两位作者有什么关系？

（2016年北京师范大学戏剧影视文学专业招生考试试题）

小仲马 ★★★★☆

法国现实主义戏剧的创始人。其剧作大都以妇女、婚姻和家庭问题为题材，真实地反映了资产阶级道德的腐朽性质。其主要作品有长篇小说**《茶花女》**和剧作《私生子》《放荡的父亲》《克洛德的妻子》《欧勃雷夫人的见解》等。

■ **真题链接**

《茶花女》是谁的作品？（　　）

A. 大仲马　　B. 小仲马　　C. 狄更斯　　D. 列夫·托尔斯泰

（2017年北京电影学院广播电视编导专业招生考试试题）

雨　果 ★★★★★

19世纪**法国**浪漫主义文学运动的领袖，被誉为“法兰西的莎士比亚”。其代表作品有长篇小说**《巴黎圣母院》《悲惨世界》**等。《巴黎圣母院》揭露了中世纪教会和统治阶级的罪恶，同时也宣扬了爱情和仁慈创造奇迹的人道主义。《悲惨世界》揭露和抨击了资产阶级的罪恶和虚伪。

■ **真题链接**

1. 雨果作为19世纪浪漫主义文学家，其代表作是（　　）。

A.《悲惨世界》　B.《三个火枪手》　C.《基督山伯爵》　D.《双城记》

(2011年周口师范学院广播电视编导专业招生考试试题)

2.卡西莫多是雨果小说《巴黎圣母院》中的人物。

(2013年天津师范大学广播电视编导专业招生考试试题)

3.冉·阿让这一角色出自哪里?(B)

A.《巴黎圣母院》　B.《悲惨世界》　C.《双城记》　D.《红与黑》

(2017年重庆市普通高校广播电视编导专业招生联考试题)

福楼拜 ★★★★☆

法国杰出的批判现实主义作家,被誉为“自然主义文学的鼻祖”“西方现代小说的奠基者”。他在创作上追求“客观而无动于衷”的美学原则和严谨精致的艺术风格。在艺术手法上,通常使用白描手法,语言简洁却善于烘托气氛。其主要作品有**《包法利夫人》《情感教育》**《萨朗波》等。《包法利夫人》是其成名作。

■ 真题链接

1.福楼拜的《包法利夫人》对19世纪法国外省五光十色的生活和形形色色的人物都有细致的描写。

(2013年南京艺术学院戏剧影视文学专业招生考试试题)

2.福楼拜的成名作是长篇小说(　　)。

A.《我的叔叔于勒》　B.《项链》　C.《情感教育》　D.《包法利夫人》

(2013年黄山学院广播电视编导专业招生考试试题)

凡尔纳 ★★★★☆

19世纪法国著名的科幻和冒险小说家,享有**“科学幻想小说之父”**的美誉。他的创作是在科学畅想的框架里编织复杂、曲折而又有趣的故事,情节惊险,充满奇特的偶合,再衬以非凡的大自然奇景,具有浓厚的浪漫主义色彩。其主要作品有**《格兰特船长的女儿》《海底两万里》《八十天环游地球》《神秘岛》**等。

■ 真题链接

《海底两万里》是19世纪法国享有“________小说之父”美誉的小说家________的作品。

(2017年河南省普通高等学校编导制作类专业招生统考试题)

都　德 ★★★☆☆

19世纪法国著名的现实主义作家。他以普法战争为背景,创作了不少以爱国主义为题材的小说。其主要作品有**《最后一课》**《柏林之围》**《小东西》**《不朽者》等。

■ 真题链接

《最后一课》的作者是________。

(2015年大连艺术学院广播电视编导专业招生考试试题)

莫泊桑 ★★★★★

19世纪末法国批判现实主义作家,与**欧·亨利、契诃夫合称为“世界三大短篇小说巨匠”**。文学成就以短篇小说最为突出,被誉为“短篇小说之王”。其主要作品有短篇小说**《羊脂球》《项链》《我的叔叔于勒》**,长篇小说《一生》《漂亮朋友》等。

■ 真题链接

1.世界著名三大短篇小说家是欧·亨利、契诃夫、________,其代表作品分别是《麦琪的礼物》《变色龙》《项链》。

(2011年河南省普通高校编导制作类专业招生统考试题B卷)

2.《羊脂球》《我的叔叔于勒》《项链》是法国短篇小说巨匠(　　)的作品。

A. 福楼拜　　B. 司汤达　　C. 莫泊桑　　D. 巴尔扎克

(2014 年海南大学戏剧影视文学专业招生考试试题)

左　拉 ★★★☆☆

19 世纪后半期法国重要的批判现实主义作家，也是**自然主义的创始人**。其主要作品有《萌芽》《崩溃》《四福音书》等。

■ **真题链接**

自然主义的代表人物是________。

(2013 年天津师范大学广播电视编导专业招生考试试题)

波德莱尔 ★★☆☆☆

法国 19 世纪著名的现代派诗人，象征派诗歌的先驱。他在诗歌题材上大胆创新，选取城市的丑恶与人性的阴暗面，在人们习以为常的具象中，展现人生的各个层面。其主要作品有**《恶之花》**，这部诗集是法国象征主义的开山之作。其他作品还有《巴黎的忧郁》《人造天堂》等。

罗曼·罗兰 ★★★★☆

20 世纪初法国作家、音乐评论家。他一生为争取人类自由、民主与光明而斗争，文学其创作常被人们归纳为“用音乐写小说”。同时，他也是传记文学的创始人。其主要作品有长篇小说**《约翰·克利斯朵夫》**《母与子》(又名《欣悦的灵魂》)，名人传记**《贝多芬传》《米开朗基罗传》《托尔斯泰传》**《甘地传》等。

■ **真题链接**

1. 法国作家罗曼·罗兰的《名人传》包括了《贝多芬传》《米开朗基罗传》《托尔斯泰传》三部传记。其中，饱受耳聋折磨的是(B)。

A. 米开朗基罗　　B. 贝多芬

C. 托尔斯泰　　D. 罗曼·罗兰

(2012 年黄淮学院广播电视编导专业招生考试试题)

2.《约翰·克利斯朵夫》是(　　)的代表作。

A. 肖洛霍夫　　B. 罗曼·罗兰　　C. 海明威　　D. 高尔基

(2012 年西南大学广播电视编导专业招生考试试题)

普鲁斯特 ★★★☆☆

20 世纪法国著名作家，**意识流小说**的创作先驱与大师。其最主要的作品是**《追忆似水年华》**，这部小说展示了“我”身在富裕家庭却精神空虚的生活，被公认为意识流小说的开山之作。其他作品还有《让·桑德伊》《欢乐与时日》等。

■ **真题链接**

法国小说家普鲁斯特的__________奠定了意识流小说文学流派形成的基础。

(2014 年宝鸡文理学院广播电视编导专业招生考试试题)

萨　特 ★★★☆☆

法国著名的文学家、哲学家，西方**存在主义文学**的代表作家。存在主义文学提倡文学作品要如实地表现世界和人类。在艺术技巧上，经常大段地使用意识流打断故事的叙述。其主要作品有剧作**《肮脏的手》《苍蝇》《禁闭》**，长篇小说《恶心》，哲学著作《存在与虚无》等。1964 年获得诺贝尔文学奖但拒绝领奖。

■ **真题链接**

1. 萨特是什么文学的创始人？存在主义。

（2016 年北京师范大学戏剧影视文学专业招生考试试题）

2. “他人即地狱”出自存在主义戏剧家萨特的作品（ B ）。

A.《老妇还乡》　B.《禁闭》　C.《等待戈多》　D.《毛猿》

（2017 年安徽省普通高校艺术专业招生统考试题）

尤奈斯库 ★★★☆☆

20 世纪法国**荒诞派戏剧**的奠基人。他的戏剧多采用漫画式的夸张、荒诞的虚构、支离破碎的情节来表现人生的荒诞和绝望。其主要作品有**《秃头歌女》**《犀牛》《椅子》等。

■ **真题链接**

1950 年 5 月 11 日，巴黎上演了尤金·尤奈斯库一部离奇古怪的独幕话剧《秃头歌女》，该剧的上演标志着荒诞派戏剧的诞生。

（2015 年天津工业大学广播电视编导专业招生考试试题）

玛格丽特·杜拉斯 ★★★☆☆

20 世纪法国著名女作家、电影艺术家。她的作品内容丰富，体裁多样，注重文体，具有新颖独特的风格。对绝对爱情的追求，是其文学作品中最重要的主题。其主要作品有小说**《情人》**《琴声如诉》、电影剧本**《广岛之恋》**《长别离》等。

■ **真题链接**

《广岛之恋》的编剧是________。

（2016 年北京电影学院电影学专业招生考试试题）

加　缪 ★★☆☆☆

法国小说家、哲学家、戏剧家、评论家，存在主义文学的领军人物，“荒诞哲学”的代表。加缪的创作特色是用白描手法，极其客观地表现人物的一言一行。文字简洁、明快、朴实，保持了传统的优雅笔调和纯正风格。他于 1957 年获得诺贝尔文学奖，其主要作品有**《局外人》**《鼠疫》《误会》等。

（四）德国文学

莱　辛 ★★★☆☆

德国著名的戏剧家和戏剧理论家、文艺批评家。他的作品大多取材于德国普通的市民生活。其主要作品有美学著作**《拉奥孔》**、戏剧理论名著**《汉堡剧评》**、市民悲剧**《萨拉·萨姆逊小姐》**等。

■ **真题链接**

莱辛的著作《拉奥孔》区分了诗和造型艺术的界限，副标题为《论诗与画的界限》。

（2016 年北京电影学院电影学专业招生考试试题）

歌　德 ★★★★★

18 世纪中叶到 19 世纪初德国最伟大的作家、思想家，德国古典文学、民族文学和“狂飙突进”运动的代表人物。他的作品运用和谐宁静的古典美的艺术表现形式，反映了青年人追求个性解放和爱情自由的心声。其主要作品有书信体小说**《少年维特之烦恼》**、诗剧**《浮士德》**《普罗米修斯》、长篇小说《亲和力》等。

■ **真题链接**

1. 歌德的成名作是（ A ）。

A.《少年维特之烦恼》 B.《浮士德》 C.《诗与真》 D.《普罗米修斯》

（2013 年南阳理工学院广播电视编导专业招生考试试题）

2. 书信体小说《少年维特之烦恼》和诗剧《浮士德》的作者是德国文学家________。

（2015 年浙江传媒学院戏剧影视文学专业招生考试试题）

欧洲四大古典名著 ★★★★☆

《荷马史诗》《神曲》《哈姆雷特》《浮士德》并称为欧洲文学的四大古典名著。

■ **真题链接**

歌德的________与《荷马史诗》《神曲》《哈姆雷特》并称为欧洲文学的四大名著。

（2013 年山东女子学院文化产业管理专业招生考试试题）

席　勒 ★★★★☆

18 世纪末**德国**诗人、剧作家、美学家，是德国“狂飙突进”运动和古典文学的代表人物、德国民族文学的奠基人。他的作品场景宏大，结构紧凑，用语华丽精致，具有古典主义文学风格。其主要作品有剧作**《阴谋与爱情》《强盗》**《威廉·退尔》、美学和文艺批评著作《审美教育书简》等。其中**《阴谋与爱情》被恩格斯誉为“德国第一部有政治倾向的戏剧”**。

■ **真题链接**

1. 席勒的《阴谋与爱情》被称为“德国第一部有政治倾向的戏剧”。

（2013 年山东女子学院文化产业管理专业招生考试试题）

2. 席勒是（　）的著名作家。

A. 法国 B. 英国 C. 俄国 D. 德国

（2014 年西南大学广播电视编导专业招生考试试题）

3. 名词解释：席勒

（2017 年山东艺术学院广播电视编导专业招生考试试题）

格林兄弟 ★★★☆☆

是雅各布·格林和威廉·格林的合称，兄弟二人都是 19 世纪前期德国杰出的童话大师。他们从民间收集的大量故事中提炼出 200 多个儿童故事，编成《儿童与家庭童话集》，即《格林童话》。其中的名篇有**《白雪公主》《青蛙王子》《灰姑娘》《小红帽》《勇敢的小裁缝》**等。

海　涅 ★★★☆☆

德国著名的民主诗人、政论家，被称为“德国古典文学的最后一位代表”。其诗歌创作具有浪漫主义倾向，内容多抒写诗人自己的经历、感受和憧憬。其主要诗作有**《德国，一个冬天的童话》《西里西亚的纺织工人》**等。

■ **真题链接**

德国著名诗人________著有《西里西亚的纺织工人》《德国，一个冬天的童话》。

（2012 年江西师范大学广播电视编导专业招生考试试题）

布莱希特 ★★★☆☆

德国著名的戏剧家、戏剧理论家、诗人。他主张将文艺和社会变革联系起来，创立了“史诗戏剧”理论和“间离效果”表演方法，形成了独树一帜的“布氏体系”。其主要作

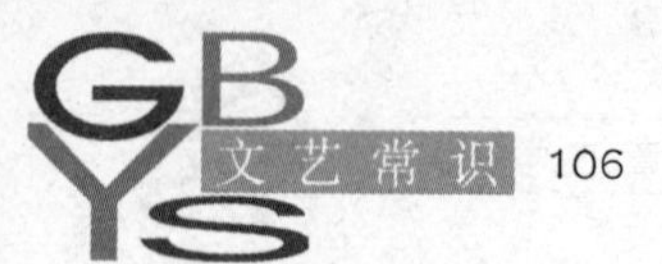

品有剧作《大胆妈妈和她的孩子们》《四川好人》《高加索灰阑记》《卡拉尔大娘的枪》《伽利略传》等。

■ **真题链接**

著名的德国现代戏剧家兼诗人________，提出并付诸实践的“间离效果”演剧方法独树一帜。

（2009 年天津师范大学戏剧影视文学专业招生考试试题）

雷马克 ★★★☆☆

20 世纪**德国**著名小说家。主要作品有反战小说《**西线无战事**》，该书通过描写八名士兵的惨痛遭遇，控诉了帝国主义世界战争的罪恶，同时反映了人民强烈的反战要求。其他作品还有长篇小说《凯旋门》《生死存亡的时代》《流亡曲》《天堂里的影子》《里斯本之夜》等。

■ **真题链接**

《西线无战事》的作者是（　　）。

A. 福克纳　　B. 海勒　　C. 海明威　　D. 雷马克

（2013 年天津工业大学广播电视编导专业招生考试试题）

君特·格拉斯 ★★★★☆

德国当代著名作家，1999 年诺贝尔文学奖的获得者。他擅长以 20 世纪 20 年代到 50 年代德国的历史和现实为背景，以探索德意志民族为何产生法西斯为主题进行创作。其主要作品有“但泽三部曲”（包括小说《**铁皮鼓**》《猫与鼠》《狗年月》）和《局部麻醉》等。

■ **真题链接**

《铁皮鼓》的作者是________。

（2016 年北京电影学院电影学专业招生考试试题）

（五）意大利文学

但　丁 ★★★★★

是从中古到文艺复兴过渡时期最有代表性的作家，被恩格斯誉为“**中世纪的最后一位诗人，同时又是新时代的最初一位诗人**”。其主要作品是长诗《**神曲**》，《神曲》采用了中世纪文学特有的幻游形式，全诗分为《**地狱**》《**炼狱**》《**天堂**》三个部分，是浪漫主义和现实主义紧密结合的典范。作者在书中坚决反对中世纪的蒙昧主义，表达了执着追求真理的思想。

■ **真题链接**

1. ________为意大利著名作家但丁所著，主要分为《地狱》《炼狱》《天堂》三部分。

（2014 年首都师范大学科德学院广播电视编导专业招生考试试题）

2. 恩格斯称________为“中世纪的最后一位诗人，同时又是新时代的最初一位诗人”，其代表作为《神曲》。

（2014 年江西省普通高校编导类专业招生联考试题）

3. 14 世纪意大利诗人但丁的代表作是________，是一部有 14000 多字的长诗。

（2017 年安徽省普通高校艺术专业招生统考试题）

彼特拉克 ★★★☆☆

意大利人文主义的奠基人，享有“**人文主义之父**”的美誉。他的诗歌一改中世纪的神秘思想和抽象晦涩风格，直接描写现实生活中的人和自己对幸福生活的向往。1341

年获得“桂冠诗人”的称号。其主要作品有抒情诗集《歌集》，反映了诗人的爱情观和幸福观。

■ **真题链接**

________是意大利文艺复兴的先驱之一，被称为“人文主义之父”，其代表作品是《歌集》。
（2014年聊城大学广播电视编导专业招生考试试题）

薄伽丘 ★★★★☆

意大利文艺复兴运动的杰出代表。代表作**《十日谈》**被誉为“欧洲文学史上第一部现实主义经典巨著”。该书批判了宗教守旧思想，赞扬了平凡的才智和纯洁的爱情，宣扬了**“幸福在人间”**的思想，被视为文艺复兴的宣言之作。

■ **真题链接**

1. 薄伽丘的《十日谈》是一部（ C ）。

A. 民间故事集　　B. 长篇传奇

C. 框架结构的短篇小说集　　D. 抒情诗篇

（2013年江西师范大学广播电视编导专业招生考试试题）

2. 文艺复兴时期乔万尼·薄伽丘所著的（　）是欧洲文学史上第一部现实主义巨著。

A.《神曲》　　B.《十日谈》　　C.《浮士德》　　D.《罗兰之歌》

（2017年井冈山大学广播电视编导专业招生考试试题）

哥尔多尼 ★★★☆☆

意大利杰出的喜剧作家。他对意大利长期流传的“即兴喜剧”进行改革，创造了“风俗喜剧”。其作品题材新颖，情节自然，语言生动，主要有**《一仆二主》《女店主》**《狡猾的寡妇》等。

■ **真题链接**

喜剧优秀作品《女店主》的作者是意大利启蒙时期的著名作家__________。
（2014年中央戏剧学院戏剧影视文学专业招生考试试题）

（六）西班牙文学

西方现代主义文学 ★★★☆☆

属于20世纪资本主义文化的一部分，不主张用作品去再现生活，而是提倡从人的心理感受出发，表现生活对人的压抑和扭曲，主张用象征性、荒诞性、意识流去表现荒诞的世界里异化的人的危机意识。在现代主义文学作品中，人物往往是变形的，故事往往是荒诞的，主题往往是绝望的。现代主义文学公认的开山鼻祖是塞万提斯的《堂吉诃德》和福楼拜的《情感教育》。

■ **真题链接**

名词解释：西方现代主义
（2013年山东财经大学文化产业管理专业招生考试试题）

塞万提斯 ★★★★★

16世纪末**西班牙**最杰出的现实主义作家、戏剧家，享有“现代小说之父”的美誉。他的文学揭露了封建制度的黑暗，宣扬了人文主义思想。其主要作品是长篇小说**《堂吉诃德》**，这是一部讽刺骑士制度的作品，被评论家们称为欧洲文学史上第一部现代小说。书中的主人公是堂吉诃德和桑丘。

■ **真题链接**

1. 塞万提斯是________(国名)文学史上最伟大的作家,他的小说《________》被评论家称为"西方文学史上第一部现代小说"。

(2014 年河南省普通高校编导制作类专业招生统考试题)

2.《堂吉诃德》的作者是________,作者的国籍是________。

(2016 年北京师范大学戏剧影视文学专业招生考试试题)

3. 论述题:试论《堂吉诃德》的思想意义。

(2017 年海南大学戏剧影视文学专业招生考试试题)

维　加 ★★☆☆☆

文艺复兴时期西班牙杰出的剧作家,享有"西班牙民族戏剧之父"的美誉。他的作品体现了文艺复兴时期人文主义思想的特点,自然、绚丽、明朗、通俗。其主要作品有**《羊泉村》**《塞维利亚之星》等。

(七)俄国、苏联文学

普希金 ★★★★★

19 世纪俄国伟大作家,浪漫主义文学的代表人物和批判现实主义文学的奠基人,高尔基称他为**"俄国文学之始祖"**,后人赞誉他为**"俄罗斯诗歌的太阳"**。普希金在作品中表现了对自由、对生活的热爱,对光明必能战胜黑暗、理智必能战胜偏见的坚定信仰。其主要作品有中篇小说**《上尉的女儿》**、短篇小说《黑桃皇后》、《驿站长》、**诗体小说《叶甫盖尼·奥涅金》**、童话诗《渔夫和金鱼的故事》、抒情诗**《自由颂》《致大海》《假如生活欺骗了你》**等。

■ **真题链接**

1. 被高尔基誉为"伟大的俄国文学之始祖"的是下列哪位文学家?(　　)

A. 托尔斯泰　　B. 果戈理　　C. 普希金　　D. 陀思妥耶夫斯基

(2013 年重庆邮电大学广播电视编导专业招生考试试题)

2. 普希金的代表作是什么?他是俄国文学的始祖吗?

(2016 年北京师范大学戏剧影视文学专业招生考试试题)

3.《致大海》是"俄罗斯文学之父"________的抒情诗杰作。

(2017 年海口经济学院广播电视编导专业招生考试试题)

果戈理 ★★★★★

19 世纪俄国杰出的讽刺作家,批判现实主义文学的奠基人。其主要作品有长篇小说**《死魂灵》**、五幕讽刺喜剧**《钦差大臣》**等。其中《死魂灵》刻画了**泼留希金**这个经典的吝啬鬼形象。

■ **真题链接**

1. 喜剧《钦差大臣》的作者是(　　)。

A. 雨果　　B. 果戈理　　C. 高尔基　　D. 莫里哀

(2014 年重庆邮电大学广播电视编导专业招生考试试题)

2. 论述题:分析果戈理《钦差大臣》的文学价值。

(2015 年北京电影学院影视项目策划专业招生考试试题)

列夫·托尔斯泰 ★★★★★

19 世纪俄国伟大的批判现实主义文学大师,列宁称他为**"俄国革命的一面镜子"**。托尔斯泰在创作中,除了对现实进行无情的批判以外,还热切宣扬悔罪、拯救灵魂、禁欲主义等观点。其主要作品有**《战争与和平》《复活》《安娜·卡列尼娜》**等。托尔斯泰的"三大学说"是**道德的自我完善、不以暴力抗恶、博爱(即全人类普遍的爱)**。

■ **真题链接**

1. 托尔斯泰的“三大学说”:即道德的自我完善、__________、全人类普遍的爱。

(2012年南京大学戏剧影视文学专业招生考试试题)

2.(A)是列夫·托尔斯泰的小说《安娜·卡列尼娜》中的人物。

A. 渥伦斯基　　B. 海斯特　　C. 匹克威克　　D. 卡西莫多

(2014年西南大学广播电视编导专业招生考试试题)

3. ________是19世纪后期最伟大的作家、批判现实主义大师,被列宁誉为“俄国革命的一面镜子”。

(2014年宝鸡文理学院广播电视编导专业招生考试试题)

4.“幸福的家庭都是相似的,不幸的家庭各有各的不幸”出自哪部作品?(A)

A.《安娜·卡列尼娜》　　B.《双城记》　　C.《雾都孤儿》　　D.《战争与和平》

(2017年北京电影学院广播电视编导专业招生考试试题)

5.《复活》的作者是________。

(2017年甘肃省普通高校戏剧影视类专业招生统考试题)

6.《复活》中玛丝洛娃的身份是哪一项?(B)

A. 上流社会妇女　　B. 被侮辱的下层妇女

C. 追求个性解放的贵族妇女　　D. 下贱的女人

屠格涅夫 ★★★★☆

19世纪俄国批判现实主义大师。他的作品真实而艺术地再现了社会重大事件,享有“艺术编年史”的美称。其主要作品有短篇小说和散文集**《猎人笔记》**、长篇小说**《罗亭》《父与子》**《贵族之家》《前夜》等。

■ **真题链接**

俄国文学史上的“新人”的形象是(C)开创的。

A. 果戈理　　B. 普希金　　C. 屠格涅夫　　D. 车尔尼雪夫斯基

(2017年赣南师范大学广播电视编导专业招生考试试题)

陀思妥耶夫斯基 ★★★☆☆

19世纪俄国杰出的批判现实主义作家,有“现代派小说鼻祖”的美誉。他的作品善于剖析人物心理和揭示内心矛盾,具有很强的戏剧性。代表作有长篇小说**《被侮辱与被损害的》《罪与罚》**《卡拉马佐夫兄弟》、中篇小说《女房东》《白夜》等。

■ **真题链接**

1. 陀思妥耶夫斯基的代表作品是(　　)。

A.《罪与罚》　　B.《万卡》　　C.《母亲》　　D.《猎人笔记》

(2013年天津工业大学广播电视编导专业招生考试试题)

2. 写出陀思妥耶夫斯基任一作品。________。

(2015年北京师范大学珠海分校电影学专业招生考试试题)

契诃夫 ★★★★★

19世纪末俄国著名小说家和剧作家,世界三大短篇小说巨匠之一。他善于从日常生活中发现有典型意义的人和事,通过简洁明快的语言、幽默讽刺的笔调进行讲述,情节生动,节奏紧凑,短小精悍,有着强烈的艺术感染力。其主要作品有小说**《变色龙》**《凡卡》**《装在套子里的人》**《小公务员之死》《第六病室》《农民》,戏剧**《海鸥》《三姊妹》《樱桃园》**《万尼亚舅舅》等。

■ **真题链接**

1. 名词解释:契诃夫

(2012年山东师范大学广播电视编导专业招生考试试题)

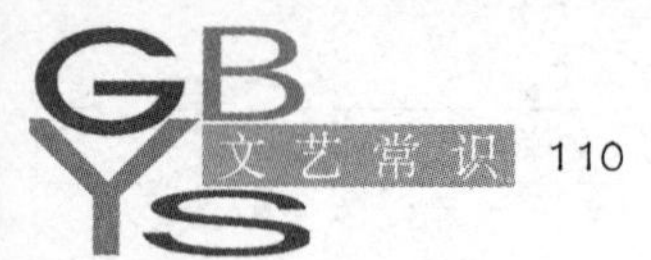

2. 小说《装在套子里的人》的作者是________。
(2013 年齐齐哈尔大学戏剧影视文学专业招生考试试题)
3.《樱桃园》的作者是俄国作家、剧作家________，其代表作品还有《变色龙》《装在套子里的人》等。
(2016 年南昌理工学院广播电视编导专业招生考试试题)
4. 契诃夫的短篇小说《变色龙》成功地塑造了一个寡廉鲜耻、欺下媚上的“变色龙”的典型形象。
(2017 年广州大学广播电视编导专业招生考试试题)

多余人形象 ★★★☆☆

源自 19 世纪的俄罗斯文坛，是对当时一种文学典型的命名。“多余人”属于贵族知识分子，但他们既不满足于自己的上流社会生活，又不能跳出这种生活的小圈子与人民结合，所以在他人看来就成了社会上“多余”的人。

“多余人”的共同特征是：多数出身于没落的名门望族，有一定的文化修养，不为官职钱财所利诱，也能看出现实生活中的某些弊病和缺陷，在反动专制和农奴制度下深感窒息。他们虽有变革现实的抱负，但缺乏实践。他们生活空虚，性格软弱，没有与贵族社会抗争的勇气，只能用忧郁、彷徨的态度对待生活，在社会上无所作为。

“多余人”的典型形象包括**普希金笔下的叶甫盖尼·奥涅金、莱蒙托夫笔下的毕巧林、屠格涅夫笔下的罗亭、赫尔岑笔下的别尔托夫、冈察洛夫笔下的奥勃洛摩夫**等。

■ **真题链接**

俄罗斯文学史上著名的“多余人”系列形象包括(　　)。(多项选择)

A. 奥涅金　　B. 毕巧林
C. 罗亭　　D. 玛丝洛娃

(2010 年青岛大学广播电视编导专业招生考试试题)

车尔尼雪夫斯基 ★★★☆☆

伟大的俄国革命民主主义者、唯物主义哲学家、文学批评家和作家。他在《艺术与现实的审美关系》(又译《生活与美学》)中，捍卫了唯物主义的美学原则，指出“**美是生活**”，生活乃是艺术的源泉。他的著名小说有《序幕》《怎么办？》等。列宁称他为“俄国社会民主党的先驱”“唯一真正伟大的俄国著作家”。

■ **真题链接**

《生活与美学》的作者是________。
(2015 年新疆艺术学院广播电视编导专业招生考试试题)

高尔基 ★★★★★

20 世纪苏联文学的奠基人、伟大的无产阶级作家。他在作品中塑造了众多不同阶级、不同性格的艺术形象。其主要作品有自传体三部曲**《童年》《在人间》《我的大学》**，散文诗**《海燕》**，长篇小说《母亲》等。其中，**《母亲》**是世界上第一部正面歌颂无产阶级革命的作品，**列宁评价它为一部“非常及时的书”**。

■ **真题链接**

1. 列宁称赞高尔基的作品(　　)是一本“非常及时的书”。

A.《童年》　B.《敌人》　C.《母亲》　D.《夏天》

(2011 年河南省普通高校编导制作类专业招生统考试题 C 卷)
2.《母亲》的作者是________。
(2012 年四川大学锦江学院广播电视编导专业招生考试试题)
3. 下列作品不属于高尔基自传体三部曲的是(A)。

A.《海燕》　B.《童年》　C.《在人间》　D.《我的大学》

(2017 年四川外国语大学广播电视编导专业招生考试试题)

阿·托尔斯泰 ★★★☆☆

苏联著名作家。他善于描绘大规模的群众场面，安排复杂的情节结构，塑造各种不同类型的人物形象，被誉为“俄罗斯文学的语言大师”。其主要作品有**《苦难的历程》**《伊凡雷帝》《彼得大帝》等。其中，《苦难的历程》是一部反映俄国十月革命和国内战争的长篇巨作。

■ **真题链接**

俄国著名作家__________的代表作是《苦难的历程》。

(2011年河南省普通高校编导制作类专业招生统考试题B卷)

法捷耶夫 ★★★☆☆

苏联古典文学的继承者、著名的无产阶级作家。其作品的主要特色是把严格的现实主义的描写、深刻细腻的心理分析、浪漫主义的激情和抒情笔调有机地统一起来，感染力强。其主要作品有长篇小说**《青年近卫军》**《毁灭》和中篇小说《逆流》《泛滥》等。

■ **真题链接**

下列属于苏联著名作家法捷耶夫作品的是(　　)。

A.《青年近卫军》　B.《静静的顿河》　C.《卡拉马佐夫兄弟》　D.《铁流》

(2009年河南省普通高校编导制作类专业招生统考试题B卷)

奥斯特洛夫斯基 ★★★☆☆

苏联著名作家、战斗英雄。其最主要的作品是长篇小说**《钢铁是怎样炼成的》**。作品以作者的亲身经历为原始素材，以主人公**保尔·柯察金**的成长过程为线索，讴歌了对信念执着、为理想献身、无私奉献的精神，感动并激励了几代人。

■ **真题链接**

《钢铁是怎样炼成的》的作者是________，主人公是________。

(2012年沈阳大学广播电视编导专业招生考试试题)

肖洛霍夫 ★★★☆☆

苏联著名作家，1965年诺贝尔文学奖获得者。他善于深刻而又多方面地刻画人物，惟妙惟肖地描写人物对话，精细地描写壮美的自然风光。其主要作品是**《静静的顿河》**，小说生动地反映了俄国十月革命前后顿河一带的重大事件，以及哥萨克各阶层的矛盾和兴衰变化，被誉为“哥萨克社会历史上的一面镜子”。

■ **真题链接**

小说《静静的顿河》的作者是________。

(2010年山东经济学院文化产业管理专业招生考试试题)

(八)美国文学

斯托夫人 ★★★★☆

美国杰出的女作家、浪漫主义诗人，废奴主义文学的代表作家。其最主要的作品是**《汤姆叔叔的小屋》**，这部作品暴露了蓄奴制度的罪恶，把废奴文学推向了高潮，也对社会的进步起到了积极的推动作用。

■ **真题链接**

美国废奴文学的代表作是(　　)。

A.《白鲸》　B.《汤姆叔叔的小屋》　C.《汤姆·索亚历险记》　D.《三个火枪手》

(2014年四川音乐学院绵阳艺术学院广播电视编导专业招生考试试题)

惠特曼 ★★★★★

19世纪美国杰出的浪漫主义诗人，被誉为美国的**"诗歌之父"**。诗作热情奔放，确立了自由体诗歌的地位，影响了美国和欧洲诗歌的发展以及美国现实主义文学的形成。其主要作品《自己之歌》《一路摆过布鲁克林渡口》《大路之歌》等都收录在**《草叶集》**中。

■ **真题链接**

1.浪漫主义诗集《草叶集》的作者是________。

(2014年中央戏剧学院戏剧影视文学专业招生考试试题)

2.诗集《草叶集》是诗人惠特曼的代表作品，惠特曼是下列哪个国家的著名诗人？(　　)

A.法国　　B.美国

C.英国　　D.俄罗斯

(2015年重庆邮电大学广播电视编导专业招生考试试题)

马克·吐温 ★★★★☆

美国19世纪批判现实主义文学的代表作家，被誉为"短篇小说大师"。他的作品以幽默讽刺见长，在语言风格和写作技巧上打破了美国的传统模式。其主要作品有短篇小说**《竞选州长》**、中篇小说《百万英磅》、长篇小说**《哈克贝利·费恩历险记》《汤姆·索亚历险记》**等。

■ **真题链接**

1.马克·吐温的四大名著《苦行记》《汤姆·索亚历险记》《哈克贝利·费恩历险记》《败坏了哈德莱堡的人》代表了他创作的四个阶段。

(2013年河北美术学院广播电视编导专业招生考试试题)

2.________创作的短篇小说《竞选州长》嘲笑的是美国"民主选举"和"民主天堂"的荒谬。

(2014年贺州学院广播电视编导专业招生考试试题)

埃兹拉·庞德 ★★☆☆☆

美国著名诗人，意象派运动的主要发起人。他从中国古典诗歌、日本俳句中生发出"诗歌意象"的理论，为东西方诗歌的相互借鉴做出了卓越贡献。其主要作品是诗歌**《在地铁车站》**。

■ **真题链接**

诗歌《在地铁车站》的作者是美国意象派运动的主要发起人________。

(2014年中央戏剧学院戏剧影视文学专业招生考试试题)

欧·亨利 ★★★★★

美国著名的短篇小说家、批判现实主义作家，世界三大短篇小说巨匠之一。他的作品以描写社会的底层人物为主，情节生动、幽默，生活情趣浓厚，有**"美国生活的幽默百科全书"**之称。他的小说结构精巧，结局往往出人意料。其主要作品有**《麦琪的礼物》《最后一片叶子》《警察和赞美诗》《爱的牺牲》**等。

■ **真题链接**

1.其创作被誉为"美国生活的幽默百科全书"的作家是(　　)。

A.海明威　　B.欧·亨利　　C.马克·吐温　　D.易卜生

(2014年重庆市普通高校编导类专业招生统考试题)

2.《麦琪的礼物》的作者是(　　)。

A.杰克·伦敦　　B.海明威　　C.欧·亨利　　D.都德

(2014年西南大学广播电视编导专业招生考试试题)

3.世界三大著名短篇小说家是指法国的莫泊桑、俄国的契诃夫、美国的欧·亨利三位文学大师。

(2016年河南大学广播电视编导专业招生考试试题)

杰克·伦敦 ★★☆☆☆

美国20世纪杰出的批判现实主义作家。他的小说主要描写挣扎在社会底层的人，赞美积极进取的精神。其主要作品有短篇小说**《热爱生命》**、中篇小说**《野性的呼唤》**《白牙》、长篇小说《铁蹄》《海狼》、自传体长篇小说《马丁·伊登》等。

海明威 ★★★★★

20世纪美国著名小说家，"新闻体"小说的创始人。海明威在作品中对人生、世界、社会都表现出了迷茫和彷徨，是美国"迷惘的一代"作家中的代表人物。其主要作品有中篇小说**《老人与海》**、长篇小说**《太阳照常升起》《永别了，武器》《丧钟为谁而鸣》**、短篇小说集**《乞力马扎罗的雪》**《在我们的时代里》等。**1954年获得诺贝尔文学奖。**

■ **真题链接**

1."一个人并不是生来要给打败的，你尽可能把他消灭掉，可就是打不败他。"这句话出自（　　）。

A.《一个人的遭遇》　　B.《老人与海》

C.《丧钟为谁而鸣》　　D.《永别了，武器》

（2013年江西师范大学广播电视编导专业招生考试试题）

2.世界著名小说《老人与海》的作者是（　　）。

A.海明威　　B.欧·亨利　　C.马克·吐温　　D.福楼拜

（2014年西南大学戏剧影视文学专业招生考试试题）

3.名词解释：海明威

（2016年湖南师范大学广播电视编导专业招生考试试题）

4.下列哪个不是海明威的作品？（　　）

A.《阴谋与爱情》　　B.《永别了，武器》　　C.《丧钟为谁而鸣》　　D.《老人与海》

（2017年安徽省普通高校艺术专业招生统考试题）

5.简答题：简述海明威"冰山文体"的特点。

（2017年海南大学戏剧影视文学专业招生考试试题）

尤金·奥尼尔 ★★☆☆☆

美国著名戏剧家，表现主义文学的代表人物，1936年诺贝尔文学奖获得者。他的作品擅长以悲剧形式描写美国的社会生活面貌。其主要剧作有《毛猿》《琼斯皇》**《天边外》**《悲悼》《榆树下的欲望》等。

■ **真题链接**

1.美国著名戏剧家尤金·奥尼尔的代表作是________。

（2012年青岛农业大学广播电视编导专业招生考试试题）

2.著名剧作《琼斯皇》的作者是________。

（2017年湖南师范大学戏剧影视文学专业招生考试试题）

德莱赛 ★★☆☆☆

美国杰出的现实主义作家，现代小说的先驱。他是美国文学史上不带偏见地率先如实地描写新的美国城市生活的作家。其主要作品有长篇小说**《嘉莉妹妹》《珍妮姑娘》《美国的悲剧》**等，其中，《美国的悲剧》控诉了资本主义社会制度下的种种罪恶，被称为美国最杰出的现实主义文学作品。

辛克莱·刘易斯 ★☆☆☆☆

美国现代著名小说家，也是**美国第一位获得诺贝尔文学奖的作家**。他的作品善于描写小镇风貌，嘲弄"美国生活方式"，充满讽刺、诙谐的意味，并以"新现实主义"的手法在美国文学史上独树一帜。其主要作品有长篇小说《巴比特》《大街》等。

塞林格

★★☆☆☆

美国著名作家,其最主要的作品是**《麦田里的守望者》**,这部长篇小说被认为是20世纪美国文学的经典作品之一。主人公霍尔顿是当代美国文学中最早出现的反英雄形象,这一形象尤其得到青少年的普遍认同。

福克纳

★★★☆☆

美国著名作家,1949年诺贝尔文学奖的获得者,意识流小说的代表作家。其主要作品有**《喧哗与骚动》**《我弥留之际》等。其中,《喧哗与骚动》是描写杰弗逊镇望族康普生家族的没落及成员的精神状态和生活遭遇的作品,书中大量运用多视角叙述方法及意识流手法,是现代派小说的经典名著。

■ **真题链接**

下列属于意识流作品的是(A)。

A.《喧哗与骚动》 B.《悲惨世界》 C.《基督山伯爵》 D.《唐璜》

(2010年河南省普通高校编导制作类专业招生统考试题A卷)

玛格丽特·米切尔

★★★★☆

美国现代著名女作家。其最主要的作品是长篇小说**《飘》**,这部小说取材于美国南北战争,描写的是南方女种植园主**郝思嘉**的生活经历以及爱情纠葛。该作品被改编成电影**《乱世佳人》**,由维克多·弗莱明导演。

■ **真题链接**

1.《乱世佳人》改编自________的代表作《飘》,其女主角扮演者是费雯·丽。

(2015年广西壮族自治区普通高校影视传媒类专业招生统考试题)

2.美国著名女作家玛格丽特·米切尔主要长篇小说________,描写了主人公郝思嘉在美国南北战争前后的生活经历,1939年被改编成电影________。

(2017年河北美术学院广播电视编导专业招生考试试题)

海 勒

★★★☆☆

美国著名小说家、戏剧家,黑色幽默文学的代表作家之一。他的作品以绝望为基调,以超现实主义的、夸张的手法表现生活。其主要作品有长篇小说**《第二十二条军规》**《出了毛病》及剧本《我们轰炸了纽黑文》等。

■ **真题链接**

《第二十二条军规》是美国著名作家________的作品。

(2015年临沂大学广播电视编导专业招生考试试题)

严歌苓

★★★☆☆

美籍华人,当代著名中文、英文作家,好莱坞专业编剧。其作品无论是对东西方文化魅力的独特阐释,还是对社会底层人物、边缘人物的关怀以及对历史的重新评价,都折射出复杂的人性、哲思和批判意识。其主要作品有小说**《小姨多鹤》《少女小渔》《金陵十三钗》**等。《金陵十三钗》《陆犯焉识》2011年、2014年分别被中国著名导演张艺谋拍成电影《金陵十三钗》和《归来》。

■ **真题链接**

《金陵十三钗》是张艺谋导演的战争史诗电影,是根据________的同名小说改编的。

(2014年大连艺术学院广播电视编导专业招生考试试题)

（九）日本文学

紫式部 ★★★★☆

日本平安时期杰出的女作家。她的主要作品**《源氏物语》**是日本也是世界上第一部长篇小说，对日本文学甚至整个日本文化都产生了深远影响。小说反映了平安时代日本贵族社会的兴衰，不仅集中地展现了以天皇为中心的宫廷生活，更确立了日本文学崇奉自然悲哀的美学传统，是日本王朝文学的代表。

■ **真题链接**

紫式部的（　　）是日本古典文学的高峰，被誉为“日本的《红楼梦》”。

A.《蜻蛉日记》　B.《落洼物语》　C.《源氏物语》　D.《枕草子》

（2016 年西南大学广播电视编导专业招生考试试题）

夏目漱石 ★★★☆☆

日本近代文学的杰出代表，被称为“国民大作家”。他的创作坚持批判现实主义的态度，善于描写知识分子形象，剖析人性的自私。其主要作品是长篇小说**《我是猫》**，该小说没有完整的情节，主要是通过一只猫的眼睛，以主人公中学教员珍野苦沙弥的日常起居为主线，全面抨击日本明治时期的社会黑暗，极具讽刺性。

■ **真题链接**

日本长篇小说《我是猫》的作者是________。

（2014 年平顶山学院戏剧影视文学专业招生考试试题）

芥川龙之介 ★★★☆☆

日本大正时代的小说家。他的作品以短篇小说为主，取材新颖，情节新奇甚至诡异。作品多关注社会丑恶现象，但很少直接评论，而是用冷峻的笔法和简洁有力的语言来陈述，具有极高的艺术感染力。其主要作品有短篇小说**《罗生门》《竹林中》**等。

德永直 ★☆☆☆☆

日本无产阶级作家。他的作品充满了强烈的革命意识。其主要作品有长篇小说**《没有太阳的街》**《静静的群山》和短篇小说《马》《揭示光明的人们》等。

小林多喜二 ★★☆☆☆

日本无产阶级革命文学的奠基人。他的作品细致地再现了无产阶级先锋战士的生活状态，斗志昂扬，有着极强的感染力和震撼力。其主要作品有中篇小说**《蟹工船》《在外地主》**和报告文学《一九二八年三月十五日》等。

川端康成 ★★★★★

日本**新感觉派**作家，著名小说家。他的作品在虚幻、哀愁和颓废的基调上，以病态、失意、孤独、衰老、死亡来反映空虚的心理和忧郁的生活，追求一种颓废美。其主要作品有小说**《雪国》《千只鹤》《古都》《伊豆的舞女》**等。川端康成获得了 **1968 年诺贝尔文学奖**，**是亚洲第三位获此殊荣的作家**。

■ **真题链接**

1. 被誉为日本“近代文学史上抒情文学的顶峰”的文学作品《雪国》的作者是（　　）。

A. 小林多喜二　　B. 川端康成　　C. 大江健三郎　　D. 村上春树

(2014 年天津工业大学广播电视编导专业招生考试试题)

2. 日本文学家(　　)于 1968 年获得了诺贝尔文学奖。

A. 村上春树　　B. 小林多喜二　　C. 大江健三郎　　D. 川端康成

(2014 年蚌埠学院广播电视编导专业招生考试试题)

3. 名词解释:川端康成

(2015 年北京电影学院影视项目策划专业招生考试试题)

大江健三郎 ★★★★☆

日本当代著名作家。在他的作品中,政治与核能危机、生与死均呈现在他的创作思维里,他提倡边缘文化,并擅长从性意识的角度观察人生,构筑文学世界。其主要作品有长篇小说《个人的体验》《万延元年的足球队》《洪水淹没我的灵魂》等。大江健三郎获得了**1994 年诺贝尔文学奖**,是日本第二位获此殊荣的作家。

■ **真题链接**

日本已经有两位作家获得过诺贝尔文学奖,一位是川端康成,另一位是________。

(2011 年中国戏曲学院戏剧影视文学专业招生考试试题)

村上春树 ★★★★☆

日本著名小说家。其写作风格受到欧美作家的影响,呈现出一种轻盈的基调,被称作第一个纯正的"二战后时期作家",并被誉为"日本 1980 年代的文学旗手"。其主要作品有长篇小说**《且听风吟》《挪威的森林》《海边的卡夫卡》《舞! 舞! 舞!》**等。

■ **真题链接**

《且听风吟》《挪威的森林》《海边的卡夫卡》等是 1949 年出生的日本小说家(　　)创作的作品。

A. 川端康成　　B. 三岛由纪夫　　C. 大江健三郎　　D. 村上春树

(2014 年海南大学戏剧影视文学专业招生考试试题)

(十)印度及其他地区文学

古印度史诗 ★★★☆☆

古印度最有名的史诗有两部,即梵文叙事诗**《摩诃婆罗多》**和**《罗摩衍那》**。这两大史诗反映了印度在列国纷争时代的社会现实,并深刻地影响了印度人民的精神生活。《罗摩衍那》被称为印度的**"第一部诗作"**,《摩诃婆罗多》是**世界上最长的史诗**,被称为印度的百科全书。

迦梨陀娑 ★☆☆☆☆

古印度享有最高声誉的梵语诗人和戏剧家。他知识渊博,文学造诣深厚,享有"印度莎士比亚"的美称。其主要作品有《罗怙世系》《鸠摩罗出世》《云使》**《沙恭达罗》**等。

泰戈尔 ★★★★★

印度 19—20 世纪杰出的诗人、文学家和戏剧家。他的创作饱含爱国热情,具有反帝反封建的思想。其主要作品有诗集**《飞鸟集》《吉檀迦利》《新月集》《园丁集》**、长篇小说《戈拉》《沉船》等,他的诗作《人民的意志》被定为印度国歌。**1913 年泰戈尔成为亚洲第一位获得诺贝尔文学奖的作家。**

■ **真题链接**

1. 泰戈尔的作品集有__________、__________、__________，他的诗________被定为印度国歌。

（2011 年平顶山学院广播电视编导专业招生考试试题）

2. 名词解释：泰戈尔

（2013 年山东师范大学戏剧影视文学专业招生考试试题）

3.（　　）是亚洲首位获得诺贝尔文学奖的作家。

A. 泰戈尔　　B. 莫言　　C. 川端康成　　D. 大江健三郎

（2014 年云南艺术学院文化产业管理专业招生考试试题）

4. 亚洲第一个获得诺贝尔文学奖的是________，其代表作是《吉檀迦利》。

（2016 年广州大学广播电视编导专业招生考试试题）

5."世界上最遥远的距离，不是生与死，而是我就站在你面前，你却不知道我爱你。"是著名诗人泰戈尔的诗句。

（2017 年天津师范大学广播电视编导专业招生考试试题）

茨威格 ★★★☆☆

奥地利著名小说家、传记作家、文艺评论家。他的小说多写人的下意识活动和人在激情驱使下的命运遭际。其主要作品有中篇小说**《一个陌生女人的来信》**《一个女人一生中的二十四小时》《象棋的故事》、短篇小说《家庭女教师》《月光小巷》、传记《三大师》《人类群星闪耀时》等。

■ **真题链接**

《一个陌生女人的来信》的作者是________，这部小说被导演徐静蕾改编成电影。

（2016 年广西壮族自治区普通高校广播影视编导类专业招生统考试题）

卡夫卡 ★★★★☆

20 世纪**捷克**小说家，欧洲著名的表现主义作家。其作品多采用象征、直觉的手法，塑造变形、荒诞的形象。作品里的主人公多是小资产阶级及知识分子，他们受社会的欺压却无力反抗，于是呈现出孤独、恐惧的心理。主要作品有短篇小说**《变形记》**，长篇小说《审判》《城堡》《美国》，短篇小说《在流放地》《乡村医生》等。

■ **真题链接**

1. 捷克作家卡夫卡的代表作是________和《城堡》。

（2012 年天津师范大学广播电视编导专业招生考试试题）

2. 在卡夫卡的著作《变形记》中，主人公变形成了________。

（2015 年北京电影学院导演专业招生考试试题）

裴多菲 ★★★☆☆

19 世纪中叶**匈牙利**著名诗人。他创造了自由诗体，为匈牙利诗歌的发展开辟了道路。他的诗歌在反封建、反民族压迫的斗争中具有重要作用。其主要作品有**《自由与爱情》**《民族之歌》《给贵族老爷们》《农村的大锤》等。《自由与爱情》中的著名诗句是："生命诚可贵，爱情价更高。若为自由故，二者皆可抛。"

■ **真题链接**

著名民族诗人裴多菲的名诗是（　　）。

A.《马丁·伊登》　　B.《自由与爱情》

C.《雾都孤儿》　　D.《永别了，武器》

（2013 年南阳理工学院广播电视编导专业招生考试试题）

伏契克 ★★☆☆☆

捷克斯洛伐克作家、新闻工作者。其最主要的作品是**《绞刑架下的报告》**，这是他在狱中秘密写成的作品，在简洁的叙事中穿插着热烈的抒情和精辟的议论，表明了伏契克对敌人刻骨的恨和对人民深沉的爱。

米兰·昆德拉 ★★★☆☆

捷克小说家。他的作品擅长运用反讽的手法、幽默的语调描绘人类境况。其主要作品有**《生命中不能承受之轻》**《玩笑》《告别圆舞曲》《无知》《笑忘录》等。

■ **真题链接**

世界畅销小说《生命中不能承受之轻》的作者是出生于________的著名作家________。

(2009 年北京电影学院影视制片管理专业招生考试试题)

伏尼契 ★★☆☆☆

爱尔兰著名女作家。其主要作品是长篇小说**《牛虻》**，这是一部艺术上非常感人、思想上又比较进步的作品，书中的主人公是资产阶级出身的青年人牛虻，这一形象曾使很多青年受到巨大的鼓舞，走上革命的道路。

萧伯纳 ★★☆☆☆

爱尔兰著名现实主义剧作家，1925 年获得诺贝尔文学奖。他是世界著名的擅长幽默与讽刺的语言大师，其作品批判了英国 19 世纪末 20 世纪初的各种社会现实问题，描写了中产阶级一代人的软弱。其主要作品有**《华伦夫人的职业》**《圣女贞德》《苹果车》《康蒂妲》《巴巴拉少校》等。

■ **真题链接**

萧伯纳是爱尔兰的现实主义戏剧大师，1894 年创作的<u>《华伦夫人的职业》</u>是他的代表作品。

(2013 年齐齐哈尔大学广播电视编导专业招生考试试题)

乔伊斯 ★★★☆☆

爱尔兰现代著名小说家，**"意识流"**小说的大师。其创作标志着"人类意识的新阶段"。其主要作品有长篇小说**《尤利西斯》**《一个青年艺术家的肖像》等，短篇小说集《都柏林人》。

■ **真题链接**

爱尔兰作家乔伊斯是创作"意识流"小说的大师，其作品（ A ）标志着"一种社会制度的最终解体"。

A.《尤利西斯》　　B.《青年艺术家的肖像》

C.《都柏林人》　　D.《笑忘录》

(2014 年天津工业大学广播电视编导专业招生考试试题)

贝克特 ★★★★★

爱尔兰荒诞派剧作家、小说家。1969 年获得诺贝尔文学奖。他的作品以诙谐、幽默的方式，表现了人生的荒诞、无意义和难以捉摸。主要作品有剧作**《等待戈多》**《结局》《快乐时光》等，长篇小说三部曲《莫洛伊》《马龙之死》《无名者》等。其中，**《等待戈多》是荒诞派戏剧的经典之作**。

■ **真题链接**

《等待戈多》中，"戈多"是（ D ）。

A. 一个人　　B. 一样东西　　C. 一种心理　　D. 喻指未来和希望

(2012 年南京大学戏剧影视文学专业招生考试试题)

安徒生 ★★★★☆

19 世纪**丹麦**作家，以童话创作成就最大，被誉为“现代童话之父”。他的童话作品带有强烈的民主主义思想和现实主义精神。其主要作品有**《皇帝的新装》**《夜莺》《丑小鸭》**《卖火柴的小女孩》《海的女儿》**等。

■ **真题链接**

1.《小美人鱼》是迪士尼公司根据丹麦作家安徒生的童话《海的女儿》改编的。

（2011 年九江学院广播电视编导专业招生考试试题）

2.安徒生是________童话作家。

A.意大利　　B.希腊　　C.丹麦　　D.瑞典

（2012 年黄淮学院广播电视编导专业招生考试试题）

3.丹麦童话作家安徒生的代表作品包括（　AD　）。（多选）

A.《丑小鸭》　　B.《麦琪的礼物》

C.《猎人笔记》　　D.《皇帝的新装》

（2017 年商丘学院广播电视编导专业招生考试试题）

易卜生 ★★★★☆

19 世纪挪威伟大的戏剧家，享有**“现代戏剧之父”**的美誉。他的“社会问题剧”对推动欧洲戏剧艺术的发展做出了重要贡献，具有世界性的影响。其主要作品有**《玩偶之家》**《社会支柱》《人民公敌》《群鬼》等。

■ **真题链接**

1.19 世纪，挪威的易卜生被誉为“现代戏剧之父”，他写了________等“社会问题剧”。

（2014 年首都师范大学科德学院广播电视编导专业招生考试试题）

2.话剧《玩偶之家》的作者是________。

（2017 年湖南工业大学戏剧影视文学专业招生考试试题）

梅特林克 ★★☆☆☆

比利时剧作家、诗人、散文家，象征派戏剧的代表作家，1911 年获得诺贝尔文学奖。其早期作品充满悲观颓废的色彩，宣扬死亡和命运的无常，后期作品研究人生和生命的奥秘，思索道德的价值。其主要作品有**《青鸟》**《盲人》《蒙娜·凡娜》等多部剧本。

■ **真题链接**

梅特林克的________是他最具代表性的不朽名篇。

（2013 年齐齐哈尔大学广播电视编导专业招生考试试题）

博尔赫斯 ★☆☆☆☆

阿根廷小说家、文学评论家。他的作品富有形而上学的意义，基调低沉，题材幻想，充满孤独和失望的感情。其主要作品有组诗《红色的旋律》、短篇小说集《赌徒的纸牌》《深沉的玫瑰》、小说《交叉小径的花园》《阿莱夫》、诗集《深沉的玫瑰》等。

■ **真题链接**

下列作品是博尔赫斯创作的是（　　）。

A.《羊泉村》　　B.《一千零一夜》

C.《罗摩衍那》　　D.《交叉小径的花园》

（2017 年安徽省普通高校艺术专业招生统考试题）

魔幻现实主义 ★★★☆☆

魔幻现实主义是 20 世纪五六十年代拉丁美洲小说创作中出现的一个流派。“魔幻现实主义”一词最早出自德国文艺评论家费朗茨·罗。在拉丁美洲的文学史上，哥伦比亚作家加西亚·马尔克斯1967年出版的长篇小说**《百年孤独》**标志着该流派的创作达到了完美的高度。该流派的特点是在反映现实的叙事和描述中，插入离奇怪诞的情节、人物和意境，以及种种超自然的现实。代表人物有**马尔克斯、博尔赫斯**等。

加西亚·马尔克斯 ★★★★☆

哥伦比亚当代小说家、社会活动家，**拉丁美洲魔幻现实主义文学的代表**。1982年获诺贝尔文学奖。他的作品将现实主义与幻想结合起来，创造了一段风云变幻的哥伦比亚和整个南美大陆的神话般的历史。其主要作品是长篇小说**《百年孤独》**，这是一部魔幻现实主义文学的典范之作，被誉为**“再现拉丁美洲历史社会图景的鸿篇巨著”**。

■ **真题链接**

被称为“魔幻现实主义文学的典范之作”的《百年孤独》的作者是（　　）。

A. 加西亚·马尔克斯　　B. 博尔赫斯

C. 司汤达　　D. 贝克特

（2014年天津工业大学广播电视编导专业招生考试试题）

《圣　经》 ★★☆☆☆

基督教的经典之作，包括**《旧约》和《新约》**两部分。《旧约》生动地表现了希伯来人的社会历史、风俗习惯和思想感情，总汇了古代的神话、传说、民间故事、宗教律法、历史书等，包含了关于宇宙创造、人类起源和诺亚方舟的神话故事，具有很高的文学价值和历史文献价值。《新约》是基督教的正典，共27卷，主要内容涉及了耶稣及其使徒们的传说、言行录和书信等。

■ **真题链接**

宗教经典________由《旧约》和《新约》组成。

（2012年河南省普通高校编导制作类专业招生统考试题）

《一千零一夜》 ★★★☆☆

又名**《天方夜谭》**，书中很多故事来源于古代**阿拉伯**社会的民间传说，赞美和歌颂了人民的善良和智慧，抨击和揭露了坏人的邪恶和罪行。其中的著名故事有**《渔夫的故事》《阿拉丁和神灯》《阿里巴巴和四十大盗》《巴格达窃贼》**等。

■ **真题链接**

《一千零一夜》是阿拉伯著名的民间故事集，也译作《________》，其中代表作品有《__________》《__________》。

（2014年河南省普通高校编导制作类专业招生统考试题）

诺贝尔文学奖 ★★★★☆

是根据化学家诺贝尔的遗嘱所创立。遗嘱中言明将其全部财产每年的利息作为奖金，授予“一年来对人类做出最大贡献的人”。根据他的遗嘱，瑞典政府成立了“诺贝尔基金会”，把基金的年利息或投资收益按五等份授予各奖项获得者，文学奖是其中之一。文学奖颁给在文学方面创作出具有理想倾向的最佳作品的人，由瑞典文学院颁发。

■ **真题链接**

简答题：谈谈你对诺贝尔文学奖的了解和看法。

（2013年山东师范大学戏剧影视文学专业招生考试试题）

第三章 电影常识

本章主要包括三方面内容：一是**电影理论**；二是**电影导演**；三是**电影流派、奖项及重要影片**。首先，本章非常重要，尤其是对于选择广播电视编导专业、戏剧影视文学专业的考生而言，更是重中之重。其次，本章的专业性非常强，可以说，几乎所有考生在此前都没有接触过这一方面的专业知识。所以，本章既是学习的重点，同时又是学习的难点。考生在学习时要注意以下几点：

1. 电影理论部分的知识点对于考生而言既抽象又陌生，所以学习的难度比较大，建议考生在学习这一部分内容时，**一定要结合专业老师的讲解**，坚持先理解再记忆的原则，理解为主，记忆为辅，这样学习起来才会更容易。另外，这一部分的很多知识点不仅是文艺常识考查的重点，同时也是考生学习影评写作的基础，所以一定要多下些工夫。

2. 电影导演部分知识点比较多，同时也是文艺常识考查的重点。通过研究全国各大高校的历年真题发现，对于这一部分的考查，主要集中在以下几个方面：**中国内地第一代至第六代导演、中国香港地区导演、美国电影导演、法国电影导演、意大利电影导演**等。

3. 电影流派、奖项及重要影片部分的知识点相对比较少，也比较简单，不是考生学习的难点。从历年的出题方向来看，电影流派部分中的**法国新浪潮电影**和**意大利新现实主义电影**以及**电影节和电影奖项**部分都是出题的高频地带，考生要有重点地进行学习。

4. 通过研究历年来的考试真题发现，本章知识点在考试中所占的比重也较高，大约**最多能占到总体分值的50%**。一般而言，**考查**该章知识点的**院校主要以艺术类专业院校为主**，考查专业**主要集中在广播电视编导和戏剧影视文学**上。对于这一章知识点的学习，建议考生一定要在专业老师的指导下进行。

第一节　电影理论

（一）电影基本理论

电　影 ★★★★☆

是集艺术、审美及大众娱乐功能于一体的媒介手段。它是根据**“视觉暂留”**原理，运用照相（以及录音）手段，把外界事物的影像、声音摄录在胶片上，通过放映在银幕上还原活动的影像和声音，以表现一定内容的技术。**1895 年**，法国卢米埃尔兄弟放映了影片《火车进站》，标志着电影的正式诞生。

■ **真题链接**

名词解释：电影

（2014 年山东师范大学戏剧影视文学专业招生考试试题）

电影文学剧本 ★★☆☆☆

是一种运用电影思维创造银幕形象的文学样式。电影文学剧本是影片摄制的基础，是影片导演和摄制组进行再创作的依据。电影文学剧本根据类别来源的不同，可分为：根据生活素材直接创作和根据其他文艺形式（小说、戏剧等）改编；根据结构形式的不同，可分为：戏剧式、小说式、散文式、哲理式、心理式等。

■ **真题链接**

简答题：何谓电影文学剧本？

（2009 年山东师范大学文化产业管理专业招生考试试题）

故事梗概 ★★☆☆☆

是电影文学剧本创作前的概要描述。电影剧作者在创作电影文学剧本之前，先选用自己掌握的生活素材中最能确切表现人物性格和展示主题的一系列事件，构造成一个有简略剧情内容的故事梗概，作为进一步编写电影文学剧本的依据。它的基本内容包括**主要人物**、**时间地点**、**情节发展**和**结局**等。

电影艺术 ★★☆☆☆

是以电影技术为手段，以画面和音响为媒介，在银幕上运动的时间和空间里创造形象，再现和反映生活的一门艺术。电影作为艺术具有三个方面的特征：一是综合性；二是真实性；三是运动性。

■ **真题链接**

名词解释：电影艺术

（2014 年新疆艺术学院广播电视编导专业招生考试试题）

第七艺术 ★★★★★

1911 年，意大利诗人和电影先驱者**乔托·卡努杜**发表名为《第七艺术宣言》的著名理论文章，第一次宣称**电影**是一门综合建筑、音乐、绘画、雕塑、诗和舞蹈六种艺术元素的**“第七艺术”**。影视是有确切诞生日期的艺术。

■ 真题链接

1. 简答题：什么是第七艺术？

（2017 年广西艺术学院广编类专业招生考试试题）

2. 1911 年意大利诗人和电影先驱者（　　）发表了一篇名为《第七艺术宣言》的理论文章，他在世界电影史上第一次宣称电影是一种艺术，从此，“第七艺术”成了电影艺术的同义词。

A. 乔托·卡努杜　　B. 安德烈·巴赞

C. 克里斯蒂安·麦茨　　D. 伏尔泰

（2017 年四川文化艺术学院广播电视编导/戏剧影视文学专业招生考试试题）

视觉暂留原理 ★★★★☆

人眼在观察景物时，光信号传入大脑神经，需经过一段短暂的时间，光的作用结束后，视觉形象并不会立即消失，而是仍然在视网膜上滞留不到一秒钟的时间，这种残留的视觉称为“后像”，视觉的这一现象则被称为“视觉暂留原理”。

■ 真题链接

1. 物体在快速运动时，人眼所看到的影像消失后，人眼仍能继续保留其影像0.1～0.4 秒，这一现象被称为视觉暂留原理，电影就是根据这一原理出现的。

（2012 年江西师范大学广播电视编导专业招生考试试题）

2. 名词解释：视觉暂留原理

（2013 年泰山学院广播电视编导专业招生考试试题）

3. 电影在播放过程中，能让人看到连贯的画面，这所依据的原理是________。

（2013 年新疆艺术学院广播电视编导专业招生考试试题）

4. “视觉暂留原理”最早是由英国科学家（　B　）在 1842 年公布的。

A. 牛顿　　B. 罗葛特

C. 爱森斯坦　　D. 普拉托

（2016 年南昌理工学院广播电视编导专业招生考试试题）

无声电影 ★★☆☆☆

又称为“默片”，是指没有任何配音、配乐或与画面协调的声音的电影。默片非常依赖大量的肢体动作和面部表情，以便让观众知道和了解角色的内心思想。

微电影 ★★★★☆

即微型电影，是指专门在各种新媒体平台上播放的、适合在移动状态和短时休闲状态下观看的、具有完整策划和系统制作体系支持的故事情节完整的影片。其主要特点有“三微”：一是**“微时”（30～3000 秒）放映**；二是**微周期制作**；三是**微规模投资**。

■ 真题链接

1. 微电影相对传统电影和电视的根本区别在于它的“三微”特征，使得过去曲高和寡的单向度的艺术殿堂回归到了真正具有互动和体验特点的、人人皆可参与的“草根秀”时代。电影的“三微”指的是“微时”（30～3000 秒）放映、________、________。

（2013 年四川音乐学院广播电视编导专业招生考试试题）

2. 名词解释：微电影

（2017 年新疆艺术学院影视摄影与制作专业招生考试试题）

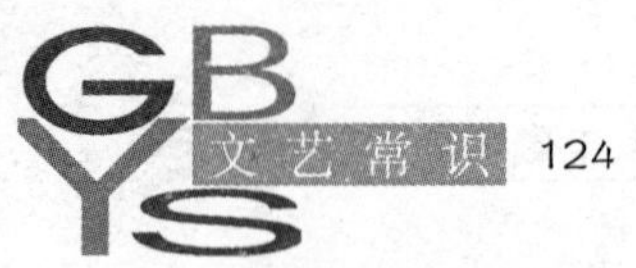

数字电影 ★★☆☆☆

诞生于20世纪80年代，是指以数字技术和设备摄制、制作、存储，并通过卫星、光纤、磁盘、光盘等物理媒体传送，将数字信号还原成符合电影技术标准的影像与声音，放映在银幕上的影视作品。数字电影是高科技的产物。

电影文学 ★★★☆☆

是区别于诗歌、小说、戏剧文学的一种新兴文学类型。主要指电影剧本，还包括影片中的解说词、歌词等。电影文学兼有电影与文学的双重特性，既可以是剧作家根据生活直接创作的，也可以是改编自其他文艺作品。电影文学的最大特点是将文学的叙事因素与电影的造型因素有机地融合在了一起。

■ **真题链接**

名词解释：电影文学

（2010年西安外国语大学戏剧影视文学专业招生考试试题）

分镜头剧本 ★★★☆☆

也叫“导演剧本”，是将文学内容转换成镜头语言的一种剧本。导演对文学剧本进行分析、研究，将影片中准备塑造的银幕形象，通过分镜头的方式诉诸文字，体现导演的思想和构思，是导演案头工作的集中表现。分镜头剧本的内容包括镜头号、景别、摄法、画面内容、台词、音乐、音响效果、镜头长度等项目。

■ **真题链接**

简答题：什么是分镜头剧本？它有什么作用？

（2017年山东师范大学历山学院广播电视编导专业招生考试试题）

类型电影 ★★★★★

是指由于题材或技巧的不同而形成的影片风格、种类或形式。类型电影作为一种拍片方法，实质上是一种艺术产品标准化的规范，其具有以下基本特征：**一是公式化的情节；二是定型化的人物；三是图解式的视觉影像**。类型电影在美国好莱坞最为典型，曾在20世纪30—40年代盛行一时。主要的类型影片有**喜剧片、西部片、犯罪片、幻想片等**。

■ **真题链接**

1. 下列不属于类型电影特征的表述是（　　）。

A. 公式化的情节　　B. 定型化的人物　　C. 图解式的视觉影像　　D. 风格化的创作

（2014年重庆市普通高校编导类专业招生统考试题）

2. 简答题：什么是类型片？

（2017年海南大学戏剧影视文学专业招生考试试题）

喜剧片 ★★★☆☆

是类型影片中最早成熟和繁荣的样式。是以产生笑的效果为特征的故事片。喜剧片对人物性格、社会态度和叙事格局的处理都是公式化的，默片时期借助摄影机技巧和哑剧进行表演，进入有声电影时代后，戏剧性的情节、丰富的人物性格以及妙趣横生的对话成为营造喜剧效果的主要手段。

■ **真题链接**

名词解释：喜剧片

（2013年周口师范学院广播电视编导专业招生考试试题）

西部片 ★★★★★

又称为“牛仔片”，是美国好莱坞特有的一种影片类型，以美国西部开发为故事背景，反映拓荒者的生活，被认为是最能代表美国人的民族性格和精神倾向的一类影片。一般都具有相同的电影元素和符号特征，例如蛮荒的原野、正义的牛仔形象、激斗的场面和愚昧的土著印第安人等。

■ **真题链接**

1. 名词解释：西部影片

（2012 年赣南师范学院广播电视编导专业招生考试试题）

2. 美国富有特色的类型电影“________”是好莱坞特有的一种影片类型，第一部是《火车大劫案》。

（2013 年南阳理工学院广播电视编导专业招生考试试题）

3. ________也被称为牛仔片，影片一般都具有相同的元素，符号特征十分明显：可以看得到地平线的茫荒的原野、具有传奇色彩的牛仔形象和跃马驰骋持枪格斗的激烈场面等等。

（2017 年江西师范大学广播电视编导专业招生考试试题）

《火车大劫案》 ★★★☆☆

1903 年，由美国著名导演**埃德温·鲍特执导的世界上第一部西部（警匪）片**。影片创造性地发展了电影叙事的省略和时空结构的独特连贯性，已初具西部片的雏形，在电影发展史上有着重要的地位。

公路片 ★★★★☆

通常指电影的叙事发展是以一段旅程为背景，电影的主人公在占电影绝对篇幅的公路旅行情节中完成生命体验、思想变化、性格塑造，并产生一系列的戏剧冲突。公路片诞生之初，多半是由当时好莱坞的青年导演执导，以反映青年人**失落**、**孤独**、**愤懑**和**反叛**的生活方式为主题。代表作品有《末路狂花》《邦妮和克莱德》《午夜狂奔》等。

■ **真题链接**

1. 简答题：什么叫公路片？

（2014 年南京艺术学院广播电视编导专业招生考试试题）

2. 论述题：以韩寒导演的《后会无期》为例，谈谈对中国式公路片的看法。

（2015 年广州大学广播电视编导专业招生考试试题）

新闻片 ★★☆☆☆

以社会时事为表现对象、以电影手段担负新闻报道宣传功能的一种电影样式。新闻片要求记载真人真事，通常不存在人物和环境的虚构，同时要求被表现事物具有新闻价值。我国专业性的新闻纪录制作单位是中央新闻纪录电影制片厂，成立于 1953 年。

故事片 ★★★☆☆

是电影的主要作品种类之一。指的是运用影像和声音为手段进行叙事的电影作品，具有一定的情节，由职业或非职业演员表演。故事片可按照题材、风格、样式等因素的不同进行分类。美国是故事片的生产大国。

■ **真题链接**

论述题：电影纪录片和电影故事片有什么不同？为什么？

（2016 年四川传媒学院戏剧影视导演专业招生考试试题）

纪录片 ★★★★☆

是以真人真事为表现对象，不能虚构情节和环境的影片类型。纪录片不受新闻性的限制，既可以记录当前的现实，也可以重现过去的历史。根据记录对象和表现手法的不同，可以分为历史纪录片、传记纪录片、新闻纪录片和系列纪录片等。

■ **真题链接**

1. 以真实生活为创作素材，以真人真事为表现对象，并对其进行艺术加工，以展现真实为本质的电影片种是（　　）。

A. 纪录片　　B. 科教片　　C. 美术片　　D. 故事片

（2012 年泰山学院广播电视编导专业招生考试试题）

2. 名词解释：纪录片

（2017 年辽宁传媒学院广播电视编导专业招生考试试题）

镜　头 ★★★★★

也叫"电影画面"，是摄影机不间断地拍摄下来的一个片段。**镜头是影片结构的基本组成单位，也就是最小单位**，是电影造型语言的基本视觉元素。一个电影镜头可以表现一种或多种景别的变化。

■ **真题链接**

1. 名词解释：镜头

（2014 年新疆艺术学院广播电视编导专业招生考试试题）

2. 用"爱""恨""情""仇"4 个字创作 4 个不同的镜头。

（2015 年浙江传媒学院广播电视编导专业招生考试试题）

3. 在影视创作中，（ B ）是构成画面的基本要素。

A. 剧本　　B. 镜头

C. 色彩　　D. 光线

（2017 年湖南工业大学戏剧影视文学专业招生考试试题）

运动镜头 ★★★★☆

是指通过改变镜头光轴，移动摄影机机位，或变化镜头焦距，所拍摄的镜头。运动镜头包括由推、拉、摇、移、跟、升降摄影所形成的**推镜头、拉镜头、摇镜头、移镜头、跟镜头、升降镜头**等。

■ **真题链接**

1. 综合运动摄像是指摄影机在一个镜头中把推、________、摇、________、________和升降等各种运动摄像方式不同程度地、有机地结合起来拍摄。

（2013 年江西师范大学广播电视编导专业招生考试试题）

2. 名词解释：运动镜头

（2017 年枣庄学院广播电视编导专业招生考试试题）

3. 简答题：简述推、拉、摇、移、跟这些运动镜头的区别。

（2017 年广西艺术学院广编类专业招生考试试题）

推镜头 ★★★☆☆

是指摄影机逐渐推进被摄主体，或者变动镜头焦距（从短焦距逐渐调至长焦距部位），使画面框架由远而近向被摄主体不断接近，呈像由小变大，或者由多个对象转换成一个对象的镜头。推镜头的作用是用来突出场景内起重要作用的人或物，以及他们的情感、细节等。

■ **真题链接**

电影中的推镜头是指(　　)。

A. 摄影机沿着光轴方向后移拍摄　　B. 摄影机沿着水平方向运动拍摄

C. 摄影机在空间中上下运动拍摄　　D. 摄影机向被摄体逐渐靠近

(2013 年池州学院广播电视编导专业招生考试试题)

拉镜头 ★★★☆☆

是指摄影机逐渐远离被摄主体,或变动镜头焦距(从长焦距逐渐调至短焦距部位),使画面框架由近至远与主体拉开距离,呈像由大变小,或者由一个对象转换成多个对象,视野拓展为由局部变为整体的镜头。拉镜头可以形成一种宏观交代和特定暗示,惯常用于一个场景的结尾,进行情绪的升华与张扬。

■ **真题链接**

(B)中环境范围由小变大。

A. 推镜头　　B. 拉镜头　　C. 摇镜头　　D. 跟镜头

(2017 年四川文化艺术学院影视摄影与制作专业招生考试试题)

摇镜头 ★★★☆☆

是指拍摄时摄影机的机位不变,通过是借助三脚架上的活动底盘或拍摄者自身的人体,使摄影机的机身做上下、左右、旋转等各种弧形运动。摇镜头经常用于新闻电影的拍摄。其主要作用是展示众多的人和事物,使观众对眼前的场景或事物的各个部分逐一进行观察。

■ **真题链接**

1.(　　)是指摄影机位置不动,向左右环顾,拍摄全景,或者跟着拍摄对象的移动进行摇拍。

A. 跟镜头　　B. 推镜头　　C. 摇镜头　　D. 长镜头

(2014 年蚌埠学院广播电视编导专业招生考试试题)

2. 简答题:简述摇镜头及其作用。

(2017 年山东师范大学历山学院广播电视编导专业招生考试试题)

移镜头 ★★★☆☆

也叫"移动镜头"。是指摄影机安放在移动的运载工具上,在水平方向,按一定轨迹进行的运动拍摄。移镜头拍摄的画面中不断变化的背景使镜头表现出一种流动感,使观众产生一种置身于其中的感觉,增强了艺术感染力。

■ **真题链接**

名词解释:移镜头

(2012 年青岛大学广播电视编导专业招生考试试题)

跟镜头 ★★★☆☆

又叫"跟拍",是指摄影机以推、拉、摇、移、升降、旋转的方式始终跟随被摄主体的运动而进行拍摄的镜头。跟镜头可以更好地表现人物和物体的运动状态以及运动过程,拍摄方法较为自由。

■ **真题链接**

摄影机始终跟随被摄主体运动而进行拍摄的镜头被称为(　　)镜头。

A. 跟镜头　　B. 摇镜头　　C. 推镜头　　D. 拉镜头

(2014 年池州学院广播电视编导专业招生考试试题)

升降镜头 ★★☆☆☆

是指摄影机借助升降装置在空间里上下移动所拍摄的镜头，是一种从多个视点表现场景的方法，有垂直升降、弧形升降、斜向升降或不规则升降等变化。通常用来表现事物的局部，事件或场面的规模、气势和氛围等。

长镜头 ★★★★★

是摄影过程中从开机到关机，未间断地拍摄下一个完整的戏段或表演过程的镜头。长镜头保持着被摄对象时间与空间的连续和完整，给人以真实、可信、连贯的感觉。长镜头没有绝对标准，延续时间一般在 30 秒到 10 分钟之间。长镜头理论是由法国著名电影理论家**安德烈·巴赞**提出的。

■ **真题链接**

1. 长镜头理论的倡导者是(　　)。

A. 库里肖夫　B. 巴赞　C. 斯皮尔伯格　D. 爱森斯坦

(2012 年泰山学院广播电视编导专业招生考试试题)

2. 简答题：简述长镜头的含义及功能。

(2013 年山东艺术学院广播电视编导专业招生考试试题)

3. 名词解释：长镜头

(2017 年辽宁传媒学院广播电视编导专业招生考试试题)

空镜头 ★★★★★

又叫“景物镜头”，是指画面中没有人物而只有景或物的镜头。空镜头与常规镜头可以互补而不能代替，是导演阐明思想内容、叙述故事情节、抒发感情的重要手段。空镜头在影片中能够产生借物寓情、见景生情、渲染意境、烘托气氛、引起联想等艺术效果。

■ **真题链接**

1. 影片画面中没有人物只有景物的镜头叫________。

(2013 年泰山学院广播电视编导专业招生考试试题)

2. 名词解释：空镜头

(2016 年青岛农业大学广播电视编导专业招生考试试题)

3. 影片中的“空镜头”是指(　　)。

A. 无景物的人物镜头　B. 无人物的景物镜头　C. 字幕镜头

(2017 年贺州学院广播电视编导专业招生考试试题)

快镜头 ★★☆☆☆

摄影机正常拍摄是每秒 24 格画面。如果摄影机以慢于每秒 24 格的速度拍摄，再以正常的速度放映，此时画面里物体的动作就会加快，这种拍摄方式得到的镜头称为快镜头。其通常的用途是：用来加快运动的速度；使人物的动作形成笑料，产生喜剧效果；还可以说明时间的飞速流逝。

慢镜头 ★★★☆☆

摄影机正常拍摄是每秒 24 格画面。如果摄影机以快于每秒 24 格的速度拍摄，再以正常的速度放映，此时画面里物体的动作就会减缓，这种拍摄方式得到的镜头称为慢镜头。其特点是能够抓住影片中最令人难忘的美妙瞬间，然后清晰地呈现在观众面前。

■ **真题链接**

慢镜头又称升格镜头或快速摄影,在拍摄时加快速度超过每秒24格,却仍以正常速度放映。

(2016年江西师范大学广播电视编导专业招生考试试题)

主观镜头 ★★★★★

指的是**摄影机的视点代表剧中某一人物的视点拍摄而成的镜头**,在银幕上可使观众以该剧中人物的角度"目击"或"直面"其他剧中人物及场面的活动与发展,从而产生与剧中人物相似的主观感受。

■ **真题链接**

1. 影视艺术中常说的"主观视点"是指谁的视点?(　　)

A 导演　　B. 观众

C. 剧中人物　　D. 摄影师

(2013年临沂大学广播电视编导专业招生考试试题)

2. 以摄像机代表影片中某一人物的眼睛,直接摄取他当时的目击景物的镜头叫作________。

(2013年泰山学院广播电视编导专业招生考试试题)

3. 简答题:简述主观镜头的含义及其表现功能。

(2013年南阳师范学院广播电视编导/戏剧影视文学专业招生考试试题)

4. 名词解释:主观镜头

(2016年陕西省普通高校播音编导类专业招生统考试题)

客观镜头 ★★★☆☆

又叫**"中立镜头"**,是指镜头完全是从一种旁观者的角度来展示被拍摄对象,不带有明显的导演的主观色彩,也不采用剧中角色的视点。这种镜头将事物尽量客观地展现给观众,是影片中的主要镜头。

■ **真题链接**

简答题:简述主观镜头与客观镜头。

(2016年北京师范大学珠海分校电影学专业招生考试试题)

仰　拍 ★★★☆☆

也称为"仰摄",是指**摄影机镜头位置低于被摄部分高度**的拍摄方式。仰拍常被用于伟人的拍摄,以表现出一种崇高、庄严、伟大的气势。

■ **真题链接**

1. 简答题:简述仰拍镜头的作用。

(2016年聊城大学广播电视编导专业招生考试试题)

2. 摄像机在低于被摄物水平线的位置拍摄,出来的画面给人的感觉是(　　)。

A. 深远、辽阔　　B. 崇高、庄严

C. 亲切、熟悉、自然　　D. 庄重稳定、端正静穆

(2017年赣南师范大学广播电视编导专业招生考试试题)

俯　拍 ★★★★☆

也称作"俯摄",是指摄影机镜头偏向视平线下方的拍摄方式。摄影机处于俯视被摄对象的位置,能造成一种压抑、低沉的气势,可营造出轻视、怜悯的感情色彩。俯拍常用来描述环境特色。

■ **真题链接**

通常在拍摄人物时四周留白，并采用（　　）的方式，可表现人物的孤单。

A. 平拍　　B. 反拍　　C. 仰拍　　D. 俯拍

（2013 年江西师范大学广播电视编导专业招生考试试题）

景　别 ★★★★★

是根据被摄主体在画面中呈现的范围作出的划分，是一种衡量画面的内容多少和范围大小的单位。根据这种范围的比重和画面的表现空间，景别通常分为**远景、全景、中景、近景和特写**。

■ **真题链接**

1. 景别是镜头所表达的视野范围，其分类为（　　）。

A. 远、全、中、近、俯　　B. 近、平、仰、拉、俯

C. 远、俯、仰、中、特　　D. 远、全、中、近、特

（2014 年四川音乐学院绵阳艺术学院戏剧影视文学专业招生考试试题）

2. 名词解释：景别

（2016 年青岛大学广播电视编导专业招生考试试题）

远　景 ★★★★☆

指提供开阔的视野，表现广阔空间、场面的电影画面。远景以渲染气势为主，主要特点是视野开阔、气势宏大，镜头时长一般较长，拍摄投入成本大等。

■ **真题链接**

1. 远景镜头主要用于（ A ）。

A. 展示环境　　B. 连贯剪辑　　C. 抽象镜头　　D. 段落镜头

（2014 年南昌理工大学编导专业招生考试试题）

2. ________是视距最远、表现空间范围最大的一种景别。

（2017 年沈阳大学广播电视编导专业招生考试试题）

全　景 ★★★☆☆

指表现成年人的全身或场景全貌的电影画面。全景能使观众看清人物的形体动作以及人物和环境的关系，从而确立其空间位置和其他影像元素的总体基调。

■ **真题链接**

1. 名词解释：全景

（2014 年鲁东大学广播电视编导专业招生考试试题）

2. 在外景拍摄中，展示开阔的空间，显示场景的全貌，要运用________。

（2017 年井冈山大学广播电视编导专业招生考试试题）

中　景 ★★★☆☆

是表演场面的常用镜头，指表现成年人膝盖以上或场景局部的画面。中景可以使观众看清人物半身的形体动作以及情绪的交流，有利于交代人与人、人与物之间的关系。

■ **真题链接**

1. 中景一般表现的范围是（　　）。

A. 人物身体膝盖以上的景别　　B. 人物全身的景别

C. 人物身体胸部以上的景别　　D. 人物肩部以上的景别

（2013 年井冈山大学广播电视编导专业招生考试试题）

2. 表现膝盖以上的景别是________，表现被拍物体细部的景别是________。

（2017 年福建省普通高校编导类专业招生统考试题）

近 景 ★★★★☆

指表现成年人胸部以上或被摄物体局部的电影画面。近景可以使观众看清人物的面部表情和细微动作，揣摩人物的心理活动，让观众仿佛置身于事件之中，和剧中人物进行交流。

■ **真题链接**

表现人物的腰部或胸部以上形象的镜头是（　　）。

A. 远景　　B. 特写

C. 近景　　D. 全景

（2014 年赣南师范学院广播电视编导专业招生考试试题）

特 写 ★★★★☆

指表现成年人肩部以上的头像或被拍摄物体细部的电影画面，以突出强调部分。特写镜头的造型感非常强，往往能够捕捉演员细致的表情和某一瞬间的信息，常被用来刻画人物性格，表现其情绪。

■ **真题链接**

1. 善于细腻表现人物或被拍摄物体细致特征的景别是________。

（2013 年临沂大学广播电视编导专业招生考试试题）

2. 下列表述不属于“特写镜头”功能特征的是（ A ）。

A. 展现环境　　B. 具有放大效果

C. 表现细节　　D. 起强调作用

（2014 年重庆市普通高校编导类专业招生统考试题）

场面调度 ★★★★☆

出自法文，原指在戏剧舞台上处理演员表演活动位置的一种技巧。电影艺术中的场面调度与舞台上的有所不同，是指演员调度和摄影机调度的统一处理。场面调度是在银幕上创造电影形象的一种特殊表现手段。

■ **真题链接**

简答题：简述场面调度。

（2016 年聊城大学广播电视编导专业招生考试试题）

构 图 ★★★★☆

造型艺术术语。指作品中艺术形象的结构配置方法，它是造型艺术表达作品思想内容并获得艺术感染力的重要手段。电影构图是指结合被拍摄对象和摄影的造型元素，按照顺序位置有重点地组织、分布在活动着的电影画面中，达到画面形式的统一。通常，电影画面构图分为**主体、陪体和环境**三部分。

■ **真题链接**

1. 简答题：如何进行画面构图？

（2015 年河北传媒学院摄影专业招生考试试题）

2. 影视构图的基本要素是________、________、环境。

（2017 年安徽省普通高校艺术专业招生统考试题）

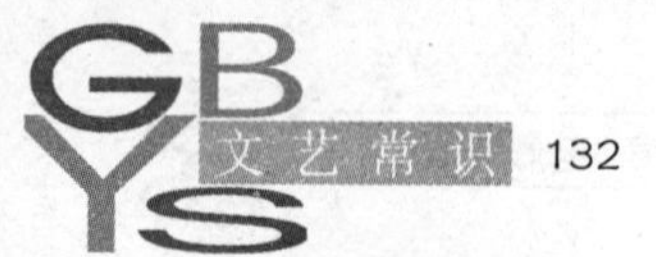

影视节奏 ★★☆☆☆

影视作品的节奏是指主体运动、镜头长短和组接所形成的影视片的长短、起伏、轻重、缓急、紧张或松弛的心理感觉。

■ **真题链接**

名词解释：影视节奏

(2013 年山东财经大学文化产业管理专业招生考试试题)

3D 动画 ★★☆☆☆

也称三维动画。是近年来随着计算机软硬件技术的发展而产生的一种新兴技术。三维动画软件在计算机中首先建立一个虚拟的世界，设计师在这个虚拟的三维世界中按照要表现对象的形状尺寸建立模型以及场景。三维数字影像技术大大拓宽了实景拍摄的效果范围，而且不受地点、天气、人员等因素的限制，大大降低了实景拍摄的成本。

■ **真题链接**

名词解释：3D 动画

(2013 年河北传媒学院数字媒体艺术专业招生考试试题)

IMAX ★★★☆☆

即 Image Maximum 的缩写，是一种能够放映比传统胶片更大和更高解像度的胶片的电影放映系统。整套系统包括以 IMAX 规格摄制的影片拷贝、放映机、音响系统、银幕等。标准的 IMAX 银幕为 22 米宽、16 米高，但完全可以在更大的银幕上播放，而且迄今为止不断有更大的 IMAX 银幕出现。

■ **真题链接**

名词解释：IMAX

(2014 年西安邮电大学广播电视编导专业招生考试试题)

电影特技 ★★☆☆☆

是指在不同题材影片的摄制过程中，遇到一些成本很高、难度大、费时过多、危险性大的摄制任务或现实生活中并不存在的被摄对象和现象时所需要用的拍摄特技，例如**特殊化妆**、**影像合成**等。

VR ★★★★☆

全称**虚拟现实技术**，是一种可以创建和体验虚拟世界的计算机仿真系统。它利用计算机生成一种模拟环境，是一种多源信息融合的交互式的三维动态视景和实体行为的系统仿真，使用户沉浸到该环境中。是伴随着“虚拟现实时代”来临应运而生的一种新兴而独立的艺术门类。主要特征有**多感知性**、**存在感**、**交互性**、**自主性**等。

■ **真题链接**

1. 下列关于 VR 的说法不正确的是（ D ）。

A. VR 是 Virtuai Reality 的缩写，指虚拟现实

B. VR 多使用专业设备，以实现沉浸式，可交互实景效果

C. VR 已可以营造全三维环境

D. VR 已可以实现对味觉和嗅觉的逼真模拟

(2017 年陕西省普通高校播音编导类专业招生统考试题)

2. 名词解释：VR

（2017年青岛大学广播电视编导专业招生考试试题）

AR ★★★★☆

即增强现实技术，是一种实时地计算摄影机影像的位置及角度并加上相应图像、视频、3D模型的技术，这种技术的目标是在屏幕上把虚拟世界套入现实世界并进行互动。

IP电影 ★★★☆☆

IP即知识财产，包括专利权、商标、著作权、版权等。对于版权来讲，知识财产可以是一首歌，一部网络小说、话剧，或是某个人物形象，甚至只是一个名字、短语，把它们改编成电影的影视版权，就可以称作“IP电影”。IP电影由于有着粉丝基础，一开始就具有先天优势，成为近年来影视资本追逐的热点。

■ **真题链接**

简答题：简述IP（知识产权）的改编。

（2017年青岛大学广播电视编导专业招生考试试题）

（二）蒙太奇理论

蒙太奇 ★★★★★

来自于法语（montage），原是建筑学用语，意为“构成、装配”。运用到电影中有“组接、构成”之意。在电影创作中，蒙太奇是指按照情节的发展、观众的注意力和关心的程度，把一个个镜头合乎逻辑地、有节奏地连接起来，使观众得到一个明确、生动的印象或感觉，从而使他们正确地了解一个事件的发展的一种技法。蒙太奇是电影艺术的基础，可分为叙事蒙太奇、表现蒙太奇、理性蒙太奇三个基本类别，前者主要用于叙事，后两者主要用于表意。

■ **真题链接**

1. 名词解释：蒙太奇

（2017年四川文化艺术学院广播电视编导/戏剧影视文学专业招生考试试题）

2. “蒙太奇”有剪辑和组合的意思，它最早来源于（　　）。

A. 德语　　B. 意大利语　　C. 法语　　D. 俄语

（2017年沈阳大学广播电视编导专业招生考试试题）

叙事蒙太奇 ★★★☆☆

是指以交代情节、展示事件为主旨，按照情节发展的时间流程、因果关系来分切组合镜头、场面和段落，从而引导观众理解剧情。叙事蒙太奇由**美国导演格里菲斯首创**，是目前电影中最常用的叙事方法。叙事蒙太奇根据叙述方式的不同，一般可分为**连续蒙太奇、平行蒙太奇、交叉蒙太奇、重复蒙太奇**等。

■ **真题链接**

名词解释：叙事蒙太奇

（2012年长沙学院广播电视编导专业招生考试试题）

连续蒙太奇 ★★☆☆☆

是指沿着一条单一的情节线索，按照事件的逻辑顺序，有节奏地进行叙述，以展现

事件连续过程的一种蒙太奇方法。连续蒙太奇存在一定的缺点,那就是缺乏时间、场面、地点的变化,无法同时展开多条线索叙述故事。

平行蒙太奇 ★★★★☆

是指两条或两条以上情节线索的并列表现,分头叙述而又统一在一个完整的情节结构中,或者几个表面毫无联系的情节或事件相互穿插、交错表现,统一在固定的主题中。平行蒙太奇具有对比的作用,最经典的平行蒙太奇运用是在格里菲斯的影片**《党同伐异》**中。

■ 真题链接

1. 同一时间不同时空的叙事手法是________。
(2016 年北京电影学院电影学专业招生考试试题)
2. 名词解释:平行蒙太奇
(2017 年四川文化艺术学院戏剧学专业招生考试试题)

最后一分钟营救 ★★★★★

是由"美国电影之父"**格里菲斯**创造的剪辑手法。他在 1915 年拍摄影片《党同伐异》时使用了平行蒙太奇的手法,构成了电影史上的第一次"最后一分钟营救",产生了奇妙的紧张效果。这种手法至今仍然被运用到电影中,用来渲染紧张的气氛。

■ 真题链接

1. "最后一分钟营救"是________创造的。
(2013 年青岛农业大学广播电视编导专业招生考试试题)
2. 名词解释:"最后一分钟营救"
(2017 年四川文化艺术学院广播电视编导专业招生考试试题)

交叉蒙太奇 ★★★★☆

又称"交替蒙太奇",由平行蒙太奇发展而来。交叉蒙太奇所表现的是同一时间内的两条或多条线索的齐头并进,它们之间有密切的因果关系,彼此依存,互相促进,而且交替频繁,最终汇合在一起。交叉蒙太奇能够营造紧张激烈的气氛,常用于表现追逐或营救等惊险场面。

■ 真题链接

1. 名词解释:交叉蒙太奇
(2014 年河北师范大学广播电视编导专业招生考试试题)
2. (　　)是两条以上的情节线索的交错叙述,把不同地点却同时发生的事件交错表现出来。
A. 平行式蒙太奇　　B. 对照式蒙太奇　　C. 交叉式蒙太奇　　D. 复现式蒙太奇
(2014 年赣南师范学院广播电视编导专业招生考试试题)

重复蒙太奇 ★★☆☆☆

又称"复现式蒙太奇",是指影片中代表一定寓意的镜头或场面乃至各种元素在关键时刻一再出现,造成强调、对比、呼应、渲染等艺术效果,以深化观众的印象。

■ 真题链接

(　　)是指带有一定寓意的镜头或场面在关键时刻反复出现,造成呼应、强调、渲染等艺术效果的蒙太奇手法。
A. 对比蒙太奇　　B. 积累蒙太奇　　C. 重复蒙太奇　　D. 隐喻蒙太奇
(2017 年井冈山大学广播电视编导专业招生考试试题)

表现蒙太奇 ★★★★☆

通过相连或相叠镜头在形式上或内容上的相互对照冲击，产生一种单个镜头所不具有的丰富含义，以表现某种情感、情绪、心理或思想，给观众造成心理上的冲击，激发观众的联想和思考。表现蒙太奇的目的不是叙事，而是传达出一种情感和寓意。其主要类型有**对比蒙太奇**、**隐喻蒙太奇**、**心理蒙太奇**、**抒情蒙太奇**等。

■ **真题链接**

名词解释：表现蒙太奇

（2017 年山东艺术学院广播电视编导专业招生考试试题）

对比蒙太奇 ★★☆☆☆

通过镜头之间在内容上或形式上的强烈对比，产生互相强调、互相冲突的作用，以凸显创作者的某种寓意或强化所表现的思想内容。例如在电影《我的父亲母亲》中，运用黑白与彩色的时空对比，凸显出父亲母亲纯美的爱情和青春。

■ **真题链接**

通过镜头之间在内容或形式上的强烈对比产生相互强调、相互冲突的作用，这种手法是________。

（2017 年安徽省普通高校艺术专业招生统考试题）

隐喻蒙太奇 ★★☆☆☆

是指通过镜头组接，将不同形象并列，以产生比拟、象征、暗示的作用。通过类比揭示事物的关系，借助镜头与画面的连接将不同事物、不同特征凸显出来，产生出强烈的形象表现力和情绪感染力。

心理蒙太奇 ★★★☆☆

是展示人物心理的重要手段。它通过镜头的组接或声画的有机结合，生动地展示人物的精神世界，例如梦境、回忆、幻觉等。其特点是声画形象的片段性、叙述的不连续性和节奏的跳跃性。心理蒙太奇在现代电影中运用得比较广泛。

■ **真题链接**

在电影中用来反映人物的幻觉、想象等精神世界的镜头组合方式被称为________。

（2015 年江西省普通高校戏剧影视文学类专业招生统考试题）

抒情蒙太奇 ★★☆☆☆

通过镜头中各种元素的组接或镜头之间的组合，在保证叙事和描写连贯的同时，达到升华剧情的思想和情感的目的，以突出作品中浓郁的诗情画意的蒙太奇手法。抒情蒙太奇常运用空镜头进行组接。

理性蒙太奇 ★★☆☆☆

由苏联学派的代表人物**爱森斯坦**创立，是指通过画面之间的关系而不是单纯的连续性叙事来表情达意。理性蒙太奇与叙事蒙太奇的区别在于，即使它的画面属于实际经历过的事物，那也是一种主观视像。它的目的是使观众将视觉形象变成一种导演有意传达的理性认识。理性蒙太奇一般分为**杂耍蒙太奇**和思想蒙太奇等。

杂耍蒙太奇 ★★★☆☆

又称为"吸引力蒙太奇",主要是指为了表达作者某种抽象的思想观念和主题含义,而在影片中使用脱离现实、叙事情节、人物轨迹的画面镜头,来创作具有视觉冲击力和表意明确的电影文本的方法。

■ **真题链接**

第一个将杂耍蒙太奇运用到电影中的是苏联著名导演爱森斯坦。

(2016 年广州大学广播电视编导专业招生考试试题)

思想蒙太奇 ★☆☆☆☆

主要是指利用一些旧新闻影片中的文献资料,重新进行编排,以表达特定中心意义的蒙太奇方式。这是由苏联纪录片导演**维尔托夫**创立的。

(三)声音与画面

声 音 ★★★★☆

画面和声音是构成电影艺术的两大视听语言。电影作品中的声音是指在银幕上出现的所有用来表情达意的声音形态,主要包括**人声**、**音乐**、**音响**三类。

■ **真题链接**

1. 影视的声音系统包括音乐、音响、________。

(2017 年山东艺术学院数字媒体艺术专业招生考试试题)

2. 简答题:电影中的声音有哪些?

(2017 年湖北商贸学院摄影专业招生考试试题)

同期录音 ★★☆☆☆

电影录音工艺术语,是指在拍摄画面的同时进行录音的方法。采用这种方法录制人声和动作音响,可以使画面上的形象配合紧密、情绪气氛真实,并且可以缩短制作周期,常被**故事片**、**科教片**等采用。

人 声 ★★★★☆

是指银幕上的人在表达思想和交流感情时所发出的一切声音,既包括台词,也包括笑声、咳嗽声、抽泣声等。人声的主要形态表现为**对白**、**独白和旁白**。

■ **真题链接**

影视中的声音主要由________、音乐、音响三大要素组成。

(2015 年赣南师范学院广播电视编导专业招生考试试题)

非语言人声 ★★☆☆☆

是指由人发出的、在剧中作为叙事元素的、并不包括在"人声"的范畴之内的声音,例如人的打呼噜声、喘息声、心跳声等。

对 白 ★★★☆☆

是指剧中人物之间相互交流的对话。它是人声最主要的表现形式,也是电影声音中最主要的构成因素,具有传递、交流、沟通等作用。

■ 真题链接

1. ________是指剧中人物之间相互交流的对话，它是人声最主要的表现形式，具有传递、交流、沟通等作用。

（2015 年湖南师范大学戏剧影视文学专业招生考试试题）

2. 名词解释：对白

（2017 年山东师范大学戏剧影视文学专业招生考试试题）

独 白 ★★★☆☆

是表达和抒发人物内心感受的有效手段。通常分为三种形式：一是剧中人物以“自我”为交流对象，即通常所说的“自言自语”；二是有其他交流对象的大段述说，如答辩、祈祷的声音；三是剧中人物保持缄默，却传来自己表达心境的说话声。

■ 真题链接

名词解释：内心独白

（2013 年枣庄学院广播电视编导专业招生考试试题）

旁 白 ★★★☆☆

是一种独特的画外音。指的是第一人称的自述以及第三人称的议论和评说的声音从画面外传入，以构成另一个叙事空间。

■ 真题链接

1. ________是以画外音形式出现的第一人称的自述以及第三人称的议论和评论，起议论、介绍和抒情的作用。

（2014 年赣南师范学院广播电视编导专业招生考试试题）

2. 名词解释：旁白

（2017 年辽宁传媒学院广播电视编导专业招生考试试题）

画外音 ★★★★☆

指不是画面中的人或物体直接发出的、声源来自画面外的声音，可以是人声也可以是音乐、音响效果。其特点是声画打破镜头的限制，拓展了视听艺术。

■ 真题链接

简答题：什么是画外音？

（2016 年广西艺术学院广播电视编导专业招生考试试题）

音 乐 ★★★☆☆

是指用有组织的乐音创造艺术形象、表达人们感情、渲染情绪的一种听觉艺术。影视音乐是影视作品的重要组成部分，构成了影视作品控制情绪、预示剧情、抒情的元素，具有写实性音乐和表现性音乐两种类型。

■ 真题链接

1. 名词解释：电影音乐

（2012 年山东艺术学院公共事业管理专业招生考试试题）

2. 简答题：音乐在影视作品中具有哪些作用？

（2017 年临沂大学广播电视编导专业招生考试试题）

有声源音乐 ★★☆☆☆

是指影片画面的规定情境中应该有的音乐，例如人物的歌唱、乐器的演奏、收音机的广播等。通常,有声源音乐的出现都是必不可少的。

无声源音乐 ★★☆☆☆

是指画面中虽然没有出现声源,但是为了塑造人物性格、抒发人物内心情感或渲染环境气氛而专门创作的音乐。它是对画面的补充、解释或评价,表现了导演对影片所展现的事件的主观态度,可以深化画面的内容,加强影片的艺术感染力。

■ **真题链接**

简答题:什么是有声源音乐和无声源音乐?

(2013 年山东艺术学院广播电视编导专业招生考试试题)

音　响 ★★★☆☆

也称为"音响效果",是指在影视艺术作品中,除了人的语言和音乐之外,所有能够表达思想、传递信息、渲染气氛、交代环境的声音形态的总称。从声源的产生来看,主要有自然声音和社会环境中的声音两类。

■ **真题链接**

电影里除了人声、音乐,还包括________。

(2016 年北京师范大学珠海分校电影学专业招生考试试题)

自然声音 ★★☆☆☆

是以自然的形式出现的各种物音,例如虫鸣声、水流声、风吹树叶声等。

色　调 ★★★★☆

是一组色彩关系所形成的整体特征。具体地说,是指在一幅画或一个镜头的画面中,色彩的总体倾向。通常分为**暖色调和冷色调**。在影片创作中,导演会根据色调的不同,来渲染不同的气氛,表达不同的感情色彩。

■ **真题链接**

名词解释:色调

(2016 年湖南省普通高校影视节目制作类专业招生联考试题)

暖色调 ★★★★☆

画面以红、黄、橙为基本调子的称为暖色调。暖色调能使人联想到阳光、火焰的颜色,给人以热情、炽烈、向上的感觉。

■ **真题链接**

在暖色调画面中,一般是由________色、________色、________色构成画面基调。

(2013 年成都理工大学影视摄影与制作专业招生考试试题)

冷色调 ★★★★☆

画面以蓝、青为基本调子的称为冷色调。冷色调能使人联想到水、冰、夜空的颜色,给人以阴凉、宁静、深远的感觉。

■ **真题链接**

从色性上看,色调有暖色调和________。

(2017 年山东艺术学院影视摄影与制作专业招生考试试题)

声画关系 ★★★★☆

指的是画面和声音的结合关系。声音是听觉艺术，画面是视觉艺术，画面需要声音的支持，声音也离不开视觉形象，两者协调配合才能产生立体、完整的感官效果。声画关系一般有**声画同步和声画错位**两种形式。

■ **真题链接**

以下不属于声画关系的是哪类？（ C ）

A. 声画合一　　B. 声画分离

C. 画外音　　D. 声画对位

（2017 年华东交通大学广播电视编导专业招生考试试题）

声画同步 ★★★★★

也叫**"声画合一"**。是指声音与画面中的发声体同进同出，即同时呈现又同时消失，让声音情绪和画面情绪能够一致，音乐节奏与画面节奏完全吻合，达到更加逼真和可信的艺术效果。声画同步具有纪实的魅力，能够多方位、立体化地再现现场。

■ **真题链接**

1. 论述题：什么是声画同步？它在影视作品中起什么作用？

（2014 年西安工程大学广播电视编导专业招生考试试题）

2. 名词解释：声画合一

（2017 年临沂大学广播电视编导专业招生考试试题）

声画错位 ★★★★☆

又称**"声画分离"**。是指影视作品中出现的声画不同步，声音超前或者滞后，有时候以"画外音"的方式出现。声画错位一般包含**声画并列和声画对立**两种形式。声画错位可以增强影视画面的内涵和深度，在新闻片、纪录片、专题片、艺术片中普遍使用。

■ **真题链接**

名词解释：声画分离

（2017 年周口师范学院广播电视编导专业招生考试试题）

声画并列 ★★★☆☆

是指声音、声源和画面有一定的联系但是又相互分离的一种剪辑方式。声画并列意味着声音和影像各自具备相对独立性，以突出声音的作用，在听觉上为观众提供更多的联想和潜台词，从而扩大影视作品的表现力。

声画对立 ★★★★☆

是指画面和声音在情绪、气氛、节奏以至内容等方面是完全相反的，形成悲与喜、快与慢、沉重与轻松等对立效果，产生强烈的戏剧冲突，具有暗示、讽刺、隐喻的表现作用。

■ **真题链接**

1. 音乐所表现的情绪、节奏、主题等与画面的形象、内容、主题等截然相反，这种音画关系称为____________。

（2012 年泰山学院广播电视编导专业招生考试试题）

2. 从声画关系上考察，影片镜头中声音所负载的信息在内容上或情绪基调上完全相反，就被称为（　）。

A. 声画合一　　B. 声画并列　　C. 声画对立　　D. 声画同一

（2013 年井冈山大学广播电视编导专业招生考试试题）

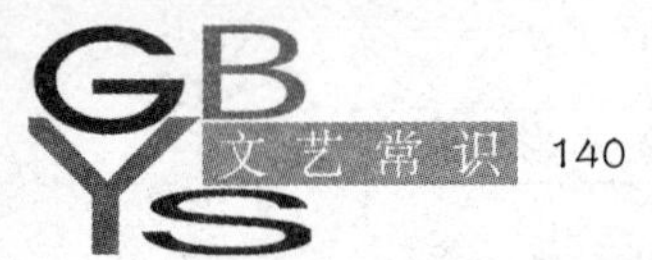

画格 ★★★☆☆

是指拍摄在电影胶片上的长方形画幅。画格是电影胶片上的最基本单位，也是构成电影时间的最小单位，每格时间长度为**1/24**秒。

定格 ★★★★☆

是一种电影剪辑技巧。是指银幕上映出的活动影像突然停止而变成为静止的画面，让动作瞬间凝固。在影视作品中通常用定格的方法来突出或渲染某种场面、某一个神态或某个细节等。

■ **真题链接**

定格是指________。

（2017年江西师范大学广播电视编导专业招生考试试题）

跳接 ★★★☆☆

也叫切，是无技巧剪接的一种方式。是指把不同时空的镜头直接剪接，一个镜头直接转换成另一个镜头，或者由一场戏直接转换成另一场戏，而不用诸如划、淡、化、圈等光学技巧作为过渡。跳接是当代影视作品中最常用的剪辑方法。

■ **真题链接**

名词解释：跳接

（2013年周口师范学院广播电视编导专业招生考试试题）

叠印 ★★☆☆☆

又称**“叠画”**，是电影剪辑技巧之一。是指两个或两个以上不同时空中不同内容的画面，叠合起来构成一个画面的制作技巧。叠印时相互重叠的各个画面间具有内在联系。

闪回 ★★★☆☆

是指在某一场景的画面中突然插入另一场景的镜头或片段，构成一种新的电影叙事手法。闪回的内容一般为前面出现过的镜头，作为某个人物的思念或回忆，使观众能够更清晰地感受到人物的思想和情绪。

淡入、淡出 ★★★☆☆

电影的剪辑技巧之一，也叫**“渐显、渐隐”**，表现为前一场景的画面渐渐暗淡（模糊）直至完全消失（渐隐），同时后一场景的画面逐渐显露直到十分清晰（渐显）。淡入淡出是电影艺术中表现时空转场的重要手段。

■ **真题链接**

名词解释：淡入、淡出

（2017年临沂大学广播电视编导专业招生考试试题）

化出、化入 ★★★☆☆

又称为“溶变”“化”。表现为前一画面渐渐隐去（化出），后一画面开始渐渐显露（化入），两个画面之间有一个短暂的交叠过程，是电影艺术表现时空转换、深化情绪、展现电影节奏韵律的重要手段。常用于表现人物的回忆和梦幻内容。

■ **真题链接**

化出、化入，也叫溶出、溶入。

（2013 年临沂大学广播电视编导专业招生考试试题）

划入、划出 ★☆☆☆☆

又称为“划”“划变”。表现形式是滑移，即后一画面从前一画面上渐渐划过，用多种样式的技巧把两幅画面衔接起来，实现前后交替。

圈入、圈出 ★☆☆☆☆

又称为“圈变”，是“划”的变种。是指从画面中心的圆点开始逐渐扩大（圈出）或是从画面外沿以圆形逐渐收缩（圈入），让后一镜头的画面逐渐取代前一镜头的画面。这种手法有特写的作用，便于观众集中注意力于某一细节部分。

入画、出画 ★☆☆☆☆

是指在镜头开始若干画格后，运动主体（人或物等）进入画面，称为入画；在镜头末尾，运动主体离开画面，称为出画。入画、出画具有扩展空间、延长时间的作用。

切出、切入 ★☆☆☆☆

又称为“跳切”“无技巧剪辑”，是指不遵循时空和动作连续的逻辑，将动作跳跃作为组接方式以突出某些必要的内容，以此来省略时空过程的一种切换方式。

第二节　电影导演

（一）中国电影导演

第一代导演 ★★★★☆

是中国电影的拓荒者，他们活跃在无声片时期，尤其是 20 世纪二三十年代。第一代导演作为中国电影的奠基者，形成了一套独特的创作手法和风格，善于从中国传统的叙事艺术和舞台戏曲中吸取技法，并结合时代的需要进行革新。电影反映时代要求，重视社会教化意义。主要代表人物有**郑正秋、张石川、杨小仲**、邵醉翁等。

■ **真题链接**

下列导演中，不属于第一代导演的是（ D ）。

A. 张石川　　B. 郑正秋　　C. 杨小仲　　D. 郑洞天

（2015 年黄淮学院广播电视编导专业招生考试试题）

张石川 ★★★★☆

中国电影事业的开拓者。他导演的影片具有平易、朴实、手法灵活、故事性强的特点。其主要作品有**《火烧红莲寺》《歌女红牡丹》《难夫难妻》**《三笑》《燕归来》等。其中，1928 年上映的**《火烧红莲寺》是中国第一部武侠神怪片；1931 年上映的《歌女红牡丹》是中**

国第一部有声片。

■ 真题链接

1.中国第一部武侠电影片是(　　)。

A.《难夫难妻》　B.《歌女红牡丹》　C.《火烧红莲寺》　D.《黑籍冤魂》

(2013年湖南师范大学广播电视编导专业招生考试试题)

2.我国第一部有声故事片是(　　)。

A.《劳工之爱情》　B.《渔光曲》　C.《歌女红牡丹》　D.《生死恨》

(2014年四川音乐学院绵阳艺术学院戏剧影视文学专业招生考试试题)

3.中国第一部有声电影是(　　)。

A.《定军山》　B.《歌女红牡丹》　C.《万家灯火》　D.《难夫难妻》

(2017年安徽省普通高校艺术专业招生统考试题)

郑正秋 ★★★★☆

中国早期电影导演、编剧。1913年与**张石川**合作编写并导演了**中国第一部短故事片《难夫难妻》**。1922年与张石川等创建明星影片公司。其主要作品有**《难夫难妻》《姊妹花》**等。

■ 真题链接

郑正秋和张石川联合编导的中国第一部故事片是________。

(2016年北京电影学院电影学专业招生考试试题)

杨小仲 ★★☆☆☆

中国第一代电影导演。他一生执导影片近百部,是中国电影史上拍摄影片最多的导演之一,故有“百部导演”的美称。其主要作品有《蛇蝎美人》《四姊妹》《十步芳草》等。新中国成立后,他主要拍摄儿童片和戏曲片,主要作品有《好孩子》《宝葫芦的秘密》《孙悟空三打白骨精》等。

第二代导演 ★★★★☆

其主要活动时间是在20世纪三四十年代的有声片时代,部分导演直到五六十年代甚至八十年代还在创作。第二代导演的突出贡献是完成了中国电影从默片到有声片的转变。在思想上,他们把电影真正从单纯娱乐中解放出来,更多地关注现实生活;在艺术上,注重把写实和电影化结合起来,以摆脱舞台的局限。中国电影从第二代导演开始,才显示出自己独立的价值。主要代表人物有**蔡楚生、孙瑜、郑君里、桑弧、费穆、吴永刚、袁牧之**等。

■ 真题链接

下列有关第二代导演的表述中,不正确的是(D)。

A.完成了中国电影从默片到有声片的转变

B.反映社会生活,同时注意把写实和电影化结合起来

C.发展了民族电影自身的艺术手段和表现技巧

D.主要人物有蔡楚生、郑君里、费穆、崔嵬、桑弧等

(2016年江西省普通高校编导类专业招生统考试题)

蔡楚生 ★★★★★

中国电影编剧、导演。他的创作受到了左翼思想的影响。其主要作品有《渔光曲》《一江春水向东流》等。电影**《渔光曲》**获1935年莫斯科国际电影展览会荣誉奖,这是中

国电影史上**第一部在国际上获奖的影片**。

■ **真题链接**

1.蔡楚生是第________代导演。

(2012年湖南师范大学广播电视编导专业招生考试试题)

2.我国第一部在国际上获奖的影片是________。

(2017年福建省普通高校编导类专业招生统考试题)

孙 瑜 ★★★★☆

中国电影编剧、导演。他的作品注重文学性和镜头画面的意境,被誉为**"诗人导演"**,其主要作品有**《大路》《武训传》**《野草闲花》《小玩意》等。

■ **真题链接**

1.中国影片《大路》的导演是被称为"诗人导演"的________。

(2013年天津师范大学戏剧影视文学专业招生考试试题)

2.被称为"新中国第一禁片"的电影《武训传》的导演是(　　)。

A.孙瑜　　B.赵丹　　C.石挥　　D.谢晋

(2015年天津工业大学广播电视编导专业招生考试试题)

郑君里 ★★★☆☆

中国第二代电影导演。他在创作上追求电影的艺术性与现实性的融合。其主要作品有**《一江春水向东流》**(与蔡楚生合导)、**《乌鸦与麻雀》**、《聂耳》、《枯木逢春》、《林则徐》等。

■ **真题链接**

1.郑君里的代表作中,与蔡楚生合作导演的电影是__________。

(2013年许昌学院戏剧影视文学专业招生考试试题)

2.20世纪40年代情节剧史诗电影的代表影片是(C)。

A.《南征北战》　　B.《红旗谱》

C.《一江春水向东流》　　D.《红色娘子军》

(2017年赣南师范大学广播电视编导专业招生考试试题)

桑 弧 ★★★★☆

中国电影编剧、导演。1946年与张爱玲合作执导了**《太太万岁》**《不了情》等影片。其主要作品还有《梁山伯与祝英台》《祝福》《子夜》《魔术师的奇遇》等。

■ **真题链接**

20世纪40年代,将张爱玲的小说《太太万岁》搬上银幕的是导演________。

(2013年天津师范大学戏剧影视文学专业招生考试试题)

费 穆 ★★★★★

中国电影导演。他对中国古典美学的传统艺术手法和电影写实的艺术特性,都有精深的理解和把握。其主要作品有《生死恨》和**《小城之春》**。**《生死恨》**拍摄于1947年,由著名京剧表演艺术家梅兰芳主演,**是我国第一部彩色戏曲片**。**《小城之春》**是东方电影的开荒之作,也是使其达到个人艺术高峰的作品。

■ **真题链接**

1.费穆的《小城之春》是中国电影史上不朽的作品。

(2013年南京艺术学院戏剧影视文学专业招生考试试题)

2.“国防电影”的代表作《狼山喋血记》的导演是(　　)。

A. 沈浮　　B. 费穆　　C. 吴永刚　　D. 孙瑜

(2017 年赣南师范大学广播电视编导专业招生考试试题)

吴永刚 ★★★☆☆

中国电影导演。他在电影中充分运用各种视觉元素的表现手段,细腻地刻画人物内在的思想感情。其主要作品有**《神女》**《巴山夜雨》《壮志凌云》《楚天风云》《辽远的乡村》和歌舞剧《刘三姐》等。

■ **真题链接**

1. 被誉为“灵魂的写实主义”的默片巨作《神女》的导演是(　　)。

A. 孙瑜　　B. 蔡楚生　　C. 吴永刚　　D. 卜万苍

(2014 年四川音乐学院绵阳艺术学院戏剧影视文学专业招生考试试题)

2. 影片《神女》已成为世界公认的中国默片时代的一个高峰,其导演是________。

A. 沈西苓　　B. 袁牧之　　C. 吴永刚　　D. 蔡楚生

(2017 年赣南师范大学广播电视编导专业招生考试试题)

第三代导演 ★★★★★

是指新中国成立后走上影坛的导演,他们多活跃在 20 世纪五六十年代。在表现生活的本质上遵循现实主义原则,在民族风格、艺术意蕴、地方特色等方面都进行了有益的探索。代表人物有**谢晋**、**谢铁骊**、**凌子风**、**水华**、**崔嵬**、**李俊**等。

■ **真题链接**

名词解释:第三代导演

(2013 年聊城大学广播电视编导专业招生考试试题)

谢　晋 ★★★★★

中国第三代著名电影导演。其电影创作的特征可以用“伦理煽情、评史重实、怜女抗命”来概括。其主要作品有**《女篮 5 号》《女足 9 号》《天云山传奇》《牧马人》《高山下的花环》《芙蓉镇》《红色娘子军》**《鸦片战争》《最后的贵族》等。

■ **真题链接**

1. 谢晋是中国第________代导演。

(2013 年天津师范大学戏剧影视文学专业招生考试试题)

2. 中国电影《女篮 5 号》和《女足 9 号》的导演是(　　)。

A. 郑洞天　　B. 水华　　C. 谢晋　　D. 袁牧之

(2014 年重庆市普通高校编导类专业招生统考试题)

3. 电影《红色娘子军》是下列哪位导演的作品?(　　)

A. 郑洞天　　B. 袁牧之　　C. 水华　　D. 谢晋

(2014 年重庆邮电大学广播电视编导专业招生考试试题)

4. 电影《天云山传奇》《芙蓉镇》的导演是________,他独特的叙事模式被称为“谢晋模式”。

(2016 年江西师范大学广播电视编导专业招生考试试题)

谢铁骊 ★★★★☆

中国第三代电影导演。他执导的影片能将深刻的思想内容、缜密的情节结构、精细的人物刻画融会在一起,风格独特。其主要作品有**《早春二月》**(根据柔石的中篇小说《二月》改编)、《暴风骤雨》、《包氏父子》、《红楼梦》等。

■ **真题链接**

影片《早春二月》的导演是________。

(2012 年天津师范大学广播电视编导专业招生考试试题)

凌子风 ★★☆☆☆

中国第三代电影导演。他的创作朴实大方，不拘一格。1949 年导演了处女作《中华女儿》。其主要作品还有**《红旗谱》**《骆驼祥子》《边城》《春桃》《李四光》《狂》等。

水 华 ★★★☆☆

中国第三代电影导演。他建立起以民族情感和民族生活为内容的影像，连接了电影民族化和艺术化的桥梁。其主要作品有**《白毛女》《林家铺子》**《烈火中永生》《革命家庭》《伤逝》等。其中 1949 年导演的《白毛女》是其成名作；1957 年导演的《林家铺子》是其巅峰之作。

■ **真题链接**

1. 电影《白毛女》的导演是( )。

A. 陈凯歌　　B. 田壮壮

C. 谢晋　　D. 水华

(2014 年北京电影学院文学系策划专业招生考试试题)

2.《林家铺子》的导演是________。

(2017 年新疆艺术学院广播电视编导专业招生考试试题)

崔 嵬 ★★★★☆

中国话剧演员、电影演员、导演、剧作家。他执导的影片线条粗犷但感情细腻，有着很强的艺术感染力。其主要作品有**《青春之歌》《小兵张嘎》**《北大荒人》以及戏曲艺术片《杨门女将》《野猪林》等。

■ **真题链接**

1. 电影《青春之歌》是根据杨沫的同名小说改编的。

(2012 年重庆邮电大学广播电视编导专业招生考试试题)

2.《青春之歌》《小兵张嘎》的导演是________。

(2013 年天津师范大学戏剧影视文学专业招生考试试题)

李 俊 ★★★☆☆

中国第三代电影导演。他把电影民族化当作毕生的追求，电影叙事策略简练朴素，影像语言含蓄细腻。其主要作品有**《农奴》**《闪闪的红星》《大决战》等。

■ **真题链接**

1963 年，李俊导演的《农奴》是第一部反映新中国成立前西藏人民苦难生活的影片，获菲律宾马尼拉国际电影节金鹰奖。

(2013 年江西师范大学广播电视编导专业招生考试试题)

第四代导演 ★★★★☆

第四代导演大多毕业于“文革”前的北京电影学院，在 20 世纪 70 年代末 80 年代初崭露头角。他们倡导电影的纪实性，打破了戏剧结构，形象地将此比喻为**“丢掉戏剧的拐杖”**，追求质朴自然的风格和开放式的结构。代表人物有**吴贻弓、吴天明、谢飞、黄健中、黄蜀芹、郑洞天**等。

■ **真题链接**

提出“丢掉戏剧的拐杖”的是第(　　)代导演。

A. 二　　B. 三

C. 四　　D. 五

(2017 年甘肃省普通高校戏剧与影视类专业招生统考试题)

吴贻弓 ★★★☆☆

中国著名电影导演,第四代导演的领军人物。他在电影创作中注入了中国古典诗词的意境,大量运用空镜头,成功地实现了传统美学和现代电影语言的完美结合。其主要作品有**《城南旧事》**《巴山夜雨》《少爷的磨难》《海之魂》《阙里人家》等。

■ **真题链接**

1. 电影《城南旧事》的导演是______。

(2017 年山东艺术学院影视摄影与制作专业招生考试试题)

2. 影片《城南旧事》的主题曲是《送别》。

(2017 年湖南师范大学戏剧影视文学专业招生考试试题)

吴天明 ★★★★☆

中国第四代电影导演。他的创作风格凝重、厚实,有着浓郁的民族特色。其作品既融注了中国传统文化,又加入了新的艺术方法,表现了他对社会、历史和人生的深沉思考。其主要作品有**《生活的颤音》**《人生》**《老井》**《变脸》《非常爱情》等。2013 年 9 月凭借电影《百鸟朝凤》在第 22 届金鸡百花电影节获得评委会特别奖。

■ **真题链接**

1. 影片《老井》的导演是______。

(2013 年齐齐哈尔大学戏剧影视文学专业招生考试试题)

2. 以下导演与电影作品对应正确的是(A)。

A. 吴天明——《百鸟朝凤》　　B. 路学长——《青红》

C. 王家卫——《刺客聂隐娘》　　D. 许鞍华——《烈日灼心》

(2017 年安徽省普通高校艺术专业招生统考试题)

3. 电影《老井》的男主角扮演者是张艺谋。

(2017 年新疆艺术学院广播电视编导专业招生考试试题)

谢　飞 ★★★☆☆

中国第四代电影导演。他的作品严谨含蓄,浸透着一股理想与温情的书卷气,叙事流畅,生活气息浓郁。其主要作品有**《黑骏马》《本命年》**《香魂女》《湘女潇潇》等。其中 1992 年执导的**影片《香魂女》荣获第 43 届柏林国际电影节金熊奖**。

■ **真题链接**

1. 电影《黑骏马》《本命年》的导演是______。

(2013 年沈阳大学广播电视编导专业招生考试试题)

2. “第四代导演”指粉碎“四人帮”以后崭露头角的一批中年导演,其中有《黑骏马》《香魂女》的导演______。

(2016 年赣南师范学院广播电视编导专业招生考试试题)

黄健中 ★★★☆☆

中国第四代电影导演。他的电影创作风格多变,几乎没有固定的模式和套路,体现出一种探索精神。其主要作品有《小花》《过年》《红娘》《中国妈妈》《山神》《龙年警官》《大鸿米店》《我的1919》等。

黄蜀芹 ★★★☆☆

中国电影女导演。她拍片讲究平民化，并注重对女性题材的挖掘。其主要作品有电影《青春万岁》《人·鬼·情》《画魂》等；导演的电视剧《围城》《孽债》获中国电视剧飞天奖。

■ **真题链接**

黄蜀芹导演的电影《画魂》讲述的是女画家潘玉良的故事。

（2016年甘肃省普通高校戏剧与影视学类专业招生统考试题）

张暖忻 ★★☆☆☆

中国内地女导演，第四代导演的代表人物之一。以《沙鸥》一片获1982年金鸡奖导演特别奖，接着又拍摄了堪称新时期电影代表作的《青春祭》《北京，你早》等，张暖忻是纪实美学最早的实践者。她与李陀合著的《谈电影语言的现代化》一文，被视为新时期中国电影革新的宣言。

■ **真题链接**

张暖忻是第________代导演。

（2012年北京电影学院公共事业管理专业招生考试试题）

郑洞天 ★★☆☆☆

中国第四代电影导演。先后拍摄了《邻居》《鸳鸯楼》《秘闯金三角》《人之初》《刘天华》《台湾往事》等影片，广受好评。其作品从凡人小事中去开掘社会和人生的哲理，注重纪实的美学风格，为中国电影事业培养了不少导演人才。导演的影片《邻居》获文化部优秀影片奖、金鸡奖，《人之初》获童牛奖最佳影片奖，《故园秋色》获华表奖优秀故事片奖；导演的电视剧《老师》《寻呼妈妈》获飞天奖，《拜师》获星光奖。

第五代导演 ★★★★★

是指20世纪80年代从北京电影学院毕业的年轻导演。这批导演经受过"文革"十年浩劫的磨难，改革开放后接受了专业训练，带着创新的激情走上影坛。他们力图在每一部影片中寻找新的角度，强烈渴望通过影片探索民族文化的历史和民族心理的结构。在选材、叙事、刻画人物、镜头运用、画面处理等方面，都力求标新立异，其作品的主观性、象征性、寓意性特别强烈。主要代表人物有**陈凯歌、张艺谋、吴子牛、田壮壮、张军钊、黄建新**等。

■ **真题链接**

1. 下列不属于第五代导演作品的是（ D ）。

A.《有话好好说》　　B.《蓝风筝》

C.《黄土地》　　D.《开往春天的地铁》

（2016年河南大学广播电视编导专业招生考试试题）

2. 名词解释：第五代导演

（2017年北京城市学院广播电视编导专业招生考试试题）

陈凯歌 ★★★★★

中国著名电影导演。他的电影善于剖析历史和传统的重负对人精神的制约和

影响，同时针砭不合理的非人道的人性弱点。其主要作品有**《黄土地》《霸王别姬》《大阅兵》《孩子王》《边走边唱》《和你在一起》《百花深处》《无极》《梅兰芳》《赵氏孤儿》《搜索》《道士下山》**等。

■ **真题链接**

1.《赵氏孤儿》的导演是________。

(2012 年青岛农业大学广播电视编导专业招生考试试题)

2.影片《大阅兵》的导演是________。

(2013 年大连艺术学院广播电视编导专业招生考试试题)

3.荣获戛纳电影节金棕榈奖的第一部华语电影是陈凯歌导演的《霸王别姬》。

(2016 年甘肃省普通高校戏剧与影视学类专业招生统考试题)

4.电影《黄土地》的导演是陈凯歌，摄影师是张艺谋。

(2017 年河北美术学院广播电视编导专业招生考试试题)

张艺谋 ★★★★★

中国著名电影导演、摄影师、演员。他的影片注重色彩、光线、构图、运动的造型运用，作品中充满了浓烈的历史感和生命意识以及经过加工化了的民俗特色。进入 21 世纪，他的电影转向商业性和艺术性的结合。其主要作品有**《红高粱》《代号美洲豹》《菊豆》《大红灯笼高高挂》《秋菊打官司》《活着》《一个都不能少》《我的父亲母亲》《英雄》《幸福时光》《十面埋伏》《满城尽带黄金甲》《三枪拍案惊奇》《山楂树之恋》《金陵十三钗》《归来》《长城》**等。

■ **真题链接**

1.电影《秋菊打官司》改编自陈源斌的小说《万家诉讼》。

(2011 年北京电影学院公共事业管理专业招生考试试题)

2.名词解释：《英雄》

(2011 年赣南师范学院广播电视编导专业招生考试试题)

3.张艺谋的电影________表现了对纯粹爱情的追求。

(2012 年临沂大学广播电视编导专业招生考试试题)

4.名词解释：张艺谋

(2013 年江西服装学院数字媒体艺术专业招生考试试题)

5.《一个都不能少》的导演是________。

(2013 年安阳师范学院广播电视编导专业招生考试试题)

6.电影《十面埋伏》的导演是________。

(2013 年大连艺术学院广播电视编导专业招生考试试题)

7.第五代导演电影代表作《红高粱》的导演是(　　)，这也是他的导演处女作。

A.陈凯歌　　B.张艺谋　　C.田壮壮　　D.张军钊

(2015 年天津工业大学广播电视编导专业招生考试试题)

8.首部获得柏林国际电影节金熊奖的中国电影是张艺谋导演的(C)。

A.《菊豆》　　B.《活着》

C.《红高粱》　　D.《大红灯笼高高挂》

(2016 年甘肃省普通高校戏剧与影视学类专业招生统考试题)

9.下列选项中对应不正确的一项是(B)。

A.冯小刚——《夜宴》——改编自莎士比亚剧作《哈姆雷特》

B.张艺谋——《满城尽带黄金甲》——改编自曹禺剧作《日出》

C.周申、刘露——《驴得水》——改编自周申、刘露剧作《驴得水》

D.邓超、俞白眉——《恶棍天使》——改编自俞白眉剧作《恶棍天使》

(2017 年陕西省普通高校播音编导类专业招生统考试题)

10. 1992年张艺谋的《秋菊打官司》获得了威尼斯电影节金狮奖。

(2017年安徽省普通高校艺术专业招生统考试题)

吴子牛 ★★★☆☆

中国第五代电影导演。他的作品基本上属于战争题材,体现了对战争的深刻思考。其主要作品有《候补队员》**《喋血黑谷》**《国歌》《晚钟》《欢乐英雄》《阴阳界》《南京大屠杀》等。

■ 真题链接

电影《喋血黑谷》的导演是(　　)。

A. 田壮壮　　B. 吴子牛　　C. 张艺谋　　D. 陈凯歌

(2011年西南大学广播电视编导专业招生考试试题)

田壮壮 ★★★★☆

中国电影导演。其创作特点是注重对人的心灵和大自然的关注。其主要作品有**《猎场札撒》**《盗马贼》《摇滚青年》《大太监李莲英》《蓝风筝》等,并重拍了费穆的经典作品**《小城之春》**。

■ 真题链接

1. 电影《猎场扎撒》的导演是________。

(2013年天津师范大学戏剧影视文学专业招生考试试题)

2. 费穆1948年执导的影片《小城之春》开启了中国诗化电影的先河,后来当代导演________重拍了这部电影。

(2014年江西省普通高校编导类专业招生联考试题)

张军钊 ★★★★☆

中国第五代电影导演。1983年导演的影片**《一个和八个》**,成为**第五代导演们第一部问世的作品**。其他作品还有《加油,中国队》《孤独的谋杀者》《弧光》《台北女人》等。

■ 真题链接

1. 中国第五代导演的第一部作品是________。

(2013年鲁东大学广播电视编导专业招生考试试题)

2.《一个和八个》的导演是________,由张艺谋担任摄影,是第五代导演的领军之作。

(2013年南京艺术学院戏剧影视文学专业招生考试试题)

黄建新 ★★★☆☆

中国第五代电影导演。其电影以都市题材为落脚点,从对传统无所畏惧的反叛和创新开始,表现出努力实现个人理想的果断倾向,后来又转向融合传统,面向现实,从俗人俗事中挖掘微言大义,创作逐渐走向和谐。其主要作品有**《黑炮事件》《错位》《轮回》《站直啰!别趴下》《背靠背,脸对脸》《红灯停、绿灯行》《埋伏》《建国大业》《建党伟业》**等。

■ 真题链接

1.《建国大业》的导演是________和韩三平。

(2011年中国劳动关系学院戏剧影视文学专业招生考试试题)

2. 1986年,黄建新的电影《黑炮事件》第一次在中国银幕上对知识分子进行了反思。

(2017年井冈山大学广播电视编导专业招生考试试题)

第六代导演 ★★★★★

又称为"新生代导演",主要是20世纪90年代开始执导电影的一批导演。他们关注的大多是当下中国，镜头锁定一些社会边缘人物，裸露生活的原生态，暴露人性的黑暗和文化的危机。对一切传统抱有怀疑和审视的态度，在创作上表现出“叛逆和反思”。其主要代表人物有**张元**、**贾樟柯**、**王小帅**、**管虎**、**娄烨**、**张扬**、**李欣**等。

■ **真题链接**

1.简答题：简述第六代电影导演的创作特色。

（2014年山东师范大学戏剧影视文学专业招生考试试题）

2.名词解释：中国第六代导演

（2014年聊城大学广播电视编导专业招生考试试题）

张　元 ★★★☆☆

中国著名电影导演，中国“新生代导演”的领军人物之一。他的作品总是表现出对社会边缘人物和弱势群体的人道主义关注。其主要作品有**《北京杂种》《东宫西宫》《看上去很美》**《过年回家》《绿茶》《达达》等。

贾樟柯 ★★★★★

中国第六代电影导演。他的作品专注于历史变迁中的细枝末节，在冷酷的现实中保持着一种温暖的基调。其主要作品有“家乡三部曲”(**《小武》《任逍遥》《站台》**)、**《三峡好人》**、**《海上传奇》**、《世界》、《二十四城记》、《天注定》、**《山河故人》**等。其中《三峡好人》荣获第63届威尼斯国际电影节最佳影片**金狮奖**。

■ **真题链接**

1.贾樟柯导演的“家乡三部曲”是指(　　)。

A.《家》《春》《秋》　　B.《小武》《站台》《任逍遥》

C.《三峡好人》《站台》《任逍遥》　　D.《任逍遥》《小武》《三峡好人》

（2014年北京电影学院策划专业招生考试试题）

2.贾樟柯导演的作品《天注定》是在(　A　)获得最佳编剧奖。

A.戛纳国际电影节　　B.柏林国际电影节

C.东京国际电影节　　D.威尼斯国际电影节

（2014年北京电影学院策划专业招生考试试题）

3.2015年贾樟柯的《山河故人》获得台湾金马奖最佳原创剧本奖。

（2016年广州大学广播电视编导专业招生考试试题）

王小帅 ★★★★☆

中国第六代电影导演。其电影构图优美精准，造型意识强烈，凭借其独特、敏感的电影个性，树立了独特的电影风格。主要作品有**《十七岁的单车》《青红》《左右》《日照重庆》**《扁担·姑娘》《极度寒冷》《梦幻田园》《闯入者》等。

■ **真题链接**

1.《十七岁的单车》《青红》《左右》是________的作品。

（2011年天津师范大学戏剧影视文学专业招生考试试题）

2.《十七岁的单车》的导演是________。

（2013年天津工业大学广播电视编导专业招生考试试题）

管　虎 ★★★★☆

中国第六代电影、电视导演，编剧，被称为“第六代电影导演”中的怪才。他的作品以犀利、生动著称，并且怀有强烈的人文关怀的精神。其主要作品有**《头发乱了》**《浪漫街头》《再见，我们的1948》**《斗牛》《杀生》《厨子·戏子·痞子》《老炮儿》**等。

■ 真题链接

1.电影《斗牛》的导演是________，主演是黄渤、闫妮。

（2012年重庆邮电大学广播电视编导专业招生考试试题）

2.《老炮儿》的导演是________。

（2016年北京师范大学珠海分校电影学专业招生考试试题）

娄烨 ★★★☆☆

中国第六代电影导演。他的影片追求生存还原，挣脱历史文化的裹挟，将人从重重符号中释放出来，裸露生命的真实状态。主要作品有**《春风沉醉的夜晚》**《周末情人》《苏州河》《紫蝴蝶》《危情少女》《推拿》等。

■ 真题链接

1.2014年11月22日，娄烨导演的作品《推拿》在第51届台湾电影金马奖上获得最佳剧情片、最佳新演员等六项大奖。该片聚焦盲人这一特殊群体，展现他们的喜怒哀乐。该片于2014年2月11日在第64届柏林国际电影节上首映、入围主竞赛单元金熊奖，并最终获得最佳艺术贡献（摄影）银熊奖。

（2015年池州学院广播电视编导专业招生考试试题）

2.下列电影作品是由娄烨导演的是（　　）。

A.《推拿》　　B.《匆匆那年》　　C.《左耳》　　D.《站台》

（2017年重庆邮电大学广播电视编导专业招生考试试题）

冯小刚 ★★★★★

中国著名电影导演，有“贺岁片之父”的美誉。他的作品注重平民和都市小人物的欲望表达，影片风格轻松幽默，以京味儿喜剧著称，并擅长导演商业片。其主要作品有**《甲方乙方》《不见不散》《大腕》《手机》《天下无贼》《一声叹息》《夜宴》《集结号》《唐山大地震》《非诚勿扰》《一九四二》《私人订制》**《我不是潘金莲》等。

■ 真题链接

1.冯小刚的第一部贺岁片是《甲方乙方》。

（2011年中国劳动关系学院戏剧影视文学专业招生考试试题）

2.我国新时期著名导演冯小刚的代表作品有________、________，他还拍摄过一部非常著名的电视剧《北京人在纽约》。

（2012年聊城大学广播电视编导专业招生考试试题）

3.冯小刚的电影《手机》是根据同名小说改编的，它的作者是刘震云。

（2013年安阳师范学院广播电视编导专业招生考试试题）

4.《非诚勿扰》《不见不散》《一声叹息》是________的作品，他开创了中国贺岁片的辉煌。

（2014年大连艺术学院广播电视编导专业招生考试试题）

5.2015年，使著名导演兼演员冯小刚获得金马奖影帝的电影是《老炮儿》。

（2016年广州大学广播电视编导专业招生考试试题）

6.简答题：针对“冯小刚获金马影帝”谈谈你的看法。

（2017年重庆邮电大学广播电视编导专业招生考试试题）

7.《我不是潘金莲》的导演是________，女主角是范冰冰。

（2017年福建省普通高校编导类专业招生统考试题）

8.冯小刚采用圆形画面的电影是《我不是潘金莲》。

（2017年天津师范大学广播电视编导专业招生考试试题）

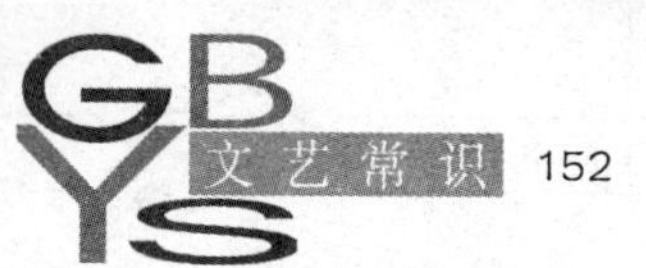

姜 文 ★★★★★

中国著名电影演员、电影导演。作为演员,其主要作品有**《芙蓉镇》《红高粱》《寻枪》《有话好好说》《末代皇后》《大太监李莲英》**等;作为导演,其主要作品有**《阳光灿烂的日子》《鬼子来了》《太阳照常升起》《让子弹飞》《一步之遥》**等。

■ **真题链接**

1. 主演过《寻枪》《让子弹飞》《北京人在纽约》的我国著名男演员是________。

(2012 年黄山学院广播电视编导专业招生考试试题)

2. 姜文导演的电影《让子弹飞》的故事改编自下列哪位作家的作品?(B)

A. 王朔　　B. 马识途　　C. 丁玲　　D. 艾芜

(2014 年重庆邮电大学广播电视编导专业招生考试试题)

3. 2014 年 12 月 18 日上映的姜文导演的新片《一步之遥》,改编自中国第一部长故事片(C)。

A.《庄子试妻》　　B.《难夫难妻》　　C.《阎瑞生》　　D.《劳工之爱情》

(2015 年池州学院广播电视编导专业招生考试试题)

4. 姜文执导的《让子弹飞》的配乐的音乐制作人是(A)。

A. 久石让　　B. 喜多郎　　C. 神思者　　D. 宗次郎

(2017 年华东交通大学广播电视编导专业招生考试试题)

顾长卫 ★★★★☆

中国著名电影摄影师、导演,有"中国第一摄影师"的美称。其主要摄影的作品有《孩子王》《红高粱》《霸王别姬》《阳光灿烂的日子》《菊豆》《兰陵王》等;其导演的作品有**《孔雀》《立春》《最爱》**等。

■ **真题链接**

《孔雀》的导演是(　　)。

A. 贾樟柯　　B. 陈嘉上　　C. 陈可辛　　D. 顾长卫

(2013 年浙江传媒学院摄影专业招生考试试题)

陆 川 ★★★★★

中国著名电影导演、编剧。陆川的创作在尊重体制的同时,表现出一种强烈的艺术表达意愿和艺术创新的勇气,体现出了一种以往中国导演所少有的美学追求,并开创了新的艺术道路。其主要作品有**《寻枪》《可可西里》《南京!南京!》《王的盛宴》《九层妖塔》**《我们诞生在中国》等。

■ **真题链接**

我国电影《寻枪》《可可西里》的导演是________。

(2016 年湖南师范大学广播电视编导专业招生考试试题)

宁 浩 ★★★★★

中国新生代的"鬼才导演"。他的作品擅长从小人物的视角出发,故事带有很强的戏剧性。其主要作品有**《疯狂的石头》**《疯狂的赛车》**《无人区》**《绿草地》**《黄金大劫案》**《心花路放》等。

■ **真题链接**

1. 电影《疯狂的石头》的导演是________。

(2012 年重庆邮电大学广播电视编导专业招生考试试题)

2. 电影《无人区》的导演是________。

(2014 年西安工程大学广播电视编导专业招生考试试题)

3. 电影《心花路放》的导演是________。
(2015 年聊城大学东昌学院广播电视编导专业招生考试试题)

徐静蕾 ★★☆☆☆

中国内地女演员、电影导演。因其自导自演电影及博客点击率在中国大陆地区长期排名第一，故有大陆影视圈“才女”之称。其主要导演的作品有《我和爸爸》**《一个陌生女人的来信》**《梦想照进现实》**《杜拉拉升职记》**《有一个地方只有我们知道》等；出演的电影、电视作品有《将爱情进行到底》(电视剧版)、《投名状》、《开往春天的地铁》、《我爱你》、《将爱情进行到底》(电影版)等。

乌尔善 ★★☆☆☆

中国内地新锐导演。他的电影创作极端风格化。因执导中国大型魔幻电影**《画皮Ⅱ》**一举成名。另外，他还执导过先锋武侠喜剧《刀见笑》，其他作品有《肥皂剧》《鬼吹灯之寻龙诀》等。

■ **真题链接**

2012 年上映的电影《画皮Ⅱ》的导演是________。
(2013 年重庆邮电大学广播电视编导专业招生考试试题)

滕华涛 ★☆☆☆☆

中国内地新锐青年导演。毕业于北京电影学院，以电视导演身份进入影视圈。其影视作品不拘泥于形式，风格多样，善于捕捉人物内心世界最为细腻的情感。其执导的电影作品有**《失恋 33 天》**《等风来》等；电视作品有《双面胶》《王贵与安娜》《蜗居》《裸婚时代》等。

王全安 ★★★☆☆

中国第六代导演。代表作品有《月蚀》**《图雅的婚事》**《团圆》《白鹿原》等，并凭借这些影片先后获得第 22 届莫斯科国际电影节国际评委大奖(《月蚀》)、第 57 届柏林国际电影节最佳影片金熊奖(《图雅的婚事》)、第 17 届北京大学生电影节最佳导演奖(《团圆》)等多项大奖。

■ **真题链接**

电影《白鹿原》的导演是__________，同名小说的原著作者是陈忠实。
(2014 年廊坊师范学院戏剧影视文学专业招生考试试题)

张一白 ★★☆☆☆

中国电影导演、监制，第六代导演之一，被奉为**“青春片教父”**。他的《开往春天的地铁》《将爱情进行到底》(包括电视剧版和电影版)等一系列作品，影响了整整一代人的爱情观。其中 1998 年拍摄的电视剧《将爱情进行到底》是中国大陆首部青春爱情偶像剧集。2015 年执导的电影《匆匆那年》获得第 22 届北京大学生电影节最受大学生欢迎导演奖，2016 年执导了电影《从你的全世界路过》。

(二)中国港台导演

张　彻 ★☆☆☆☆

香港的“新派武侠片之父”。他的影片强调男儿情谊，注重义气和侠义精神的表达，

阳刚风格显著，而阳刚气质最突出地体现在他的暴力美学上，例如盘肠大战，非常血腥。其主要作品有《**独臂刀**》《金燕子》《方世玉与洪熙官》《大上海 1937》《十三太保》等。

胡金铨 ★☆☆☆☆

香港 20 世纪 60 年代新派武侠片的代表人物之一。他开创了具有强烈诗化韵味的作者式武侠电影类型，例如电影中的武打动作像"舞蹈"，故事情节中蕴含佛学、禅悟的探讨等。其主要作品有《龙门客栈》《**侠女**》《空山灵雨》《山中传奇》等。

徐　克 ★★★★★

香港电影导演、编剧。他的武侠电影通过特技和剪辑手段制造人体极限以上的高难度动作，观赏性极强。他导演或监制了**《黄飞鸿》系列、《英雄本色》系列、《笑傲江湖》系列和《倩女幽魂》系列**，其主要作品有《**七剑**》《青蛇》《蜀山传》《刀马旦》《新蜀山剑侠》《狄仁杰之通天帝国》《梁祝》《黄飞鸿》《**龙门飞甲**》《深海寻人》《**智取威虎山**》等。

■ **真题链接**

《智取威虎山》是徐克导演的作品，是由文革时期革命样板戏《智取威虎山》改编的。

(2015 年陕西师范大学广播电视编导专业招生考试试题)

吴宇森 ★★★★★

香港电影编剧、导演，被誉为"**暴力美学大师**"。他的电影中虽然都充斥着血腥和暴力，但是在这层外衣下，着重演绎的却是人物之间的深厚情谊。其主要作品有《铁汉柔情》《**英雄本色**》《英雄无泪》《喋血双雄》《纵横四海》《辣手神探》《变脸》《赤壁(上)》《赤壁(下)》《太平轮》等。其中《英雄本色》是香港警匪片中里程碑式的杰作。

■ **真题链接**

1. 香港电影《英雄本色》《喋血双雄》《纵横四海》的导演是________。

(2016 年赣南师范学院广播电视编导专业招生考试试题)

2. 被称为香港电影"暴力美学大师"的是________。

(2017 年山东师范大学历山学院广播电视编导专业招生考试试题)

王家卫 ★★★★★

香港电影编剧、导演。他的作品具有风格化的影像、后现代意味的表达方式和对现代都市人精神状态的把握，构建了"王家卫式"电影美学。其主要作品有《**旺角卡门**》《**阿飞正传**》《**东邪西毒**》《**春光乍泄**》《**重庆森林**》《**花样年华**》《2046》《蓝莓之夜》《一代宗师》等。

■ **真题链接**

1. 名词解释：王家卫

(2013 年泰山学院广播电视编导专业招生考试试题)

2. 下列哪部电影不是著名导演王家卫的作品？(C)

A.《重庆森林》　B.《2046》　C.《左耳》　D.《花样年华》

(2016 年重庆邮电大学广播电视编导专业招生考试试题)

3. 电影《重庆森林》的导演是(　　)。

A. 王家卫　B. 陈凯歌　C. 杜琪峰　D. 张艺谋

(2017 年商丘学院广播电视编导专业招生考试试题)

4. 香港武侠片《一代宗师》塑造的武侠英雄是(B)。

A. 霍元甲　B. 叶问　C. 方世玉　D. 陈真

(2017 年重庆邮电大学广播电视编导专业招生考试试题)

陈可辛 ★★★★☆

是香港身兼导演、监制于一身的电影人。他在电影中总是不断地探索人性的复杂，对某些社会问题也有一定的思索。其主要作品有**《甜蜜蜜》**《金枝玉叶》《情书》**《如果·爱》《投名状》**《武侠》**《中国合伙人》《亲爱的》**等。2016 年监制的电影《七月与安生》获第 53 届金马奖最佳女主角奖。

■ **真题链接**

以"拐卖儿童"为题材的电影《亲爱的》的导演是________。

(2017 年山东艺术学院影视摄影与制作专业招生考试试题)

许鞍华 ★★★☆☆

香港著名女导演。她的电影往往具有严肃的主题、冷峻的风格，敢于尝试不同类型，商业性与艺术性共融。其主要作品有《疯劫》《姨妈的后现代生活》**《女人，四十》**《倾城之恋》《半生缘》《桃姐》**《黄金时代》**等。

■ **真题链接**

1. 下列哪一部电影是香港导演许鞍华执导的？(　　)

A.《桃姐》　　B.《甜蜜蜜》　　C.《英雄本色》　　D.《饮食男女》

(2016 年井冈山大学广播电视编导专业招生考试试题)

2. 许鞍华 2014 年执导的电影《黄金时代》，是以民国时期为大背景，描述传奇女作家萧红特立独行的人生以及令人唏嘘的爱情经历，影片塑造了当年那一群意气风发的热血青年，还原了一个充满自由理想、海阔天空的时代。

(2017 年河北美术学院广播电视编导专业招生考试试题)

陈嘉上 ★★☆☆☆

香港著名编剧、导演、监制。其主要作品有《逃学威龙》系列、《武状元苏乞儿》、《精武英雄》、《野兽刑警》、《飞虎雄心》、《霹雳火》、**《画皮》**、**《四大名捕》**等。其中《四大名捕》改编自**温瑞安**的同名武侠小说。

刘镇伟 ★★★★☆

香港导演、编剧，香港喜剧的代表人物之一。在编剧、导演、监制、演员等多个领域都颇有建树。肆意放纵的幽默，让人哑然失语的无厘头，成为他独树一帜的电影风格。代表作品有**《大话西游之月光宝盒》《大话西游之大圣娶亲》《大话西游 3》《东成西就》《赌圣》《天下无双》《情癫大圣》**等。

关锦鹏 ★★★☆☆

香港导演、编剧。创作认真，风格婉约细腻。他以敏感的时空观念和对女性世界的关注，拓展了电影的性别美学，塑造了一系列鲜活的具有个性的女性形象，是香港重要的艺术片导演之一。代表作品有：**《胭脂扣》**、**《阮玲玉》**(获第 42 届柏林国际电影节主竞赛单元金熊奖提名)、**《蓝宇》**(获第 38 届台湾电影金马奖最佳导演奖)、**《长恨歌》**(获第 62 届威尼斯国际电影节欧洲艺术交流奖)等，并在赵薇导演的电影处女作《致我们终将逝去的青春》以及林育贤执导的《谎言西西里》中担任监制。

■ **真题链接**

1. 中国香港导演________导演了电影《阮玲玉》。

(2014 年吉林动画学院广播电视编导专业招生考试试题)

2. 电影《长恨歌》是________导演的作品，这部电影是根据王安忆的同名小说改编的。
(2016 年井冈山大学广播电视编导专业招生考试试题)

周星驰 ★★★★★

中国香港演员、导演、编剧、制作人、商人，华语影坛的标志性人物之一，被誉为"中国的查理·卓别林"。他不仅在商业电影方面取得了很高的成就，而且还制造了具有独特风格的**无厘头式喜剧**，通过表面毫无逻辑关联的语言和肢体动作来表现人物在矛盾冲突中的行为方式，从而形成无厘头的表演方式，缔造了"周星驰现象"。代表作品有**《长江 7 号》**、**《功夫》**(获第 42 届台湾电影金马奖最佳导演奖)、**《喜剧之王》**、**《少林足球》**(获第 21 届香港电影金像奖最佳导演奖)、**《西游·降魔篇》**、**《美人鱼》**等。

■ **真题链接**

《少林足球》《喜剧之王》是香港喜剧演员________的作品。
(2014 年大连艺术学院广播电视编导专业招生考试试题)

侯孝贤 ★★★★☆

台湾著名电影导演。他善于用电影书写历史，用独特的散文式结构、淡淡的诗化叙事风格来捕捉乡村的气息，同时在电影语言上用长镜头等来创造浓郁的民族韵味。其电影作品有**《悲情城市》**《童年往事》《恋恋风尘》《好男好女》**《刺客聂隐娘》**等。

■ **真题链接**

1. 下列侯孝贤导演的作品中，哪一部舒淇没有参演？(　A　)

A.《就是溜溜的她》　　B.《千禧曼波之蔷薇的名字》

C.《最好的时光》　　D.《刺客聂隐娘》

(2016 年海南大学戏剧影视文学专业招生考试试题)

2.《悲情城市》的导演是________。
(2017 年甘肃省普通高校戏剧与影视学类专业招生统考试题)

3.《刺客聂隐娘》的导演是________，其擅长运用长镜头进行拍摄。
(2017 年福建省普通高校编导类专业招生统考试题)

杨德昌 ★★☆☆☆

台湾著名电影编剧、导演。他的作品呈现出独具一格的理性风格、敏锐细腻的影像结构、深刻哲理的都市主题，具有强烈的穿透力和震撼力，被称为**"台湾社会的手术灯"**。其主要作品有**《牯岭街少年杀人事件》**《一一》《恐怖分子》《独立时代》《麻将》等。

■ **真题链接**

1.《一一》的导演是________。
(2016 年北京电影学院电影学专业招生考试试题)

2.(　　)的电影作品具有强烈的社会意识，被誉为"台湾社会的手术灯"。

A. 蔡明亮　　B. 李安　　C. 侯孝贤　　D. 杨德昌

(2017 年井冈山大学广播电视编导专业招生考试试题)

李　安 ★★★★★

台湾著名电影编剧、导演，因在国际上屡获大奖，人称"架起了东西方文化沟通的桥梁"。他的电影融合了中国传统儒家人文精神以及禅宗智慧，同时把故事情节放在西方的人文背景下去演绎，形成了自己独特的风格。其主要作品有**"父亲三部曲"(《推手》《喜宴》《饮食男女》)**、**《卧虎藏龙》**、**《断背山》**、**《色·戒》**、**《少年派的奇幻漂流》**、**《理智与情感》**《比利·林恩的中场战事》等。

■ **真题链接**

1.第一位获得奥斯卡奖的华人导演是( )。

A.陈凯歌　　B.张艺谋　　C.李安　　D.冯小刚

(2013年重庆邮电大学广播电视编导专业招生考试试题)

2.名词解释:李安

(2013年四川大学锦江学院广播电视编导专业招生考试试题)

3.李安的"父亲三部曲"分别为《推手》、________、________。

(2014年九江学院戏剧影视文学专业招生考试试题)

4.《半生缘》的作者是________,导演________根据她的小说导演了电影《色·戒》。

(2016年云南师范大学广播电视编导专业招生考试试题)

5.美籍华人导演李安获得奥斯卡奖的影片有《断背山》和《卧虎藏龙》《少年派的奇幻漂流》。

(2017年湖南师范大学广播电视编导专业招生考试试题)

6.下列哪部电影作品采用120帧\4K\3D技术拍摄?( )

A.《比利·林恩的中场战事》　　B.《奇异博士》

C.《阿凡达》　　D.《星际穿越》

(2017年陕西省普通高校播音编导类专业招生统考试题)

蔡明亮 ★★★☆☆

台湾著名电影编剧、导演。他的影片采用写实纪录的风格,描写那些处于社会边缘的、叛逆反抗主流传统价值的新新人类,传达的是偏于崩溃绝望的价值观念。其主要作品有**《爱情万岁》《天边一朵云》**《你那边几点》《天桥不见了》《郊游》等。

■ **真题链接**

成名于90年代的台湾著名导演________,代表作有《天边一朵云》《爱情万岁》。

(2007年天津师范大学戏剧影视文学专业招生考试试题)

(三)外国电影导演

卢米埃尔兄弟 ★★★★★

法国电影发明家、电影导演、现代电影之父,是路易·卢米埃尔和奥古斯特·卢米埃尔的合称。**1895年12月28日**,卢米埃尔兄弟在巴黎卡普辛路大咖啡馆地下室放映了他们拍摄的**《火车进站》《水浇园丁》《工厂大门》《婴儿喝汤》**(又名《婴儿的午餐》)等短片,这一天被公认为电影的诞生日。

■ **真题链接**

1."电影之父"是指卢米埃尔兄弟。

(2012年泰山学院广播电视编导专业招生考试试题)

2.世界第一部喜剧是(B)。

A.《火车进站》　　B.《水浇园丁》　　C.《工厂大门》　　D.《婴儿喝汤》

(2013年天津工业大学广播电视编导专业招生考试试题)

3.________年,________在巴黎一家咖啡馆里放映《水浇园丁》《火车进站》等影片,这标志着电影时代的诞生。

(2014年河南省普通高校编导制作类专业招生统考试题)

4.卢米埃尔兄弟拍摄了世界上第一批电影,其中(C)是最早的有情节的电影。

A.《工厂大门》　　B.《火车进站》　　C.《水浇园丁》　　D.《婴儿的午餐》

(2016年河南大学广播电视编导专业招生考试试题)

乔治·梅里爱 ★★★★★

法国电影导演，是电影故事片的先驱。他改变了电影实景摄录的原初面貌，形成了“银幕即舞台”的美学观念，创造了淡入淡出、叠印、二次或多次曝光等电影特技，作品具有幻想与现实的创作风格。其主要作品有**《月球旅行记》**《贵妇人的失踪》《管弦乐队队员》《灰姑娘》《圣女贞德》等。其中，《月球旅行记》拍摄于1902年，**是世界上第一部科学幻想片**。

■ **真题链接**

1.被视为最早的科幻片的是________(人名)导演的《月球旅行记》。

(2016年甘肃省普通高校戏剧与影视学类专业招生统考试题)

2.最早开始利用停机拍摄、慢镜头、快镜头等电影特技的导演是(B)。

A.格里菲斯　　B.乔治·梅里爱　　C.爱森斯坦　　D.卢米埃尔兄弟

(2017年湖南工业大学戏剧影视文学专业招生考试试题)

让·雷诺阿 ★★★☆☆

法国著名电影导演，诗意现实主义电影的杰出代表，被誉为**“法国电影之父”**。其作品具有鲜明的现实主义特征，大都以法国的社会现实尤其是下层劳动人民的生活为题材，同时又富有诗情画意。其主要作品有《大幻影》(又译《大幻灭》《幻灭》)《游戏的规则》等。

■ **真题链接**

1.被称作法国诗意现实主义电影大师的是(　　)。

A.奥古斯特·雷诺阿　　B.让·雷诺阿

C.让·保罗·贝尔蒙多　　D.吕克·贝松

(2014年海南大学戏剧影视文学专业招生考试试题)

2.下列哪部作品出自法国导演让·雷诺阿之手?(A)

A.《幻灭》　　B.《一条安达鲁狗》

C.《雨》　　D.《广岛之恋》

(2015年四川文化艺术学院广播电视编导/戏剧影视文学专业招生考试试题)

特吕弗 ★★★★☆

法国著名电影导演，“新浪潮”电影的主将。他的影片富于人情味和幽默感，渗透了他对爱情、人生、伦理以及社会的思考和体验。1959年特吕弗执导的电影**《四百下》**(又译《四百击》)，成为新浪潮电影的重要代表作。

■ **真题链接**

1.特吕弗的代表作是________。

(2016年北京电影学院电影学专业招生考试试题)

2.以下哪个是特吕弗导演的作品?(　　)

A.《四百击》　　B.《筋疲力尽》

C.《大路》　　D.《广岛之恋》

(2017年湖南师范大学戏剧影视文学专业招生考试试题)

戈达尔 ★★★★☆

法国著名电影导演，“新浪潮”电影的代表人物之一。他在电影中融入了自己的政治思想和对电影发展史的丰富知识以及存在主义和马克思主义哲学等，具有很强的思辨性。其主要作品有**《筋疲力尽》**《随心所欲》《中国姑娘》《侦探》等。

阿仑·雷乃 ★★★☆☆

法国著名电影导演。他的电影作品中有着浓厚的相对主义和宿命论的思想，时时流露出一种悲观的情绪。在叙事结构上采用神秘而新奇的手法，摄影华丽，剪辑重视抒情性。其主要作品有**《广岛之恋》**《去年在马里昂巴德》等。

■ **真题链接**

法国"左岸派"代表人物阿仑·雷乃的代表作是《__________》。

(2012 年云南师范大学广播电视编导专业招生考试试题)

吕克·贝松 ★★★☆☆

法国著名电影导演，因为屡创票房佳绩，被誉为"法国的斯皮尔伯格"。他执导的影片注重艺术价值、社会价值和商业价值的统一，将社会批判寓于各种形式中表现出来。其主要作品有**《碧海蓝天》《杀手莱昂》**(又名《这个杀手不太冷》)等。

安德烈·巴赞 ★★★★★

法国电影理论家，电影杂志《电影手册》创始人之一。他发表的一系列高质量影评和电影评论集结成四卷本《电影是什么?》，已成为电影理论史上的经典著作，是二战后现实主义电影理论发展的一块基石。巴赞推崇现实主义美学，**发现并阐述了意大利新现实主义导演的重要价值，阐述了蒙太奇与景深镜头在电影语言中的重要性与辩证关系，提出了长镜头理论**，丰富并总结了作者论，被称为"电影新浪潮之父"。

■ **真题链接**

1.《电影是什么?》一书的作者是(　　)。

A. 爱森斯坦　　B. 克拉考尔　　C. 巴赞　　D. 斯坦尼斯拉夫斯基

(2016 年海南大学戏剧影视文学专业招生考试试题)

2. 长镜头拍摄手法是由哪位著名电影理论家提出来的?(　　)

A. 安德烈·巴赞　　B. 梅里爱　　C. 爱森斯坦　　D. 格里菲斯

(2017 年湖南师范大学戏剧影视文学专业招生考试试题)

雅克·贝汉 ★★★★☆

法国纪录片大师，威尼斯电影节影帝，从事过演员、制片、导演、编剧等多重角色。其艺术精湛的**纪录片"天、地、人三部曲"《微观世界》《喜马拉雅》和《迁徙的鸟》**广受好评。

■ **真题链接**

不属于雅克·贝汉"天、地、人三部曲"的是(　　)。

A.《喜马拉雅》　　B.《迁徙的鸟》

C.《微观世界》　　D.《海洋》

(2015 年西南大学广播电视编导专业招生考试试题)

格里菲斯 ★★★★★

美国著名电影导演，有**"美国电影之父"**的美誉。他在艺术实践过程中，创立了一套新的电影叙事语言，将电影发展成为一种与音乐、美术、文学地位相当的独立艺术门类。其主要作品有**《一个国家的诞生》《党同伐异》**。

■ **真题链接**

1. 格里菲斯于 1915 年编导的 《一个国家的诞生》 标志着电影艺术的诞生。

(2015 年宝鸡文理学院广播电视编导专业招生考试试题)

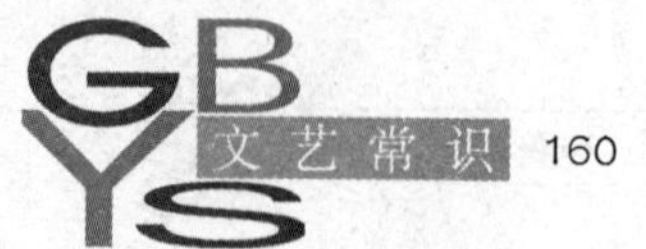

2."最后一分钟营救"的发明者是（ B ）。

A.普多夫金　　B.格里菲斯　　C.爱森斯坦　　D.爱因汉姆

（2015 年汉口学院广播电视编导专业招生考试试题）

3.摆脱三一律，将电影发展成一门独立的艺术的导演是________。

（2016 年江西省普通高校编导类专业招生统考试题）

4.格里菲斯在片子《党同伐异》中运用蒙太奇手段的经典桥段是<u>"最后一分钟营救"</u>。

（2017 年湖南师范大学戏剧影视文学专业招生考试试题）

5.名词解释：《党同伐异》

（2017 年四川文化艺术学院广播电视编导/戏剧影视文学专业招生考试试题）

弗拉哈迪 ★★★★★

美国纪录片导演和摄影师，被誉为**"世界纪录电影之父"**。他认为纪录片的重要性并不在于严格忠实于事实，而是导演要成为影片内容的积极参与者。其主要作品**《北方的纳努克》**展现了北美爱斯基摩人在冰天雪地中的生活场景，被认为是世界电影史上第一部"具有真正记录意义的纪录片"。

■ **真题链接**

1.弗拉哈迪被称为"纪录片之父"，他的《________》被誉为世界上第一部纪录片。

（2014 年聊城大学广播电视编导专业招生考试试题）

2."纪录片之父"弗拉哈迪的代表作是________。

（2015 年宝鸡文理学院广播电视编导专业招生考试试题）

3.弗拉哈迪因创作纪录片________而被称作"世界纪录电影之父"。

（2017 年安徽省普通高校艺术专业招生统考试题）

卓别林 ★★★★★

出生于英国，是美国电影史上最杰出的喜剧演员、导演。他在无声电影时期是最富创造力和影响力的喜剧大师，奠定了现代喜剧电影的基础。他塑造的头戴圆顶礼帽、手持竹手杖、足蹬大皮靴、走路像鸭子的流浪汉形象深入人心。其主要作品有**《淘金记》《城市之光》《摩登时代》《大独裁者》《寻子遇仙记》**《凡尔杜先生》《舞台生涯》等。

■ **真题链接**

1.卓别林的代表影片有《________》《________》《________》。

（2012 年南昌理工学院广播电视编导专业招生考试试题）

2.美国著名喜剧影片《淘金记》《城市之光》的导演是________。

（2012 年江西服装学院数字媒体艺术专业招生考试试题）

3.1939 年，卓别林拍摄了他的第一部有声片（ A ）。

A.《大独裁者》　　B.《淘金记》

C.《摩登时代》　　D.《凡尔杜先生》

（2013 年南昌理工学院广播电视编导专业招生考试试题）

4.卓别林执导的影片《大独裁者》讽刺的历史人物是（ C ）。

A.亚瑟王　　B.亚历山大　　C.希特勒　　D.查理一世

（2014 年重庆邮电大学广播电视编导专业招生考试试题）

5.享誉世界的电影喜剧大师卓别林出生在下列哪一个国家？（　　）

A.英国　　B.法国　　C.美国　　D.瑞士

（2015 年重庆市普通高校编导类专业招生统考试题）

6.简答题：请列举五部由卓别林导演和主演的影片，并简要分析卓别林喜剧电影的艺术特征。

（2017 年鲁东大学广播电视编导专业招生考试试题）

希区柯克 ★★★★★

美国著名电影导演，尤其擅长拍摄**惊悚悬疑片**，有**“悬念大师”**之称。他的电影创作在美学方面受到了德国表现主义和苏联蒙太奇理论的影响，注重精简影片的结构。其主要作品有**《蝴蝶梦》**、**《后窗》**、**《西北偏北》**、**《精神病患者》**（又名《惊魂记》）、**《迷魂记》**、**《狂凶记》**等。

■ **真题链接**

1. 美国悬念大师是________。

（2014年宝鸡文理学院广播电视编导专业招生考试试题）

2. 名词解释：希区柯克

（2015年湖南师范大学广播电视编导专业招生考试试题）

3. 世界知名导演希区柯克的电影制作主要属于什么典型的影片？（　　）

A. 西部片　　B. 喜剧片　　C. 悬念片　　D. 歌舞片

（2017年重庆邮电大学广播电视编导专业招生考试试题）

4. 下列电影作品不属于希区柯克执导的是（　　）。

A.《党同伐异》　　B.《精神病患者》　　C.《西北偏北》　　D.《迷魂记》

（2017年安徽省普通高校艺术专业招生统考试题）

约翰·福特 ★★★☆☆

美国著名电影导演，也是美国电影史上最多产的导演之一。他的创作最能体现勇敢开拓的美国精神。其主要作品有**《关山飞渡》《愤怒的葡萄》《铁骑》《搜索者》**等。

■ **真题链接**

1. 判断题：约翰·福特是美国西部片导演的代表人物。（　　）

（2015年湖北省普通高校影视传媒类专业招生统考试题）

2. 约翰·福特被誉为“西部片大师”，其导演的《关山飞渡》被称为“好莱坞叙事的典范”。

（2015年江西省普通高校戏剧影视文学类专业招生统考试题）

奥逊·威尔斯 ★★★☆☆

美国著名电影导演、演员和剧作家。他是好莱坞电影体系的特例，试图成为僵化的制片厂制度的革新者，却因此被排挤出了好莱坞，但他对电影革新的成绩是功不可没的。其最主要的作品是**《公民凯恩》**，这是美国第一部杰出的现代主义电影作品。

■ **真题链接**

1.《公民凯恩》是________自编、自导、自演的成名代表作，是美国和世界电影发展史上的里程碑。

（2014年聊城大学广播电视编导专业招生考试试题）

2. 名词解释：《公民凯恩》

（2015年四川文化艺术学院广播电视编导/戏剧影视文学专业招生考试试题）

科波拉 ★★★★☆

新好莱坞电影导演的核心人物。他的电影始终保持对真实人性的残酷拷问、对现实社会的高度责任意识，以及对人类生存境遇和命运的人文意识的高度使命感。影片风格在个人化和商业化之间徘徊。其代表作品有**《教父》**《现代启示录》等，他还是**电影《巴顿将军》的编剧**。

■ **真题链接**

美国电影《教父》的导演是（　　）。

A. 黑泽明　　B. 维尔托夫　　C. 卡梅隆　　D. 科波拉

（2014年重庆邮电大学广播电视编导专业招生考试试题）

库布里克 ★★☆☆☆

美国电影导演。他的创作受到了战后欧洲电影尤其是伯格曼的现代主义电影的影响，在影片中探讨人、人性、人类未来命运等哲学命题，因而被称为战后美国导演中的银幕哲学家。其主要作品有《奇爱博士》《2001 太空漫游》《发条橙》等，这三部作品被称为库布里克"有关未来"的电影三部曲。

斯皮尔伯格 ★★★★★

美国电影导演。他的创作特点是利用高科技、高技术来武装商业电影，电影充满旺盛的想象力和丰富的创造力，但是又不单纯迎合观众的趣味，而是重在描写人情。其主要作品有**《大白鲨》《辛德勒的名单》《侏罗纪公园》《外星人 E.T.》《拯救大兵瑞恩》《战马》**《林肯》等。

■ **真题链接**

1. 美国当代著名电影导演________导演过《辛德勒的名单》《拯救大兵瑞恩》等影片，这几部片子都以二战为题材。

（2016 年赣南师范学院广播电视编导专业招生考试试题）

2. 2016 年上映的美国电影《圆梦巨人》的导演是（ C ）。

A. 斯科西斯　　B. 卡梅隆　　C. 斯皮尔伯格　　D. 科波拉

（2017 年重庆邮电大学广播电视编导专业招生考试试题）

3. 名词解释：斯皮尔伯格

（2017 年江西服装学院广播电视编导专业招生考试试题）

马丁·斯科塞斯 ★★☆☆☆

美国现实主义电影导演，电影创作受到了传统电影和欧洲电影的影响。其主要作品有**《出租车司机》《纽约黑帮》《愤怒的公牛》《基督最后的诱惑》《无间行者》**（又译《无间道风云》）等。

达伦·阿伦诺夫斯基 ★★★☆☆

美国电影导演，其主要作品有**《黑天鹅》**《π》**《梦之安魂曲》**《摔跤王》等。其中《摔跤王》获得第 65 届威尼斯电影节金狮奖。

■ **真题链接**

《黑天鹅》的导演是________。

（2016 年北京电影学院电影学专业招生考试试题）

爱森斯坦 ★★★★★

苏联电影导演、电影艺术理论家，对蒙太奇理论具有卓越贡献，被认为是"苏联蒙太奇学派的代表人物"。其主要作品**《战舰波将金号》**是他实践自己的蒙太奇理论的杰出作品，这部影片具有史诗般的格调，影片中对于蒙太奇的运用达到了完美的境界，其中**的"敖德萨阶梯"是运用蒙太奇结构最杰出的段落。**

■ **真题链接**

1. "敖德萨阶梯"是电影（　　）中的经典场景，充分展示了爱森斯坦的蒙太奇理论。

A.《一个国家的诞生》　　B.《党同伐异》　　C.《战舰波将金号》　　D.《火车进站》

（2014 年西南大学广播电视编导专业招生考试试题）

2.爱森斯坦是蒙太奇理论的集大成者,其代表作品是(　　)。

A.《伊万的童年》　B.《一个国家的诞生》　C.《战舰波将金号》　D.《母亲》

(2014 年聊城大学广播电视编导专业招生考试试题)

3.简答题:简要介绍并分析影片《战舰波将金号》。

(2017 年海南大学戏剧影视文学专业招生考试试题)

4.下列不属于爱森斯坦执导的是(　A　)。

A.《母亲》　B.《亚历山大·涅夫斯基》

C.《伊凡雷帝》　D.《战舰波将金号》

(2017 年安徽省普通高校艺术专业招生统考试题)

吉加·维尔托夫 ★★☆☆☆

苏联电影导演、编剧,电影理论家,苏联纪录电影的奠基人之一。他十分重视电影剪辑的作用和蒙太奇的创造功能,同时也强调发掘电影的纪录功能,对后世纪录电影产生了较大影响。其主要作品是**《带摄影机的人》**。

■ **真题链接**

《带摄影机的人》的导演是________。

(2017 年新疆艺术学院影视摄影与制作专业招生考试试题)

普多夫金 ★★★☆☆

苏联著名电影导演和演员,蒙太奇理论的创立者之一。其电影风格严谨,表现手段写实,节奏抑扬顿挫,确定了斯坦尼斯拉夫斯基表演体系和银幕形象的有机结合。其主要作品有**《母亲》**《圣彼得堡的末日》《成吉思汗的后代》等。

■ **真题链接**

《母亲》的导演是________。

(2011 年赣南师范学院广播电视编导专业招生考试试题)

梁赞诺夫 ★★☆☆☆

苏联、俄罗斯电影导演。他一生拍摄的电影几乎全是喜剧片,所以有“喜剧教父”之称。其执导的著名影片有**《意大利人在俄罗斯的奇遇》**等。

■ **真题链接**

《意大利人在俄罗斯的奇遇》的导演是________。

(2013 年天津师范大学戏剧影视文学专业招生考试试题)

尼基塔·米哈尔科夫 ★★☆☆☆

苏联、俄罗斯电影导演,被誉为“俄国的史蒂文·斯皮尔伯格”。他善于经营影像,用出色的画面来叙事传情,作品中充满着浓厚的俄罗斯人道主义关怀。其主要作品有**《西伯利亚理发师》**《失声琴》《烈日灼人》等。

■ **真题链接**

《西伯利亚理发师》的导演是________。

(2013 年天津师范大学戏剧影视文学专业招生考试试题)

塔可夫斯基 ★☆☆☆☆

苏联著名的电影导演,被称为**“银幕诗人”**。他的电影一方面借助独具神韵的景物寄寓情思，另一方面大量运用了隐喻、象征等电影语言。其主要作品有**《伊万的童年》《镜子》**《牺牲》等。

罗西里尼 ★★★★★

意大利电影导演。1945年拍摄的**《罗马，不设防的城市》**，被公认为**意大利新现实主义电影的奠基之作**，并为其电影流派的美学原则和风格奠定了基础。其主要作品还有《罗维雷将军》《战火》《德意志零年》等。

■ 真题链接

1. 意大利新现实主义电影中具有重要影响力的作品《罗马，不设防的城市》是由下列哪位导演执导的？（　　）

A. 罗西里尼　　B. 奥逊·威尔斯　　C. 阿仑·雷乃　　D. 德·西卡

（2014年重庆邮电大学广播电视编导专业招生考试试题）

2. 意大利新现实主义作为第二次世界大战之后在意大利兴起的一个电影运动，主张以冷静的写实手法呈现中下层人民的生活，其开篇之作是《__________》。

（2014年江西省普通高校编导类专业招生联考试题）

3. 以下哪部作品是意大利电影艺术家罗伯托·罗西里尼拍摄的开山之作？（　　）

A.《罗马，不设防的城市》　　B.《去年在马里昂巴德》

C.《漂亮的塞尔日》　　D.《党同伐异》

（2016年赣南师范学院广播电视编导专业招生考试试题）

德·西卡 ★★★★☆

意大利新现实主义电影主将。他的影片朴实、自然、注重细节，富于生活气息，充满对普通人的同情和关怀。其主要作品有《偷自行车的人》《孩子在看着我们》《米兰的奇迹》等。1948年拍摄的影片**《偷自行车的人》**是新现实主义电影最典型的代表作品。

■ 真题链接

1. 影片《偷自行车的人》是20世纪40年代末（　　）的影片。

A. 法国　　B. 意大利　　C. 英国　　D. 日本

（2013年四川音乐学院绵阳艺术学院广播电视编导专业招生考试试题）

2. 1948年德·西卡拍摄的（　　），成为意大利新现实主义电影比较重要的代表作。

A.《带摄像机的人》　　B.《罗马，不设防的城市》

C.《罗马11时》　　D.《偷自行车的人》

（2016年西南大学广播电视编导专业招生考试试题）

安东尼奥尼 ★★★★☆

意大利著名电影导演，是电影美学上最有影响力的导演之一。他所执导的影片善于表现现代化社会题材，对话简洁，寓深意于画面之中。其主要作品有“关于人类情感的三部曲”（即《奇遇》《夜》《蚀》）、**《红色沙漠》**、《云上的日子》等。**1972年，安东尼奥尼来中国拍摄了纪录片《中国》**。

■ 真题链接

1. 倡导内在的写实主义，作品关注人的精神状态的病态和异化，曾经到中国拍摄过影片的意大利现实主义电影大师是（　　）。

A. 米开朗基罗·安东尼奥尼　　B. 贝纳尔多·贝托鲁奇

C. 朱塞佩·托纳多雷　　D. 赛尔乔·莱翁内

（2014年海南大学戏剧影视文学专业招生考试试题）

2. 因出色运用色彩表现情绪而被称为电影史上第一部真正的彩色片的，是意大利现代主义电影导演安东尼奥尼的作品（ C ）。

A.《浮华世界》 B.《中国》

C.《红色沙漠》 D.《生死恨》

（2016年黄山学院广播电视编导/戏剧影视文学专业招生考试试题）

费里尼 ★★☆☆☆

意大利著名电影导演、编剧。无所不在的自传元素，苦涩、伤感的幽默风格和神秘主义，超现实主义的、高度个人化的想象、幻想的银幕世界，是费里尼影片的三大美学特征。其主要作品有《**八部半**》《甜蜜的生活》《大路》《我记得》等。

罗伯托·贝尼尼 ★★☆☆☆

意大利电影导演，著名喜剧演员。贝尼尼是最早精确掌握喜剧艺术风格的电影导演，受查理·卓别林等著名喜剧大师的影响深远，有"意大利的卓别林"之美称。其主要作品有《**美丽人生**》《木偶奇遇记》《爱你如诗美丽》等。

■ **真题链接**

荣获第71届奥斯卡最佳外语片奖的意大利电影《美丽人生》的导演是________。

（2013年湖北民族学院广播电视编导专业招生考试试题）

朱塞佩·托纳多雷 ★★★★☆

意大利导演、编剧。不求急功近利，用最真实的场景演绎最现实的生活，流露最真挚的情感，飘荡最浪漫的气息，是他对作品最基本的要求。代表作品"时空三部曲"《**西西里的美丽传说**》《**海上钢琴师**》《**天堂电影院**》备受推崇。

■ **真题链接**

下列哪部作品不是美国电影导演约翰·福特的作品？（ D ）

A.《关山飞渡》 B.《愤怒的葡萄》

C.《搜索者》 D.《海上钢琴师》

（2014年北京电影学院戏剧影视文学专业招生考试试题）

施隆多夫 ★★★★☆

德国著名电影导演，"新德国电影"的代表人物之一。他擅长导演艺术片，同时也是一个注重市场和同观众交流的导演。其主要作品有《**铁皮鼓**》《青年特尔勒斯》《第九日》等。其中，电影《铁皮鼓》根据**君特·格拉斯**的同名小说改编，于1979年为德国电影首次赢得奥斯卡最佳外语片金像奖。

■ **真题链接**

"新德国电影运动"的代表人物施隆多夫的代表作品是《________》。

（2012年云南师范大学广播电视编导专业招生考试试题）

法斯宾德 ★★★☆☆

德国著名电影导演，"新德国电影"的运动主将。其影片主题具有强烈的思辨性、批判性和一种深入骨髓的绝望感。其主要作品有"德国女性"四部曲，即《玛丽娅·布劳恩的婚姻》《维罗尼卡·福斯的欲望》《莉莉·玛莲》《罗拉》等。

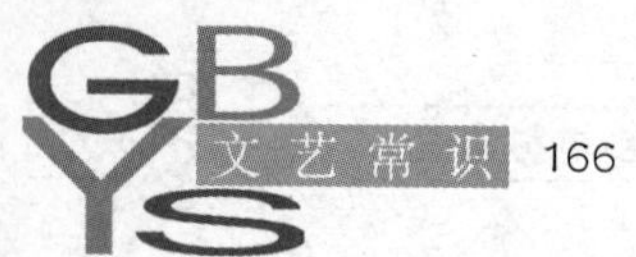

■ 真题链接

1. 新德国电影四杰是施隆多夫、法斯宾德、赫尔措格、文德斯。
（2012 年聊城大学广播电视编导专业招生考试试题）

2. 名词解释：法斯宾德
（2017 年四川文化艺术学院戏剧学专业招生考试试题）

汤姆·提克威 ★★☆☆☆

德国著名电影导演。其最主要的作品是探索电影**《罗拉快跑》**，这部影片的表层主题是表现爱情，深层主题却是表现世界的不可知性。作为一部探索电影，它在视听语言上把动画、游戏以及电竞精神融入电影，整部影片充满了现代主义特征。

布努埃尔 ★★★☆☆

西班牙著名电影导演。他的作品集中表现了在宗教和社会桎梏面前争取个人自由的斗争，此外还关注妇女问题。其主要作品有**《一条安达鲁狗》**《白日美人》等。1928 年拍摄的**《一条安达鲁狗》是超现实主义电影的典型代表作品**。

■ 真题链接

《一条安达鲁狗》的导演是________。
（2013 年天津师范大学戏剧影视文学专业招生考试试题）

英格玛·伯格曼 ★★★★☆

瑞典电影导演。他的影片突破了一般故事片的习惯手法，有意识地用抽象哲学的概念作为影片的中心，注重对人物内心世界的探索。他还在影片中运用"隐喻""象征""暗示""影射"等手法，有着强烈的寓言化倾向。其主要作品有**《野草莓》**《第七封印》《处女泉》《冬日之光》等。

■ 真题链接

1. 瑞典电影大师伯格曼的哪一部电影作品是关于一个中世纪骑士对宗教焦虑和对上帝之存在困扰的诗化寓言？（ D ）
A.《夏夜的微笑》　B.《野草莓》　C.《处女泉》　D.《第七封印》
（2014 年海南大学戏剧影视文学专业招生考试试题）

2. 在世界电影史上被最早视为"意识流电影"的是瑞典著名导演英格玛·伯格曼执导的《野草莓》。
（2016 年山东艺术学院数字媒体专业招生考试试题）

3. 曾经导演过电影《野草莓》等影片的电影大师伯格曼是下列哪个国家的电影艺术家？（　）
A. 瑞典　B. 希腊　C. 波兰　D. 西班牙
（2017 年重庆邮电大学广播电视编导专业招生考试试题）

基耶斯洛夫斯基 ★★★☆☆

波兰著名电影导演。他的电影具有强烈的思辨色彩和纪实风格。其主要作品有"三色电影"(**《蓝》《白》《红》**)、《十诫》、《初恋》、《维罗妮卡的双重生活》(又名《两生花》)等。

■ 真题链接

基耶斯洛夫斯基是"道德忧患电影"的灵魂人物，其代表作是（　）。
A.《一条安达鲁狗》　B.《飞跃疯人院》
C.《蓝》　D.《克雷默夫妇》
（2016 年广西壮族自治区普通高校广播影视编导类专业招生统考试题）

丹尼·博伊尔 ★★☆☆☆

英国著名电影导演、电影制作人。他的电影作品想象力丰富，以鲜明的视觉风格著称。其主要作品有**《贫民窟的百万富翁》**《迷幻列车》《惊变28天》《太阳浩劫》《史蒂夫·乔布斯》等。2012年，丹尼·博伊尔担任伦敦奥运会开幕式总导演。

詹姆斯·卡梅隆 ★★★★☆

加拿大著名电影导演。他擅长拍摄科幻电影和动作片，电影主题通常试图探讨技术和人类之间的关系。其主要作品有**《泰坦尼克号》《终结者》《阿凡达》**等。

■ **真题链接**

1. 目前电影票房历史上最卖座的两部电影《阿凡达》《泰坦尼克号》的导演是________。

（2015年天津工业大学广播电视编导专业招生考试试题）

2. 目前世界电影票房冠军是詹姆斯·卡梅隆导演的《阿凡达》。

（2017年周口师范学院广播电视编导专业招生考试试题）

黑泽明 ★★★★★

日本电影大师。黑泽明影片在画面构图上受日本传统美术的影响，极力追求画面的完整和完美性，影片中洋溢着一种阳刚壮烈之美。在主题上深刻揭示人性与灵魂的冲突与撞击，对人性的邪恶与善良充满反思。其主要作品有**《姿三四郎》《罗生门》《影子武士》《乱》《白痴》《七武士》《蜘蛛巢城》**《用心棒》《天国与地狱》等。其中**《罗生门》荣获1951年威尼斯电影节金狮奖**，为东方电影敲开了走向世界之门。

■ **真题链接**

1. 史蒂文·斯皮尔伯格称日本导演________为"电影界的莎士比亚"，其代表作品__________获得了1951年威尼斯电影节金狮奖和奥斯卡最佳外语片提名奖。

（2012年南阳理工学院广播电视编导专业招生考试试题）

2. 黑泽明是20世纪日本导演，被称为"电影天皇"，其代表作品《________》是日本最早在国际上获奖的电影。

（2014年聊城大学广播电视编导专业招生考试试题）

3. 导演黑泽明由莎士比亚的戏剧《李尔王》改编而成的电影作品是（ B ）。

A.《七武士》　　B.《乱》　　C.《罗生门》　　D.《影子武士》

（2016年黄山学院广播电视编导/戏剧影视文学专业招生考试试题）

小津安二郎 ★★★☆☆

日本著名电影导演，是把拍无声片坚持到最后的导演。以摄影机的平稳移动、淡化戏剧冲突和注重心理描写的风格著称，被认为是日本电影史上最具有民族审美形态风格的大师。**小津安二郎作品最突出的风格特征是大量使用长镜头**。其主要作品有**《东京物语》**《晚春》《秋刀鱼之味》等。

■ **真题链接**

小津安二郎电影中的"低机位"，实际上是一种（ B ）。

A. 俯视镜头　　B. 仰视镜头　　C. 平视镜头　　D. 斜视镜头

（2015年汉口学院广播电视编导专业招生考试试题）

沟口健二 ★★★☆☆

日本电影导演、编剧，被称为"日本女性电影大师"。一生共拍摄90部影片，作品中

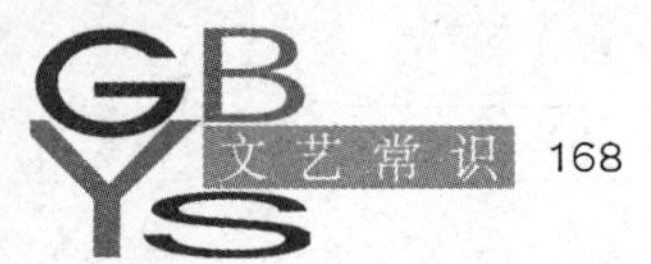

带有很浓的儒学味道，很多直接取材于东方古典文学名著。其主要作品有**《雨月物语》**《西鹤一代女》等。

■ **真题链接**

《雨月物语》的导演是________。

（2013年天津师范大学戏剧影视文学专业招生考试试题）

宫崎骏 ★★★★☆

日本著名动画导演，被迪士尼称为**“动画界的黑泽明”**。他执导的电影经常反映女性主义思想，虽然每部作品的题材不同，但却将梦想、环保、人生、生存这些令人反思的讯息融合其中，成为日本动画界的一个传奇。其主要作品有**《千与千寻》《风之谷》《天空之城》《龙猫》**《起风了》等。

■ **真题链接**

1.日本导演宫崎骏的动画作品中音乐的创作者是（ B ）。

A.莫扎特　B.久石让　C.肖邦　D.舒曼

（2016年临沂大学广播电视编导专业招生考试试题）

2.宫崎骏1984年执导的动漫电影是《风之谷》，影片讲述了世界的产业经历一场称为“火之七日”的战争而毁于一旦，在面对巨型昆虫和会释放瘴气的腐海森林包围威胁下积极求存的故事。

（2017年北京电影学院戏剧影视文学专业招生考试试题）

岩井俊二 ★★★☆☆

日本著名电影导演、作家。他擅长将影像形式综合运用到电影创作中，其电影影像清新独特、感情细腻丰富，也有中国影迷称他为“日本王家卫”。其主要作品有**《情书》**《四月物语》《燕尾蝶》《关于莉莉周的一切》《花与爱丽丝杀人事件》等。

■ **真题链接**

《四月物语》的导演是________。

（2015年中国戏曲学院编导类专业招生考试试题）

北野武 ★★★☆☆

日本电影导演、演员、相声演员、电视节目主持人、大学教授。有**“日本电影新天皇”**之称，亦是日本导演中坚力量的旗手。创作的电影作品涵盖动作片、黑帮片、青春片、时代剧、温情片、搞笑喜剧等多种类型。代表作品有《那年夏天，宁静的海》《坏孩子的天空》《菊次郎的夏天》《花火》等。

■ **真题链接**

有“日本电影新天皇”之称的导演是（　）。

A.北野武　B.沟口健二　C.岩井俊二　D.宫崎骏

（2014年海南大学戏剧影视文学专业招生考试试题）

金基德 ★★☆☆☆

韩国著名电影导演，被韩国媒体称为“21世纪最具领导潜力的导演”。他关注边缘人物，在影片中体现了关于性、暴力和死亡的多重虚幻的主题。其主要作品有**《空房间》**《撒玛利亚女孩》《漂流欲室》《网》等。

阿巴斯 ★★★☆☆

伊朗电影导演。他的影片在表现手法上，采用纪录片式的框架，大量启用非职业演员，通过即兴式的表演，把握真实的生活节奏和现实主题。其主要作品有**《樱桃的滋味》**《橄榄树下的情人》《何处是我朋友的家》《生命在继续》等。

■ **真题链接**

阿巴斯是哪个国家的著名导演？（　　）

A. 伊朗　　B. 印度

C. 以色列　　D. 美国

（2015 年重庆邮电大学广播电视编导专业招生考试试题）

马基德·马基迪 ★☆☆☆☆

伊朗著名电影导演。影片多以儿童为题材，结合伊朗的人文意识和独特的民族风情，重视人际关系处理、亲子关系和责任感等。其主要作品有《父亲》**《小鞋子》**《天堂的颜色》等。

陈英雄 ★★☆☆☆

法籍越南著名电影导演、编剧。其作品浸透着越南的气息，常表现出对生命的回顾，传达越南的人文文化。主要作品有《青木瓜之味》《三轮车夫》《夏天的滋味》《挪威的森林》等。

■ **真题链接**

1. 电影《青木瓜之味》是越南导演________的代表作。

（2014 年南昌理工大学编导专业招生考试试题）

2. 电影《青木瓜之味》描写的是哪个国家的生活？（ B ）

A. 缅甸　　B. 越南

C. 日本　　D. 朝鲜

（2017 年重庆邮电大学广播电视编导专业招生考试试题）

第三节　电影流派

（一）中国电影流派

左翼电影 ★★★★☆

是 20 世纪 30 年代影响最大的电影艺术流派。指的是在中国左翼文化界总同盟领导下，中国共产党的电影小组在上海开展的左翼电影运动，并由此拍摄了一系列反帝反封建的影片。这些影片着力表现了工人、农民、妇女和知识分子的生活斗争，揭示了社会矛盾、阶级对立，激发了民众的爱国热情、抗日情绪，呼唤女性的独立和觉醒。主要作品有**夏衍的《狂流》，郑正秋的《姊妹花》，孙瑜的《小玩意》和《大路》**，田汉编剧、卜万苍导演的《三个摩登女性》和《母性之光》，沈西苓的《女性的呐喊》等。

■ **真题链接**

名词解释：左翼电影

（2015 年四川文化艺术学院广播电视编导/戏剧影视文学专业招生考试试题）

孤岛电影 ★★☆☆☆

指的是20世纪30年代初，处于孤岛时期的上海所掀起的一次中国商业片制作热潮。当时由于许多电影制作者转战香港或内地，使电影业在租界出现了相对独立下的畸形繁荣。但是，仍有一些严肃的电影艺术家坚持电影的高格调、高品位创作，产生了一些佳作。这一时期的杰出作品有**欧阳予倩编剧、卜万苍导演的《木兰从军》**，费穆编导的《孔夫子》，于伶编剧的《花溅泪》，柯灵编剧的《乱世风光》等。

■ **真题链接**

孤岛电影的含义及作品：____。

（2016年北京电影学院电影学专业招生考试试题）

主旋律电影 ★★★☆☆

是一种倾向于表达国家主流意识、体现民族精神、弘扬民族文化和主流文化秩序的电影类型。其具体类型有：国庆献礼片，例如《国歌》《建国大业》《建党伟业》等；重大革命历史题材影片，例如《开国大典》《周恩来》《重庆谈判》等；商业化主旋律电影，例如《黄河绝恋》《红河谷》等；英雄平民化的伦理道德片，例如《离开雷锋的日子》《任长霞》《被告山杠爷》等。

■ **真题链接**

论述题：请你谈谈对主旋律电影的了解，并结合具体电影分析其优缺点。

（2013年山东师范大学戏剧影视文学专业招生考试试题）

红色电影 ★★★☆☆

是指红色题材的电影。“红色电影”中的“红色”是指流贯在作品血脉中的革命精神和英雄主义的思想风貌。改革开放以后的“红色电影”和以往相比，更有人情味，人物形象也更加立体化。经典红色电影有《林海雪原》《红岩》《红色娘子军》《小花》等。

■ **真题链接**

简答题：简述什么是红色影片。

（2011年赣南师范学院广播电视编导专业招生考试试题）

十七年电影 ★★☆☆☆

是指从1949年到1966年中国拍摄的电影。“十七年电影”以文艺为政治服务、为工农兵服务为指导思想，以政治标准第一、艺术标准第二为批评标准。在主题精神和选题上极大地满足了当时人民群众的需求。代表作品有《南征北战》《林则徐》《甲午风云》等。

文革八大样板戏 ★★★★☆

分别为**京剧《智取威虎山》《海港》《红灯记》《沙家浜》《奇袭白虎团》、芭蕾舞剧《红色娘子军》《白毛女》、交响音乐《沙家浜》**。

■ **真题链接**

1.1966年12月26日，《人民日报》发表《贯彻执行毛主席文艺路线的光辉样板》一文，首次将京剧《红灯记》《沙家浜》《智取威虎山》《海港》《奇袭白虎团》、芭蕾舞剧《白毛女》《红色娘子军》和交响音乐《沙家浜》并称为“革命艺术样板”。

（2012年廊坊师范学院戏剧影视文学专业招生考试试题）

2.下列影片中不属于"样板戏"电影的是（　　）。
A.《智取威虎山》　　B.《红灯记》　　C.《奇袭白虎团》　　D.《小兵张嘎》
（2014年海南大学戏剧影视文学专业招生考试试题）

中国著名制片厂 ★★☆☆☆

目前，中国最著名的电影制作单位有上海电影制片厂、八一电影制片厂、长春电影制片厂、西安电影制片厂、北京电影制片厂。其中，**长春电影制片厂**是新中国第一家电影制片厂。

香港电影新浪潮 ★★☆☆☆

指的是20世纪80年代，一批出身于电视圈的香港青年导演运用新的电影技巧和语言创作出一些商业片，这些影片给香港影坛吹来了一股强劲的电影革新风，有人把这一现象称为"香港电影新浪潮"。其主要代表导演及作品有谭家明的《名剑》《烈火青春》，徐克的《蝶变》《打工皇帝》，许鞍华的《疯劫》等。

台湾新电影 ★☆☆☆☆

是指20世纪80年代台湾青年电影艺术家的电影革新运动，具有人道主义追求和现实主义倾向。台湾新电影作为一种艺术运动，开端是1982年8月四位台湾电影界新导演（陶德辰、杨德昌、柯一正、张毅）合作导演的影片《光阴的故事》，代表人物有侯孝贤、杨德昌、柯一正、陈坤厚等。

（二）外国电影流派

欧洲先锋派电影 ★☆☆☆☆

兴起于20世纪20年代，主要活动中心在法国和德国。该学派主张拍摄不以营利为目的、反对叙事的纯视觉影片，鼓吹通过联想的绝对自由达到"电影诗"的境界，同时把对物的描写放在突出地位。欧洲先锋派电影主要包括"达达主义""超现实主义""表现主义"等，作品一般为创作者独立拍摄的短片。

欧洲艺术电影 ★★☆☆☆

欧洲艺术电影与好莱坞商业电影相对立，更注重电影的文化艺术内涵，有意摈弃电影的叙事功能，将电影的商业性和艺术性对立起来，执着于从表现手法、镜头技巧、叙述方式等方面探索电影语言的可能性，赋予电影语言以隐喻、象征等意义，使得电影艺术不再只是生活的影子，而是进化成为一种艺术的新样式。

苏联蒙太奇学派 ★★★★☆

20世纪20年代，以爱森斯坦的《战舰波将金号》、普多夫金的《母亲》为代表的一批影片，真实地描写革命发展，通过典型艺术形象表现现实生活中的矛盾和冲突，将实验的重点放在蒙太奇的运用上。该电影学派的代表理论是"杂耍蒙太奇"和"库里肖夫效"。代表人物有**爱森斯坦、库里肖夫、普多夫金、维尔托夫**。

■ **真题链接**

1.简答题：什么是苏联蒙太奇学派？
（2013年青岛农业大学广播电视编导专业招生考试试题）

2. 苏联蒙太奇学派的主要代表人物是(　　)。

A. 格里菲斯　　B. 卢米埃尔兄弟　　C. 梅里爱　　D. 爱森斯坦

(2015 年湖南师范大学广播电视编导专业招生考试试题)

电影眼睛派 ★★★☆☆

是指 20 世纪 20 年代初期，以**维尔托夫**为领导的一批纪录电影工作者组成的电影理论和创作流派。这个流派一方面重视电影剪辑的作用和蒙太奇的创造功能，另一方面又强调发掘电影的纪录功能，主张到生活中去拍摄真人真事，对后世的纪录电影产生了深远的影响。

■ **真题链接**

名词解释：电影眼睛派

(2013 年聊城大学广播电视编导专业招生考试试题)

意大利新现实主义电影 ★★★★★

是指二战后，在意大利兴起的一次具有社会进步意义和艺术创新特征的电影运动。其特点是**注重反映本国当代社会生活现实、尽量使用非职业演员、拍摄方法上注重真实感**等。“日常性”是新现实主义电影在结构情节上的基本原则。另外，这类电影还拒绝给主人公的命运寻找出路，反对明星效应和扮演角色等。主要代表人物及影片有**罗西里尼的《罗马，不设防的城市》、德·西卡的《偷自行车的人》、桑蒂斯的《罗马 11 时》、维斯康蒂《大地在波动》**等。

■ **真题链接**

1. 名词解释：意大利新现实主义

(2013 年四川音乐学院绵阳艺术学院戏剧影视文学专业招生考试试题)

2. 简答题：什么是意大利新现实主义？

(2014 年鲁东大学广播电视编导专业招生考试试题)

3.《偷自行车的人》和《罗马，不设防的城市》是 20 世纪 40 年代________运动的代表性作品。

(2015 年宝鸡文理学院广播电视编导专业招生考试试题)

法国诗意现实主义电影 ★★★☆☆

20 世纪 30 年代，一批艺术家结合左拉的自然主义文学，继承通俗文化传统，相继拍摄了一些反映社会形势、描写普通人生活和命运、进行社会批判的影片，同时又富有诗情画意，被称为“诗意现实主义电影”运动，该运动促进了法国电影的复兴。其主要代表人物有**让·雷诺阿**、雷内·克莱尔等。

法国新浪潮电影 ★★★★★

兴起于 20 世纪 50 年代末 60 年代初的**法国**，其电影美学观念来自《电影手册》主编**安德烈·巴赞**的电影理论，主要有以下几点：一是反对好莱坞的制片人中心制，提出导演中心制；二是确立了电影个人风格的地位；三是革新了电影语言和电影形式，例如采用实景拍摄、现场即兴表演、长镜头的应用、跳接等，对电影艺术做出了巨大贡献。其主要代表导演及作品有**戈达尔的《筋疲力尽》和特吕弗的《四百下》**等。

■ **真题链接**

1.法国新浪潮电影运动的精神之父是巴赞。

(2011年新疆艺术学院广播电视编导专业招生考试试题)

2.新浪潮电影运动起源于________国,电影《四百下》的导演是________。

(2014年云南师范大学广播电视编导专业招生考试试题)

3.名词解释:法国新浪潮电影

(2014年池州学院广播电视编导专业招生考试试题)

4.下列不属于法国新浪潮电影的创作主张的是(D)。

A.反对好莱坞制片人中心制　　B.确立电影的个人风格地位

C.革新电影语言和电影形式　　D.提倡"下意识"书写

(2016年黄山学院广播电视编导/戏剧影视文学专业招生考试试题)

5.真正代表西方现代主义电影重要标志的是法国的"________"电影运动,其代表是戈达尔的《筋疲力尽》、特吕弗的《四百下》和雷乃的《广岛之恋》。

(2017年天津师范大学广播电视编导专业招生考试试题)

法国"左岸派"电影 ★★★☆☆

又称为**"作家电影"**,指的是20世纪50年代末在法国出现的一个电影导演集团,因其成员都在巴黎塞纳河的左岸居住而得名。"左岸派"电影的艺术特点是重视对人物内心活动的描写,关注人的精神状态和细节的精雕细琢。其主要代表人物有**阿仑·雷乃**、阿涅斯·瓦尔达等。

新德国电影 ★★☆☆☆

20世纪60年代初出现在联邦德国。此运动发源于1962年的奥伯豪森第八届西德短片电影节,26位青年电影导演、演员和编剧联名发表《奥伯豪森宣言》,宣称要"与传统电影决裂,要运用新的电影语言"以创立德国新电影。新德国电影在20世纪70年代中期进入创作高潮。其主要代表人物有**施隆多夫**、赫尔措格、法斯宾德和文德斯等。

■ **真题链接**

"新德国电影"中最早辞世的导演是(C)。

A.维姆·文德斯　　B.维尔纳·赫尔措格

C.赖纳·维尔纳·法斯宾德　　D.沃尔克·施隆多夫

(2016年青岛大学广播电视编导专业招生考试试题)

明星制 ★★★☆☆

是20世纪初在好莱坞逐渐形成的一种以强调演员为主、电影本身或其他要素为辅的商业手段,以此来获得更多的观众。1910年,劳伦斯·奥利弗成为第一个偶像明星,接着迎来了明星制的兴盛期,此后出现了一系列的明星,例如葛丽泰·嘉宝、玛丽莲·梦露等。明星制一方面借助明星的个人吸引力促进了电影的流行,另一方面却对电影明星的角色定位造成了制约。

■ **真题链接**

名词解释:明星制

(2013年井冈山大学广播电视编导专业招生考试试题)

宝莱坞 ★★☆☆☆

位于**印度孟买**，是广受欢迎的电影工业基地的别名，也是世界上最大的电影产业基地之一，拥有数十亿观众。宝莱坞的电影通常是音乐片，几乎所有影片中都有唱歌、跳舞的场面，故事情节多为通俗喜剧，趋于公式化。

■ **真题链接**

从《贫民窟的百万富翁》到《三傻大闹宝莱坞》都在国际电影舞台上获得骄人的成绩与口碑，这两部电影是由有"宝莱坞"之称的__印度孟买__制造的。

（2015 年井冈山大学广播电视编导专业招生考试试题）

第四节　电影节及奖项

（一）中国电影评奖

中国电影金鸡奖 ★★★★☆

简称"金鸡奖"，1981 年创办，是由中国电影家协会和中国文联联合主办的进行电影评选的专业性活动，称为**"专家奖"**。主要宗旨是奖励优秀影片和表彰成绩卓著的电影工作者，具有权威性和专业性。奖杯为一只金鸡的雕像。

■ **真题链接**

名词解释：中国电影金鸡奖

（2015 年井冈山大学广播电视编导专业招生考试试题）

大众电影百花奖 ★★★★☆

简称"百花奖"，1962 年创办，由中国发行量最大的电影刊物《大众电影》杂志编辑部主办，由观众（读者）投票进行评奖，是中国群众性的电影奖。因为是群众评奖，所以**最能反映票房价值**。奖杯为铜质镀金花神。

■ **真题链接**

1. ________是《大众电影》杂志由群众投票产生的奖项。

（2012 年渭南师范学院广播电视编导专业招生考试试题）

2. 由中国《大众电影》编辑部主办、群众评选的电影奖是（　　）。

A. 飞天奖　　B. 金鸡奖　　C. 百花奖　　D. 金鹰奖

（2017 年湖北省普通高校广播电视编导专业招生统考试题）

中国电影华表奖 ★★★★★

简称"华表奖"，1994 年创办，由国家新闻出版广电总局主办，是中国（内地）电影界的政府奖。华表奖奖杯采用的是北京天安门城楼前的华表造型。**中国电影金鸡奖、大众电影百花奖、中国电影华表奖并称为中国电影的三大奖项。**

■ **真题链接**

1. 我国电影界的三大奖项分别是：金鸡奖、________、________。

（2014 年云南艺术学院广播电视编导专业招生考试试题）

2. 我国政府颁发的最高电影荣誉奖项是________。

(2014 年江西省普通高校编导类专业招生联考试题)

3. 1949 年后,中国电影的最高政府奖是(   )。

A. 金鸡奖　　B. 金牛奖　　C. 华表奖　　D. 百花奖

(2017 年安徽省普通高校艺术专业招生统考试题)

北京大学生电影节 ★★★☆☆

是北京师范大学艺术与传媒学院、新闻出版广电总局电影频道节目制作中心等多家单位联合主办的一项大型文化活动。**创建于 1993 年**,其权威性受到电影界人士的普遍认同。北京大学生电影节以"青春激情、学术品位、文化意识"为宗旨,以"大学生办、大学生看、大学生评"为特色,在教育、文化和影视三界有着广泛深远的影响。

■ **真题链接**

北京大学生电影节的创办时间是(   )年。

A. 1990　　B. 1991　　C. 1992　　D. 1993

(2013 年沈阳大学广播电视编导专业招生考试试题)

上海国际电影节 ★★★☆☆

是**中国国内第一个 A 类国际电影节**,创办于 1993 年,在中国有很高的关注度。上海国际电影节由新闻出版广电总局和上海市政府主办、上海国际电影节组织委员会承办。其宗旨是:增进各国、各地区电影界人士之间的相互了解和友谊,促进世界电影艺术的繁荣。开始时每两年一届,从第 5 届(2001 年)起改为每年一届。其奖项为**金爵奖**。

■ **真题链接**

________是中国第一个 A 类国际电影节。

(2017 年甘肃省普通高校戏剧与影视类专业招生统考试题)

香港电影金像奖 ★★★★☆

创办于 1982 年,每年由香港《电影双周刊》、香港电台联合举办,目的是对香港生产的影片进行年度总结,奖励优秀作品及个人。评奖团由香港资深电影人担任,也邀请著名导演、演员做嘉宾,目前已成为香港最具代表性和权威性的电影颁奖活动。金像奖是华语电影奖项中最能够体现艺术与商业完美结合的奖项。

■ **真题链接**

香港地区设立的电影奖是________。

(2014 年西安工程大学广播电视编导专业招生考试试题)

台湾电影金马奖 ★★★★☆

是台湾电影最高奖,全称是"行政院新闻局国语片金马奖",开始于 1958 年,**1962 年金马奖正式成立**,表扬对中华电影文化有杰出贡献的电影人,以促进台湾地区电影制作事业的发展。**台湾电影金马奖与香港电影金像奖、中国电影金鸡奖并称为代表华语电影最高成就的三大奖项。**

■ **真题链接**

1. 中国电影金鸡奖、香港电影________奖、台湾电影________奖,被称为代表华语电影最高成就的三大奖。

(2014 年聊城大学东昌学院广播电视编导专业招生考试试题)

2. 2016 年金马奖最佳剧情片是哪一部？（ A ）

A.《八月》 B.《树大招风》 C.《我不是潘金莲》 D.《再见瓦城》

（2017 年北京电影学院广播电视编导专业招生考试试题）

金牛奖 ★☆☆☆☆

为中国少年儿童电影大奖。1985 年创立，两年一届，奖杯为一尊金牛的雕像。此奖项专用来奖励**儿童**题材的电影创作。

骏马奖 ★☆☆☆☆

为少数民族题材电影奖，由国家民委、新闻出版广电总局、文化部、全国文联联合主办，1993 年创办，每年一届，奖杯为一尊骏马的雕像。骏马奖主要包括电视艺术、文学创作、电影等奖项。

（二）外国电影评奖

威尼斯国际电影节 ★★★★★

世界上第一个国际电影节，有**“国际电影节之父”**的美誉。1932 年 8 月在意大利威尼斯创办，自 1935 年开始每年举办一次，最高奖项是**“金狮奖”**。

■ **真题链接**

1. 创办时间最早、有“电影节之父”之称的是________电影节。

（2014 年大连艺术学院广播电视编导专业招生考试试题）

2. 世界上最早出现的电影节是意大利的________________，该电影节于 1932 年首次举行。

（2015 年赣南师范学院广播电视编导专业招生考试试题）

3. ________是威尼斯国际电影节的最高奖项。

（2017 年福建省普通高校编导类专业招生统考试题）

柏林国际电影节 ★★★★★

1951 年 6 月在德国柏林创办，原名为“西柏林国际电影节”，每年举办一届，最高奖项是**“金熊奖”**。电影节由常设机构——电影节组委会负责具体事务，现已成为世界上规模最大、影响最广的电影节之一。

■ **真题链接**

1. 名词解释：金熊奖

（2014 年新疆艺术学院广播电视编导专业招生考试试题）

2. 柏林电影节的最高奖项的名称是（ ）。

A. 金马奖 B. 金熊奖 C. 金钟奖 D. 金狮奖

（2017 年重庆邮电大学广播电视编导专业招生考试试题）

戛纳国际电影节 ★★★★★

创办于 **1939 年**，最高奖项是**“金棕榈奖”**，由 710 名电影从业者组成的评委会评奖。戛纳除了举办电影节外，还举办一年一度的世界电影交易会，在促进各国文化交流的同时，让更多的影片在电影院进行商业性的发行放映。**戛纳国际电影节与威尼斯国际电影节、柏林国际电影节并称为欧洲三大国际电影节。**

■ **真题链接**

1. 名词解释：戛纳国际电影节

（2014年新疆艺术学院摄影专业招生考试试题）

2. 戛纳国际电影节的最高奖项是（ ）。

A. 金熊奖 B. 金棕榈奖 C. 金狮奖 D. 金鸡奖

（2017年井冈山大学广播电视编导专业招生考试试题）

奥斯卡金像奖 ★★★★☆

全称是"美国电影艺术与科学学院奖"，1928年设立，每年一次在美国的好莱坞举行，奖项被通称为**"奥斯卡金像奖"**，现已成为世界上最有影响力的电影奖项之一。

■ **真题链接**

1. 名词解释：奥斯卡奖

（2017年湖南省普通高校广播电视编导专业招生统考试题）

2. 2016年8月30日，美国电影艺术与科学学院理事会投票选出了第88届奥斯卡4位终身成就荣誉奖得主，成龙获得该奖。此前曾获得该奖的亚洲电影人不包括（ C ）。

A. 黑泽明 B. 宫崎骏 C. 张艺谋 D 萨迪亚吉特·雷伊

（2017年陕西省普通高校播音编导类专业招生统考试题）

东京国际电影节 ★★☆☆☆

由东京国际映像文化振兴会和东京国际电影节组委会主办，是目前亚洲最大的电影节。东京国际电影节创办于1985年，开始时为每两年举办一次，1992年起改为每年举办一次，旨在发掘新人和奖励青年导演。其主要奖项是"金麒麟奖"。

金球奖 ★★★☆☆

于1944年开始颁发，由"好莱坞外国记者协会"主办，奖品为金质地球模型。金球奖在奥斯卡金像奖之前进行评选和颁发，其评奖结果常被用作推测奥斯卡金像奖名单的依据，因此具有**"奥斯卡金像奖的外围奖"**之称。

■ **真题链接**

1. 由美国"好莱坞外国记者协会"创办的奖是（ ）。

A. 金熊奖 B. 金球奖 C. 金狮奖 D. 金鹰奖

（2013年临沂大学广播电视编导专业招生考试试题）

2. 获得2017年金球奖终身成就奖的是哪位？（ B ）

A. 摩根·弗里曼 B. 梅丽尔·斯特里普 C. 伍迪·艾伦 D. 詹妮弗·洛佩兹

（2017年北京电影学院广播电视编导专业招生考试试题）

第五节 重要影片介绍

（一）中国电影名片

《定军山》 ★★★★★

中国第一部电影。是**1905年**由北京丰泰照相馆拍摄而成的戏曲片，任庆泰（字景丰）

导演、刘仲伦摄影、京剧老生**谭鑫培**主演，采用的方法是记录式以及简单的镜头表达，标志着中国电影的正式诞生。2000年胡安导演的影片《西洋镜》反映了《定军山》的拍摄过程。

■ **真题链接**

1. 中国最早放映电影的地方是(　　)。

A. 上海　　B. 北京　　C. 天津　　D. 香港

(2013年四川音乐学院绵阳艺术学院广播电视编导专业招生考试试题)

2. 1905年秋天，北京丰泰照相馆拍摄了第一部戏曲片________。

(2014年新疆艺术学院广播电视编导专业招生考试试题)

3. 中国第一部电影是________年拍摄的________，主演是________。

(2016年临沂大学广播电视编导专业招生考试试题)

《庄子试妻》 ★★★★☆

香港"华美影片公司"在1913年摄制的一部短故事片，也是**香港生产的第一部故事片**。由黎北海任导演、黎民伟任编剧，该片是中国第一部输出到国外放映的影片。影片中出现了**中国电影史上第一位女演员——严珊珊**。

■ **真题链接**

中国第一部有女性参演的电影是________。

(2017年重庆邮电大学广播电视编导专业招生考试试题)

《铁扇公主》 ★★★☆☆

1941年出品，**是中国第一部长动画片**，它取材于我国古典小说《西游记》中的精彩片段。影片将中国静止的山水画搬上银幕并产生了运动的效果，颇具民族特色。

■ **真题链接**

20世纪40年代，万氏兄弟创作了中国第一部长动画片《__________》。

(2014年江西师范大学广播电视编导专业招生考试试题)

《桥》 ★★★★★

新中国第一部长故事片。1949年由王滨导演、东北电影制片厂摄制，是一部以工人阶级为主人公，反映中国人民解放战争的影片。

■ **真题链接**

1. 新中国第一部故事片《桥》是在(　　)完成的。

A. 1949年　　B. 1952年　　C. 1955年　　D. 1958年

(2013年重庆邮电大学广播电视编导专业招生考试试题)

2. ________是新中国第一部国产故事片。

(2015年蚌埠学院广播电视编导专业招生考试试题)

《神　笔》 ★★★☆☆

是一部反映百姓"惩恶扬善"的神话木偶片，改编自洪汛涛创作于1954年的童话作品《神笔马良》。1956年，《神笔》荣获第八届国际儿童影片节儿童娱乐片一等奖，是**中国第一部在国际上获奖的美术片**。

■ **真题链接**

1. 1956年木偶片《________》获得第八届国际儿童影片节儿童娱乐片一等奖，这是中国美术片首次在国际上获奖。

(2014年江西省普通高校编导类专业招生联考试题)

2.1956 年我国一部美术片在第八届国际儿童影片节获儿童娱乐片一等奖,它是(　　)。

A.《铁扇公主》　B.《猪八戒吃西瓜》　C.《神笔》　D.《大闹天宫》

(2017 年沈阳大学广播电视编导专业招生考试试题)

《风　筝》 ★☆☆☆☆

是新中国第一部中外合拍的彩色故事片。1958 年由北京电影制片厂和法国加郎斯艺术制片公司合作摄制,王家乙担任编剧、导演。

《生死恨》 ★★★☆☆

是中国第一部彩色戏曲影片。1948 年拍摄,由华艺影片公司出品、费穆导演、梅兰芳主演。20 世纪 30 年代初,中华民族遭受日本帝国主义侵略,一向忧国忧民的梅兰芳为激发国人的爱国热情而组织编写了这部古装戏。

■ **真题链接**

我国第一部彩色戏曲片是(　　)。

A.《生死恨》　B.《歌女红牡丹》　C.《廉锦枫》　D.《虹霓关》

(2014 年四川音乐学院绵阳艺术学院戏剧影视文学专业招生考试试题)

(二)外国电影名片

《爵士歌王》 ★★★★★

1927 年上映的《爵士歌王》是世界上第一部有声电影,导演是美国的艾伦·克罗斯兰。有声电影的出现,导致那些演技一流、声音并不出众的演员离开舞台,也使得瑞典这种早期的电影大国因为语言的隔阂而丧失了出口优势。

■ **真题链接**

电影发展史上的第一次重大变革是电影从无声到有声,代表作品是 1927 年的美国影片________。

(2015 年赣南师范学院广播电视编导专业招生考试试题)

《浮华世界》 ★★★★☆

又译为《名利场》,是 **1935 年美国导演鲁宾·马莫利安**拍摄出的彩色影片,**标志着世界上第一部彩色电影的出现**,从而使色彩真正作为一种元素、手段、风格进入了银幕的世界。由此,开始了彩色影片制作的时代。

■ **真题链接**

1935 年美国导演马莫利安导演了世界上第一部大型彩色故事片________。

(2017 年江西师范大学广播电视编导专业招生考试试题)

《乱世佳人》 ★★★☆☆

由美国的**维克多·弗莱明**执导,1940 年初上映。主演有**费雯·丽**、**克拉克·盖博**等。影片改编自美国女作家**玛格丽特·米切尔**的长篇小说**《飘》**。

■ **真题链接**

1.小说《飘》被改编成电影________。

(2015 年湖南师范大学戏剧影视文学专业招生考试试题)

2.美国现代女作家________的长篇小说《飘》被改编为电影《________》,由维克多·弗莱明导演,费雯·丽主演。

(2017 年河南省普通高校编导制作类专业招生统考试题)

第四章　广播电视常识

本章主要包括三大方面内容：一是**世界广播电视发展概况**；二是**中国广播电视发展概况**；三是**电视常识**。广播电视常识的重要性，对于学习广播电视编导专业的考生来说，是不言而喻的，尤其是电视方面的相关知识点，不仅是文艺常识的考查范围，同时也有助于考生学习电视评论方面的写作。同样，该章的知识点同电影常识部分的知识点在本质上是相同的，对于考生而言都比较陌生，有一定的学习难度。所以考生学习该章时要注意以下几点：

1. 世界广播电视发展概况部分知识点比较少，但是几乎每一个知识点都是考试的高频考点，考生一定要认真仔细地记忆。尤其是**广播的诞生时间、电视的诞生时间、世界第一座广播电台、世界第一台彩色电视、世界第一部电视剧**等都要记清楚。

2. 中国广播电视发展概况部分知识点也不多，考生学习起来应该不会有太大难度，该部分知识点主要以记忆为主。从历年的出题方向来看，该部分知识点一般情况下不会出现大题，例如名词解释、简答题、论述题等，而**大多是以填空题和选择题的形式出现**。

3. 电视常识部分知识点较多，同时也是考查的重点，**主要以名词解释题的形式出现**。建议考生在学习时一定要配合专业老师的指导，在理解的基础上进行记忆，这样效果会更好。

4. 通过研究历年来的考试真题发现，本章知识点在考试中所占的比重仅次于文学常识和电影常识部分，大约**最多能占到总体分值的30%～40%**。其主要考查形式以填空题、选择题和名词解释题为主。

第一节　世界广播电视发展概况

广播的诞生　★★★☆☆

1906年12月25日，美国匹兹堡大学教授费森登在美国马萨诸塞州用无线电广播圣诞歌曲成功，被认为是广播的诞生。

■ **真题链接**

广播是________年发明的。

（2017年江西师范大学广播电视编导专业招生考试试题）

世界第一座广播电台 ★★★☆☆

1920年11月2日，美国匹兹堡西屋电气公司的广播电台开播，**呼号KDKA**。这是世界上第一座广播电台，也是第一家商业广播电台。11月2日被公认为世界广播事业的诞生日。

■ **真题链接**

1. 世界上第一座广播电台是________年正式开播的美国匹兹堡KDKA广播电台。

（2016年青岛大学广播电视编导专业招生考试试题）

2. 1920年11月2日是________的诞生日。

（2017年新疆艺术学院广播电视编导专业招生考试试题）

电视的诞生 ★★★★☆

1925年4月，英国人贝尔德在伦敦的塞尔弗里奇百货商店展示了第一台机械式电视机，他因此被称为**"电视之父"**。**1936年11月2日**，BBC在伦敦郊外的亚历山大宫开始了电视的正式播出，这一天被公认为世界电视事业的诞生日。

■ **真题链接**

1. "电视之父"是指（　　）。

A. 贝尔德　　B. 卢米埃尔兄弟

C. 斯密士　　D. 格里菲斯

（2017年四川文化艺术学院广播电视编导/戏剧影视文学专业招生考试试题）

2. 一般认为，世界电视事业诞生日是（　　）。

A. 1926年1月26日　B. 1926年11月2日　C. 1936年1月26日　D. 1936年11月2日

（2017年安徽省普通高校艺术专业招生统考试题）

美国的广播公司 ★★★☆☆

20世纪初美国出现了三大广播公司：**全国广播公司（NBC）、哥伦比亚广播公司（CBS）、美国广播公司（ABC）**。

■ **真题链接**

欧美著名的广播电视传媒集团包括英国广播公司BBC、美国的全国广播公司NBC、美国广播公司ABC和________。

（2012年山东师范大学广播电视编导专业招生考试试题）

英国广播公司（BBC） ★★★★★

1922年12月15日，英国广播公司建立并开始播出节目。1936年，**英国广播公司在伦敦建立了世界上第一个正规的电视台**，同年11月2日开始正式播放电视节目。公司实行公、私并营制，制作的节目比较认真、客观，被称为是"世界上缺点最少的电视体制"。

■ **真题链接**

1. BBC是（　　）的机构。

A. 英国　　B. 美国　　C. 德国　　D. 法国

（2014年北京电影学院策划专业招生考试试题）

2. 世界上第一家电视台是1936年________国的________电视台。

（2015年四川传媒学院摄影专业招生考试试题）

世界上第一台彩色电视机 ★★★☆☆

1940年，古尔马研制成了**世界上第一台彩色电视机**。1949年美国广播公司开发出全电子的彩色电视。**1954年，美国全国广播公司(NBC)正式播放了彩色电视节目**，标志着电视正式走进彩色世界。

■ **真题链接**

世界上最早播出彩色电视节目的国家是(　　)。

A. 法国　　B. 美国　　C. 英国　　D. 德国

(2017年湖南师范大学广播电视编导专业招生考试试题)

《花言巧语的人》 ★★★☆☆

1930年，英国广播公司(BBC)播出了多幕电视剧**《花言巧语的人》**，这是世界上公认的最早的电视剧，尽管画面效果不好，但此剧声像俱全，拉开了电视剧历史的帷幕。

■ **真题链接**

1930年，英国BBC电视开始试验广播，播出多幕电视剧(　　)，这是世界上最早的多幕剧。

A.《双城记》　　B.《曼斯菲尔德庄园》

C.《傲慢与偏见》　　D.《花言巧语的人》

(2013年江西师范大学广播电视编导专业招生考试试题)

第二节　中国广播电视发展概况

中国境内第一座广播电台 ★★★☆☆

1922年，美国人奥斯邦在上海成立中国无线电公司，并与英文报纸《大陆报》合作，创办了《大陆报》-中国无线电公司广播电台，呼号XRO，播出的内容参照美国模式，以音乐娱乐节目为主。**1923年1月23日晚间首次播出节目，标志着中国境内第一座广播电台的诞生。**

■ **真题链接**

中国境内最早的广播电台是1923年1月23日美国人奥斯邦在________开办的中国土地上的第一座广播电台。

(2013年江西师范大学广播电视编导专业招生考试试题)

哈尔滨广播电台 ★★★★☆

1926年，哈尔滨无线电台台长刘瀚在奉系军阀的支持下，建成了哈尔滨广播电台，这是**中国人自办的第一座(官办)广播电台**，于1926年10月1日进行广播。

■ **真题链接**

中国人自办的第一座广播电台——哈尔滨广播电台1926年开始播音，该台的创办者是(　　)。

A. 刘瀚　　B. 陈果夫　　C. 奥斯邦　　D. 苏祖国

(2016年湖南师范大学广播电视编导专业招生考试试题)

新新公司广播电台

★★☆☆☆

1927 年 3 月 18 日，上海新新公司为推销收音机等无线电器材，开办了一座十分简陋的广播电台，这是**中国人自办的第一座民办广播电台**，成为中国私营商业广播事业的始祖。当时的民营电台已经出现了“专业台”的划分，主要分为教育性电台、商业性电台和宗教性电台。

国民党中央广播电台

★☆☆☆☆

1928 年 8 月 1 日，北伐成功后，陈果夫等人在南京创办了中国国民党中央执行委员会广播无线电台，呼号 XKM，时称中央广播电台，每天播音三小时。1939 年抗日战争中，国民党政府在重庆建立短波广播电台（1940 年 1 月改名为国际广播电台）用于国际宣传，这是中国国家对外广播的开端。

延安新华广播电台

★★★★☆

1940 年，在陕北根据地中国共产党建立延安新华广播电台，于 1940 年 12 月 30 日播出，新的中国人民广播事业由此诞生。该广播电台于解放战争中多次转移，后改名为“陕北新华广播电台”。1949 年 3 月迁往北平，成为国家级电台。

■ **真题链接**

1. 1940 年 12 月，中国第一座人民广播电台________建成并开始播音。
（2016 年蚌埠学院广播电视编导专业招生考试试题）
2. 1940 年 12 月 30 日延安__________正式开播，标志着中国人民广播事业的诞生。
（2017 年湖南师范大学广播电视编导专业招生考试试题）

中央人民广播电台

★★☆☆☆

1949 年 12 月 5 日，中央人民广播电台正式成立，它隶属于新闻出版广电总局，是中国最重要的、最具有影响力的传媒之一，与中国国际广播电台、中国中央电视台并称为**“中央三台”**。

■ **真题链接**

中央人民广播电台的前身是（ A ）。

A. 延安新华广播电台　　B. 国民党中央广播电台
C. 北京广播电台　　D. 哈尔滨广播电台

（2016 年泰山学院广播电视编导专业招生考试试题）

北京电视台、中央电视台

★★★★☆

1958 年 5 月 1 日，北京电视台播出直播的、黑白颜色的电视节目，**标志着我国电视事业的诞生**。1973 年 5 月 1 日，北京电视台首次向首都观众试播彩色电视节目。**1978 年 5 月 1 日，北京电视台改为中央电视台（CCTV）**，成为国家电视台。

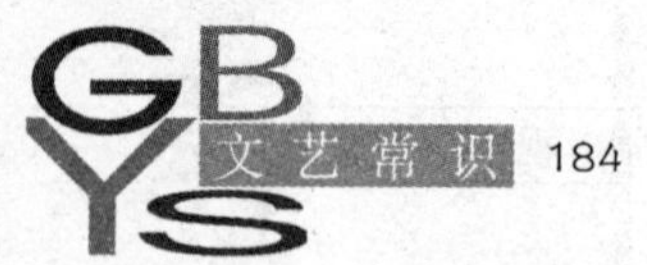

■ **真题链接**

1. 1958 年，新中国第一家电视台建立，其名称是(　　)。

A. 中国人民电视台　　B. 新华电视台

C. 东北电视台　　D. 北京电视台

(2014 年重庆市普通高校编导类专业招生统考试题)

2. 1958 年 6 月 15 日，________播出了我国第一部电视剧《一口菜饼子》。

(2016 年青岛大学广播电视编导专业招生考试试题)

中央电视台各频道概况 ★★★★☆

主要的频道为：CCTV－1 综合频道；CCTV－2 财经频道；CCTV－3 综艺频道；CCTV－4 中文国际频道；CCTV－5 体育频道；CCTV－6 电影频道；CCTV－7 军事·农业频道；CCTV－8 电视剧频道；**CCTV－9 纪录频道**；CCTV－10 科教频道；CCTV－11 戏曲频道；CCTV－12 社会与法频道；CCTV－13 新闻频道；CCTV－14 少儿频道；CCTV－15音乐频道等。

■ **真题链接**

1. 中国第一个电影频道是 1995 年 11 月开播的 CCTV－6 电影频道 。

(2013 年江西师范大学广播电视编导专业招生考试试题)

2. 中央电视台纪录频道位于中央________台。

(2015 年重庆大学广播电视编导专业招生考试试题)

3. CCTV－6 是__________频道，CCTV－13 是__________频道。

(2017 年福建省普通高校编导类专业招生统考试题)

湖南卫视 ★★★☆☆

是湖南省最权威的电视机构，1960 年开播，1997 年 1 月 1 日正式通过卫星传送，频道呼号为“湖南卫视”。湖南卫视连续 8 年不间断夺得省级卫视收视、创收“双冠王”，被中国媒体誉为“快乐旋风”“玫瑰花香”，出现了“湖南电视现象”。台长欧阳常林在全国电视媒体中第一个提出“绿色传播”的核心理念。湖南卫视其下属网站金鹰网的网络电视平台叫**“芒果 TV”**。2009 年 5 月 20 日，其国际频道开播，呼号为“湖南卫视国际频道”，口号为“快乐全球华人”。2016 年 12 月，湖南卫视推出了“20 年更青春”的频道口号。

■ **真题链接**

1. 芒果台是指________。

(2012 年鲁东大学广播电视编导专业招生考试试题)

2. 湖南卫视推出的电视节目不包括(D)。

A.《百变大咖秀》　　B.《天天向上》

C.《爸爸去哪儿》　　D.《奔跑吧兄弟》

(2015 年广西民族大学广播电视编导专业招生考试试题)

浙江卫视 ★★☆☆☆

1960 年 10 月 1 日开播，1994 年 1 月 1 日开始利用卫星传送，呼号“浙江卫视”。2008 年 8 月 25 日，进行改版并打出“中国蓝”的宣传口号。2012 年，确立“第一梦想频道”的口号。近年来播出的知名电视栏目有《我爱记歌词》**《中国好声音》**《中国梦想秀》《奔跑吧兄弟》《王牌对王牌》等。

■ **真题链接**

《中国好声音》的首播频道是___________。

A. 浙江卫视　　B. 东方卫视　　C. 湖南卫视　　D. 安徽卫视

(2016年青岛大学广播电视编导专业招生考试试题)

凤凰卫视香港台 ★★☆☆☆

2011年3月开播，是以资讯、财经、时尚为主的综合频道，覆盖面涉及香港、广东、广西及海南等地，以香港政商人士、中产阶级、知识分子等为主要观众，以凤凰卫视的一贯立场，拉近华人距离，影响高端人士。凤凰卫视现已成为影响全世界华人的第一电视台。

台湾地区三大电视台 ★★☆☆☆

即1962年开办的TTV(台视)、1968年开办的CTV(中视)和1971年开办的CTS(华视)。

第三节　电视常识

(一)电视基本常识

电视艺术 ★★☆☆☆

是以画面和声音为媒介，以电视技术为手段，在电视屏幕运动着的时间和空间里塑造形象，再现和表现生活的一种视听艺术。

■ **真题链接**

1. 电视区别于广播的最大特点是它有(C)。

A. 音响　　B. 音乐　　C. 画面　　D. 解说

(2014年赣南师范学院广播电视编导专业招生考试试题)

2. 电视艺术最根本的特性是(D)。

A. 综合性与兼容性　　B. 示范性与导向性

C. 及时性与普及性　　D. 生动的视听逼真性

(2015年赣南师范学院广播电视编导专业招生考试试题)

电视语言 ★☆☆☆☆

是指能表达出思想或感情，并使接受者感知信息的一切手段和方法。例如画面、声音、镜头、符号等都是构成电视艺术最重要的语言元素。具体而言，电视语言可分为画面语言、声音语言、编辑语言、造型语言、镜头语言、特技语言、符号语言、文字语言等八类。

电视机三基色 ★★★★★

指**红、绿、蓝**三种颜色，即**光的三原色**。这三种颜色合成的颜色范围最广泛，大多数颜色都可以通过红、绿、蓝三色按不同的比例合成产生，单色光也可以分解成这三种色光。

■ **真题链接**

电视三基色是________、________、________。

(2014年宝鸡文理学院广播电视编导专业招生考试试题)

电视节目制作方式 ★★★☆☆

是指电视拍摄、制作、播出的不同方式,一般分为三种:一是**ENG方式**,即电子新闻采集,这是人们经常采用的方式,指使用便携式的录像、摄像设备,来采集电视新闻;二是**EFP方式**,它是以一整套设备连接为一个拍摄和编辑系统,进行现场拍摄和现场编辑的节目生产方式;三是**ESP方式**,即电子演播室制作,这种方式技术质量高,特技手段丰富,是一种较为理想的制作方式。

■ **真题链接**

简述题:请你具体写出ENG、EFP、ESP这几种电视制作方式。

(2016年广西艺术学院广播电视编导专业招生考试试题)

电视节目制作过程 ★★★☆☆

是指**前期筹备、前期摄制和后期制作**三个阶段。其中前期筹备主要包括构思;前期摄制是采录(拍摄);后期制作包括编辑、合成。

■ **真题链接**

电视节目的制作过程包括前期筹备、前期摄制和(　　)三个阶段。

A.素材编辑　　B.后期编辑

C.后期制作　　D.后期构思

(2008年湖南省普通高校影视节目制作类专业招生统考试题B卷)

非线性剪辑 ★★★☆☆

剪辑就是剪接+编辑,剪辑常分为:线性剪辑与非线性剪辑。一般将影片存储至计算机,使用多媒体剪辑软件(例如:Adobe Premiere、EDIUS)进行编辑,即称为非线性剪辑。在非线性剪辑的过程中,不需要依照影片播放的顺序进行编辑。非线性编辑系统具有信号质量高、制作水平高、节约投资、实现网络化等方面的优越性。

电视节目播出方式 ★★★★☆

电视节目的播出方式分为**直播、录播和转播**。直播是指拍摄、编辑和播出同时进行,使观众有一种同时参与的惬意和亲临现场的感觉,可分为现场直播和播音室或演播室直播;录播是指先拍摄画面记录在录像带上,进行剪辑、修改、包装、加工之后再播出;转播则是指播送别的电台或电视台的节目。

■ **真题链接**

1.下列电视节目一般采用"直播"方式的是(　D　)。

A.《爸爸去哪儿》　　B.《人与自然》

C.《我看你有戏》　　D.《新闻30分》

(2017年重庆邮电大学广播电视编导专业招生考试试题)

2. 电视的播出方式是直播、录播、________。

(2017 年安徽省普通高校艺术专业招生统考试题)

电视制式 ★★★☆☆

电视信号的标准简称制式，是指为了实现电视图像或声音信号所采用的一种技术标准。目前世界上主要使用的电视广播制式有 **PAL、NTSC、SECAM** 三种，中国大部分地区使用 **PAL** 制式，日本、韩国、东南亚地区与美国等欧美国家使用 NTSC 制式，俄罗斯则使用 SECAM 制式。

■ **真题链接**

1. 世界上主要使用的电视广播制式有 PAL、NTSC、SECAM 三种，中国大部分地区使用________制式。

(2014 年广州大学广播电视编导专业招生考试试题)

2. 目前我国彩色电视的制式是（ A ）。

A. PAL　　B. NTSC

C. SECAM　　D. DVCAM

(2017 年华东交通大学理工学院广播电视编导专业招生考试试题)

新闻的五个"W"一个"H" ★★★★☆

新闻五要素即新闻的 5 个"W"，指一则新闻报道必须具备的五个基本因素，分别为**何时（When）、何地（Where）、何事（What）、何因（Why）、何人（Who）**。一个"H"即怎样执行**（How）**。五个"W"和一个"H"，它们之间是合作的关系，起互相说明、补充和完善的作用。

■ **真题链接**

新闻的五要素是指何时、何地、________、何人、何因。

(2011 年鲁东大学广播电视编导专业招生考试试题)

制片人制度 ★★★★☆

是一种以制片人为中心的制度。制片人在节目的生产制作、包装、推介、优化等流程中具有实际操作经营权和对相关人员的指挥领导权。**制片人是摄制组的行政领导和最高负责人。制片人制度的代表作是《乱世佳人》。**

■ **真题链接**

电视剧摄制中的最高负责人称为（　　）。

A. 监制　　B. 导演　　C. 制片　　D. 剧务

(2014 年江西省普通高校编导类专业招生联考试题)

卫星电视 ★★★☆☆

是由设置在赤道上空的地球同步卫星，先接收地面电视台通过卫星地面站发射的电视信号，然后再把它转发到地球上指定的区域，由地面上的设备接收供电视机收看的一种电视广播方式。

■ **真题链接**

我国第一个国际卫星电视频道是（ B ）。

A. 中央电视台第一套频道　　B. 中央电视台第四套频道

C. 凤凰卫视欧洲台　　D. 凤凰卫视美洲台

(2014 年海南大学戏剧影视文学专业招生考试试题)

数字电视 ★★★☆☆

是指从演播室到发射、传输、接收的所有环节都是使用数字电视信号或对该系统所有的信号传播都是通过由0、1数字串所构成的数字流来传播的电视类型。其特点是大大提高了信号传输的质量,电视图像清晰,音响好。

■ **真题链接**

名词解释:数字电视

(2010年周口师范学院广播电视编导专业招生考试试题)

高清电视 ★★★☆☆

相当于一个透明系统,是指一个视力正常的观众在距该系统显示屏高度的三倍距离上所看到的图像质量会具有观看原始景物或表演时所得到的印象效果。真正意义上的高清电视,必须具备**高清电视机、高清机顶盒和高清频道**三个条件。高清电视的电视屏幕的长宽比为**16∶9**。

■ **真题链接**

高清电视的画面长宽比是(　　)。

A. 4∶3　　B. 16∶10

C. 15∶10　　D. 16∶9

(2016年河南大学广播电视编导专业招生考试试题)

绿色收视率 ★★★☆☆

是指既要努力提高收视率和收视份额,确保国家主流媒体对观众的影响力和对舆论的引导力,有效体现节目的思想性和导向性;同时,又要杜绝媚俗和迎合,坚守品位,抵制低俗,实现收视率的科学、健康、协调、可持续增长,增强电视台的权威性、公信力和品牌价值。

■ **真题链接**

名词解释:绿色收视率

(2015年陕西省普通高校播音编导类专业招生统考试题)

普利策奖 ★★★☆☆

也称为**普利策新闻奖**。1917年根据美国报业巨头约瑟夫·普利策的遗愿设立,分别奖励新闻界和创作界。20世纪七八十年代已经发展成为美国新闻界的一项最高荣誉奖,被称为**"新闻界的诺贝尔奖"**。

■ **真题链接**

名词解释:普利策奖

(2016年陕西省普通高校播音编导类专业招生统考试题)

艾美奖 ★★★★☆

美国电视界最高奖项。黄金时段艾美奖由电视艺术与科学学院颁发,日间艾美奖由国家电视艺术与科学学院颁发,国际艾美奖由国际电视艺术与科学学院颁发。它的奖项涉及节目、演员、创意艺术等多个方面,且不以收视率或观众欣赏口味为指标,而是偏重学院气,从社会角度、电视业发展的前景去考量电视剧的优劣。

■ **真题链接**

下列属于电视奖项的是(ABC)。

A. 金鹰奖　　　　B. 飞天奖　　　　C. 艾美奖

（2016 年青岛大学广播电视编导专业招生考试试题）

（二）电视栏目

电视栏目 ★★★★☆

按照一定的宗旨和目的，把题材、内容、性质、功能目的或形态相近的一些或一组小节目纳入某时段中播出，使其具有固定的名称、固定的播出时间、固定的栏目宗旨，并对这种类型的节目冠以名称，这一冠名播出时段的节目被称为电视栏目。

■ **真题链接**

________是电视台每天播出的相对独立的信息单元，主要是单个节目的组合，是按照一定内容（如新闻、知识、文艺）编排布局的完整变换形式。

（2016 年江西师范大学广播电视编导专业招生考试试题）

电视新闻节目 ★★☆☆☆

是电视上播出的传播新闻信息，分析、解释和评论新闻事实的各种节目的总称。主要是采取简明报道的形式，分为电视网的全国新闻和地方台的本地新闻。其主要特点是**时效性、形象性和真实性**。根据作用的不同，可分为消息类新闻节目、专题类新闻节目、言论类新闻节目三大类。

■ **真题链接**

1. 名词解释：电视新闻节目

（2016 年山东师范大学戏剧与影视学类专业招生考试试题）

2. 以下栏目不属于电视新闻节目的是（　C　）。

A.《焦点访谈》　　B.《面对面》　　C.《绝对挑战》　　D.《东方时空》

（2016 年四川文化艺术学院广播电视编导专业招生考试试题）

3. 电视新闻节目中不能策划的一块“基石”是（　B　）。

A. 栏目结构　　B. 新闻事实　　C. 新闻编排　　D. 新闻选题

（2016 年四川文化艺术学院广播电视编导专业招生考试试题）

《凤凰早班车》 ★★★☆☆

是香港凤凰卫视于 1998 年 4 月推出的一档早晨说新闻的节目，其中包括《今日头条》《两岸三地》《专线大观》《晨早财经》以及《凤凰气象站》等多个小栏目。**陈鲁豫**是第一届主持人，她在这档节目里**开创了中国主持人说新闻的先河**。

电视文艺节目 ★☆☆☆☆

是指以文学、艺术和文艺演出作为创作原始素材和基本构成元素，在保留原有艺术形式的基础上，运用电视试听语言进行二度创作，具有较高欣赏艺术性和审美价值的电视节目类型。其主要类型有：电视剧、专题型文艺节目、栏目型文艺节目、晚会型文艺节目、综艺型文艺节目、竞赛型文艺节目、娱乐选秀类节目等。

中央电视台春节联欢晚会 ★★★★★

通常简称为“央视春晚”或“春晚”，是中央电视台每年农历除夕晚上为庆祝新年而

举办的综艺性文艺晚会。以小品、相声、歌舞为三大支柱，**1983 年推出第一届春节联欢晚会**，由黄一鹤导演。春晚已经入选世界纪录协会世界收视率最高、播出时间最长、演员最多的综艺晚会。

■ 真题链接

1. 央视春晚是哪年开始举办的？（　　）

A. 1983 年　　B. 1985 年　　C. 1987 年　　D. 1990 年

（2015 年重庆邮电大学广播电视编导专业招生考试试题）

2. 第一届春晚的时间是________年，2016 年春晚导演是__吕逸涛__。

（2017 年福建省普通高校编导类专业招生统考试题）

电视娱乐节目 ★☆☆☆☆

是一种利用综合性的表达手段，将多种娱乐元素组合在某一形式中，在某一时段强化电视的娱乐功能，使观众身心放松、精神愉悦的电视节目类型。我国比较著名的电视娱乐节目有《欢乐总动员》《快乐大本营》《幸运 52》《我爱记歌词》等。

电视社教节目 ★☆☆☆☆

即社会科学教育类节目，是以传播思想、伦理和普及科学文化知识为主要内容，以推动社会精神文明建设为目的的一类节目。这类节目寓教于乐，题材广泛，节目设置、编辑、播出手法灵活多样，能集中体现电视台的水准。比较著名的节目有针对妇女的《半边天》、针对老年人的《夕阳红》、针对儿童的《大风车》等。

电视服务类节目 ★☆☆☆☆

是指那些实用性强，通过提供信息和咨询、反映群众呼声等方式，为群众解决思想、工作和生活中遇到的实际问题的节目。例如《天气预报》《交通信息》《致富经》等。

《为您服务》 ★★★★☆

1983 年元旦，**沈力**出任中央电视台《为您服务》栏目的专题节目主持人，她被公认**为中国电视史上第一个固定栏目的节目主持人**。

■ 真题链接

中国第一个主持人出现在（　　）时代。

A. 20 世纪 60 年代　　B. 20 世纪 70 年代

C. 20 世纪 80 年代　　D. 20 世纪 90 年代

（2014 年天津工业大学广播电视编导专业招生考试试题）

电视谈话节目 ★★★★☆

是近年来新生的一类节目，它以电视为传播媒介，通过话语形式，营造屏幕内外面对面人际传播的"场"氛围，以语言符号和非语言符号双渠道来传递信息，整合大众传播与人际传播的电视节目类型。例如《艺术人生》《实话实说》《超级访问》等。

■ 真题链接

1. 简答题：你认为中国电视谈话节目具有哪些特殊的社会功能？

（2015 年临沂大学广播电视编导专业招生考试试题）

2. 1996 年春季电视谈话类节目（ C ）开播，主持人是崔永元。

A.《东方直播间》　　B.《今晚八点》　　C.《实话实说》　　D.《电视论坛》

（2016 年井冈山大学广播电视编导专业招生考试试题）

3.简答题：简述电视谈话类节目的特点。

（2017年赣南师范大学广播电视编导专业招生考试试题）

《艺术人生》 ★★★☆☆

是中央电视台的一档谈话类电视节目，2000年12月22日开播，主持人为朱军。《艺术人生》邀请的都是著名导演、演员、体坛明星等公众性人物，其宗旨是：用艺术点亮生命，用情感温暖人心，探讨人生真谛，感悟艺术精神。《艺术人生》以“正直品质，极端制作”为核心理念，以人文关怀的精神，关注中国文化艺术界的重大事件，受到观众的广泛欢迎。

■ **真题链接**

简答题：简要说明《艺术人生》的节目特点。

（2009年天津师范大学广播电视编导专业招生考试试题）

脱口秀 ★★★☆☆

又叫漫谈节目，是一种观众聚集在一起讨论主持人提出的话题的广播或电视节目类型。通常脱口秀都有一列嘉宾席，由学者或是对本档节目的特定问题有特殊经验的人组成。脱口秀的起源可以追溯到18世纪英格兰地区的咖啡吧集会，而得到真正的发展则是在美国。

■ **真题链接**

简答题：简述脱口秀节目及其特点。

（2017年山东师范大学历山学院广播电视编导专业招生考试试题）

《奥普拉脱口秀》 ★★☆☆☆

该节目自1986年开播，由美国脱口秀女王**奥普拉**制作并主持，是美国历史上收视率最高的脱口秀节目。这档节目在2011年停播，创造了美国历史上日间电视节目播映时间最长的纪录。

竞赛类节目 ★★☆☆☆

是一种依靠知识和能力，也依靠技巧和运气，利用有强烈悬念的结果吸引观众的节目类型。近年来，商业竞争促使竞赛类节目发展出“真人秀”的新形式，加入天然风景、曲折过程、俊男靓女等，让竞赛的内容更加新奇。例如《汉字英雄》《开心辞典》《最强大脑》等。

《百万富翁》 ★☆☆☆☆

是一档结合了娱乐与知识竞赛两种元素的节目，由英国导演大卫·布瑞格斯构思，于1998年在英国首播。参与者需要正确回答连续15个选择题，全部答对将获得一笔巨额奖金，巨奖的刺激加上节目现场紧张气氛的成功营造，使电视观众的激情空前高涨。

《英国达人》 ★★☆☆☆

英国独立电视台（ITV）制作的选秀节目，从2007年6月9日起每天播放录影片段，直到同月17日直播总决赛，旨在发掘英国业余表演人才。2009年48岁体态臃肿、长相老土的家庭主妇**苏珊大妈**以《我曾有梦》成为热议人物，承载了普通人梦想实现的历程。

■ **真题链接**

苏珊大妈因为英国的________节目而出名。

（2012 年临沂大学广播电视编导专业招生考试试题）

"真人秀"栏目 ★★★★☆

是一种具有极强故事情节表现力，对最原始的人性以及个人隐私予以公开展示，满足受众窥视欲望的纪实性电视节目。"真"是特色，"人"是核心，"秀"是指虚构和游戏。它有三个特征，即纪实性、冲突性、游戏性。例如《超级女声》《爸爸去哪儿》《变形计》《极限挑战》等。

电视纪录片 ★★★★☆

是影视艺术中对某一事实或事件作纪实报道的非虚构节目，直接从真实生活中采撷素材，以生活的自身形态来表现生活，即直接拍摄真实环境里真实时间中发生的真人、真事；以采访摄录来代替虚构。在事件发生发展的过程中，用挑、等、抢的摄录方式完成叙事，阐明抉择，抒发感情，以完成启示哲理等任务。

■ **真题链接**

名词解释：电视纪录片

（2015 年临沂大学广播电视编导专业招生考试试题）

《天天向上》 ★★★☆☆

是由**湖南卫视**推出的、《越策越开心》原班人马打造的一档大型礼仪娱乐脱口秀节目。该节目把"青春励志"和"传统礼仪"作为必守的原则，以礼仪、公德为主题，分为歌舞、访谈、情景戏三段式，用各种形式来传播中国千年礼仪之邦的礼仪文化，并在一种节目形态中融合多种节目的类型与元素，集多种特点于一身，让世人更加了解中华礼仪节目本身包含的公益性、教育性和知识性。曾获第 25 届中国电视金鹰奖优秀文艺节目奖等奖项。

■ **真题链接**

论述题：谈谈你对《天天向上》的看法。

（2016 年山西省普通高校编导戏文类专业招生联考试题）

《中国好声音》 ★★★★☆

是由**浙江卫视**联合星空传媒旗下灿星制作强力打造的大型励志专业音乐评论节目。节目前四季版权源自荷兰节目《The Voice of Holland》(荷兰之声)，2016 年采用了全新的原创模式，并为避免版权争议暂时更名为《中国新歌声》。《中国好声音》不仅仅是一个优质的音乐选秀节目，更实现了中国电视历史上首次真正意义上的制播分离，在目前中国音乐类节目中也起到了领头羊的作用。

■ **真题链接**

1.《中国好声音》的首播频道是(　　)。

A. 浙江卫视　　B. 东方卫视　　C. 湖南卫视　　D. 安徽卫视

（2016 年青岛大学广播电视编导专业招生考试试题）

2. 由浙江卫视联合灿星制作，于 2012 年首播的一档大型励志专业音乐真人秀节目是(　　)。

A.《中国好声音》　　B.《我是歌手》　　C.《中国好歌曲》　　D.《最美和声》

（2016 年湖北省普通高校广播电视编导专业招生考试试题）

3.《中国好声音》获得冠军最多的导师是谁?(A)

A. 那英　　B. 汪峰

C. 周杰伦　　D. 庾澄庆

(2017 年北京电影学院广播电视编导专业招生考试试题)

《奔跑吧兄弟》 ★★★★★

是**浙江卫视**引进韩国 SBS 电视台综艺节目《Running Man》推出的大型户外竞技真人秀节目,第一季由浙江卫视和韩国 SBS 联合制作,第二季、第三季、第四季节目由浙江卫视节目中心制作。《奔跑吧兄弟》抓住了观众的情感诉求,节目强调"真"而不是"秀",注重细节观察,视角更聚焦原生态、生活化的情节,在欢笑中传递正能量,引导人们感悟生活的真谛。

■ **真题链接**

《奔跑吧兄弟》于 2014 年 10 月 10 日起在__________卫视每周五播出。

(2015 年聊城大学东昌学院广播电视编导专业招生考试试题)

《舌尖上的中国》 ★★★★★

是由**陈晓卿**执导、中国中央电视台出品的一部美食类纪录片。每一集都有专属的章节和名字,例如在第一季中分别叫作《自然的馈赠》《主食的故事》《转化的灵感》《时间的味道》《厨房的秘密》《五味的调和》《我们的田野》;在第二季中分别叫作《脚步》《心传》《时节》《家常》《相逢》《秘境》《三餐》。围绕中国人对美食和生活美好追求的主题,用具体的人物故事串联起来,讲述了中国各地的美食生态,通过美食使人们认知这个古老的东方国度。荣获 2012 年**中国饮食文化传播奖**、2014 年**电视纪录片大奖**等多个奖项。

■ **真题链接**

中央电视台播出的美食纪录片《__________》,让观众通过领略中华饮食之美,感知中国文化传统和社会变迁。

(2015 年河南省普通高校编导制作类专业招生统考试题)

《中国汉字听写大会》 ★★★☆☆

是中央电视台、国家语言文字工作委员会于 2013 年推出的大型**原创文化类电视节目**。该节目以独特竞赛形式构成多场紧张精彩的晋级竞赛框架,邀请国内语言文化专家担任裁判和解说、央视著名播音员轮番担任读词主考官,寓意唤醒更多的人对文字基本功的掌握和对汉字文化的学习。其总导演是**关正文**,主创团队是**实力传媒**。该节目获得第 27 届中国电视金鹰奖**优秀电视文艺节目作品奖**。

■ **真题链接**

1. 数字时代键盘书写日益普遍,国人汉字手写能力逐步下降,针对这种状况,中央电视台特别推出了以"书写的文明传递,民族的未雨绸缪"为主旨的《 中国汉字听写大会 》节目;河南卫视打造的《 汉字英雄 》节目也旨在为青少年打造展示掌握汉字水平与个性的机会和舞台。

(2015 年河南省普通高校编导制作类专业招生统考试题)

2. 下列哪一档文化类益智竞赛节目不是由央视自主创作的?(B)

A.《中国成语大会》　　B.《中华好诗词》

C.《中国汉字听写大会》　　D.《中国谜语大会》

(2017 年陕西省普通高校播音编导类专业招生统考试题)

（三）电视剧及导演

电视剧 ★★★☆☆

是指运用蒙太奇思维和视听语言创作，兼容电影、戏剧、文学、音乐、舞蹈、绘画、造型艺术等诸因素，专为在电视机荧屏上播映的戏剧作品。电视剧以叙述故事见长，拍摄多采用中景、近景和特写。

■ **真题链接**

简答题：简述中国电视剧的分类。

（2015 年池州学院广播电视编导专业招生考试试题）

电视单本剧 ★★★★☆

是电视剧最重要也是最常见的形式之一。它是由一个完整的故事或情节构成，有故事发生、发展、高潮和结局的完整脉络，一次性将戏演完的电视剧艺术形式。电视单本剧一般为一至两集，最长为上、中、下三集。代表作有《秋白之死》。

■ **真题链接**

名词解释：电视单本剧

（2013 年临沂大学广播电视编导专业招生考试试题）

电视连续剧 ★★★☆☆

简称连续剧，是在每天的固定时间分集播出的电视剧形式。电视连续剧的情节、人物角色和表演之间都具有连续性，通常情况下，前一集的结尾常常采用设置悬念的方法吸引观众。一般，八集以下的称为“中篇电视连续剧”，八集以上的称为“长篇电视连续剧”。

■ **真题链接**

名词解释：电视连续剧

（2013 年西安邮电大学广播电视编导专业招生考试试题）

电视系列剧 ★★★★☆

是一种多集电视剧样式。构成电视系列剧的各集之间在样式或人物上有一定的内在联系，但是比电视连续剧更灵活，不要求有统一连续的情节，也不一定按顺序连续播放，各部分可以相对独立地存在。通常是主要人物贯穿全剧，而故事情节自成单元，不相联系。

■ **真题链接**

名词解释：电视系列剧

（2014 年西安邮电大学广播电视编导专业招生考试试题）

情景喜剧 ★★★☆☆

亦称处境喜剧，最开始出现在广播中，现在已普遍出现在电视屏幕上。情景喜剧一般有固定的主演阵容，一条或多条故事线，围绕着一个或多个固定场景如家庭进行。中国第一部情景喜剧是《我爱我家》。

■ **真题链接**

名词解释：情景喜剧

（2017 年陕西省普通高校播音编导类专业招生统考试题）

穿越剧 ★★★☆☆

属电视剧题材的一种，是常见的一种影视剧形式，其鲜明标志是剧情或多或少涉及**时空穿越**的内容和元素。穿越剧可以肆意连接并游走在历史与现实两个时空，这样一种颇具创新意味的题材能让编创人员大显身手。交错的时空、古代与现代智慧的碰撞和摩擦给创作者以足够的操作空间。

■ **真题链接**

论述题：谈一谈穿越剧为何流行及其风格特点。

（2017年四川文化艺术学院广播电视编导/戏剧影视文学专业招生考试试题）

网络剧 ★★★☆☆

是专门为电脑网络制作、通过互联网播放的一类网络连续剧。网络剧的主要播放媒介是电脑、手机、平板电脑等网络设备。

网络电视 ★★★☆☆

又称IPTV，以网络视频资源为主体，将电视机、个人电脑及手持设备作为显示终端，通过机顶盒或计算机接入宽带网络，实现数字电视、时移电视、互动电视等服务。

电视电影 ★★☆☆☆

起源于20世纪60年代的美国，是指只在电视上播放的电影，通常由电视台制作或电影公司制作后再卖给电视台。电视电影成本低廉，传播渠道便捷，拥有比较多的受众，而且受到越来越多影视创作者的关注。

■ **真题链接**

名词解释：电视电影

（2013年湖南师范大学广播电视编导专业招生考试试题）

电视小品 ★★★☆☆

是电视屏幕上最短小的电视剧样式。人物、情节都比较简单，常常撷取生活中的一件小事或人物的一个特征，迅速及时地反映生活的某个侧面，阐释耐人寻味的生活哲理。电视小品形式短小、言简意赅、人物性格鲜明、耐人寻味。

■ **真题链接**

简答题：简述电视小品的艺术特征。

（2013年江西服装学院数字媒体艺术专业招生考试试题）

音乐电视 ★★★☆☆

即**MTV**，是指运用电视技术手段，以音乐语言为抒情表意方式，以画面语言为烘托的辅助表现形态，给观众审美享受的电视艺术片种。它于20世纪80年代初始于美国开播的无线电音乐频道，20世纪90年代初传入中国。

■ **真题链接**

名词解释：MTV

（2012年临沂大学广播电视编导专业招生考试试题）

中国电视金鹰奖 ★★★☆☆

是经中宣部批准，由中国文学艺术界联合会和中国电视艺术家协会主办的全国性电视艺术综合奖，是国家级的唯一以观众投票为主评选产生的电视艺术大奖。金鹰奖创办于1983年，设奖项目有最佳电视连续剧或系列片、观众喜爱的男女演员、最具人气男女演员、最佳编剧、最佳导演、最佳电视纪录片等。金鹰奖现已成为电视剧创作部门与广大电视观众之间联系的纽带和桥梁。

■ **真题链接**

中国电视界唯一的经中宣部批准的、由观众投票评选的全国性电视艺术大奖，名称是________。

（2017年周口师范学院广播电视编导专业招生考试试题）

中国电视剧飞天奖 ★★★★☆

中国电视剧最高**政府奖**。1980年创办，1981年开始评奖，每年举办一届，原名“全国优秀电视剧奖”，1992年改为现名“中国电视剧飞天奖”。2005年，改为两年一届。中国电视剧飞天奖由新闻出版广电总局主办，是对上一年（或两年度）电视剧思想艺术成就的一次检阅和评判。

■ **真题链接**

1.（　　）由新闻出版广电总局主办，为电视类的“政府奖”。

A. 飞天奖　　B. 星光奖　　C. 金钟奖　　D. 金鹰奖

（2017年井冈山大学广播电视编导专业招生考试试题）

2. 中国电视剧最高政府奖是________。

（2017年福建省普通高校编导类专业招生统考试题）

上海电视节白玉兰奖 ★★☆☆☆

原名中国国际电视节白玉兰奖，由新闻出版广电总局主办。2005年改名为上海电视节白玉兰奖。评选包括电视电影、电视连续剧、纪录片、动画片和综艺单元在内的优秀电视节目。

《一口菜饼子》 ★★★★★

是北京电视台（中央电视台的前身）以直播方式播出的**我国第一部电视剧**。由陈赓编剧，胡旭、梅村导演。这部黑白电视剧全长只有20多分钟，**1958年**6月15日播出，主题是号召人们节约粮食、忆苦思甜。它的出现**标志着中国电视剧艺术的开始**。

■ **真题链接**

1. 新中国第一部电视剧《一口菜饼子》的首次播出时间是（　　）。

A. 1958年　　B. 1956年　　C. 1950年　　D. 1949年

（2014年重庆邮电大学广播电视编导专业招生考试试题）

2. 1958年6月15日，在中央电视台开始试播后一个月，中国的第一部电视剧________诞生了。

（2015年赣南师范学院广播电视编导专业招生考试试题）

《敌营十八年》 ★★★☆☆

是**中国大陆第一部电视连续剧**。由中央电视台于1981年播出，全剧共9集，导演为王扶林、都郁，编剧唐佩琳。这部电视剧的播出，标志着我国长篇电视连续剧的诞生。2008年重拍《敌营十八年》，剧集扩展为40集，是近年来我国最为优秀的红色谍战剧之一。

■ **真题链接**

中国第一部电视连续剧是（　　）。

A.《西厢记》　B.《水浒传》　C.《武松》　D.《敌营十八年》

（2016年天津工业大学广播电视编导专业招生考试试题）

《渴　望》★★★★★

1990年播出，是**中国第一部长篇室内剧**，被称为中国电视剧发展史上的里程碑。《渴望》总片长50集，导演鲁晓威、赵宝刚，策划王朔，编剧李晓明。政府给予该剧高度重视，称此剧打开了媒介通往通俗戏剧的大门。

■ **真题链接**

我国第一部室内电视剧是____________。

（2016年泰山学院广播电视编导专业招生考试试题）

《编辑部的故事》★★★☆☆

1991年播出，是**中国第一部以语言幽默为特色的电视系列剧**，共25集，填补了我国长篇电视系列剧类型的空白。该剧极大地拓展了我国电视剧的美学品格，其导演为赵宝刚、金炎。

■ **真题链接**

1991年拍摄的25集电视系列喜剧____________，以其独特的幽默喜剧风格填补了我国长篇电视系列喜剧品种的空白。

（2015年江西省普通高校戏剧影视文学类专业招生统考试题）

《大宅门》★★★☆☆

中国内地2001年播出的电视连续剧。由郭宝昌导演，剧中讲述了医药世家白府在清末、民国、军阀混战、抗日战争、解放战争等不同时期的浮沉变化。剧中主要演员有：**陈宝国饰演白景琦**，斯琴高娃饰演白文氏，刘佩琦饰演白颖宇等。

■ **真题链接**

电视剧《大宅门》里，二奶奶白文氏是白景琦的（　B　）。

A. 奶奶　B. 妈妈　C. 姑姑　D. 伯母

（2016年海南大学戏剧影视文学专业招生考试试题）

《亮　剑》★★★☆☆

中国内地2005年播出的一部战争题材电视连续剧。根据都梁同名小说改编，由张前、陈健导演。该剧讲述了一位不计生死、霸气十足、桀骜不驯的铁血军人**李云龙**在战争年代的风雨经历。剧中的李云龙由著名演员李幼斌饰演。

■ **真题链接**

“李云龙”是哪部电视剧中的人物形象？（　　）

A.《亮剑》　B.《潜伏》　C.《血色浪漫》　D.《闯关东》

（2015年重庆邮电大学广播电视编导专业招生考试试题）

《士兵突击》★★★☆☆

中国内地2006年播出的30集电视连续剧。根据兰晓龙同名小说改编，由著名导演康红雷执导。本剧以军事动作、青春励志为题材，讲述了一个农村出身的普通士兵许三多不抛弃、不放弃，最终成为一名出色的侦察兵的成长历程。该剧获得第27届飞天奖、第24届金鹰奖等多个奖项。剧中主要人物**许三多由王宝强饰演**。

■ **真题链接**

1. 电视剧《士兵突击》中，许三多原来所在的“钢七连”（ B ）。

A. 调走了　　B. 解散了

C. 转型为其他兵种　　D. 去反恐了

（2016 年海南大学戏剧影视文学专业招生考试试题）

2. 影视剧人物“许三多”是电视剧________中的角色。

（2017 年重庆邮电大学广播电视编导专业招生考试试题）

3. “不抛弃、不放弃”是下列影视剧人物（ ）的名言。

A. 傻根　　B. 王宝强　　C. 许三多　　D. 阿炳

（2017 年贺州学院广播电视编导专业招生考试试题）

《武林外传》 ★★★☆☆

2006 年在国内播出的 80 集古装情景喜剧。由尚敬导演、宁财神编剧。剧中主要讲述了以佟湘玉为首的一家小客栈里的人情世故和喜怒哀乐，语言风趣幽默，人物形象生动。该剧堪称国内情景喜剧的巅峰之作。

■ **真题链接**

《武林外传》的编剧是（ ）。

A. 姚晨　　B. 闫妮　　C. 沙叶新　　D. 宁财神

（2012 年四川音乐学院绵阳艺术学院广播电视编导专业招生考试试题）

《喜羊羊与灰太狼》 ★★★☆☆

2005 年 6 月由广东原创动力文化传播有限公司推出的系列动画片，获得了国家动画片最高奖——优秀国产动画片一等奖。此外，该公司还推出了《喜羊羊与灰太狼之牛气冲天》《喜羊羊与灰太狼之虎虎生威》《喜羊羊与灰太狼之兔年顶呱呱》等贺岁电影系列。

■ **真题链接**

谈谈你对《喜羊羊与灰太狼》节目的看法。

（2014 年鲁东大学广播电视编导专业招生考试试题）

1986 年版《西游记》 ★★★☆☆

是一部改编自明代小说家**吴承恩**同名文学古典名著的古装神话电视剧，由**杨洁**执导，六小龄童、徐少华、迟重瑞、汪粤、马德华、崔景富、闫怀礼、刘大刚等主演。讲述的是孙悟空、猪八戒、沙僧保大唐高僧玄奘去西天取经，师徒四人一路降妖伏怪，历经八十一难，取回真经终修正果的故事。该剧获得第六届中国电视金鹰奖最佳男主角奖、中国电视剧飞天奖长篇连续剧特别奖。

■ **真题链接**

1.《敢问路在何方》是下列哪部电视剧中的主题曲？（ B ）

A.《三国演义》　　B.《西游记》　　C.《闯关东》　　D.《亮剑》

（2014 年重庆邮电大学广播电视编导专业招生考试试题）

2. 电视剧《西游记》中，是由“六小龄童”饰演的孙悟空，他的原名叫章金莱。

（2016 年重庆市普通高校编导类专业招生统考试题）

《闯关东》 ★★★☆☆

是一部由**张新建、孔笙**执导，**高满堂、孙建业**编剧，李幼斌、萨日娜、宋佳、朱亚文等领衔主演的大型民族史诗剧作。讲述了从清末到九一八事变爆发前，朱开山和他的家人在闯关东这一历史事件中所参与的淘金、伐木、农耕、放排、二人转、土匪、走马帮、开矿、军阀战争、抗日战争等平凡传奇的历史故事，彰显了与恶劣的生存环境顽强抗争的"闯关东精神"。该剧获得中国电视金鹰奖最佳长篇电视剧奖、中国电视剧飞天奖长篇电视剧一等奖等奖项。

■ **真题链接**

电视剧《闯关东》的编剧是(　　)。

A. 高满堂　　B. 郭宝昌　　C. 陈舒　　D. 李幼斌

(2016 年海南大学戏剧影视文学专业招生考试试题)

李少红 ★★★☆☆

中国内地电影、电视女导演。她执导的影视作品透露出对女性意识的强调和一种对社会、人生的个人化、女性化的思考。其主要作品有电影《红西服》《红粉》**《恋爱中的宝贝》**《血色清晨》《四十不惑》《门》《银蛇谋杀案》等，电视剧**《大明宫词》、《橘子红了》**、《雷雨》、《荣归》、《红楼梦》(2010 年版)、《天地真情》等。

■ **真题链接**

电视连续剧《大明宫词》《橘子红了》的导演是(　　)。

A. 胡玫　　B. 赵宝刚　　C. 郑晓龙　　D. 李少红

(2017 年湖北省普通高校广播电视编导专业统考试题)

胡　玫 ★★★☆☆

是中国屈指可数的电影、电视优秀女性导演之一。在她的作品中，以尖锐的视角、独特的诠释语言和女性的特有方式完美地讲述着一个个故事，以其霸气、犀利、细腻的笔触塑造了一个个生动的人物形象。其主要作品有电影《女儿楼》《孔子》，电视剧**《雍正王朝》**《汉武大帝》《乔家大院》等。

■ **真题链接**

电视剧《雍正王朝》的导演是(　　)。

A. 张纪中　　B. 胡玫　　C. 高希希　　D. 吕大渝

(2014 年海南大学戏剧影视文学专业招生考试试题)

赵宝刚 ★★★★☆

中国著名电视导演、演员，被誉为"中国言情剧第一导演"。其主要作品有电视剧**《渴望》《编辑部的故事》**《拿什么拯救你，我的爱人》《别了，温哥华》《过把瘾》《永不瞑目》《像雾像雨又像风》《婚姻保卫战》**《奋斗》《我的青春谁做主》《北京青年》**等，电影《触不可及》。

■ **真题链接**

导演了电视剧《北京青年》的赵宝刚，还导演过电视剧作品(　　)。

A.《神雕侠侣》　　B.《北京人在纽约》　　C.《新结婚时代》　　D.《奋斗》

(2013 年重庆邮电大学广播电视编导专业招生考试试题)

郑晓龙 ★★★☆☆

中国内地著名导演，先后担任北京电视艺术中心主管生产副主任、主任，是中国电视剧事业的第一批拓荒人。其主要作品有《北京人在纽约》《金婚》《**甄嬛传**》《芈月传》《**红高粱**》等。

■ **真题链接**

电视剧《红高粱》是根据莫言的同名小说改编拍摄而成的，导演是郑晓龙。

（2015 年宝鸡文理学院广播电视编导专业招生考试试题）

（四）电视广告

广　告 ★★★☆☆

是指为了实现宣传的特定需要，通过一定的媒体形式，公开而广泛地向公众传递信息的一种宣传手段。它的特点是篇幅短、播出次数多、制作成本高。广告一般可分为商业广告、公益性广告和形象广告等。

■ **真题链接**

1. 简答题：推荐一则喜欢或厌恶的广告，说明理由。

（2017 年沈阳大学广播电视编导专业招生考试试题）

2. 1979 年 1 月 28 日，＿上海＿电视台播出中国电视历史上第一条商业广告。

（2017 年天津师范大学广播电视编导专业招生考试试题）

中国广告开端 ★★★★☆

1979 年 1 月 28 日，**上海电视台播出的《参桂养容酒》**广告，成为中国第一条电视商业广告。同年 3 月 15 日下午 6 点，中国第一条外商电视广告——“雷达表”电视广告在上海电视台播出。

■ **真题链接**

我国第一条广告播出是在＿＿＿＿电视台。

（2013 年蚌埠学院广播电视编导专业招生考试试题）

电视广告 ★★☆☆☆

是一种以电视为媒体的广告，兼有视听效果并运用了语言、声音、文字、形象、动作、表演等综合手段进行传播，作为一种信息传播方式，具有独占性、广泛性、保存性、印象性等特点，通常用来宣传商品、服务、组织、概念等。

公益广告 ★★★★☆

又称“公共服务广告”。是指不以营利为目的而为社会公众切身利益和社会风尚服务的广告，它具有**社会的效益性、主题的现实性和表现的号召性**三大特点。常见的公益广告有献血公益广告、节水节电公益广告、环境保护公益广告、遵守交通规则公益广告等。

■ **真题链接**

名词解释：公益广告

（2014 年广西壮族自治区普通高校影视传媒类专业招生统考试题）

植入式广告 ★★★★☆

是指把想要宣传的产品及其服务，转化成具有代表性的视听品牌符号，融入影视或舞台产品中的一种广告方式，以达到营销的目的。植入式广告是随着电影、电视、游戏等的发展而兴起的，力图达到一种潜移默化的宣传效果。

第五章 美术常识

本章主要包括四大方面内容：一是**美术基本理论**；二是**中国美术**；三是**外国美术**；四是**书法篆刻**。总体而言，美术常识部分不是整个文艺常识考查的重点，所以考生在学习时只要注意以下几点就可以了。

1. 从历年的出题类型来看，美术基本理论部分**主要是以名词解释题为主**，而且因为都是理论性比较强的知识点，所以建议考生先以理解为主，在理解的基础上再进行记忆，答题时，只要将理解的意思正确表达出来即可。

2. 分析历年文艺常识考试真题可以发现，对于中国美术部分的考查，几乎集中在以下几个知识点上，多年以来一直没有太大变化，主要有：**秦始皇陵兵马俑、画家顾恺之、吴带当风、曹衣出水、画家张择端、扬州八怪、画家齐白石、画家徐悲鸿、擅长画各类物象的几位画家**等。

3. 同样，历年来对于外国美术部分的考查也都是集中在以下几个大的方面，主要有：**巴洛克艺术、印象主义美术、立体主义美术、文艺复兴美术三杰、画家伦勃朗、画家安格尔、雕刻家罗丹、画家梵高、画家列宾、画家毕加索**等。

4. 书法篆刻部分历年来都不是考试的重点，真正需要考生记忆的知识点也不是很多，而且很多知识点在中学时期的学习中也接触过，所以学习起来比较容易。这一部分内容考试时**主要以填空题和选择题的形式出现**。

5. 通过研究历年来的考试真题发现，本章知识点在考试中所占的比重不大，**大约最多能占到总体分值的10%**。考生在学习时只要有重点地记忆刚才提到的高频考点即可，不建议花费过多学习时间。

第一节 美术基本理论

美 术 ★★☆☆☆

是指以一定的物质材料，塑造可视的平面或立体形象，以反映客观世界和表达对客观世界的感受的一种艺术形式，因此，美术又被称为“造型艺术”“空间艺术”或“视觉艺术”等。美术主要包括绘画、雕塑、建筑、工艺美术等类型。从用途角度看，可分为艺术

美术和工艺美术两大系统。

绘 画 ★★☆☆☆

是造型艺术中最主要的一种艺术形式。是指运用线条、色彩和形体等艺术语言，通过造型、设色和构图等艺术手段，在二维空间（即平面）里塑造出静态的视觉形象，以表达作者审美感受的艺术形式。

素 描 ★★☆☆☆

是一种主要以单色线条和块面来表现物象的绘画形式。素描通常作为锻炼绘画基本功的手段，以训练观察和表现客观物象的形体、结构、明暗、质感、量感和空间感的能力。素描也可以作为一种独立的艺术形式运用于创作。

■ **真题链接**

名词解释：素描

（2011 年山东艺术学院公共事业管理专业招生考试试题）

速 写 ★☆☆☆☆

是一种快速的写生方法，是以迅速准确的观察力、简练的线条，扼要地描画出对象的神态、形体、动作等特征的画法。速写可以训练画家的造型综合能力和敏锐的观察力。

雕 塑 ★★★★☆

造型艺术的一种。以各种可塑的黏土、树脂等或可雕可刻的木、石、金属等材料，制作出各种具有实在体积的形象。雕塑一般可分为**圆雕**、**浮雕**、**透雕**等不同形式。由于用途的不同，也分为架上雕塑、纪念性雕塑、装饰性雕塑、建筑性雕塑等。

■ **真题链接**

1. 名词解释：雕塑艺术

（2011 年山东师范大学戏剧影视文学专业招生考试试题）

2. 在平面上雕出凸起的艺术形象的雕刻叫作（ C ）。

A. 圆雕　　B. 浑雕

C. 浮雕　　D. 透雕

（2013 年浙江传媒学院摄影专业招生考试试题）

中国画 ★★★★★

简称“国画”。是在中华民族的土壤中长期形成和发展起来的，并且在世界美术领域中自成独特体系的中国民族绘画。它是用毛笔、墨以及中国画颜料，在特制的宣纸或绢素上作画。从题材上可分为**山水画**、**人物画**和**花鸟画**三大画科。其传统表现技法可分为工笔、写意和工兼写。

■ **真题链接**

1. 简答题：你对中国画有多少了解？中国画有哪些技法和分类？

（2016 年鲁东大学广播电视编导专业招生考试试题）

2. 中国画常见的技法有白描、湿笔、勾股等。

（2016 年聊城大学广播电视编导专业招生考试试题）

3. 名词解释：国画

（2017 年山东艺术学院艺术史论专业招生考试试题）

中国画三大画科 ★★★★☆

按照题材，也就是所画的内容，中国画通常可分为**山水画**、**花鸟画**、**人物画**三大类。

■ **真题链接**

中国画一般分为人物画、________和花鸟画三类。

（2014 年首都师范大学科德学院广播电视编导专业招生考试试题）

山水画 ★★★★☆

也称为**中国山水画**，是指以山川自然景观为主要描写对象的中国传统画科。形成于魏晋南北朝时期，但尚未从人物画中完全分离。隋唐时始独立，五代、北宋时趋于成熟，成为中国画的重要画科。传统上按画法、风格分为**青绿山水**、**金碧山水**、**水墨山水**、**浅绛山水**等。

■ **真题链接**

1. 名词解释：中国山水画

（2013 年广西民族大学广播电视编导专业招生考试试题）

2. 宋代米芾、米友仁父子的“米派”以（ A ）最为著名。

A. 山水画　　B. 花鸟画

C. 人物画　　D. 墨竹画

（2017 年长春光华学院广播电视编导专业招生考试试题）

人物画 ★★★☆☆

中国画的一大画科。人物画是以人物活动为主要描写对象的中国画传统画科，因题材类别的不同，可分为**道释画**、**仕女画**、**风俗画**、**肖像画**、**历史故事画**等；因画法式样的不同，可分为工笔人物、减笔人物、写意人物、泼墨人物、白描人物等。人物画力求人物个性刻画逼真传神、气韵生动、形神兼备。

■ **真题链接**

中国人物画按题材可分为道释画、肖像画、________、风俗画、历史故事画等。

（2013 年黄山学院广播电视编导专业招生考试试题）

花鸟画 ★★★☆☆

在中国画中，凡是以花卉、花鸟、鱼虫等为描绘对象的画，都称为花鸟画。传统花鸟画从技法角度可分为**工笔**、**写意**、**工兼写**三种画法。工笔花鸟画即用浓、淡墨勾勒对象，再深浅分层次着色；写意花鸟画即用简练概括的手法绘写对象；介于工笔和写意之间的就称为工兼写画法。

■ **真题链接**

传统花鸟画从技法角度分为________、________、________。

（2013 年大连艺术学院广播电视编导专业招生考试试题）

工笔画 ★★☆☆☆

中国画传统画法之一，是以精谨细腻的笔法描绘景物的中国画表现方式。工笔画须画在经过胶矾加工过的绢或宣纸上，一般先要画好稿本，然后覆盖上有胶矾的宣纸或绢，用狼毫小笔勾勒线条，然后随类敷色，层层渲染而成。

■ **真题链接**

什么是工笔画？

（2017年长沙学院广播电视编导专业招生考试试题）

写意画 ★★★☆☆

中国画传统画法之一。相对于“工笔画”而言，写意画是用豪放、简练、洒落的笔墨描绘物象的形神，抒发作者的感情的一种绘画。写意画多画在生宣上，写意画中的大写意画是以草书入画，体现了中国人独特的造型观和境界观。

■ **真题链接**

名词解释：写意画

（2012年广西艺术学院文化产业管理专业招生考试试题）

水墨画 ★★★★☆

中国传统绘画的形式之一，是指纯用水墨所作的画。水墨画相传始于唐代，成于五代，盛于宋元，明清及近代以来又有发展。水墨画讲究笔法层次，充分发挥水墨特殊的晕染作用，以求取得“水晕墨章”而“如兼五彩”的独特艺术效果。

■ **真题链接**

名词解释：水墨画

（2012年泰山学院广播电视编导专业招生考试试题）

文人画 ★★★★☆

亦称“士夫画”，中国画的一种。泛指中国封建社会中文人、士大夫所作的画。文人画有别于民间画工和宫廷画院职业画家的绘画，文人画必须画中带有文人情趣、画外流露着文人的思想，讲求笔墨情趣，强调神韵，重视文学、书法修养和画中意境的缔造。在传统绘画里，文人画特有的“雅”与工匠画和院体画有显著区别，其风格独树一帜。其主要特点是具有文学性、哲学性、抒情性等。

■ **真题链接**

1. 名词解释：文人画

（2011年山东师范大学戏剧影视文学专业招生考试试题）

2. 简答题：何谓文人画？文人画有什么特色？

（2014年山东师范大学广播电视编导专业招生考试试题）

年　画 ★★★☆☆

中国特有的一种绘画体裁。始于古代的“门神画”，清光绪年间，正式称为年画。年画是流行于民间的、木版印刷的年节装饰画，题材多以神码、生活风俗、历史故事、戏曲小说、时装美人、风景花卉为主，具有浓厚的民间乡土气息和年节风俗的喜庆色彩。我国著名的四大年画产地是**天津杨柳青、潍坊杨家埠、苏州桃花坞和四川绵竹**。

■ **真题链接**

明清时期形成的四大年画中心是________、________、________、________。

（2009年山东经济学院文化产业管理专业招生考试试题）

西洋画 ★☆☆☆☆

是区别于中国传统绘画体系的西方绘画，简称西画。西洋画包括油画、水彩、水粉、版画、铅笔画等许多画种。传统的西洋画注重写实，以透视和明暗方法表现物象的体

积、质感和空间感，并要求表现物体在一定光源照射下所呈现出的色彩效果。

油 画 ★★★☆☆

是指用透明的植物油调和颜料，在制作过底子的布、纸、木板等材料上塑造艺术形象的绘画。它起源并发展于欧洲，目前已经成为世界上的重要画种。**15 世纪以前欧洲绘画中的蛋彩画是油画的前身。**

■ **真题链接**

1. 15 世纪以前欧洲绘画主要采用(　　)。

A. 油彩　　B. 蛋彩

C. 水粉　　D. 水彩

(2014 年西安工程大学广播电视编导专业招生考试试题)

2. 西方油画是由天主教士利玛窦第一个引进中国的。

(2015 年蚌埠学院广播电视编导专业招生考试试题)

版 画 ★★☆☆☆

是指用刀子或化学药品等在铜版、锌版、木版、石版、麻胶版等版面上雕刻或蚀刻后印刷出来的图画。版画在类型上可分为凸版、凹版和平版等。

壁 画 ★☆☆☆☆

是一种墙壁艺术，以绘制、雕塑或其他造型手段在天然或人工壁面上制作的画。壁画是人类历史上最早的绘画形式之一，原始社会人类在洞壁上刻画各种图形，以记事表情，是最早的壁画。

■ **真题链接**

人类最古老的绘画形式是________。

(2014 年西安工程大学广播电视编导专业招生考试试题)

漫 画 ★★★★☆

绘画种类之一，又称为讽刺画。是指用简单而夸张的手法来描绘生活或时事的图画。一般运用变形、比拟、象征、暗示、影射的方法，构成幽默诙谐的画面或画面组，以取得讽刺或歌颂的效果，是一种具有强烈的讽刺性或幽默感的绘画。

■ **真题链接**

名词解释：漫画

(2015 年新疆艺术学院广播电视编导专业招生考试试题)

浮世绘 ★★★★☆

日本的风俗画、版画。它是日本江户时代兴起的一种独具民族特色的艺术奇葩，是典型的花街柳巷艺术。浮世绘主要描绘人们的日常生活、风景和演剧，通常色彩明艳、线条简练，具有鲜明的日本民族风格。

■ **真题链接**

1. 日本古代有一种独特的多色版画叫________。

(2012 年天津师范大学广播电视编导专业招生考试试题)

2. 名词解释：浮世绘

(2012 年临沂大学广播电视编导专业招生考试试题)

岁寒三友 ★★★★☆

指**松**、**竹**、**梅**三种植物。因这三种植物在寒冬时节仍可保持顽强的生命力而得名，是中国传统文化中高尚人格的象征，也借以比喻忠贞的友谊。

■ **真题链接**

1. “岁寒三友”是指________、________、________。

（2012 年重庆邮电大学广播电视编导专业招生考试试题）

2. 在下列选项中，不是中国传统绘画题材中的“岁寒三友”的是（　　）。

A. 松　　B. 竹　　C. 梅　　D. 兰

（2014 年海南大学戏剧影视文学专业招生考试试题）

三　品 ★★★☆☆

是指我国古代画论中品评艺术高低的三个等级，分别是**神品**、**妙品**、**能品**。

■ **真题链接**

下面哪种说法不属于对书画艺术“三品”的评论？（　　）

A. 神品　　B. 妙品　　C. 能品　　D. 赝品

（2014 年西北师范大学广播电视编导专业招生考试试题）

古代四大美女 ★★★★☆

享有“沉鱼落雁之容，闭月羞花之貌”的中国古代四大美女，分别是**西施**、**王昭君**、**貂蝉**、**杨玉环**。其中，“沉鱼”形容西施，“落雁”形容王昭君，“闭月”形容貂蝉，“羞花”形容杨玉环。

■ **真题链接**

1. 人们常用“沉鱼落雁，闭月羞花”来形容中国古代四大美女，其中“沉鱼”指的是（　　）。

A. 貂蝉　　B. 杨玉环　　C. 西施　　D. 王昭君

（2012 年湖北民族学院广播电视编导专业招生考试试题）

2. 享有“沉鱼落雁之容，闭月羞花之貌”的中国古代四大美女是________、王昭君、貂蝉和________。

（2013 年四川音乐学院广播电视编导专业招生考试试题）

四君子 ★★★★☆

中国画的传统题材，包括**梅**、**兰**、**竹**、**菊**四种花卉，画家用“四君子”来标榜君子的清高品德。

■ **真题链接**

“四君子”是指中国古代文人画中常被表现的________、兰、竹、菊四种花卉。

（2014 年首都师范大学科德学院广播电视编导专业招生考试试题）

中国佛教四大石窟 ★★★★★

指的是以中国佛教文化为特色的巨型石窟艺术景观，包括**甘肃敦煌莫高窟**、**山西大同云冈石窟**、**河南洛阳龙门石窟**、**甘肃天水麦积山石窟**。

■ **真题链接**

1. 名词解释：中国四大石窟

（2013 年西安邮电大学广播电视编导专业招生考试试题）

2. 中国四大石窟包括敦煌莫高窟、大同云冈石窟、洛阳龙门石窟、天水________石窟。

（2014 年聊城大学广播电视编导专业招生考试试题）

中国四大名刹 ★☆☆☆☆

指江苏南京的**栖霞寺**、浙江天台的**国清寺**、山东济南的**灵岩寺**和湖北当阳的**玉泉寺**。

世界四大博物馆 ★☆☆☆☆

指西方媒体评选出的四个国家级博物馆，包括**法国卢浮宫**、**英国不列颠博物馆**（又名**大英博物馆**）、**俄罗斯艾尔米塔什博物馆**和**美国大都会艺术博物馆**。被称为世界四大艺术殿堂。

■ **真题链接**

世界著名的博物馆有法国巴黎的__卢浮宫__博物馆、英国的不列颠博物馆和美国纽约的大都会艺术博物馆。

（2017 年天津师范大学广播电视编导专业招生考试试题）

世界三大宗教及其代表建筑 ★★★☆☆

世界三大宗教为**佛教**、**基督教**和**伊斯兰教**。

佛教代表建筑包括佛寺、佛塔和石窟。基督教代表建筑主要是教堂，其建筑风格有罗马式、拜占庭式和哥特式三种。伊斯兰教代表建筑为清真寺。

■ **真题链接**

世界三大宗教有佛教、________、基督教。

（2014 年宝鸡文理学院广播电视编导专业招生考试试题）

世界七大建筑奇迹 ★★★★☆

分别是：**埃及吉萨（胡夫）大金字塔**、**印度泰姬陵**、中国万里长城、意大利古罗马大斗兽场、希腊雅典卫城的帕特农神庙、法国巴黎的埃菲尔铁塔、柬埔寨的吴哥窟。

■ **真题链接**

1. 古埃及美术最典型的成就是（ B ）。

A. 狮身人面像　　B. 金字塔　　C. 掷铁饼者　　D. 思想者

（2013 年聊城大学广播电视编导专业招生考试试题）

2. __泰姬陵__被称为"印度的珍珠"，是世界新七大奇迹之一。

（2014 年蚌埠学院广播电视编导专业招生考试试题）

罗马式建筑 ★★☆☆☆

又称罗马风建筑、罗曼建筑，是 10 世纪晚期到 12 世纪初欧洲的建筑风格，因采用**古罗马式的券**、**拱**而得名。多见于修道院和教堂，给人以雄浑庄重的印象，罗马式建筑的特征是：**线条简单**、**明快**，**造型厚重**、**敦实**，其中部分建筑具有封建城堡的特征，是教会威严权力的化身。

哥特式建筑 ★★☆☆☆

是 11 世纪下半叶起源于法国，13－15 世纪流行于欧洲的一种建筑风格。哥特式建筑最明显的建筑风格就是**高耸入云的尖顶及窗户上巨大斑斓的玻璃画**。最富盛名的哥特式建筑有俄罗斯圣母大教堂、意大利米兰大教堂、德国科隆大教堂等。

第二节　中国美术

（一）先秦及秦汉美术

司母戊鼎 ★★★☆☆

又称**“司母戊大方鼎”**（有学者认为应称之为“后母戊鼎”）。1939 年出土于河南省安阳市，是**商代**后期王室祭祀用的青铜方鼎，其器型高大厚重，气势宏大，纹饰华丽，工艺高超，是商朝青铜器的代表作。

■ **真题链接**

1. 目前中国发现的最重青铜器是__________。
（2012 年临沂大学文化产业管理专业招生考试试题）

2. 青铜器中著名的大方鼎是____________。
（2015 年四川文化艺术学院文化产业管理专业招生考试试题）

三　孔 ★★★☆☆

曲阜的**孔府**、**孔庙**、**孔林**，统称“三孔”，是中国历代纪念孔子、推崇儒学的表征。“三孔”以丰厚的文化积淀、悠久的历史、丰富的文物珍藏，以及科学艺术价值而著称。1994 年，“三孔”被联合国列入《世界遗产名录》。

■ **真题链接**

“千年礼乐归东鲁，万古衣冠拜素王”，山东曲阜的孔府、__________、孔林统称“三孔”，是中国历代纪念孔子、推崇儒学的表征，被世人尊崇为世界三大圣城之一。
（2013 年云南艺术学院公共事业管理、文化产业管理专业招生考试试题）

战国帛画 ★★★★☆

战国帛画中最具代表性的两幅作品是**《人物龙凤帛画》**和**《人物御龙帛画》**，前者于 1949 年出土于长沙陈家大山楚墓；后者于 1973 年出土于长沙子弹库楚墓。这两幅作品是我国出土最早的绘画实物。

■ **真题链接**

中国现存最早的绘画是长沙两处楚墓出土的《人物御龙帛画》和____________。
（2013 年云南艺术学院公共事业管理、文化产业管理专业招生考试试题）

秦始皇陵兵马俑 ★★★☆☆

被誉为**“世界第八大奇迹”**，位于**陕西省西安市以东 35 千米的临潼区境内**。1974 年春，被当地农民打井时发现。1987 年，被联合国教科文组织批准列入《世界遗产名录》。

■ **真题链接**

简答题：简述兵马俑的艺术特点体现在哪些方面。
（2013 年西安邮电大学广播电视编导专业招生考试试题）

马踏飞燕 ★★★☆☆

东汉青铜器，1969年出土于甘肃武威的一座东汉墓中，现藏甘肃省博物馆。马踏飞燕又名“马超龙雀”“铜奔马”，奔马身高34.5厘米，身长45厘米，宽13厘米。**1983年10月，“马踏飞燕”被国家旅游局确定为中国旅游标志；1986年，被定为国宝级文物。**

■ **真题链接**

在甘肃省武威出土的青铜器制品《________》被国家旅游局定为中国旅游标志。

A. 天女散花　　B. 马踏飞燕
C. 万马奔腾　　D. 雁渡寒潭

（2011年鲁东大学广播电视编导专业招生考试试题）

（二）魏晋南北朝美术

六朝三杰 ★★★☆☆

是指六朝时期的三位著名画家，即**东晋顾恺之、南朝宋陆探微、南朝梁张僧繇**。顾恺之作画，意在传神，其“迁想妙得”“以形写神”等论点，为中国传统绘画的发展奠定了基础。陆探微作画时用笔有“连绵不断”的特点，称为“一笔画”。张僧繇对绘画有独特创造，画山水不以笔墨勾勒，史称“没骨山水”，自成一家。

■ **真题链接**

下列不属于六朝三杰的是（　　）。

A. 顾恺之　　B. 张僧繇　　C. 曹不兴　　D. 陆探微

（2013年临沂大学广播电视编导专业招生考试试题）

顾恺之 ★★★★★

是**东晋时期**伟大的画家和绘画理论家。其绘画特点是注重表现人物的精神面貌，尤其是对眼神的描绘。主要绘画作品有**《女史箴图》《洛神赋图》**《列女仁智图》等，理论专著有《论画》。

■ **真题链接**

1. 名词解释：顾恺之

（2013年山东师范大学戏剧影视文学专业招生考试试题）

2. 东晋著名画家顾恺之的代表作是（　　）。

A.《雪溪图》　　B.《雨春图》
C.《女史箴图》　　D.《富春山居图》

（2016年甘肃省普通高校戏剧与影视学类专业招生统考试题）

3. 中国古代著名画家顾恺之的代表作品是（　　）。

A.《天王送子图》　　B.《关山行旅图》　　C.《洛神赋图》

（2017年天津工业大学广播电视编导专业招生考试试题）

4.“传神”是我国肖像的传统名称，源于晋代________的“传神写照”一语，即绘画人物，能生动传达其神情意态。

（2017年天津师范大学广播电视编导专业招生考试试题）

张僧繇 ★★☆☆☆

南朝萧梁时期画家，其主要创作领域为佛寺壁画。张僧繇画风独特，与顾恺之、陆探微的“笔迹周密”的“密体”相比，他被称为“笔才一二，像已应焉”的**“疏体”**，而且，他创造的艺术形象也独具特色，被称为“张家样”。

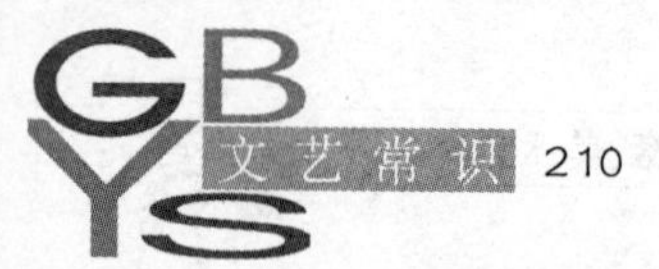

陆探微 ★★☆☆☆

南朝宋明帝时宫廷画家。据传他是正式以书法入画的创始人，他把东汉张芝的草书体运用到绘画上，形成气势连绵的“一笔画”笔法。创作人物画时，他把当时尚玄学、重清谈的六朝人士描绘成**“秀骨清像”**，概括生动。

曹仲达 ★★★☆☆

是来自中亚曹国的北齐画家，他**以画梵像著称**，被誉为**“曹家样”**。曹仲达笔下的人物，通常是“其体稠叠而衣服紧窄”，人称**“曹衣出水”**。

■ **真题链接**

1.我国古代绘画中盛传“吴带当风，曹衣出水”，这是指吴道子、曹仲达绘画中表现的（　A　）。

A.线条美　　B.色彩美　　C.形体美　　D.装饰美

（2015 年临沂大学广播电视编导专业招生考试试题）

2.“曹衣出水”指的是：＿＿＿＿＿＿＿＿＿＿＿＿。

（2017 年北京电影学院戏剧影视文学专业招生考试试题）

谢　赫 ★★★☆☆

南朝齐梁间画家、绘画理论家。其撰写的《画品》是古代第一部对绘画作品、作者进行品评的理论专著，书中论述了绘画的社会功能，提出了绘画的品评标准**“六法论”**。“六法”分别是：气韵生动、骨法用笔、应物象形、随类赋彩、经营位置、传移模写。

■ **真题链接**

提出“气韵生动”美术概念的是（　　）。

A.顾恺之　　B.谢赫　　C.阎立本　　D.顾闳中

（2015 年广西壮族自治区普通高校影视传媒类专业招生考试试题）

敦煌壁画 ★★★☆☆

敦煌壁画的内容丰富多彩，主要描写神的形象、神的活动、神与神的关系、神与人的关系等，以寄托人们善良的愿望，安抚人们的心灵。**“飞天”是敦煌壁画艺术的标志**。著名的敦煌壁画有《鹿王本生故事图》《萨那太子本生故事图》等。

■ **真题链接**

敦煌壁画《鹿王本生故事图》是北魏时期的作品。

（2015 年甘肃省普通高校编导类专业招生统考试题）

（三）隋唐五代美术

展子虔 ★★☆☆☆

北周末隋初的杰出画家，也是现在唯一有画迹可考的隋代著名画家。其传世作品**《游春图》是中国现存最早的卷轴山水画**。《游春图》以青绿勾填法描写山川、人物，画面取俯瞰式构图，有着“远近山川，咫尺千里”的效果。展子虔的《游春图》开创了青绿山水的端绪，对后世有深远的影响。

■ **真题链接**

1.中国第一幅山水画是（　　）。

A.《游春图》　　B.《溪山行旅图》　　C.《兰竹图》　　D.《秋山图》

（2013 年赣南师范学院广播电视编导专业招生考试试题）

2.与当时画家董伯仁齐名的________是现在唯一有迹可考的隋代著名画家,其传世之作《________》是中国山水画中独具风格的画体,亦是中国现存最古老的山水画。

(2016 年云南师范大学广播电视编导专业招生考试试题)

吴道子 ★★★★★

唐代著名画家,被誉为**“画圣”**。他的创作成就主要表现在**宗教绘画**上,其独创的宗教图像样式被称为“吴家样”。吴道子中晚年用笔豪放遒劲,所画人物衣褶有飘举之势,与曹仲达所画外国佛像衣稠紧窄有别,故称为**“吴带当风,曹衣出水”**。其主要作品有**《送子天王图》**《维摩诘图》等。

■ **真题链接**

1.成语“吴带当风”中的“吴”是指画家________,他被后人尊为“画圣”。

(2016 年甘肃省普通高校戏剧与影视学类专业招生统考试题)

2.________被后世尊为画圣,《送子天王图》是他著名的作品之一,他笔下的人物神情生动逼真,衣带飘飘若飞,人们称之为“________”。

(2017 年河南省普通高等学校编导制作类专业招生统考试题)

阎立本 ★★★★☆

唐代著名宫廷画家。工于写真,尤擅故事画,取材多是贵族、官宦以及宫廷历史事件,其主要作品有**《步辇图》**《历代帝王图》《职贡图》《凌烟阁二十四功臣像》《秦府十八学士图》等。其中《步辇图》描绘的是贞观十五年唐太宗接见吐蕃松赞干布的使者和亲的场面。

■ **真题链接**

1.描绘唐太宗接见吐蕃松赞干布使者和亲场面的是阎立本的作品________。

(2013 年广西艺术学院文化产业管理专业招生考试试题)

2.《步辇图》的作者是________。

(2014 年黄淮学院广播电视编导专业招生考试试题)

3.阎立本的代表作品是________。

(2015 年陕西师范大学广播电视编导专业招生考试试题)

李思训 ★★★☆☆

唐代杰出画家,以战功闻名于世,史称“大李将军”。李思训擅画青绿山水,题材上多表现幽居之所,画风精丽严整,为五代和北宋时期的山水画奠定了基础。其主要作品是**《江帆楼阁图》**,唐人推崇他的作品为“国朝山水第一”。

李昭道 ★★☆☆☆

唐代画家,为李思训之子,同样以山水画创作享有盛名,史称“小李将军”。李昭道画的山水楼阁,设色用笔稍变其父法,被认为“变父之势,妙又过之”。其主要作品是**《明皇幸蜀图》**,表现的是唐明皇因安史之乱入蜀避难的故事。

王　维 ★★★★★

盛唐著名诗人,也是影响深远的山水画家。他以诗入画,创造出简淡抒情的意境,并创立了“破墨”山水的技法,发展了山水画的笔墨意境。**苏轼对其评价:“诗中有画,画中有诗”**。其主要作品有《雪溪图》《辋川图》等。

■ **真题链接**

1. 诗句“明月松间照，清泉石上流”的作者是（ D ）。

A. 王勃　　B. 骆宾王

C. 王粲　　D. 王维

（2013 年重庆邮电大学广播电视编导专业招生考试试题）

2. 苏轼评价王维的诗：“味摩诘之诗，__________；观摩诘之画，__________”。

（2014 年蚌埠学院广播电视编导专业招生考试试题）

3. 诗人（　）诗画俱佳，被誉为“诗中有画，画中有诗”。

A. 欧阳修　　B. 郑板桥

C. 王维　　D. 唐寅

（2016 年甘肃省普通高校戏剧与影视学类专业招生统考试题）

曹　霸 ★★★☆☆

唐玄宗时期画家，擅画御马和功臣像，由他修补的**《凌烟阁二十四功臣图》**以及御马，笔墨沉着，神采生动。

韩　幹 ★★★☆☆

唐代杰出画家，**擅长画马**。其作画重视写生，遵循写实主义的创作原则，坚持以真马为师，遍绘宫中及诸王府之名马。其主要作品有《照夜白图》《牧马图》等。

韩　滉 ★★★☆☆

唐代著名画家，**擅长画牛**。曾作**《五牛图》**，画中的五头牛均用线勾勒，略施晕染，虽角度不同，却神态各异，栩栩如生，可见当时的造型能力和笔墨技巧已相当精湛。

■ **真题链接**

唐代画家________的《五牛图》，是中国十大传世名画之一。画中的五头牛从左至右一字排开，各具状貌，姿态互异。

（2014 年聊城大学东昌学院广播电视编导专业招生考试试题）

张　萱 ★★★☆☆

盛唐时期著名画家。以擅绘贵族仕女、宫苑鞍马著称，常以宫廷游宴入画，其主要作品有**《虢国夫人游春图》《捣练图》**等。

■ **真题链接**

《虢国夫人游春图》的作者是（　）。

A. 吴道子　　B. 杨宁　　C. 张萱　　D. 张择端

（2016 年天津工业大学广播电视编导专业招生考试试题）

周　昉 ★★★☆☆

唐代画家。题材主要表现贵族生活，所画仕女多为秾丽丰肥之态，作品中体现出对社会现实和人物心理状态的深刻理解，表现了仕女们华丽的外表下空虚、寂寞、无聊的内心世界。同时周昉也是一名宗教画家，他创作的“水月观音”体的佛画样式，被称为“周家样”。其主要作品有**《簪花仕女图》《挥扇仕女图》**。

■ **真题链接**

唐代画家周昉的代表作品是________。

（2013 年安阳师范学院广播电视编导专业招生考试试题）

张彦远 ★★☆☆☆

晚唐时期重要的书法家和书画理论家。他在采集前人著述加以汇集整理的基础上，发表自己的见解，作成**《历代名画记》**，这是中国第一部体例完备、史论结合、内容宏富的绘画通史著作。

唐三彩 ★★★★☆

是一种**低温釉陶器**，盛行于唐代，主要用途是作为冥器用于随葬。其工艺原理是在色釉中加入不同的金属氧化物，经过焙烧，便形成浅黄、赭黄、浅绿、深绿、天蓝、褐红、茄紫等多种色彩，但多以黄、赭、绿三色为主，故名为"唐三彩"。唐三彩以造型生动逼真、色泽艳丽和富有生活气息而著称于世。

■ **真题链接**

1. ________是一种盛行于唐代的陶器，以黄、赭、绿为基本釉色。

（2014 年广州大学广播电视编导专业招生考试试题）

2. 唐三彩是一种低温釉（ A ）。

A. 陶器　　B. 彩瓷　　C. 青花瓷　　D. 黑陶

（2017 年武昌首义学院广播电视编导专业招生考试试题）

昭陵六骏 ★★★☆☆

昭陵是唐朝第二代皇帝李世民的陵墓，"六骏"是指李世民经常乘骑的六匹战马，唐太宗李世民令雕刻名匠将其征战时骑乘过的六匹战马刻成浮雕，世称"昭陵六骏"。

周文矩 ★★★☆☆

五代南唐画家，擅画人物、仕女。他的画能在平凡的细节中表现人物的精神情态，写实技巧超出一般唐人水平。其主要作品有**《重屏会棋图》**《宫中图》等。《重屏会棋图》描绘的是南唐中主李璟与其兄弟对弈的场景，因背景的屏风中又画一屏风，故名"重屏"。

顾闳中 ★★★★☆

五代南唐画家，以画人物肖像著称。其主要作品是**《韩熙载夜宴图》**，该画以长卷形式分为夜宴、观舞、休息、演乐、宾客酬应等五个场面，刻画了失意官僚的矛盾心理和腐朽的生活面貌，具有深刻的现实意义。

■ **真题链接**

1. 名词解释：《韩熙载夜宴图》

（2011 年四川大学美术学专业招生考试试题）

2.《韩熙载夜宴图》的作者顾闳中是哪个朝代的画家？（　　）

A. 南唐　　B. 宋代　　C. 清代　　D. 明代

（2014 年池州学院广播电视编导专业招生考试试题）

3.《韩熙载夜宴图》的作者顾闳中是________时期的画家。

（2016 年北京电影学院电影学专业招生考试试题）

荆　浩 ★★★☆☆

五代后梁画家。因避战乱，曾隐居于太行山洪谷，故自号"洪谷子"。他擅画山水，因长期接触北方的自然山川，所以笔下的山水大都气势巍峨。其主要作品是**《匡庐图》**，理论著作是**《笔法记》**。

关 仝 ★★★☆☆

五代末及宋初的画家。其作品多表现北方山川峻伟荒寒的景象，具有很强的艺术感染力，被称为“关家山水”。其主要作品有**《关山行旅图》**和《山溪待渡图》。

董 源 ★★☆☆☆

五代时期南唐画家，擅画山水。因为他生活在山明水秀的南方，所以与荆浩、关仝的北方山水相比，其作品更具秀美抒情的意趣。其主要作品有**《潇湘图》**《夏山图》《龙宿郊民图》等。

巨 然 ★★☆☆☆

五代、宋初画家，擅画山水，师承董源，但较之董源更充满田园自然风致。巨然的山水画笔墨秀润，对后世江南山水画派的发展有重大影响。其主要作品有**《秋山问道图》**《万壑松风图》《层岩丛树图》等。

黄 筌 ★☆☆☆☆

西蜀宫廷画家。擅画花竹翎毛，所画多为宫廷中的奇禽名花，勾勒精细，设色浓丽，有“黄家富贵”之称，是一位技艺全面的画家。其主要作品是**《写生珍禽图》**。

徐 熙 ★★★☆☆

南唐杰出画家。擅画花竹林木、蝉蝶草虫。在画法上，他一反唐以来流行的晕淡赋色，另创一种**“落墨”**的表现方法，被宋人称为**“徐熙野逸”**。其主要作品有《雪竹图》。

（四）宋元明清美术

崔 白 ★★☆☆☆

北宋中后期画家。擅长画花竹翎毛，尤其精于败荷、芦雁等的描绘，富于野情野趣。崔白的花鸟画打破了自宋初一百年来以“黄家富贵”为标准的花鸟体制，开北宋宫廷绘画之新风。其主要作品有《双喜图》《寒雀图》《竹鸥图》等。

赵 佶 ★★★★☆

即宋徽宗，同时也是北宋时期的画家、书法家。他擅画花鸟画，重视写实，作品多为细腻柔丽的典型宫廷花鸟画，某些作品中还带有萎靡柔媚的气息。其主要作品有《瑞鹤图》《芙蓉锦鸡图》等。其在书法上也有较高的造诣，创造出了独树一帜的**“瘦金体”**。

文 同 ★★★☆☆

北宋时期**最善于画竹的画家**。他注重体验，主张“胸有成竹”后再动笔，有“墨竹大师”之称。文同的画造型真实，画风严谨而潇洒自然，开创了“湖州竹派”。其主要作品是**《墨竹图》**。

■ **真题链接**

文同被收藏在台北故宫博物院的作品是《墨竹图》。

（2012年云南艺术学院公共事业管理专业招生考试试题）

武宗元 ★★☆☆☆

北宋时期重要的宗教画家。其主要作品是**《朝元仙仗图》**，画中人物衣纹用圆浑磊落的莼菜条描法，伴乐起舞，衣袂翩翩，气氛欢快，有"吴带当风"的特色。

李公麟 ★★☆☆☆

北宋时期著名画家。其人物画长于形象创造，勇于突破成规，别创新样，善于表现画家的情怀感受，构思新颖而有深度，创造了不着色彩而完全以墨笔线描塑造形象的画法，称为**"白描"**。其主要作品有《五马图》《龙眠山庄图》《临韦偃牧放图》等。

张择端 ★★★★★

北宋后期卓越的风俗画家，擅长画建筑、车船等风俗题材。其主要作品是**《清明上河图》**。该画卷以全景式构图、严谨精细的笔法展示出北宋都城汴梁市民的生活状况和汴河上店铺林立、市民熙来攘往的热闹场面。画家在创作时采用散点透视，整幅画卷有铺垫、有起伏、有高潮，长卷构图中充满了戏剧性情节和引人入胜的细节描写。《清明上河图》代表了宋代风俗画发展的最高水平，通过这幅画，可以了解北宋的城市面貌和当时各阶层人民的生活，具有极高的史料价值。

■ **真题链接**

1. 名词解释：美术作品《清明上河图》
(2013 年广西艺术学院文化产业管理专业招生考试试题)

2.《清明上河图》的作者是(　　)。
A. 明朝的张择端　　B. 宋朝的张择端　　C. 唐朝的颜真卿　　D. 清朝的任伯年
(2014 年平顶山学院广播电视编导专业招生考试试题)

3. 简答题：《清明上河图》的作者是谁？有哪些特点？
(2015 年长沙学院广播电视编导专业招生考试试题)

4.《清明上河图》描写的城市是汴梁(今河南开封)。
(2017 年重庆邮电大学广播电视编导专业招生考试试题)

5. 北宋张择端所画的《清明上河图》其构图用的典型方法是(　B　)。
A. 焦点透视法　　B. 散点透视法　　C. 几何透视法　　D. 空气透视法
(2017 年安徽省普通高校艺术专业招生统考试题)

李　成 ★★☆☆☆

北宋时期山水画家。他的画多作平远寒林，画法简练，笔势锋利，好用淡墨，有"惜墨如金"之称。他画的山石好像是卷动的云，后人称这种表现技法为**"卷云皴"**。其主要作品有《读碑窠石图》《寒林平野图》等。

范　宽 ★★★☆☆

北宋时期山水画家。他的作品多取材于其家乡陕西关中一带的山岳，并成功地刻画出了北方关陕地区"山峦浑厚，势状雄强"的特色，被誉为"得山之骨""与山传神"。范宽还擅画雪景，被称赞为"画山画骨更画魂"。其主要作品是**《溪山行旅图》**，该画作被誉为山水画中的"第一神品"。

■ **真题链接**

宋代画家范宽的《溪山行旅图》是山水画的"第一神品"。
(2011 年云南艺术学院文化产业管理专业招生考试试题)

梁楷 ★★☆☆☆

南宋时期著名书画家。他既能创作精妙严谨的图画，又擅长描绘洗练放逸的减笔画，其人物画多以佛教禅宗人物或文人雅士为题材。其主要作品有《六祖伐竹图》《布袋和尚图》《泼墨仙人图》等。

南宋四家 ★★★☆☆

分别是**李唐**、**刘松年**、**马远**、**夏圭**。

李唐的山水画严谨质朴，气象雄伟，开创了南宋山水画之新风。其主要作品有《万壑松风图》《清溪渔隐图》。刘松年的画风严谨不苟，水墨青绿兼工，其主要作品有《四景山水图》。马远的创作善于在章法上取舍剪裁，描绘山之一角、水之一涯的局部，人称**“马一角”**。其主要作品有《踏歌图》《寒江独钓图》。夏圭的作品剪裁大胆，突破全景式构图而画边角之景，人称**“夏半边”**，其主要作品有《溪山清远图》《西湖柳艇图》。

■ **真题链接**

南宋画家马远在创作中常用边角式构图，被称为“________”。

（2013 年云南艺术学院公共事业管理/文化产业管理专业招生考试试题）

宋代五大名窑 ★★★☆☆

中国宋代瓷器生产，以**汝窑**、**官窑**、**哥窑**、**钧窑**、**定窑**五个窑口的产品最为有名，后人统称其为“宋代五大名窑”。

■ **真题链接**

宋代著名的瓷窑有汝窑、官窑、________、钧窑、________。

（2013 年山东女子学院文化产业管理专业招生考试试题）

苏州四大园林 ★★★☆☆

分别是**沧浪亭**、**狮子林**、**拙政园**、**留园**。这四处园林分别代表着宋、元、明、清四个朝代的艺术风格，被称为苏州“四大名园”。

■ **真题链接**

1. 中国苏州的四大园林分别是________、狮子林、拙政园和留园。

（2013 年山东女子学院文化产业管理专业招生考试试题）

2. 中国现存的私宅园林以苏州最多，下列选项中不是苏州四大园林的是（　　）。

A. 狮子林　　B. 留园　　C. 寄畅园　　D. 拙政园

（2014 年海南大学戏剧影视文学专业招生考试试题）

赵孟頫 ★★★★☆

元代画坛中心人物，其主要成就在书画方面。赵孟頫的艺术主张有两点：一是标榜“古意”，提倡继承唐与北宋绘画，重神韵，倡清雅朴素之风；二是强调书法与绘画的关系，将书法用笔引入绘画中，增强艺术表现力。其代表作品有**《鹊华秋色图》**《秋郊饮马图》《秀石疏林图》等。

■ **真题链接**

1. 名词解释：《鹊华秋色图》

（2012 年山东财经大学文化产业管理专业招生考试试题）

2.《鹊华秋色图》展现了济南的风光，由元代书画家________所绘。

（2014 年济南大学泉城学院摄影专业招生考试试题）

3. 中国古代书法史上著名的“楷书四大家”是唐代的颜真卿、柳公权、欧阳询和元代的赵孟頫，其中二人楷书风格挺劲有力又有所差异，并称“颜筋柳骨”。

（2015 年河南省普通高校编导制作类专业招生统考试题）

元四家 ★★★☆☆

分别是**黄公望、吴镇、倪瓒、王蒙**。黄公望的作品多描绘虞山、富春等地的江南自然景色，其主要作品是**《富春山居图》**。吴镇擅画山水、梅花、竹石，其主要作品是《渔父图》《雪竹图》。倪瓒所画山水主要表现太湖一带的风光，景中多不画人，其主要作品有《渔庄秋霁图》《水竹居图》。王蒙的山水多表现隐居生活，其主要作品是《青卞隐居图》等。

■ 真题链接

电影《富春山居图》是在 2013 年引发了国内众多争议的作品，书画作品《富春山居图》的作者是（　　）。

A. 吴道子　　B. 方君璧

C. 黄公望　　D. 赵孟頫

（2014 年重庆市普通高校编导类专业招生统考试题）

王　冕 ★★☆☆☆

元代著名画家，以画梅著称，尤攻**墨梅**。王冕擅画繁花满枝的梅树形象，是画坛上以画墨梅开创写意新风的画家，他以墨梅抒怀，流露出不甘与黑暗社会同流合污的精神。其主要作品是《墨梅图》。

吴门四家 ★★☆☆☆

产生于明代中期的苏州，分别是**沈周、文徵明、唐寅、仇英**四位明代画家。“吴门四家”中的沈周与文徵明是吴门派文人画最突出的代表。

■ 真题链接

明四家是沈周、文徵明、唐寅、仇英。

（2016 年聊城大学广播电视编导专业招生考试试题）

沈　周 ★☆☆☆☆

明代著名画家。其作品构图平稳，境界宁静幽雅，洋溢着平和怡悦的气氛。其主要作品有《夜坐图》《庐山高图》等。

文徵明 ★☆☆☆☆

明代著名画家。其山水画以细笔为主，作品情调娴静典雅，布景缺少纵深空间表现，追求平面感。笔墨干枯中见秀润，设色清丽雅洁，充满“士气”，具有很强的抒情意味。其主要作品是《古木寒泉图》《万壑争流图》等。

唐　寅 ★★☆☆☆

明代著名画家。字伯虎，号六如居士、桃花庵主等。唐寅修养广博，才华横溢，画作题材范围宽广，形成以“院体”工细为主而兼具文人画笔墨的意趣与风格。其仕女画富有时代特色，创造了细腰纤瘦、眼眉细小、樱桃小口、下巴尖尖的艺术形象。其山水画状物真实，抒情自然，作风沉郁潇洒。其主要作品有**《落霞孤鹜图》**《王蜀宫妓图》等。

仇 英 ★☆☆☆☆

明代著名画家。他擅长工笔重彩人物与青绿山水，在精丽秀美中透露妍雅温润，具有一种雅俗共赏的风格。仇英的绘画题材狭窄，但他的临古功力深厚精湛。其主要作品有《桃源仙境图》《松溪高士图》《汉宫春晓图》等。

青藤白阳 ★★☆☆☆

徐渭与陈淳并称为“青藤、白阳”。陈淳的绘画属文人隽雅一路，尤擅写意花鸟，画风呈现放逸之态。而徐渭则发展出了“泼墨大写意”的花鸟画风格，以狂草般的笔法纵情挥洒，抒发悲愤，他把中国写意花鸟画推向了能够强烈抒写内心情感的极高境界，成为中国写意花鸟画发展的里程碑。二人对清代扬州画派和近代海派花鸟画都产生了重要影响。

南陈北崔 ★☆☆☆☆

指的是**画家陈洪绶和崔子忠**。陈洪绶是明末著名的人物画家，号老莲，他的人物画力追古法，融古开今，具有丰富的想象力和装饰意味，其主要作品是《归去来辞图》。崔子忠所画人物描绘精细，气息古朴，尤擅白描，颇有新意。其主要作品有《云中玉女图》《伏生授经图》等。

董其昌 ★★★☆☆

明代后期著名书画家。他著有《画旨》一书，提出山水画**“南北宗”**论，重倡文人画，强调模仿古人，讲究章法形势，追求“士气”。其主要作品有《秋兴八景图》等。

■ **真题链接**

董其昌以禅宗南北宗派比喻山水画的不同风格，将王维定为南宗始祖。

（2014年云南艺术学院文化产业管理专业招生考试试题）

清初四僧 ★★☆☆☆

分别是**朱耷、石涛、弘仁和髡残**四位清初画家。

朱耷号八大山人，他的作品往往以象征手法抒写心意，如画鱼、鸭、鸟等，皆以白眼向天，充满倔强之气。他画山水，则多取剩山残水，使人有“墨点无多泪点多”之感。其主要作品有《眠鸭图》《孔雀竹石图》等。

石涛自称苦瓜和尚。他轻视泥古不化之风，强调画家要投身到大自然中去，“搜尽奇峰打草稿”。其主要作品有《泼墨山水卷》《山水清音图》等。

弘仁注重从大自然中吸收营养，直师造化，真实地传达出山川之美和新奇之姿，而又升华为超脱现实世界的理想化境像，隐晦地传达出画家的遗民意识。其主要作品有《冈陵图》《黄海松石图》等。

髡残是一位遗民意识十分强烈的画僧，以强烈的主观情感抒写胸中山川，作品洋溢着蓬勃的生机。其主要作品有《苍翠凌天图》《苍山结茅图》等。

清初四王 ★★★☆☆

是指清初**王时敏、王鉴、王翚、王原祁**四位画家。他们继承了明末董其昌的绘画理论，注重对古代文人画的临摹，对我国传统山水画技法的继承发展具有一定积极的意义。但他们只重临古，忽视了对客观世界的观察体验，所以绘画缺少生气和创意，有走程式化的趋势。

■ **真题链接**

“清初四王”分别是指_______、_______、_______、_______。

(2013年大连艺术学院广播电视编导专业招生考试试题)

扬州八怪 ★★★★☆

清代乾隆年间活跃在江苏扬州画坛的革新派画家之总称，主要以**金农、郑燮(郑板桥)、黄慎、李鱓、李方膺、汪士慎、罗聘、高翔**八人为代表。其共同特点是愤世嫉俗，重视思想、人品、学问、才情对绘画创作的影响。画题以花卉为主，摆脱了画坛上保守派恪遵清规戒律的影响，高度发挥了即景写生、即景抒情的创造意志。他们都擅长书法、文学、印章，形成了诗、书、画综合艺术的整体，把传统写意画发展到一个新高度。

■ **真题链接**

回答考官提问：说出扬州八怪的名字。

(2016年南京艺术学院广播电视编导专业招生考试试题)

郑板桥 ★★★★★

“扬州八怪”中最著名的代表人物，清代的政治家、文学家、书画家，以画梅兰竹菊著称，也擅画花鸟枯石，**尤其擅长画竹**，其主要作品有**《墨竹图》**《兰竹图》。

■ **真题链接**

1.“扬州八怪”中擅长画竹子的画家是_______。

(2014年河南省普通高校编导制作类专业招生统考试题)

2.清代画家郑板桥所说的从“眼中之竹”到“胸中之竹”，再到“手中之竹”，形象地描述了艺术创造的过程。

(2017年衡水学院广播电视编导专业招生考试试题)

清末三大画家 ★★★☆☆

分别是**任伯年、吴昌硕、赵之谦**。任伯年的创作题材丰富，有人物画、肖像画，也有历史故事和民间传说，内容通俗易懂。其主要作品有《苏武牧羊》《钟馗图》《三友图》等。吴昌硕擅长大写意花卉，并把诗、书、画、印熔为一炉。其主要作品有《桃实图》《紫藤图》等。赵之谦也是一位书、画、篆刻全能大师，其主要作品有《异鱼图》《瓯中物产卷》等。

■ **真题链接**

清末三大画家是指_______、_______、_______。

(2013年广西民族大学广播电视编导专业招生考试试题)

岭南画派 ★★★☆☆

是指由广东籍画家组成的一个地域画派。创始人为**高剑父**、高奇峰、陈树人，简称“二高一陈”。此画派注重写生，融汇中西绘画之长，以革命的精神和强烈的时代责任感改造中国画，并保持了传统中国画的笔墨特色，创制出有时代精神和地方特色、气氛酣畅热烈、笔墨劲爽豪纵、色彩鲜艳明亮、水分淋漓、晕染柔和匀净的现代绘画新格局。

■ **真题链接**

下列美术家不属于“岭南画派”的一项是(　　)。

A.高剑父　　B.高奇峰

C.陈树人　　D.黄独峰

(2016年广西壮族自治区普通高校广播影视编导类专业招生统考试题)

（五）近现代美术

齐白石 ★★★★★

国画艺术大师、书法篆刻家、诗人。擅画小动物，**尤擅画虾**。他的艺术主张有以下几点：一是必须以真情实感为依据进行艺术创作；二是坚持艺术创作“妙在似与不似之间”的信条；三是把诗与画融为一体；四是作品要简练粗犷，爽健盎然。其主要作品有《墨虾》《蛙声十里出山泉》等。他与傅抱石并称**“南北二石”**。

■ **真题链接**

1. 下列画家中没有留过学的是（ B ）。

A. 张大千　　B. 齐白石　　C. 徐悲鸿　　D. 高剑父

（2011 年北京电影学院导演专业招生考试试题）

2. 提出“万虫写照，百鸟传神”，代表作有《墨虾》等作品的近代国画大师是齐白石。

（2013 年广西艺术学院文化产业管理专业招生考试试题）

3. 我国近现代画家中，长于虾、白菜、荷花等花鸟题材，并被授予“人民艺术家”的是（ B ）。

A. 吴道子　　B. 齐白石

C. 黄宾虹　　D. 张大千

（2014 年四川音乐学院绵阳艺术学院摄影专业招生考试试题）

4. 被称为“南北二石”的画家是_______和_______。

（2014 年蚌埠学院广播电视编导专业招生考试试题）

张大千 ★★★☆☆

20 世纪中国画坛最具传奇色彩的国画大师。其 30 岁以前的画风是“清新俊逸”，50 岁进于“瑰丽雄奇”，60 岁以后达到“苍深渊穆”之境，80 岁后气质淳化，笔简墨淡。其主要作品有《爱痕湖》《庐山图》《丹山春晓》《长江万里图》等。**张大千与齐白石一南一北两位绘画大师，被人们称为“南张北齐”**。

■ **真题链接**

被称为“南张北齐”的画家是张大千和齐白石。

（2017 年河北美术学院广播电视编导专业招生考试试题）

黄宾虹 ★★☆☆☆

中国现代杰出的山水画大师、书法家、书画鉴定家。他在山水画上成就突出，形成了“黑、密、厚、重”的独特风格。他对中国画笔墨技法也有深入研究，概括出**“五笔七墨”**之说，“五笔”指平、圆、留、重、变；“七墨”指浓、淡、破、泼、积、焦、宿，有“千古以来第一用墨大师”之誉。其代表作有《山中坐雨》《青山红树》等。

傅抱石 ★★★★☆

中国著名画家、美术教育家，擅画山水。中年创立“抱石皴”，笔致放逸，气势豪放，尤擅作泉瀑雨雾之景；晚年多作大幅，气魄雄健，具有强烈的时代感。人物画多作仕女、高士，形象高古。其主要作品有**《江山如此多娇》**《韶山》《待细把江山图画》等。

■ **真题链接**

_______与齐白石并称“南北二石”，是“新山水画”的代表画家，代表作《江山如此多娇》（与关山月合作）悬挂在人民大会堂。

（2013 年聊城大学广播电视编导专业招生考试试题）

潘天寿 ★★☆☆☆

中国现代著名画家、美术教育家，曾任中国美协副主席、浙江美院院长。他为继承和发展我国传统绘画艺术、培养美术人才做出了可贵的贡献。潘天寿精于画写意花鸟和山水，偶作人物，他的**“指画”**也别具一格，成就极为突出。其主要作品有《映日》《江洲夜泊》《山居图》等。

徐悲鸿 ★★★★★

中国杰出的画家和美术教育家，中国现代美术事业的奠基人之一，被誉为中国近代“绘画之父”。徐悲鸿**尤擅画马**，其主要作品有中国画**《八骏图》**《愚公移山》《九方皋》《田横五百士》《巴水汲人》等。

■ **真题链接**

徐悲鸿取法西方古典写实绘画，力倡用“写实主义”改造中国画。徐悲鸿擅长画________。

（2016 年宝鸡文理学院广播电视编导专业招生考试试题）

林风眠 ★★☆☆☆

中国现代著名画家、美术教育家。他提倡兼收并蓄，调和中西艺术，并身体力行，创造出富有时代气息和民族特色的、高度个性化的抒情画风，为中国现代绘画提供了切实可行的发展思路和风格典范。其代表作品有**《人道》《痛苦》《民间》**等。

刘海粟 ★★★☆☆

中国现代著名画家、美术教育家。他首创男女同校，并采用人体模特和旅行写生，被责骂为“艺术叛徒”。刘海粟提倡真、善、美，号召个性解放，反对守旧，主张写实，师法自然，注重创造。他一生最爱黄山，很多重要作品多以黄山为题材。**他还创办了中国近代史上第一本专门的美术理论刊物——《美术杂志》**。其主要作品有《北京前门》《雍和宫》《九溪十八涧》等。

李可染 ★★★☆☆

中国现代著名画家。**擅长画牛**，并创造了自己的画牛方法和风格。他还将西画中的明暗处理方法引入中国画，将西画技法和谐地融入深厚的传统笔墨和造型意象之中，取得了杰出的成就。其主要作品有《江山无尽图》《万山红遍》《爱晚亭》《井冈山》《牧牛图》等。

关山月 ★★★☆☆

中国现代著名画家。其作品以山水画为主，兼画其他。艺术上不拘泥于传统，坚持岭南画派的革新主张，追求绘画的时代感和生活气息。其主要作品有**《江山如此多娇》**（与傅抱石合作）、《绿色长城》等。

黄　胄 ★★★☆☆

中国 20 世纪中后期影响最大的画家之一。人物、动物、山水、花鸟无所不精。**尤擅画驴**。他独创性地将速写融入中国画，开启了全新的人物画笔墨范式，拓展了中国画艺术语言。其主要作品有**《百驴图》**《洪荒风雪》《飞雪迎春》等。

■ 真题链接

齐白石的虾、徐悲鸿的马、李可染的牛和黄胄的驴，并称为20世纪“中国水墨四绝”。

(2014年河南省普通高校编导类专业招生统考试题)

董希文 ★★★★☆

是受毛主席赞誉的油画大家，国家文物局规定的“作品一律不得出境”的大师之一。他以丰富明快的色彩语言、豪放雄厚的笔调创作了大量表现革命历史和歌颂新生活的主题性油画作品。其主要作品有**《开国大典》**《红军过草地》《千年的土地翻了身》等。

■ 真题链接

被誉为“共和国成立的艺术见证”的油画作品《开国大典》是(　　)创作的。

A. 董希文　　B. 吴作人　　C. 陈丹青　　D. 陆琦

(2014年天津工业大学广播电视编导专业招生考试试题)

丰子恺 ★★☆☆☆

中国现代著名画家、美术教育家、漫画家和翻译家。他的漫画最初以古诗为题，代表作有**《帘卷西风，人比黄花瘦》**等；接着又以儿童作为题材，代表作有《阿宝两只脚，凳子四只脚》等；他还以苦难的社会生活为题材进行创作，例如《二重饥荒》《最后的吻》等，具有批判现实主义的特色。

张乐平 ★★★★☆

中国当代杰出漫画家。其漫画以政治讽刺见长，他所创作的三毛形象，妇孺皆知，名播海外，他因此被誉为**“三毛之父”**。其创作的“三毛”系列漫画有**《三毛流浪记》**《三毛从军记》等，其他系列漫画有《小萝卜头》等。

■ 真题链接

1.《三毛流浪记》的作者是________。

(2016年北京师范大学戏剧影视文学专业招生考试试题)

2. 漫画形象“三毛”是以下哪位漫画家创作的？(　　)。

A. 丁聪　　B. 华君武

C. 张乐平　　D. 丰子恺

(2017年陕西省普通高校播音编导类专业招生统考试题)

朱德庸 ★★★☆☆

台湾著名漫画家，他的漫画作品充满了机智幽默，方寸之间，挥洒自如。其主要作品有《双响炮》《涩女郎》《醋溜族》等。其中他的《涩女郎》系列被改编成影视剧**《粉红女郎》**。

■ 真题链接

《粉红女郎》是由(　　)的漫画改编的。

A. 黄玉郎　　B. 朱德庸　　C. 游素兰　　D. 马荣成

(2013年重庆邮电大学广播电视编导专业招生考试试题)

启　功 ★★☆☆☆

中国当代著名书画家，教育家、古典文献学家、鉴定家、红学家、诗人、国学大师。西泠印社社长。在书法上自创“启体”。

第三节　外国美术

(一)外国美术流派

文艺复兴 ★★★☆☆

起源于**意大利**,是一场发生在14世纪中期至16世纪末的文化运动,倡导理性与科学精神,重视人性,肯定人的价值,确立了新的思想体系——人文主义。文艺复兴时期的美术家以人文主义为指导思想,以现实主义为艺术原则,表现人的思想和感情,赞美人生和自然,即使是宗教题材的作品也洋溢着现实的世俗精神。同时这一时期的美术还与科学理论相结合,把解剖学、透视学、明暗造型法等应用到美术中,为西方近代美术的发展开辟了新的道路。代表人物有达·芬奇、米开朗基罗等。

■ **真题链接**

1. 名词解释:文艺复兴

(2014年鲁东大学广播电视编导专业招生考试试题)

2. 文艺复兴的起源地是(　　)。

A. 英国　　B. 德国　　C. 意大利　　D. 法国

(2014年赣南师范学院广播电视编导专业招生考试试题)

威尼斯画派 ★★★☆☆

是对15—16世纪威尼斯美术家和美术风格的总称。该画派更多地摆脱了封建宗教的束缚,美术题材从宗教转向了世俗,着重表现欢乐的现世风情,赞美世俗生活,讴歌人体美,描绘自然风光,具有明显的世俗享乐情调或田园牧歌情调。同时,在发展色彩表现力和油画技巧方面也做出了重要贡献。其代表画家有贝利尼、提香、乔尔乔内等。

■ **真题链接**

名词解释:威尼斯画派

(2013年鲁东大学广播电视编导专业招生考试试题)

枫丹白露画派 ★☆☆☆☆

活跃于16世纪的法国宫廷。该画派融合了意大利样式主义与法国的哥特传统,画风严谨细致,重视线条的韵味,追求技艺的精巧完美,很多作品采用象征手法,并与雕塑、建筑、绘画因素融为一体,具有浓郁的贵族化气息。代表人物有罗索、普利马蒂乔等。

学院派 ★☆☆☆☆

形成于17世纪欧洲各国的官办美术学院中,以法国影响最大。该派画家重视素描,追求繁琐、浮华的细节,严格遵循古典艺术的条规,缺乏创新精神。学院派作品主要取材于宗教传说和神话故事。其主要代表人物有法国的雅克·路易·大卫、安格尔等。

巴洛克艺术 ★★★★★

是16—17世纪诞生并流行于**意大利**的艺术。“巴洛克”一词有“奇形怪状、矫揉造作或畸形的珍珠”的意思，是18世纪古典主义理论家用以讽刺这种奇特风格的称呼。其特点是追求激情和运动感的表现，强调华丽的装饰性。最能体现巴洛克风格的是建筑。巴洛克艺术在建筑和雕塑方面的大师是意大利的**贝尼尼**，在绘画方面的大师是**鲁本斯**。

■ **真题链接**

简答题：巴洛克艺术具有哪些特点？

（2015年聊城大学东昌学院广播电视编导专业招生考试试题）

古典主义美术 ★★☆☆☆

发源于意大利，17世纪在法国获得极大的发展。古典主义美术主张理性至上，追求理想化的美，推崇古代希腊罗马的美的样式，在形式上要求概括、简练、明确，一般具有形象高贵典雅、构图稳定和谐、造型严谨明确、色彩纯净明丽等特点，题材多表现神话和历史故事，并赋予一定的象征内涵。其主要代表人物是**普桑**。

荷兰画派 ★☆☆☆☆

诞生于17世纪前期的荷兰。该画派以写实、纯朴为主要特点，把现实生活作为艺术创作的源泉，主要描绘新兴的资产阶级和中下层平民，由于写实而受到市民的欢迎，致使油画变成商品，大量进入市场。其主要代表人物有**哈尔斯**、**伦勃朗**、**维米尔**。

罗可可艺术 ★☆☆☆☆

产生于18世纪的法国，泛指这一时期室内装饰、建筑、绘画、雕塑以至家具、服装等各方面的流行风，是一种为王室、贵族享乐服务的艺术。罗可可艺术在题材上多选取情爱韵事和女性裸体形象，追求轻松愉悦的享受，风格上受到东方艺术的影响，讲求曲线趣味，色彩柔和艳丽，具有“纤巧、柔媚”的特点。其主要代表人物有**华托**、**布歇**等。

新古典主义美术 ★★☆☆☆

产生于18世纪的法国，随后波及欧洲其他国家。该美术思潮以古希腊罗马美术为范本，主张以古罗马神话和英雄故事为题材，强调市民英雄主义。在艺术表现方面强调理性、秩序，忽视感情、个性的表达；重视素描而忽视色彩的表现；讲究艺术形式的严谨完美，体现一种庄严典雅的风格。其主要代表人物是**大卫**、**安格尔**等。

浪漫主义美术 ★★★☆☆

18—19世纪由英国迅猛地波及整个欧洲的美术运动。该美术思潮主张创作自由、个性解放，强调热情奔放的性情抒发。在艺术表现手法上擅用象征、寓意、夸张、对比等，并追求色彩、色调的表现力和流畅奔放的笔触。内容上常抓取特殊事件、生活悲剧、奇特的任务和文学作品中的故事情节等为题材。其主要代表人物有**籍里柯和德拉克洛瓦**。

现实主义美术 ★★★☆☆

产生于19世纪的美术思潮。强调艺术的真实与客观性，反对主观臆造和粉饰太平，提出**“为生活为民众而艺术”**的口号，将描写真实生活确立为创作的最高原则，强调浓郁的生活气息，反对古典主义的因袭保守和浪漫主义的虚构臆造。由于对资本主义社

会的阴暗面采取了揭露和批判的态度，所以又称为“批判现实主义”美术。

巴比松画派 ★★★☆☆

是19世纪30年代法国兴起的一个民族风景画派。该画派从大自然本身寻找灵感，加以真实的描绘，提出“面向自然，对景写生”的口号，建立了具有民族特色的法国风景画派。巴比松画派对于光、色彩、大气、天空的探索和表现，对后来印象主义有直接影响。其主要代表人物有**卢梭**、**柯罗**、**米勒**等。

印象主义 ★★★★★

19世纪下半叶兴起于法国的艺术流派，因莫奈的作品《日出·印象》而得名。该美术流派追求对事物的感觉和印象，注重在绘画中对外光的研究和表现，提倡户外写生，并根据画家自己眼睛的观察和直接感受，表现微妙的色彩变化。代表画家有**马奈**、**莫奈**等。

■ **真题链接**

1.名词解释：印象画派

(2013年湖南师范大学广播电视编导专业招生考试试题)

2.印象主义绘画的代表人物是(　　)。

A.罗丹　　B.莫奈　　C.列宾　　D.曾梵志

(2016年赣南师范学院广播电视编导专业招生考试试题)

巡回展览画派 ★★★☆☆

是19世纪产生于俄国的进步团体，反对“为艺术而艺术”，主张艺术要为生活、为社会、为群众和民族而服务。巡回展览画派的画家们揭露社会黑暗，同情劳动人民，其创作具有鲜明的批判现实主义精神。其代表画家有**列宾**、**列维坦**等。

野兽派 ★★★★☆

20世纪初法国现代画派之一。野兽派的作品主要表现主观感受，多用大色块和线条构成夸张变形的形象，风格狂野且有表现力。其主要代表人物是**马蒂斯**。

立体主义美术 ★★★★☆

20世纪初产生于法国。立体主义主张以最简单的几何形状来分解对象，追求形式的排列组合所产生的美感，否认从一个视点观察、表现事物的传统方法，把三度空间归结成平面二度空间画面。它经历了塞尚时期、分析立体主义时期、综合立体主义时期三个阶段。代表人物是**毕加索**。

■ **真题链接**

名词解释：立体主义

(2013年山东艺术学院公共事业管理专业招生考试试题)

表现主义美术 ★☆☆☆☆

20世纪初流行于德国。表现主义反对现实主义和自然主义，不对客观事物做忠实描绘，而是强调表现和宣泄感情的重要性，以幻想重新创造一个世界图像。其主要代表人物是挪威的**蒙克**。

抽象主义美术 ★★☆☆☆

产生于20世纪初。抽象主义把艺术活动看作纯粹精神领域的事情，反对模仿自然和客观物象，主张以基本的绘画语言创作抽象的作品形象，借以传达自己的精神和意念。抽象主义分为两大类：一类是理性的抽象，又称“冷抽象”，代表人物是蒙德里安；另一类是抒情抽象，又称“热抽象”，代表人物有**康定斯基**及其作品《在光之中，第559号》。

超现实主义美术 ★★☆☆☆

兴起于20世纪上半叶。超现实主义明确强调受理性控制和逻辑支配的现实是不真实的，主张把现实观念与本能、潜意识和梦境相结合，以达到一种绝对的真实和超现实的情景。其主要代表人物是**达利**，代表作品是**《记忆的永恒》**。

达达主义美术 ★★★☆☆

是1916年兴起于瑞士苏黎世的艺术运动，该运动反战、反传统、反艺术，提倡无目的无理想的生活和文艺，运用幽默、无理性和几近疯狂的手法，企图撕毁中产社会的传统价值。其主要代表人物及作品是**杜尚的《泉》**。

■ **真题链接**

名词解释：达达主义

（2017年济南大学泉城学院摄影专业招生考试试题）

波普艺术 ★★★☆☆

20世纪六七十年代盛行于英美的艺术运动。波普是“Pop”的音译，是**流行、通俗**的意思。波普艺术用生活中所接触的材料和媒介来制造大众所能理解的形象，以使艺术和工业机械文明相结合，并利用大众传播媒介加以普及。代表人物及作品有**安迪·沃霍尔**的《玛丽莲·梦露》等。

■ **真题链接**

名词解释：波普艺术

（2013年山东艺术学院文化产业管理专业招生考试试题）

（二）外国美术家及作品

米　隆 ★★☆☆☆

希腊雕刻家。他擅长创作青铜像，善于把握人体的准确结构及其在运动中的变化关系，并达到精神与肉体的平衡和谐。他把希腊雕刻艺术推向了新的高峰。其主要作品是**《掷铁饼者》**。

■ **真题链接**

雕塑《掷铁饼者》的作者是（　　）。

A. 亚历山大　　B. 米开朗基罗　　C. 米勒　　D. 米隆

（2016年甘肃省普通高校戏剧与影视学类专业招生统考试题）

文艺复兴美术三杰 ★★★★★

分别是**达·芬奇、米开朗基罗**和**拉斐尔**三人。他们都是15—16世纪**意大利**文艺复兴时期的杰出画家，合称**“文艺复兴美术三杰”**。

■ **真题链接**

1. 文艺复兴时期意大利出现的三位著名的美术作家分别是________、________、________。

(2014 年四川传媒学院摄影专业招生考试试题)

2. 下列画家不属于意大利“文艺复兴美术三杰”的是(　　)。

A. 乔托　　B. 米开朗基罗　　C. 拉斐尔　　D. 达·芬奇

(2015 年湖北省普通高校影视传媒类专业招生统考试题)

达·芬奇 ★★★★★

是整个文艺复兴美术最卓越的代表人物之一，他把自然科学引入美术领域，并在绘画中首先使用了空气透视法表现绘画的空间感。其主要作品有**《蒙娜丽莎》《最后的晚餐》**《岩间圣母》等。

■ **真题链接**

壁画《最后的晚餐》的作者是(　　)。

A. 拉斐尔　　B. 米开朗基罗　　C. 达·芬奇　　D. 罗丹

(2016 年湖北省普通高校广播电视编导专业招生统考试题)

米开朗基罗 ★★★★★

其雕塑成就最为突出。他的作品以人物“健美”著称。主要作品有雕塑**《大卫》《晨》《暮》《昼》《夜》**《摩西》和完成于西斯廷教堂 800 平方米天花板上的绘画作品《创世纪》。

■ **真题链接**

1. ________与拉斐尔和达·芬奇并称为“文艺复兴三杰”。

(2016 年山东艺术学院数字媒体专业招生考试试题)

2. 罗马西斯廷教堂壁画《最后的审判》是________的代表作品。

(2017 年济南大学泉城学院摄影专业招生考试试题)

拉斐尔 ★★★★☆

是西方美术史上擅长塑造圣母形象的大师，被誉为西方的**“画圣”**。他的作品色彩明净，光线柔和，富丽优雅，以“秀美”著称，一直被视为古典美术精神最完美的体现。其主要作品有**《西斯廷圣母》**《雅典学院》《椅中圣母》等。

■ **真题链接**

《西斯廷圣母》的作者是________。

(2012 年四川大学锦江学院广播电视编导专业招生考试试题)

乔　托

佛罗伦萨画派的创始人。他将哥特式雕刻的写实风格和拜占庭明暗造型法结合起来，奠定了文艺复兴艺术的现实主义基础，被誉为**“欧洲绘画之父”**。其主要作品有《逃往埃及》《犹大之吻》等。

波提切利 ★★☆☆☆

是佛罗伦萨画派最主要的绘画代表。其创作多取材于文学作品中的古代神话传说，不再局限于宗教题材。他的画注重用线造型，强调优美典雅的节奏和富丽鲜艳的色彩，抒发个性和世俗的情感。其主要作品有**《春》《维纳斯的诞生》**等。

丢 勒 ★★☆☆☆

德国文艺复兴运动中最知名的艺术家，也是最早表现农民和下层人民生活的画家之一。其代表作品有**《农民和他的妻子》《农民舞蹈》**等。

鲁本斯 ★★☆☆☆

17世纪巴洛克绘画的伟大代表。其绘画的最大的特点是擅长运用色彩，作品追求强烈的动态和宏大的构图，并将神话故事题材与现实或历史相结合，充满了人文精神和异教色彩。其主要作品是**《强劫留西帕斯的女儿》**。

普 桑 ★★★☆☆

17世纪法国古典主义美术的代表人物，被称为**"法国绘画之父"**。其作品追求稳定庄严的古典美和理想美，格外重视理性思考，强调素描的作用，获得了古典式严谨、明确、和谐的构图和造型。其主要作品有《阿尔卡迪的牧人》《台阶上的圣母》等。

伦勃朗 ★★★☆☆

是17世纪**荷兰**的现实主义大师。他的作品充满了社会生活气息和鲜明的时代特色，常常借宗教题材来宣扬人性的善良和对美好生活的向往，具有社会批判意义。伦勃朗也擅长肖像画，并且专注于对人物心理和精神的刻画。其主要作品有**《杜普教授的解剖学课》《夜巡》**等。

■ **真题链接**

(　　)是欧洲17世纪最伟大的画家，在各类绘画体裁上都有惊人的贡献，最著名的作品是《杜普教授的解剖学课》《夜巡》。

A. 伦勃朗　　B. 德拉克洛瓦　　C. 高更　　D. 列宾

(2013年聊城大学广播电视编导专业招生考试试题)

维米尔 ★★☆☆☆

17世纪**荷兰**伟大的风俗画家，其作品大多取材于市民日常的生活。他的绘画形体结实，结构精致，色彩明朗和谐，尤善于表现室内光线和空间感，给人以温馨、舒适、宁静的感觉，画中透露出来的平实情感，起到了净化人类心灵的作用。其主要作品有**《倒牛奶的女仆》**《花边女工》等。

大 卫 ★★★★☆

法国大革命时期的杰出画家，新古典主义的代表人物。他能够深刻地刻画人物的性格和社会地位，画中的人物具有勇敢、朴实、富于力量、真实和生气勃勃的特色。其主要作品有**《马拉之死》**《荷拉斯兄弟的宣誓》等。

■ **真题链接**

绘画《马拉之死》的作者是(　　)。

A. 大卫　　B. 梵高　　C. 丢勒　　D. 达利

(2014年云南艺术学院文化产业管理专业招生考试试题)

安格尔 ★★★★☆

18—19世纪**法国画家**，新古典主义画派代表人物。他的创作强调素描关系和形体结构，线条工整，色彩柔和，构图严谨。他的艺术成就集中体现在肖像画和女性人体画

方面。他的肖像画强调形体与动态的节奏感，力求线条形体色彩的和谐。其主要作品有**《泉》**《大宫女》《土耳其浴女》等。

■ **真题链接**

1.《泉》的作者是________国的________。

（2013年广西民族大学广播电视编导专业招生考试试题）

2.《泉》是欧洲19世纪美术家(　　)的代表作。

A.大卫　　B.格罗　　C.盖兰　　D.安格尔

（2015年临沂大学广播电视编导专业招生考试试题）

籍里柯 ★★☆☆☆

18—19世纪法国画家，法国浪漫主义的先驱。他的最可贵之处在于其画中凝聚着强烈的时代感情，例如他的代表作**《梅杜萨之筏》**，采用金字塔构图，以浪漫主义的写实手法，展示了一幕真实的悲剧性场面，给人以极大的震撼力量，这幅画作被看作是浪漫主义的伟大宣言。

德拉克洛瓦 ★★★☆☆

19世纪法国画家，法国浪漫主义最杰出的代表。他的作品笔法奔放，色彩鲜艳，画面构图气势宏大，情感表达淋漓尽致。代表作《希奥岛的屠杀》标志着浪漫主义盛期的到来；他的另一幅代表作**《自由引导人民》**展示了法国的七月革命，标志着浪漫主义达到顶峰。

库尔贝 ★★☆☆☆

19世纪法国画家，法国现实主义美术的代表人物。他主张艺术应该以现实为依据，“创造活的艺术”，“如实地表现我所生活的时代风俗和精神面貌”。他的作品总是在对平凡景物的描绘中，表现出一种自觉的叛逆和揭示。其主要作品有**《画室》《打石工》**等。

米　勒 ★★★★☆

巴比松派画家，19世纪法国现实主义画家。其作品一般采用横带式构图，造型通常具有一种雕塑的厚重感，不注重细节刻画，而强调画面的整体结构。米勒的作品质朴无华，蕴含了真正的美和诗意。他表现农民题材的三幅杰作是**《播种者》《拾穗者》和《晚钟》**。

■ **真题链接**

绘画作品《拾穗者》的作者是________。

（2016年北京师范大学珠海分校电影学专业招生考试试题）

罗　丹 ★★★★★

19世纪**法国**最伟大的现实主义雕塑家，继米开朗基罗之后欧洲又一位杰出的雕塑大师。其艺术主张采用彻底的现实主义态度进行创作，利用材料本身的特质加强艺术表现力，认为艺术只要是真实的、有个性的东西就是美的。其主要作品有**《思想者》《巴尔扎克像》**《青铜时代》《地狱之门》等。

■ **真题链接**

1.著名雕塑作品《思想者》的作者是________。

（2016年甘肃省普通高校戏剧与影视学类专业招生统考试题）

2.19 世纪法国现实主义流派大师________的雕塑《________》《青铜时代》等，将西方雕塑艺术推向了高峰。

（2017 年河南省普通高校编导制作类专业招生统考试题）

门采尔 ★★★☆☆

德国 19 世纪成就最大的画家，也是欧洲最著名的历史画家、风俗画家之一，更是杰出的素描大师。作品广泛而深刻地表现了德国的社会生活风俗，为同时代欧洲画坛所罕见。代表作品有《轧铁工厂》《舞会晚餐》《操场剧院》等。

马 奈 ★★★☆☆

19 世纪法国画家，印象主义的奠基人和精神领袖。他的绘画采用直接写生法，强调明暗和光影，善于捕捉瞬间效果，其作品具有一种强烈的单纯感和整体感。其主要作品有**《草地上的午餐》**《奥林匹亚》《吹短笛的男孩》等。

莫 奈 ★★★★☆

19—20 世纪法国画家，印象派创始人之一，有**“印象派之父”**之称。他的创作以视觉经验为主要出发点，画的内容和题材让位于光和大气氛围的展现。他还追求“临场经验”，即通过一系列相同的主题探求同一场景下不同光线的变化。其主要作品有**《日出·印象》《睡莲》**等。

■ **真题链接**

莫奈被称为________，代表作是________。

（2016 年北京师范大学戏剧影视文学专业招生考试试题）

塞 尚 ★★★★☆

19 世纪法国著名画家，被誉为**“现代绘画之父”**。他的绘画主要以肖像画、静物画和风景画为主。其画风庄严、深沉，构图采用多视点方式，利用结构分析的方法表现自然。塞尚的艺术探索对后来的立体主义、几何抽象产生了重要影响。其主要作品有《静物·苹果篮子》《四季》《玩牌者》《坐在红扶手椅里的塞尚夫人》等。

■ **真题链接**

塞尚，法国著名画家，被誉为________。

（2016 年北京电影学院电影学专业招生考试试题）

高 更 ★★★☆☆

19 世纪**法国**后印象派著名画家。他的作品多取材于土著人的生活，体现了一种回归原始、追求生命本源的创作倾向。他的绘画吸收了东方绘画、黑人雕刻的手法，所表现的物象具有极强的装饰性。其主要作品有《塔希提少女》《我们从哪里来？我们是谁？我们往哪里去？》等。

■ **真题链接**

画家高更是________国人。

（2010 年海南大学戏剧影视文学专业招生考试试题）

修 拉 ★★☆☆☆

法国画家，新印象画派（点彩派）的创始人。代表作有《大碗岛上的星期日下午》、对

于点彩派的最初尝试的作品《安涅尔浴场》、代表性风景画之一《欧兰菲林的运河》等。

梵 高 ★★★★★

19 世纪荷兰后印象派著名画家，表现主义的先驱。他的绘画注重用强烈的色彩来表现精神和情感的痛苦，尤其擅长运用柠檬黄和天蓝色。形象夸张，极富个性，给人以强烈的震撼。其主要作品有**《向日葵》《星月夜》**《麦田上的乌鸦》等。

■ 真题链接

梵高的代表作品是________、________。(列举两部)

(2017 年新疆艺术学院影视摄影与制作专业招生考试试题)

列 宾 ★★★★☆

19 世纪后期俄罗斯巡回展览画派的重要代表人物。坚持批判现实主义的创作方法，反映社会现实和人民疾苦。其主要作品是著名的批判现实主义杰作**《伏尔加河上的纤夫》**，描绘的是一群拉着货船在伏尔加河的沙滩上艰难行进的劳动人民。

■ 真题链接

名词解释：列宾

(2011 年山东师范大学广播电视编导专业招生考试试题)

列维坦 ★★☆☆☆

19 世纪后期俄罗斯巡回展览画派画家，杰出的现实主义风景画大师。他的作品将个人与民族的命运结合起来，重视对大自然的诗意描写，重视抒情。他还力图以大自然的人格化揭示时代的思想，开创了俄国的"情绪风景画"。其主要作品是**《弗拉基米尔之路》**，这幅作品被称为"俄国的历史风景画"。

马蒂斯 ★★★★☆

法国 20 世纪前期著名画家，**野兽派**的创始人和主要代表人物。其画风早期追求原始格调，用平涂的色块和奔放有力的线条造型，画面简练明快，富有韵律感，后期转向和谐宁静。其主要作品有**《音乐》《舞蹈》**《钢琴课》《开着的窗户》和《戴帽的妇人》等。

■ 真题链接

1."野兽主义"的代表画家是(　　)。

A. 莫奈　　B. 毕加索　　C. 梵高　　D. 马蒂斯

(2011 年河南省普通高校编导制作类专业招生统考试题 C 卷)

2. 20 世纪初，法国著名画家________的名画是《音乐》《舞蹈》，他被称为野兽派之祖。

(2013 年云南师范大学广播电视编导专业招生考试试题)

蒙 克 ★★☆☆☆

20 世纪前期伟大的**挪威**画家。他的绘画以死亡、性爱、焦虑为主题，带有强烈的主观性和悲伤压抑的情调。其代表作品有**《呐喊》《青春期》《生命之舞》**等。

杜 尚 ★★★☆☆

20 世纪前期法国画家，达达主义及超现实主义的代表人物之一。他通常采用日常生活品或废旧物品来制作艺术品，表现了对传统文明的大胆挑战。其主要作品是**《泉》**。

毕加索 ★★★★★

20 世纪前期**西班牙**画家，**立体画派**的创始人。他一生留下了数量惊人的作品，风格丰富多变，充满非凡的创造性。其主要作品有**《亚威农少女》《格尔尼卡》**《卡思维勒像》《瓶子、玻璃杯和小提琴》等。

■ **真题链接**

1. 毕加索是(　　)画家。

A. 法国　　B. 葡萄牙　　C. 荷兰　　D. 西班牙

(2012 年徐州师范大学广播电视编导专业招生考试试题)

2. 名词解释：毕加索

(2013 年聊城大学广播电视编导专业招生考试试题)

3. 毕加索的代表作品有(　AB　)。

A.《格尔尼卡》　　B.《亚威农少女》　　C.《拾穗者》　　D.《三个女人》

(2016 年青岛大学广播电视编导专业招生考试试题)

4.《格尔尼卡》是西班牙________(画家)的作品。

(2017 年新疆艺术学院影视摄影与制作专业招生考试试题)

5.《亚威农少女》的作者是________，它是第一件被认为有立体主义倾向的作品。

(2017 年湖南省普通高校广播电视编导专业招生统考试题)

柯勒惠支 ★★☆☆☆

20 世纪初德国著名的女画家。她的作品多反映民生疾苦，歌颂反抗斗争。其主要作品有**《织工的反抗》**《农民战争》等。

第四节　书法篆刻

(一)书法篆刻基本理论

文房四宝 ★★★★★

分别是**笔、墨、纸、砚**。笔：名产为浙江湖州的“湖笔”。墨：名产为安徽徽州的“徽墨”。纸：名产有安徽宣城的“宣纸”。砚：名产有四大名砚，即广东肇庆的端砚，安徽歙县的歙砚，甘肃临洮的洮砚，山西绛州的澄泥砚。

■ **真题链接**

文房四宝是指：笔、墨、纸、(　　)。

A. 琴　　B. 棋　　C. 画　　D. 砚

(2017 年西安外事学院广播电视编导专业招生考试试题)

书法五体 ★★★★☆

是指**篆书、隶书、草书、行书、楷书**五种字体。

篆书分为大篆和小篆，其主要特点是笔画粗细一致，非常均匀，极具对称性，讲究工整流畅，极具装饰性意味。

隶书是从篆书演变而来，其主要特点是字形扁方，左右伸展，蚕头燕尾，曲折方圆，点画分明，提顿结合，粗细兼备，去繁就简，字形变圆为方，笔画改曲为直。

草书形成于汉代，是为了书写简便而在隶书的基础上演变而来，有章草、今草、狂草之分。主要特点是书写快速、结构简省、笔画连绵。

行书具有楷书的基本间架结构，又有草书简洁流便的行笔和线条，能够在一定程度上率意表情，生动流畅。

楷书是从隶书演变而来，更趋简化，字形由扁改方，笔画中简省了汉隶的波势，横平竖直。主要特点在于规矩整齐。

■ **真题链接**

1. 名词解释：楷书

（2012 年泰山学院广播电视编导专业招生考试试题）

2. 书法五体是指________、________、________、________、________。

（2013 年四川大学锦江学院广播电视编导专业招生考试试题）

3. 小篆是什么时期统一的？（ A ）

A. 秦朝　　B. 汉朝

C. 西周　　D. 唐朝

（2017 年甘肃省普通高校戏剧与影视类专业招生统考试题）

4. 汉字的发展历史大致可分为古文、篆书、隶书、楷书、行书、草书等几个阶段，总体来说，楷书形成后，中国文字已基本定型。

（2017 年湖南师范大学广播电视编导专业招生考试试题）

篆刻 ★★☆☆☆

也称治印，即刻制印章，是我国的传统艺术。**篆刻讲究章法、刀法和篆法**。章法指分朱布白，即整体构图要做到虚实相得，设计合理；篆法指字的笔画要饱满；刀法指刻印时的用刀方法，有冲刀法和切刀法，要求刻出的线条能稳健挺拔，自然流畅。

篆刻材料 ★★☆☆☆

包括水晶、玉、金属、兽角、象牙、竹、木、石料等。其中，使用最广泛的是石料。最受篆刻家喜爱的石料有浙江青田的白果石、福建寿山的田黄冻石、浙江昌化的鸡血石等。

甲骨文 ★★★☆☆

是殷商时期刻写在龟甲、兽骨上的文字，内容是商王室进行**占卜**时刻写的“卜辞”。甲骨文于 1899 年在河南安阳被发现，是中国发现的古代汉字中时代最早、体制较为完整的文字，目前出土和收集的刻文甲骨约有 15 万片，单字总计约 5000 多个。

■ **真题链接**

汉字形体结构发展经历了甲骨文、金文、大篆、小篆、隶书几个阶段。

（2016 年宝鸡文理学院广播电视编导专业招生考试试题）

（二）著名书法家及作品

李斯 ★★★☆☆

秦朝丞相，著名的政治家、文学家和书法家。秦统一后，**李斯主张以小篆为标准书体，对汉字的规范化起了很大的作用**。其主要作品有《泰山刻石》等。

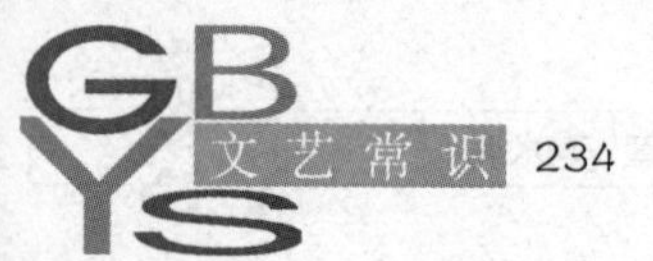

■ **真题链接**

先秦时期的著名政论散文《谏逐客书》的作者是________。

(2016 年重庆市普通高校编导类专业招生统考试题)

张　芝　★★☆☆☆

东汉书法家,擅长草书中的章草,将古代字字区别、笔画分离的草法,改为上下牵连、富于变化的新写法,富有独创性,在当时影响很大,有**“草圣”**之称。代表作品有《冠军帖》《终年帖》等。

蔡　邕　★☆☆☆☆

东汉文学家、书法家,为著名女诗人蔡文姬之父。他擅长隶书,长于碑记,又自创**“飞白书”**,即笔画中丝丝露白,似用枯笔写成,为一种独特的书体。

钟　繇　★★★☆☆

是楷书(小楷)的创始人,被后世尊为**“楷书鼻祖”**。钟繇对后世书法影响深远,王羲之等后世书法家都曾经潜心钻研学习钟繇书法。与东晋书法家王羲之并称为“钟王”。

■ **真题链接**

魏晋南北朝时期被称为“正书之祖”的是(　C　)。

A. 王羲之　　　B. 王献之

C. 钟繇　　　D. 陆机

(2014 年陕西省普通高校播音编导类专业招生统考试题)

王羲之　★★★★★

东晋著名书法家,有**“书圣”**之称。其子**王献之**书法亦佳,世人合称王氏父子为“二王”。王羲之的书法平和自然,笔势委婉含蓄,遒美健秀。其著名作品**《兰亭集序》**被誉为**“天下第一行书”**。

■ **真题链接**

1. 被称为“书圣”的古代书法家是(　　)。

A. 王羲之　　　B. 颜真卿

C. 张旭　　　D. 欧阳询

(2016 年西南大学广播电视编导专业招生考试试题)

2. ________的书法被誉为“龙跳天门,虎卧凤阙”,他本人被后世尊为“书圣”。

(2016 年宝鸡文理学院广播电视编导专业招生考试试题)

3.《兰亭集序》是东晋书法家________的代表作品。

(2016 年广州大学广播电视编导专业招生考试试题)

王献之　★★★☆☆

著名书法家、诗人、画家,为书圣王羲之第七子。与其父王羲之合称为“二王”。与张芝、钟繇、王羲之并称“书中四贤”。

■ **真题链接**

中国东晋书法家王羲之被称为“书圣”,其子________的书法亦佳,世人合称王羲之父子二人为“二王”。

(2013 年西安邮电大学广播电视编导专业招生考试试题)

欧阳询 ★★★★★

初唐著名书法家，**“九宫格”的创始人**。他的书法成就以楷书最高，骨气劲峭，法度谨严，于平正中见险绝，于规矩中见飘逸，号为“欧体”，世称“楷书第一人”。欧阳询与同代另三位书法家虞世南、褚遂良、薛稷，并称“初唐四大家”。其代表作有《九成宫醴泉铭》《卜商帖》《张翰帖》《皇甫诞碑》等。

■ **真题链接**

1. 书法艺术中“九宫格”的创始人是（　　）。

A. 欧阳询　　B. 王羲之

C. 米芾　　D. 蔡京

（2014年重庆邮电大学广播电视编导专业招生考试试题）

2.《九成宫醴泉铭》是下列哪位书法家的代表作？（　　）

A. 欧阳询　　B. 颜真卿

C. 柳公权　　D. 赵孟頫

张　旭 ★★★★☆

唐代著名书法家，他使草书成为一种艺术，后人称之为**“草圣”**。张旭性好酒，酒后呼叫狂走，落笔成书，世称“张颠”。其草书与当时李白的诗歌、裴旻的剑舞并称“三绝”。主要作品有《肚痛帖》《古诗四帖》等。

■ **真题链接**

1.“草圣”是__________。

（2013年天津工业大学广播电视编导专业招生考试试题）

2.________，唐代书法家，其草书与李白诗歌、裴旻剑舞时称“三绝”。

（2017年首都师范大学科德学院广播电视编导专业招生考试试题）

怀　素 ★★★☆☆

唐代著名书法家，僧名为怀素。他的草书受到变化万端的自然气象的启发，其书势若惊蛇走龙，骤雨狂风，时与张旭齐名，人称**“颠张狂素”**，他的字透露着古典浪漫主义的情怀。代表作有《小草千字文》《自叙帖》《苦笋帖》《食鱼帖》等。

■ **真题链接**

在唐代有两位书法大家，均以草书著称于世。一位生性嗜酒，酒后挥毫狂草，颜真卿曾向其请教草书笔法，此人是张旭；另一位曾将弃笔埋于山下，号称“笔冢”，也曾以蕉叶做纸习练书法，曾作《小草千字文》等，此人是怀素。

（2007年中国戏曲学院国际文化交流专业招生考试试题A卷）

颜真卿 ★★★★★

唐代中期杰出书法家，“楷书四大家”之一。他的书法浑厚雄强，内刚劲而外温润，曲折处圆润有力，被称为“颜体”。其主要作品有楷书《**多宝塔碑**》、行书《**祭侄文稿**》，《**祭侄文稿**》被称为**“天下第二行书”**。

■ **真题链接**

1.“颜筋柳骨”中的“颜”是指唐代书法家颜真卿，“柳”是指唐代书法家柳公权。该说法是指颜、柳两家书法挺劲有力，但风格有所不同。

（2014年聊城大学东昌学院广播电视编导专业招生考试试题）

2. 楷书四大家指的是欧阳询、颜真卿、柳公权、赵孟頫。

（2015年吉林警察学院影视摄影与制作专业招生考试试题）

柳公权 ★★★★☆

晚唐书法家。他的书法，初学王羲之，又遍阅近人笔法体势，以楷书著称。柳公权的字偏重骨力，均衡瘦硬，顿挫转折明确，却又遒媚得体，结构严谨，被称为“柳体”，有**“颜筋柳骨”**之誉。代表作有**《神策军碑》**《玄秘塔碑》等。

■ **真题链接**

1.《神策军碑》是著名书法家________的作品。

(2011 年天津工业大学广播电视编导专业招生考试试题)

2.下列不属于北宋书法家的是(　　)。

A.苏轼　　B.黄庭坚　　C.米芾　　D.柳公权

(2016 年湖北省普通高校广播电视编导专业招生统考试题)

瘦金体 ★★★★★

是由**北宋皇帝宋徽宗赵佶独创**。这种书体，挺拔秀丽、飘逸犀利，至今还很难有人超越。他传世不朽的瘦金体书法作品有《楷书千字文》《欲借风霜二诗帖》《夏日诗帖》《秾芳诗》等。

■ **真题链接**

宋徽宗自创的字体被称为________体。

(2016 年北京电影学院电影学专业招生考试试题)

宋四家 ★★★☆☆

分别是**苏轼、黄庭坚、米芾、蔡襄**。苏轼是“宋四家”之首，他的书法用笔多取侧势，故其字右斜、扁肥。黄庭坚擅草书、楷书。其草书用笔奇绝生涩，章法如行云流水，一气呵成，是宋代唯一的草书大家。米芾崇尚“二王”，尤其擅长临摹，行书成就最高。蔡襄的书法和平蕴藉，端庄婉丽，讲究结构，运笔严谨，很少有放纵之笔。

■ **真题链接**

书法史上论及宋代书法，素有“苏、黄、米、蔡”四大家，其中“黄”是指________，“米”是指________。

(2014 年南京艺术学院戏剧影视文学专业招生考试试题)

楷书四大家 ★★★★★

是对书法史上以楷书著称的四位书法家的合称，也称四大楷书。他们分别是：**唐朝欧阳询(欧体)、唐朝颜真卿(颜体)、唐朝柳公权(柳体)、元朝赵孟頫(赵体)**。

■ **真题链接**

欧阳询、颜真卿、柳公权、赵孟頫被称为“(　　)四大家”。

A.行书　　B.楷书　　C.隶书　　D.草书

(2014 年海南大学戏剧影视文学专业招生考试试题)

四大碑林 ★★★☆☆

西安碑林(陕西西安)、**孔庙碑林**(山东曲阜)、**地震碑林**(四川西昌)、**南门碑林**(台湾高雄)。

■ **真题链接**

我国四大碑林位于山东境内的是(　　)。

A.西安碑林　　B.孔庙碑林

C.地震碑林　　D.南门碑林

(2012 年临沂大学文化产业管理专业招生考试试题)

第六章 音乐常识

本章主要包括三大方面内容：一是**音乐基本理论**；二是**中国音乐**；三是**外国音乐**。从历年来文艺常识的考查内容来看，音乐常识部分不是考查的重点，考生在学习时，可着重注意以下几个方面即可。

1. 音乐基本理论部分是该章学习的难点，因为该部分涉及很多乐理专业知识，对于考生而言会比较陌生，而且也由于太抽象而难以理解记忆。所以建议考生在学习该部分时，**一定要配备专业老师的指导**，分清重点，去芜存菁，掌握要点，深化理解，各个击破。

2. 从整体来看，在历年的文艺常识考试中，对于该章的考查，主要集中在中国音乐部分。主要的考查点有**五音**、**伯牙**、**李隆基**、**李叔同**、**学堂乐歌**、**华彦钧**、**冼星海**、**聂耳**、**王洛宾**等，建议考生只要把这些知识点重点记忆即可。

3. 外国音乐部分不是考试的重点，考生只要重点记忆各国的几位著名音乐家，就足以应对文艺常识的考试了。主要有**李斯特**、**海顿**、**莫扎特**、**舒伯特**、**小约翰·施特劳斯**、**柴可夫斯基**、**贝多芬**、**巴赫**、**普契尼**、**肖邦**等。

4. 通过研究历年来的考试真题发现，本章知识点在考试中所占的比重不大，大约**最多能占到总体分值的10%**。建议考生对本章的学习，要在授课老师的指导下进行，划分出重要知识点和高频考点，然后进行重点记忆即可。

第一节 音乐基本理论

（一）音乐基本概念

音 乐 ★★★☆☆

是一种听觉表演艺术，通过有组织的乐音所形成的艺术形象表达人们的思想感情，反映现实生活，使人得到艺术享受。其基本表现手段是旋律和节奏，其他重要表现手段有和声、复调、管弦乐法等。音乐可分为**声乐和器乐**两大门类。

■ **真题链接**

简答题：简述音乐的社会功能。

（2015年山东艺术学院艺术史论专业招生考试试题）

节　奏 ★☆☆☆☆

是由音响运动的轻重缓急形成的，主要是指节拍的强弱或长短交替出现而合乎一定的规律，便形成节奏。节奏是旋律的骨干，也是乐曲结构的基本因素。

■ 真题链接

（　　）是指音乐旋律进行中音阶、音符或者音节的长短和强弱，它常被比喻为“音乐的骨骼”。

A. 节奏　　B. 旋律　　C. 节拍　　D. 调式

（2017 年武昌首义学院广播电视编导专业招生考试试题）

旋　律 ★★★☆☆

又称曲调，是指用节奏组织起来的一系列乐音，在高低方面呈现出有秩序的起伏呼应。旋律是体现音乐作品思想感情的主要元素之一，是音乐的基础和灵魂，也是表情达意的主要手段。

■ 真题链接

名词解释：音乐旋律

（2013 年鲁东大学广播电视编导专业招生考试试题）

和　声 ★☆☆☆☆

是由两个以上不同的音同时发生构成的音响组合，它的单位是和弦。和声通常是根据各个和弦所代表的感情色彩来编写，在音乐作品中起着润色、烘托、渲染的作用。

工尺谱 ★☆☆☆☆

是中国民间传统记谱法之一，因用工、尺等字记写唱名而得名。这种记谱法在我国说唱音乐、戏曲音乐、民间器乐中应用比较广泛。

五线谱 ★★☆☆☆

是目前世界上通用的记谱法。是指在 5 根等距离的平行横线上，标以不同时值的音符及其他记号来记载音乐的一种方法。**最早的发源地是希腊**。

■ 真题链接

世界上使用最广泛的记谱方法是________。

（2015 年山西传媒学院广播电视编导专业招生考试试题）

变奏曲式 ★☆☆☆☆

是一种乐曲结构形式，先奏出一自成段落的主题，然后是一系列的主题变形，使主题通过多次不同的变奏而得到强化和多方面的发挥。其机构为：主题—变奏 1—变奏 2—变奏 3—变奏 4……少则四五次，多则数十次。这种曲式在民族民间音乐和说唱音乐中用得较多，也常用以写成独立的器乐曲或用于奏鸣曲、交响曲等大型乐曲中。

回旋曲式 ★☆☆☆☆

西洋音乐曲式结构之一。其基本原则是：主要主题周而复始地循环往复，在其重复之间，插以对比性格的“插部”（副题）。在回旋曲中，主要主题至少要呈现三次。奏鸣曲、交响曲、四重奏等套曲结构中的末乐章常采用这一曲式。其基本结构为 A＋B＋A＋C＋A＋D＋A＋E＋A……回旋曲式可分为单式回旋曲（各部分以乐段为单位）和复式回旋曲（各部分以乐部为单位）两种。

奏鸣曲式 ★☆☆☆☆

是一种大型曲式，是奏鸣曲主要乐章常用的一种结构形式。它包含几个不同主题的呈示、发展和再现以及特定的调性布局，大体分为呈示部、展开部和再现部三部分。由于它通常用于奏鸣曲的第一乐章，并常用快板速度，所以也称为奏鸣曲第一乐章形式或奏鸣曲快板形式。

■ **真题链接**

名词解释：奏鸣曲

（2016 年山东师范大学戏剧与影视学类专业招生考试试题）

（二）音乐体裁及形式

进行曲 ★☆☆☆☆

是一种按步伐节奏写成的乐曲，其特征为节奏鲜明，结构整齐。曲式多为三段式，曲调多以坚定有力的旋律为主，节奏多用 4/4 或 2/4 拍。进行曲最早起源于 16 世纪的西方军乐，从 17 世纪起逐渐过渡到音乐演奏，形成一种特定的音乐题材。世界上著名的进行曲有莫扎特的《土耳其进行曲》、肖邦的《葬礼进行曲》、瓦格纳的《婚礼进行曲》等。

奏鸣曲 ★★★☆☆

是一种多乐章的器乐套曲，一般是指钢琴独奏或钢琴与其他一件乐器合奏的器乐演出形式。通常第一乐章为快板，用奏鸣曲式；第二乐章为慢板，用变奏曲式、复三段式或自由的奏鸣曲式；第三乐章为小步舞曲或谐谑曲，用复三段式；第四乐章为快板或急板，用奏鸣曲式或回旋曲式。奏鸣曲式分为**呈示部、展开部和再现部**。

■ **真题链接**

名词解释：奏鸣曲

（2016 年山东师范大学戏剧与影视学类专业招生考试试题）

交响曲 ★★★☆☆

又称为交响乐，是采用大型管弦乐队演奏的奏鸣曲。交响音乐主要包括交响曲、协奏曲、乐队组曲、序曲和交响诗五种体裁，但其范畴也时常扩展到一些各具特色的管弦乐曲，如交响乐队演奏的幻想曲、随想曲、狂想曲、叙事曲、进行曲、变奏曲和舞曲等。此外，交响音乐还包括标题管弦乐曲。

■ **真题链接**

名词解释：交响曲

（2011 年聊城大学广播电视编导专业招生考试试题）

协奏曲 ★★☆☆☆

源自拉丁文，最早是作为一种声乐体裁出现的，16 世纪指意大利的一种有乐器伴奏的声乐曲。17 世纪后半期起，指一件或几件独奏乐器与管弦乐队竞奏的器乐套曲。巴洛克时期形成了由几件独奏乐器组成一组与乐队竞奏的大协奏曲。古典乐派时期形成了由小提琴、钢琴、大提琴等一件乐器与乐队竞奏的“独奏协奏曲”。

圆舞曲 ★★★★☆

又称为**“华尔兹”**，是起源于奥地利的一种三拍子的舞蹈，跳舞时双人成对地旋转。其音乐特点是第一拍重音较为突出，节奏鲜明，旋律流畅。圆舞曲可分为两类：一类是专门在舞会上伴舞使用，曲调优美，节奏稳定；另一类是经过作曲家充分发挥，只供人们欣赏。现在人们常听到的大多是维也纳式的圆舞曲。

■ **真题链接**

名词解释：圆舞曲

（2014 年山东师范大学戏剧影视文学专业招生考试试题）

小夜曲 ★★★☆☆

起源于欧洲中世纪的骑士文学，流传于西班牙、意大利等欧洲国家。起初是欧洲吟唱诗人窗前献爱的情歌，至近代衍化为一种极富抒情意味的声乐或器乐小品。在 18 世纪中期，那些专为晚间娱乐而作的器乐重奏或小型乐队演奏的组曲，也称小夜曲，由小步舞曲和奏鸣曲快板乐章组成。

■ **真题链接**

名词解释：小夜曲

（2010 年聊城大学广播电视编导专业招生考试试题）

交响诗 ★★★☆☆

标题音乐的主要体裁之一，脱胎于 19 世纪的音乐会序曲。其形式不拘一格，常根据奏鸣曲式的原则自由发挥，是按照文学、绘画、历史故事和民间传说等构思而成的大型管弦乐曲。交响诗通常采用单乐章的曲式，强调诗意和哲理的表现，创始人是匈牙利作曲家李斯特。

■ **真题链接**

名词解释：交响诗

（2009 年山东经济学院文化产业管理专业招生考试试题）

室内乐 ★☆☆☆☆

是为少量的听众演出的一种音乐表演形式，它没有宏伟的音响，也没有众多乐器间的艺术对比以及交响指挥的天才表演。常见的室内乐有钢琴三重奏、弦乐四重奏、钢琴五重奏等。室内乐通常由四个乐章组成，第一乐章用快速的奏鸣曲式写成，第二乐章是缓慢抒情的三段式或变奏曲式，第三乐章是较快的小步舞曲或谐谑曲，第四乐章是快速的奏鸣曲式或回旋曲式。

歌　剧 ★★★★☆

是一种综合音乐、诗歌、舞蹈、文学、戏剧，并以歌唱为主的艺术形式。起源于 17 世纪意大利的佛罗伦萨。音乐部分由独唱（咏叹调和宣叙调）、重唱、合唱和管弦乐（序曲、前奏曲以及幕间的间奏曲）组成。

■ **真题链接**

名词解释：歌剧

（2013 年山东财经大学文化产业管理专业招生考试试题）

狂想曲 ★☆☆☆☆

是一种技术艰深且具有史诗性的器乐曲。原为古希腊时期由流浪艺人歌唱的民间叙事诗片断，19 世纪初形成器乐曲体裁。其特征是富于民族特色或直接采用民间曲调，如李斯特的 19 首《匈牙利狂想曲》、拉威尔的《西班牙狂想曲》等。

爵士乐 ★★★☆☆

是 19 世纪末 20 世纪初在美国产生的一种音乐。源自美国新奥尔良音乐家波塞·詹姆斯的名字。爵士乐包含了非洲西部的节奏、欧洲的和声及美国的福音歌的唱法，主要由短号、小号、长号、萨克斯管、吉他、低音提琴等乐器组合进行即兴演奏，记谱只提供大致的轮廓，然后进行极富动感的变奏，有很强的创作发挥空间。在"Jazz"一词被使用以前，这种音乐风格被通称为拉格泰姆。

■ **真题链接**

名词解释：爵士乐

（2013 年山东艺术学院公共事业管理专业招生考试试题）

摇滚乐 ★★☆☆☆

兴起于 20 世纪 50 年代的美国，是从传统乐曲和黑人曲调中演化出来的，具有强烈的节拍和通俗的歌词。早期摇滚乐多用吉他、钢琴、鼓、萨克斯管等乐器伴奏，音调亢奋喧闹，深受年轻人的喜爱。

■ **真题链接**

中国摇滚乐兴起于 20 世纪 80 年代，代表人物是崔健。

（2015 年河北美术学院广播电视编导专业招生考试试题）

康塔塔 ★★☆☆☆

多乐章的大型声乐套曲。原意指声乐说唱的乐曲。后演变成包括独唱、重唱及合唱，由管弦乐队伴奏，各乐章具有一定的连贯性。往往以序曲或者合唱开头，以合唱结尾，中间交错有伴奏的宣叙调、独唱或者重唱的咏叹调以及不同规模的合唱。

（三）声乐

齐　唱 ★★☆☆☆

是指一个歌唱集体，大家都唱同一个旋律，也就是单声部的群唱。例如《大刀进行曲》《解放区的天》《打靶归来》等都适合用齐唱表演。

合　唱 ★★★☆☆

是指集体演唱多声部声乐作品的艺术门类，常有指挥，可有伴奏或无伴奏。它要求歌唱群体音响的高度统一与协调，是普及性最强、参与面最广的音乐演出形式之一。人声作为合唱艺术的表现工具，有着独特的优越性，能最直接地表达音乐作品中的思想情感，激发听众的情感共鸣。主要形式有**童声合唱、女生合唱、男生合唱和混声合唱**。

■ **真题链接**

简答题：列举合唱艺术的种类。

（2014 年山东艺术学院艺术史论专业招生考试试题）

重　唱 ★★☆☆☆

是声乐演唱形式之一。是指由两个以上的演唱者，各按自己所分任的声部演唱同一乐曲。按声部或人数分为二重唱、三重唱、四重唱、六重唱等。歌剧中的重唱基本上是两个以上的人物进行感情交流的表现方式，包括男女声二重唱等。例如《茶花女》中的《饮酒歌》。

独　唱 ★★☆☆☆

是一种声乐演唱形式，由一人单独演唱，常用乐器伴奏，亦有用人声伴唱者。依个人的性格、条件和音色的不同，可分为**女高音、女中音、女低音、男高音、男中音、男低音**等。

对　唱 ★★☆☆☆

是指两个或两组歌唱者的对答式演唱，形式较为活泼。其与重唱不同，所演唱的是单声部歌曲。对唱形式在民歌中应用比较广泛。根据人声的不同可分为：**女生对唱、男生对唱、男女生对唱等，也可以分两组对唱。**

美声唱法 ★★★★☆

源于**意大利**，17 世纪以后盛行于欧洲。特点是注重发声方法，追求声乐效果，讲究技巧，声音厚实，音域宽广，音色柔美，常用于演唱西洋歌剧。

■ **真题链接**

按照演唱风格分类，下列哪种唱法起源于意大利？（　　）

A. 美声唱法　　B. 民族唱法

C. 通俗唱法　　D. 原生态唱法

（2014 年平顶山学院广播电视编导专业招生考试试题）

民族唱法 ★★★☆☆

是由中国各族人民按照自己的习惯和爱好，创造和发展起来的一种歌唱艺术。它包括中国的戏曲唱法、说唱唱法、民间歌曲唱法和民族新唱法等。民族唱法产生于人民之中，继承了民族声乐的优秀传统，所以演唱风格具有鲜明的民族特色，语言生动，感情质朴。

■ **真题链接**

按演唱风格的不同，分美声唱法、通俗唱法和（　　）。

（2014 年宝鸡文理学院广播电视编导专业招生考试试题）

通俗唱法 ★★★☆☆

又名流行唱法，20 世纪 30 年代得到广泛流传。其特点是声音自然，近似说话，中声区使用真声，高声区一般使用假声。很少使用共鸣，故音量较小，演唱时必须借助电声扩音器。演出形式以独唱为主，常配以舞蹈动作，追求声音自然甜美，感情细腻真实。

■ **真题链接**

简答题：简述通俗唱法的风格特点。

（2013 年广西艺术学院文化产业管理专业招生考试试题）

（四）器乐

器　乐 ★★★☆☆

是指以乐器为物质基础，借助乐器的性能特征，结合演奏技巧的应用，表现一定情绪与意境的音乐作品。它泛指可以用各种方法奏出声音的工具，一般分为**民族乐器**和**西洋乐器**。

■ **真题链接**

按声源来分，音乐可分为声乐和器乐两大类；按性质来分，音乐可分为纯音乐、标题音乐、轻音乐、复调音乐。

（2015 年黄山学院广播电视编导专业招生考试试题）

乐器的分类 ★★★★☆

乐器一般可以分为**打击乐、管乐、弦乐和键盘乐**四类。前三类又有西洋乐器和中国乐器之分。此外，各民族都有一些独有的乐器。

打击乐
- 西洋打击乐：架子鼓、三角铁、洋鼓、沙槌、钹、军鼓等。
- 中国打击乐：锣、鼓、钹、木鱼、钟、梆子、竹板、铃。

管乐
- 西洋乐器
  - 木管乐：短笛、长笛、单簧管、双簧管、萨克斯。
  - 铜管乐：小号、大号、短号、长号、军号、圆号。
- 中国管乐：笛子、箫、芦笙、唢呐、排箫、竽、葫芦丝等。

弦乐
- 西洋弦乐：小提琴、中提琴、大提琴、倍大提琴、吉他（六弦琴）、曼陀铃、竖琴。
- 中国弦乐：高胡、二胡、中胡、京胡、板胡、琵琶、三弦、筝、柳琴、扬琴。

■ **真题链接**

1.“葫芦丝”是哪个地区的民族乐器？（　D　）

A. 广西　　B. 海南

C. 贵州　　D. 云南

（2013 年四川音乐学院广播电视编导专业招生考试试题）

2. 名词解释：打击乐器

（2013 年广西民族大学广播电视编导专业招生考试试题）

3. 简答题：西洋乐器中木管乐器有哪些？最少写出五种。

（2017 年四川文化艺术学院录音艺术专业招生考试试题）

键盘乐 ★★☆☆☆

属于西洋乐器，是用黑白键来制造高低不同的音，科学、直观，对学习乐理最有帮助。键盘乐音域宽广，表现力最强。主要有**风琴、钢琴、手风琴、电子琴**等。

■ **真题链接**

1. 乐器可分为弦乐、管乐、打击乐和________。

（2013 年临沂大学广播电视编导专业招生考试试题）

2.“乐器之王”是什么乐器？（　A　）

A. 钢琴　　B. 大提琴　　C. 吉他　　D. 小提琴

（2017 年北京电影学院广播电视编导专业招生考试试题）

第二节　中国音乐

（一）中国古代音乐

八　音 ★★★☆☆

我国周代按照制造材料的性质创设的乐器分类方法，这是我国最早的乐器科学分类法。“八音”分别是：**金、石、土、革、丝、木、匏、竹**。

五　音 ★★★★★

指的是**宫、商、角、徵、羽**。

■ **真题链接**

1. 在乐律方面，古代的“五音”指的是________、商、角、徵、羽。

（2014 年吉林动画学院摄影专业招生考试试题）

2. 说出中国古代的五音。

（2015 年北京电影学院导演系招生考试试题）

中国古代十大名曲 ★★★☆☆

通常是指：**《高山流水》《阳春白雪》《十面埋伏》《胡笳十八拍》《广陵散》《夕阳箫鼓》《平沙落雁》《汉宫秋月》《渔樵问答》《梅花三弄》**。

■ **真题链接**

下列不属于我国古代十大名曲的是（　D　）。

A.《广陵散》　　B.《梅花三弄》　　C.《十面埋伏》　　D.《阳关三叠》

（2017 年南昌理工学院广播电视编导专业招生考试试题）

伯　牙 ★★★★★

春秋时期著名的琴师，擅弹七弦琴，技艺高超，被人尊为“琴仙”。古时有“伯牙摔琴谢知音”的故事，取材于**民间传说**，讲述的是**伯牙**和砍柴樵夫**钟子期**互为知音的故事。伯牙的名曲有琴曲**《高山》《流水》**《水仙操》等。

■ **真题链接**

1. 名词解释：古曲《高山流水》

（2013 年山东师范大学戏剧影视文学专业招生考试试题）

2.（　　）的典故隐含了钟子期与伯牙的艺术共鸣和深厚友情。

A. 曲高和寡　　B. 阳春白雪　　C. 高山流水　　D. 琴瑟和鸣

（2014 年平顶山学院戏剧影视文学专业招生考试试题）

3. 春秋琴师伯牙的代表作是（　　）。

A.《高山流水》　　B.《白雪》　　C.《广陵散》　　D.《玄墨》

（2015 年临沂大学广播电视编导专业招生考试试题）

师 旷 ★★☆☆☆

春秋时期晋国著名音乐家。师旷自幼双目失明，故自称盲臣。他尤精于音乐，擅弹琴，辨音能力极强。其主要作品有**《阳春》《白雪》**等。

李延年 ★★☆☆☆

西汉音乐家。汉武帝宠妃李夫人的哥哥。他因擅长音律，颇得武帝喜爱。一日为武帝献歌："北方有佳人，绝世而独立，一顾倾人城，再顾倾人国。宁不知倾城与倾国，佳人难再得。"即**《佳人曲》**，而使妹妹入宫获宠。

嵇 康 ★☆☆☆☆

"竹林七贤"的领袖人物，魏末琴家、音乐理论家。他精通音律，创作了**"嵇氏四弄"**，即《长清》《短清》《长侧》《短侧》，与东汉的"蔡氏五弄"，即蔡邕的《游春》《渌水》《幽思》《坐愁》《秋思》，合称"九弄"，并成为隋炀帝科举取士的条件之一。他还著有音乐美学著作《声无哀乐论》。

■ **真题链接**

《声无哀乐论》的作者是__________，他谱写的十大名曲之一是《广陵散》。

（2015 年广西壮族自治区普通高校影视传媒类专业招生考试试题）

李隆基 ★★★★☆

即历史上著名的唐玄宗，是我国古代第一位皇帝音乐家。他酷爱音乐，尤擅演奏羯鼓和横笛，对唐代的音乐制度做了多次重大改革，促进了音乐艺术的发展与提高；他还设立**梨园**，扩充教坊，培养了许多优秀的音乐艺人。其主要作品有**《霓裳羽衣曲》**。

李龟年 ★★★☆☆

唐朝开元、天宝年间的著名乐师、"乐圣"，擅长唱歌。因为受到皇帝唐玄宗的宠幸而红极一时。"安史之乱"后，李龟年流落江南，卖艺为生。曾和李彭年、李鹤年兄弟创作《渭川曲》。

■ **真题链接**

中国的"乐圣"是________。

（2015 年北京电影学院导演专业招生考试试题）

姜 夔 ★☆☆☆☆

宋代著名词人、音乐家。他的词调歌曲以清雅著称，注重音律，追求艺术形式美，在内容上陶醉于自然景物或抒发个人离愁别恨。其主要作品是**《扬州慢》**。

诸宫调 ★★☆☆☆

由北宋时期的民间艺人孔三传创立，是一种以说唱为主，说唱相间，体制宏大，曲调丰富，适于表演情节复杂的长篇故事的说唱音乐形式。《西厢记诸宫调》是目前所见保存最完整的诸宫调作品，由金人董解元创作，也简称《董西厢》。

朱载堉 ★★☆☆☆

明代乐律学家，有**"律圣"**之称，毕生潜心研究律学，著有《乐律全书》《嘉量算经》《律吕正论》《瑟谱》等 20 多部著作，阐述了他创造的**十二平均律**，科学地解决了三分损益法造成的"黄钟不能还原"的难题,是近代科学和音乐理论的先驱,被誉为"钢琴理论的鼻祖"。

(二)中国现当代音乐

学堂乐歌 ★★★★☆

是一种选曲填词的歌曲。随着新式学堂的建立而兴起。起初多是归国的留学生用日本和欧美的曲调填词,后来也有用民间小曲或新创曲调填词的作品。主要代表人物是李叔同、沈心工等。

■ **真题链接**

名词解释:学堂乐歌

(2013年山东艺术学院戏曲文化传播专业招生考试试题)

李叔同 ★★★★☆

即**弘一法师,是近代中国第一位出国学习音乐、绘画的进步知识分子**。1906年他创办了**中国第一本音乐期刊《音乐小杂志》**,同时还是"学堂乐歌"的最早推动者之一。其主要作品有**《送别》**《忆儿时》《晚钟》等。

■ **真题链接**

1.李叔同,即________,是中国向西方学习音乐的第一人。

(2012年临沂大学广播电视编导专业招生考试试题)

2.近代音乐史上第一本音乐杂志是李叔同1906年创办的________。

(2013年天津师范大学广播电视编导专业招生考试试题)

3.1906年,一些留学生如欧阳予倩、李叔同等在东京组织了我国第一个话剧团体,先后演出了《茶花女》《黑奴吁天录》等剧。这个团体是(A)。

A.春柳社　　B.创造社

C.新月社　　D.南国社

(2015年天津工业大学广播电视编导专业招生考试试题)

萧友梅 ★★☆☆☆

中国现代著名音乐家,被誉为**"中国近代音乐教育的宗师"**。萧友梅曾留学日本,并在德国获博士学位,1920年回国后在北京创办了北京大学音乐传习所等几所专业音乐教育机构,之后在蔡元培的支持下在上海创建了我国第一所独立设置的国立音乐院。其主要作品有我国第一首大提琴曲《秋思》、艺术歌曲**《问》**等。

阿炳(华彦钧) ★★★★★

中国民间音乐家,双目失明,人称"瞎子阿炳"。他刻苦钻研道教音乐,精益求精,并广泛吸取民间音乐的曲调,一生共创作和演出了270多首民间乐曲,现留存仅6首。其主要作品有琵琶曲《大浪淘沙》《昭君出塞》、**二胡曲《二泉映月》**《寒春风曲》《听松》等。名曲《二泉映月》获"20世纪华人音乐经典作品奖"。

■ **真题链接**

1.荣获"20世纪华人音乐经典作品奖"的是民间音乐家阿炳的二胡曲________。

(2016年蚌埠学院广播电视编导专业招生考试试题)

2.________(乐器名)名曲《二泉映月》是中国民间音乐家________的代表作,这首乐曲展示了独特的民间演奏技巧与风格,以及无与伦比的深邃意境。

(2017年青岛农业大学广播电视编导专业招生考试试题)

刘天华 ★★★☆☆

中国现代著名作曲家、演奏家、音乐教育家，与其兄刘半农、其弟刘北茂被誉为“刘氏三杰”。他在传统的基础上大胆借鉴了西洋乐器的创作和演奏技术，给传统音乐注入了时代的气息。他一生创作了**《良宵》《光明行》《空山鸟语》《病中吟》**等10首二胡曲和3首琵琶曲。

■ **真题链接**

《汉宫秋月》的二胡版是以下哪位音乐家改编而成的？（ C ）

A. 聂耳　B. 冼星海　C. 刘天华　D. 华彦钧

（2015年赣南师范学院广播电视编导专业招生考试试题）

赵元任 ★★★☆☆

国际著名的语言学家，曾获多门学科的博士学位，也从事音乐创作。其主要作品是**《教我如何不想他》**。这首歌曲反映了当时青年渴望挣脱封建束缚、追求个性解放的思想感情。

■ **真题链接**

歌曲《教我如何不想她》的曲作者是________。

（2012年渭南师范学院广播电视编导专业招生考试试题）

冼星海 ★★★★★

中国著名作曲家。他创作了大量反映中国人民抗日斗争、表现中华民族精神的音乐作品，赢得了**“人民音乐家”**的光荣称号。其主要作品有**《黄河大合唱》《生产大合唱》《九一八大合唱》**《反攻》《祖国的孩子们》《到敌人后方去》《在太行山上》等。

■ **真题链接**

1.《黄河大合唱》的曲作者是谁？

（2016年北京师范大学戏剧影视文学专业招生考试试题）

2.下列选项中对应不正确的一项是（ C ）。

A. 陈钢、何占豪——《梁山伯与祝英台》　B. 王洛宾——《在那遥远的地方》

C. 冼星海——《南泥湾》　D. 贺绿汀——《游击队之歌》

（2017年陕西省普通高校播音编导类专业招生统考试题）

3.下列属于我国著名音乐家冼星海作品的是（　）。

A.《黄河大合唱》　B.《毕业歌》　C.《晚钟》　D.《松花江上》

（2017年安徽省普通高校艺术专业招生统考试题）

聂　耳 ★★★★★

中国著名音乐家，中国无产阶级革命音乐的先驱。他一生的音乐创作大多是为电影、话剧、舞台剧创作插曲和主题歌，歌曲带有浓厚的民族风格和时代气息。其主要作品有**《义勇军进行曲》**《毕业歌》《铁蹄下的歌女》《卖报歌》《码头工人歌》等。其中《义勇军进行曲》由**田汉作词、聂耳作曲**，1949年后被定为我国国歌。

■ **真题链接**

1.《义勇军进行曲》是电影<u>《风云儿女》</u>的主题歌。

（2014年首都师范大学科德学院广播电视编导专业招生考试试题）

2.我国的国歌又名《义勇军进行曲》，其作曲者是（　）。

A. 冼星海　B. 聂耳　C. 马思聪　D. 贺绿汀

（2016年天津工业大学广播电视编导专业招生考试试题）

马　可 ★★☆☆☆

中国现代作曲家。1945年参加新歌剧《白毛女》的音乐创作工作，对中国新歌剧的

创作与发展做出了重要贡献。其主要代表作品有秧歌剧《夫妻识字》，歌剧《小二黑结婚》，歌曲**《南泥湾》**《咱们工人有力量》《我们是民主青年》等。

郑律成 ★☆☆☆☆

出生于朝鲜，后加入中国国籍，是中国现代著名的作曲家，也是一位国际主义战士。其主要作品有《延安颂》、《延水谣》、**《八路军进行曲》(后改名为《中国人民解放军进行曲》，被定为中国人民解放军军歌)**、《兴安岭组歌》、《中国人民志愿军进行曲》，为毛泽东诗词谱曲合唱《十六字令三首》《娄山关》，歌剧《望夫云》等。

贺绿汀 ★★★☆☆

中国著名音乐家、教育家。他的作品艺术结构严谨、音乐发展富于逻辑性。其主要作品有**《牧童短笛》《摇篮曲》《天涯歌女》《四季歌》《游击队之歌》**《嘉陵江上》《摇船歌》《背纤歌》《春天里》《怨别离》等。

■ **真题链接**

《四季歌》这首歌最早出现在电影<u>《马路天使》</u>中。

(2012 年赣南师范学院广播电视编导专业招生考试试题)

李劫夫 ★☆☆☆☆

中国作曲家、音乐教育家。他一生创作了 2000 多首歌曲，绝大部分都是中国人民熟悉的民族音乐。其著名的代表作有**《歌唱二小放牛郎》《我们走在大路上》**《蝶恋花・答李淑一》《沁园春・雪》《浪淘沙・北戴河》等。

王洛宾 ★★★★★

著名的西部民歌传播者，被誉为**"西部歌王"**。他的歌曲优美、舒展，深受群众喜爱且富有民族风味。王洛宾是**第一个记谱传播"花儿"的现代音乐家**。其主要作品有**《在那遥远的地方》《掀起你的盖头来》《康定情歌》**《达坂城的姑娘》《半个月亮爬上来》《萨拉姆毛主席》等。

■ **真题链接**

韩磊凭借《掀起你的盖头来》在第二季《我是歌手》中夺冠，其原唱是(　　)。

A. 雷振邦　　B. 施光南　　C. 王洛宾　　D. 李焕之

(2016 年广西壮族自治区普通高校广播影视编导类专业招生统考试题)

郭兰英 ★★★☆☆

中国著名女高音歌唱家、晋剧表演艺术家、民族声乐教育家，被称为"一代宗师"。她为中国民族新歌剧和现代民歌演唱艺术的创立与发展做出了开拓性、历史性的重大贡献。其主要作品有**《我的祖国》**《南泥湾》**《数九寒天下大雪》**等。

■ **真题链接**

由著名歌唱家郭兰英演唱的脍炙人口的佳作《数九寒天下大雪》出自下列哪部歌剧？(C)

A.《白毛女》　　B.《赤叶河》　　C.《刘胡兰》　　D.《王秀鸾》

(2013 年云南艺术学院公共事业管理/文化产业管理专业招生考试试题)

谷建芬 ★★☆☆☆

中国当代著名女作曲家。她的主要成就是在通俗歌曲创作上，其主要作品有歌曲《年轻的朋友来相会》、《那就是我》、《绿叶对根的情意》、《思念》、《烛光里的妈妈》、《歌声

与微笑》、电视连续剧《三国演义》主题歌等。谷建芬还于 1984—1989 年创办了"谷建芬声乐培训中心"，培训歌手 50 余人，包括毛阿敏、解晓东、那英、孙楠等，为中国流行音乐的繁荣奠定了坚实的基础。

何占豪 ★★★★☆

中国杰出的音乐家，世界著名作曲家。他最主要的成就是与陈钢共同创作了中国第一部**小提琴协奏曲《梁山伯与祝英台》**(简称《梁祝》)，其他作品还有**《相见时难别亦难》《孔雀东南飞》**等。

■ **真题链接**

何占豪、陈钢合作的《梁山伯与祝英台》是一首(　　)。

A. 大提琴协奏曲　　B. 小提琴协奏曲　　C. 二胡曲　　D. 交响曲

(2014 年重庆师范大学戏剧影视文学专业招生考试试题)

陈　钢 ★★★★☆

中国当代著名的作曲家之一。早在求学期间，他即以与**何占豪合作的小提琴协奏曲《梁山伯与祝英台》**蜚声中外乐坛。其主要作品还有《苗岭的早晨》《金色的炉台》《恩情》《王昭君》等。

■ **真题链接**

________与何占豪合作创作的小提琴协奏曲《梁祝》蜚声中外乐坛。

(2017 年湖南师范大学广播电视编导专业招生考试试题)

雷振邦 ★☆☆☆☆

中国著名的电影音乐作曲家。他的作品形象鲜明，优美抒情，具有强烈的民族地方色彩，形成了独特的艺术风格。其主要作品有为影片《五朵金花》《刘三姐》**《冰山上的来客》**《景颇姑娘》《芦笙恋歌》等谱写的乐曲。

陈其钢 ★★☆☆☆

作为享誉法国、欧洲乃至全世界音乐界的中国作曲家，他是当今少数几个在世界音乐舞台上极为活跃的中国作曲家之一。创作了 2008 年北京奥运会主题曲**《我和你》**。

施光南 ★★★☆☆

新中国乐坛上成就卓然的作曲家。先后创作了《生活是多么美丽》**《月光下的凤尾竹》**《假如你要认识我》等上百首带有浓厚理想主义色彩的抒情歌曲。其中，**《祝酒歌》《在希望的田野上》**《打起手鼓唱起歌》等广为流传，《祝酒歌》还被联合国教科文组织编入世界性的音乐教材。

徐沛东 ★★★☆☆

中国当代著名作曲家。其作品有歌剧《将军情》，舞剧《枣花》，电影《摇滚青年》，电视剧《篱笆、女人和狗》三部曲、《风雨丽人》、《东周列国》、《和平年代》、《雍正王朝》、《走向共和》、《我这一辈子》、《五月槐花香》等，是位高产的作曲家。其他作品还有：**《我热恋的故乡》《十五的月亮十六圆》《篱笆墙的影子》《亚洲雄风》《不能这样活》《命运不是辘轳》《乡音乡情》《辣妹子》《红月亮》《种太阳》《久别的人》《爱我中华》《大地飞歌》《天地喜洋洋》《风景这边独好》《中国永远收获着希望》**等。

苏　聪 ★★★☆☆

中国著名电影作曲家。他曾因在1988年由中国、意大利、英国合拍的故事片《末代皇帝》中作曲，而获得第60届奥斯卡最佳作曲金像奖，**成为我国历史上第一位奥斯卡奖的获得者**。

■ **真题链接**

获得奥斯卡音乐奖的第一位中国作曲家是(　　)。

A.苏聪　　B.冼星海　　C.赵季平　　D.三宝

(2013年临沂大学广播电视编导专业招生考试试题)

谭　盾 ★★★☆☆

著名美籍华裔作曲家。他曾因在2001年由李安导演的电影**《卧虎藏龙》**中作曲，而获得奥斯卡最佳原创配乐金像奖。他还曾为《英雄》《夜宴》等电影作曲。

■ **真题链接**

谭盾凭哪部电影赢得了奥斯卡最佳原创配乐金像奖？(　　)

A.《卧虎藏龙》　　B.《竹林七贤》　　C.《竹迹》　　D.《三秋》

(2015年浙江传媒学院艺术类专业招生考试试题)

李焕之 ★★★★☆

著名作曲家、指挥家、音乐理论家。创作的**《春节组曲》**已成为我国春晚必演曲目。他的代表作品还有《社会主义好》《民主建国进行曲》《新中国青年进行曲》等。

■ **真题链接**

《春节组曲》的作者是________。

(2016年北京电影学院电影学专业招生考试试题)

(三)中国民间民族音乐

民　歌 ★★★★☆

是指起源于或流传于一个国家或地区的老百姓中间并成为他们独特文化一部分的歌曲，产生并发展于人们的社会实践，是集体创作的结晶。民歌的主要特点是表达劳动人民的思想、感情、意志、要求和愿望，具有强烈的现实性。结构短小精炼，音乐形象生动、准确，有鲜明的民族特点和地方色彩。根据体裁，民歌可分为**山歌、小调和劳动号子**。

■ **真题链接**

简答题：简述民歌的音乐特点和地域风格。

(2013年山东艺术学院文化产业管理专业招生考试试题)

山　歌 ★★☆☆☆

中国民歌的基本体裁之一。山歌主要集中分布在高原、内地、山乡、渔村及少数民族地区，曲调爽朗质朴，节奏自由，可随时改词编唱。山歌可分为一般山歌、田秧山歌、放牧山歌三类。常见的种类有**信天游、山曲、花儿、客家山歌**等。

号　子 ★☆☆☆☆

常应用于劳动中，所以又称为“劳动号子”。其音乐风格粗犷豪迈，句幅短小，律动性强，反复出现固定的、周期性的节奏型，“一领众和”是最常见的歌唱形式。号子具有协调与指挥动作、激励劳动者热情的实用功能。主要有**搬运号子、工程号子、农事号子、**

船渔号子、**作坊号子**等类型。

小 调 ★★★☆☆

中国民歌体裁类别的一种，又称为“小曲”“俚曲”“时调”等，是人们在劳动之余、日常生活中以及婚丧节庆时用以抒发情怀、娱乐消遣的民歌。小调感情细腻曲折，形式较规整，表现手法丰富多样。按照内容的不同，可分为抒情歌、诙谐歌、儿歌和风俗歌四类。小调的典型作品有《**十送红军**》《沂蒙山小调》等。

■ **真题链接**

名词解释：小调

（2012年广西艺术学院文化产业管理专业招生考试试题）

信天游 ★★★★★

是流传于**我国西北广大地区**的一种民歌形式。其曲调悠扬高亢，粗犷奔放，韵律和谐，质朴中透露出健康之美。唱词一般为两句体，上句起兴作比，下句点题，基本上是即兴之作。其内容主要以反映爱情与婚姻、反抗压迫、争取自由为主。信天游的典型作品是《蓝花花》。

■ **真题链接**

1. 名词解释：信天游

（2012年山东财经大学文化产业管理专业招生考试试题）

2. 信天游是哪个地区的民歌？（　　）

A. 华北　　B. 西南

C. 西北　　D. 东南

（2015年重庆邮电大学广播电视编导专业招生考试试题）

花 儿 ★★★☆☆

流行于甘肃、宁夏、青海一带的汉族及当地的少数民族中的民歌形式。其唱词浩繁，文学艺术价值较高，被人们称为**“西北之魂”**。花儿属于上下两句体，音域宽广，旋律起伏较大，即兴编词。因为其属于情歌，所以常避开长辈在山野演唱。2006年5月20日，经国务院批准列入第一批国家级非物质文化遗产名录。

■ **真题链接**

“花儿”属于哪一个少数民族的民歌？（ C ）

A. 蒙古族　　B. 高山族　　C. 回族

（2014年河北传媒学院录音艺术专业招生考试试题）

牧 歌 ★★☆☆☆

民歌的一个类别，流行于我国蒙古、藏、哈萨克等少数民族中。内容多表现放牧生活与爱情生活、赞美家乡、歌唱牛羊等。牧歌一般具有音调开阔悠长、节奏自由的特点。歌唱声音也比较高亢，有的自弹乐器伴奏，有的无伴奏。当代流行歌手腾格尔的歌就吸收了很多牧歌的元素。

船 歌 ★☆☆☆☆

起源于意大利威尼斯贡多拉（一种平底狭长的轻舟）船工所唱的歌曲，广泛流行于意大利。其曲调淳朴流利，悠然自在，通常为6/8拍子，强拍和弱拍有规律地交替和起伏，描写船的摇曳晃荡。中国当代著名的船歌有《乌苏里船歌》《洞庭鱼米乡》等。

新疆维吾尔木卡姆 ★★★☆☆

是流传于新疆维吾尔地区，具有统一调式体系，以歌、舞、乐三者组合而成的传统古典大曲，被誉为“东方艺术瑰宝”。因流传地区和音乐风格的不同，主要分为十二木卡姆、刀郎木卡姆、哈密木卡姆、吐鲁番木卡姆等。其中由于十二木卡姆具有复杂、严谨的艺术形式，最全面也最具代表性，通常以其指称木卡姆。2005 年新疆维吾尔木卡姆艺术入选联合国教科文组织“人类口头和非物质文化遗产代表作”名录。

■ **真题链接**

《十二木卡姆》是________族的传统民歌。

（2012 年山东师范大学戏剧影视文学专业招生考试试题）

蒙古族长调 ★★★☆☆

主要是在放牧时或者在宴会、婚礼和那达慕大会上演唱，**以鲜明的民族文化为主，被称为“草原活化石”。**其曲调悠长连绵，节奏舒缓自由，气息宽广，在持续的长音上常常有类似于马头琴演奏式的颤音和装饰音。蒙古族长调民歌 2005 年入选联合国教科文组织“人类口头和非物质文化遗产代表作”名录。

■ **真题链接**

（　　）民族长调以鲜明的民族文化为主，结合俗、佛、道三家，被称为“草原活化石”。

A. 蒙古族　　B. 藏族　　C. 回族　　D. 满族

（2013 年四川音乐学院戏剧影视文学专业招生考试试题）

蒙古呼麦 ★★★☆☆

蒙古族人创造的一种神奇的歌唱艺术：一个歌手纯粹用自己的发声器官，在同一时间里唱出两个声部。呼麦声部关系的基本结构为一个持续低音和它上面流动的旋律相结合，又可以分为泛音呼麦、震音呼麦、复合呼麦等。

爬山调 ★★★☆☆

也叫爬山歌、山曲儿，是流行于**内蒙古**中西部农业区和半农半牧区的一种短调民歌，有后山调、前山调、河套调之分。爬山调的音乐大都高亢粗犷，歌曲的结构短小而富有变化，以上下两个乐句 8 个小节构成的乐段为它的基本结构形式。代表歌曲有《阳婆里抱柴瞭哥哥》。2008 年，经国务院批准列入第二批国家级非物质文化遗产名录。

■ **真题链接**

“爬山调”是哪个地方的小调？________。

（2013 年浙江传媒学院广播电视编导专业招生考试试题）

纳西古乐 ★☆☆☆☆

是世界上最古老的音乐之一。纳西古乐由白沙细乐、洞经音乐和皇经音乐组成，融入了道教法事音乐、儒教典礼音乐，甚至唐宋的词、曲牌音乐，形成了它独特的灵韵，被誉为**“音乐化石”**。

江南丝竹 ★★★☆☆

中国传统器乐丝竹乐的一种，流行于江苏南部和浙江一带。因乐队主要由二胡、扬琴、琵琶、三弦、秦琴、笛、箫等丝竹类乐器组成，故得名。江南丝竹旋律抒情优美，风格清新活泼、细致秀雅，曲调优美流畅、柔和婉转。其主要曲目有《中花六板》《三六》《行街》《欢乐歌》和《云庆》等。2006 年，经国务院批准列入第一批国家级非物质文化遗产名录。

■ **真题链接**

名词解释：江南丝竹

（2013 年山东艺术学院文化产业管理专业招生考试试题）

苗族飞歌 ★☆☆☆☆

是苗族歌曲的一种，流行于贵州台江、剑河、凯里等一带。多用在喜庆、迎送等大众场合，见物即兴，现编现唱。歌词内容以颂扬、感谢、鼓动一类为主，在过苗年、划龙舟等节日开展喜庆活动时，一般要唱飞歌。

（四）中国重要音乐作品

《阳关三叠》 ★★★★☆

中国古代名曲之一，是根据唐代诗人**王维《送元二使安西》**这首绝句而创作的一首琴歌。全曲分为三大段，用同一曲调作变奏反复，叠唱三次，所以称为“三叠”。其音调整体风格古朴深沉，后段略显激越。

■ **真题链接**

________（古曲名）是根据唐诗《送元二使安西》谱写的乐曲。

（2016 年甘肃省普通高校戏剧与影视学类专业招生统考试题）

《百鸟朝凤》 ★★☆☆☆

原为流行于山东、河南、河北一带的民间乐曲，后经加工改编为**唢呐独奏曲**。演奏者常以丰富的想象力和娴熟的技巧，细腻地模拟各种鸟禽的啼啭，神态生动活泼，情绪热烈欢快，富有浓厚的生活气息。改编后的乐曲大量运用双吐技巧，增加了音乐的华彩性。

《小白菜》 ★★★☆☆

原为河北民歌，讲述了一个从小丧母的孤苦女童的悲惨命运，全曲仅有 12 小节，曲调采用带哭腔、逐级下行的手法展开。以它为母体还衍生出了许多民歌，例如**《沂蒙山好风光》、歌剧《白毛女》中喜儿演唱的《北风吹》**等。

《茉莉花》 ★★★★☆

民间小调，主要流传于江苏和河北两地。反映出青年男女初恋时欲言又止的羞涩心态。全曲由 4 乐句组成，第三、第四句在音乐上一气呵成。它在国外被当作中国民间音乐的代表，是中国文化的代表元素之一，**曾被意大利作曲家普契尼吸收到歌剧《图兰朵》中**，也被誉为“中国的第二国歌”。

■ **真题链接**

1.（　　）是一首广泛流传于我国的民间小调，这首民歌还被普契尼用于歌剧《图兰朵》中。

A.《走西口》　　B.《茉莉花》

C.《五哥放羊》　　D.《康定情歌》

（2014 年廊坊师范学院戏剧影视文学专业招生考试试题）

2. 纪录片《幼儿园》中重复出现的背景音乐是________。

（2016 年上海市普通高校编导类专业招生统考试题）

《嘎达梅林》 ★★★☆☆

是蒙古族长篇叙事歌。讲述的是民族英雄嘎达梅林率领人民反抗封建王爷与军阀统治的故事。这是一首上下句结构的短调民歌，采用五声羽调式，节奏舒展沉稳，风格庄严肃穆。

■ **真题链接**

《嘎达梅林》是哪个民族的叙事歌曲？（　　）

A. 藏族　　B. 满族　　C. 蒙古族

（2015 年河北传媒学院录音艺术专业招生考试试题）

《雨打芭蕉》 ★☆☆☆☆

广东音乐名曲。乐曲开头旋律欢乐明快，接着为一系列的短句，让人联想到雨点落在芭蕉叶上的淅沥声，颇具南国情调。20 世纪 60 年代重新进行配器，增加了乐曲的多声性，更加富有表现效果。

《二泉映月》 ★★★☆☆

是一首二胡独奏曲，由**华彦钧**（即瞎子阿炳）创作。作者在曲中倾诉了自己坎坷的一生，后来他人根据当地惠山泉的别称将其改为《二泉映月》。

■ **真题链接**

《二泉映月》是华彦钧创作的一首独奏曲，他用的乐器是（　　）。

A. 二胡　　B. 板胡　　C. 琵琶　　D. 古筝

（2015 年天津工业大学广播电视编导专业招生考试试题）

歌剧《白毛女》 ★★★★☆

延安鲁迅艺术学院集体创作，**贺敬之、丁毅**执笔。该剧故事取材于晋察冀边区流传的恶霸地主黄世仁迫害贫农女儿喜儿，将其逼入深山老林，变成了“白毛女”，后来在中国共产党领导下喜儿重获新生的故事，深刻地揭示了“**旧社会把人变成鬼，新社会把鬼变成人**”的主题。

■ **真题链接**

1. 1945 年在延安首演的大型歌剧________标志着我国歌剧创作取得了突破性进展。

（2013 年天津师范大学广播电视编导专业招生考试试题）

2. 贺敬之和丁毅创作的我国第一部新歌剧是________。

（2017 年衡水学院广播电视编导专业招生考试试题）

《梁山伯与祝英台》 ★★★☆☆

这是一首**小提琴协奏曲**，由**何占豪、陈钢**作曲，1959 年完成并首演。作曲家选择了家喻户晓的民间传说为主题，以越剧的音调为基础，分别采用了故事的三个关键情节“草桥结拜”“英台抗婚”和“坟前化蝶”作为乐曲的呈示部、展开部和再现部。结构上运用西洋的奏鸣曲式，出色地表现了矛盾冲突。在艺术上既具有民族特色，又充分发挥了交响性效果。这部协奏曲在国内被誉为“民族化的交响乐”，在国外则被称为“‘蝴蝶的爱情’协奏曲”。

■ **真题链接**

小提琴协奏曲《梁祝》的作曲者是________、________。

（2014 年西安工程大学广播电视编导专业招生考试试题）

《黄河大合唱》 ★★★★☆

1939年创作于延安，**光未然**作词，**冼星海**作曲。《黄河大合唱》以歌颂黄河来歌颂中华民族的伟大、不幸和抗争。共分为八个乐章，例如《黄河船夫曲》《黄河颂》《黄水谣》《保卫黄河》等。

■ **真题链接**

《黄河大合唱》的作曲者是________。

（2016年河南大学广播电视编导专业招生考试试题）

第三节 外国音乐

（一）外国音乐思潮及流派

古典主义音乐 ★★☆☆☆

指18世纪下半叶到19世纪产生于欧洲的音乐潮流及创作风格。讲求严谨的结构、完美的形式、优美的旋律、精湛的技艺、和谐的音响与严密的逻辑。乐曲多以严肃、稳重为主，崇尚理性，而对感情的表现较为含蓄内在。器乐曲多是无标题音乐。其主要作曲家有**巴赫**、**海顿**、**莫扎特**、**贝多芬**等。

■ **真题链接**

古典主义音乐的集大成者是贝多芬，其代表作有《英雄交响曲》。

（2013年临沂大学广播电视编导专业招生考试试题）

浪漫主义音乐 ★★☆☆☆

19世纪初至中叶在欧洲兴起的一种新的音乐潮流及创作风格。强调个人主观情感的表现，注重对自然的描写和感情的抒发。其主要作曲家有**舒伯特**、**韦伯**、**门德尔松**、**舒曼**、**勃拉姆斯**、**瓦格纳**、**柏辽兹**、**肖邦**、**李斯特**、**威尔第**、**罗西尼**等。

印象主义音乐 ★☆☆☆☆

是19世纪末受印象主义文学和印象主义绘画的影响而出现的音乐流派。主张用音乐描绘自然界瞬间即逝的印象，例如光、影、云、雾等，渲染神秘朦胧、若隐若现的气氛和色调，重视和声的色彩表现，旋律趋向片段零散。其主要作曲家有**德彪西**、**拉威尔**等。

表现主义音乐 ★☆☆☆☆

现代音乐的一个主要流派。最大的特征是无视传统，无视规则，不追求庞大、夸张，刻意追求精致、纯朴，抛弃印象派的玄妙模糊，以无调性为其基本成分。主张艺术要表现人类的思想本质和心灵世界。其主要作曲家有勋伯格、贝尔格、韦伯恩等。

（二）外国音乐名家名作

比　才 ★★★☆☆

19世纪法国著名的作曲家，他杰出的歌剧代表作是**《卡门》**。这部歌剧根据梅里美的同名小说改编而成，讲述的是一个生性无拘无束的吉普赛女郎走私的冒险经历，是一部具有传奇性的悲剧作品。其中的经典曲目有《斗牛士之歌》《爱情像一只自由的鸟儿》等。

■ 真题链接

著名的《卡门》组曲是法国19世纪作曲家（　　）的代表作。

A. 德彪西　　B. 比才

C. 舒伯特　　D. 帕格尼尼

（2017年四川文化艺术学院广播电视编导专业招生考试试题）

柏辽兹 ★★☆☆☆

法国浪漫主义音乐的杰出代表，与法国浪漫主义文学大师雨果、浪漫派画家德拉克洛瓦并称为**"法国浪漫主义三杰"**。他一生致力于标题音乐的创作，创造了**"固定乐思"**的创作手法。他著有**《配器法》**一书，其主要作品有《幻想交响曲》《罗密欧与朱丽叶》等。

德彪西 ★★★☆☆

法国著名作曲家、音乐评论家。他的音乐具有一种朦胧、飘逸和空幻的气氛。其主要作品有管弦乐曲《牧神午后前奏曲》《夜曲》《大海》，**钢琴曲《月光》《亚麻色头发的少女》《水中倒影》**，歌剧《佩利亚斯与梅丽桑德》等。

■ 真题链接

法国作曲家德彪西的交响诗（　B　）被认为是印象主义音乐的开山之作。

A.《夜曲》　　B.《牧神午后前奏曲》

C.《版画集》　　D.《佩利亚斯与梅丽桑德》

（2015年池州学院广播电视编导专业招生考试试题）

皮埃尔·狄盖特 ★★★☆☆

伟大的共产主义者、工人作曲家。他主要以创作工人运动歌曲为主，具有浓厚的时代背景因素。其主要作品是**《国际歌》**，讴歌了巴黎公社战士崇高的共产主义理想和英勇不屈的革命气概。

■ 真题链接

《国际歌》的作词者和作曲者分别是欧仁·鲍狄埃、皮埃尔·狄盖特。

（2013年天津工业大学广播电视编导专业招生考试试题）

李斯特 ★★★☆☆

匈牙利杰出的浪漫主义音乐家，被誉为**"钢琴之王"**。其最主要的代表作是两部标题交响曲，即以《神曲》为题材的《但丁交响曲》和以《浮士德》为题材的《浮士德交响曲》。李斯特创作的**《匈牙利狂想曲》**还被作为《猫的协奏曲》（这是由美国米高梅公司出品的动画片《猫和老鼠》中的一集，曾获奥斯卡奖）的背景音乐。

海　顿 ★★★★☆

奥地利著名作曲家，**古典主义音乐**的代表人物之一，被后人推崇为**"交响乐之父"**。

他的创作在弦乐四重奏和交响曲方面有突出贡献。其主要作品有《伦敦交响曲》《告别》《惊愕》《时钟》等。

■ **真题链接**

"交响乐之父"是谁?(　　)

A. 贝多芬　　　　B. 莫扎特

C. 柴可夫斯基　　　　D. 海顿

(2017 年北京电影学院广播电视编导专业招生考试试题)

莫扎特 ★★★★★

奥地利著名作曲家,欧洲维也纳古典乐派的代表人物之一,被誉为**"音乐神童"**。歌剧是莫扎特创作的主流,他与**格鲁克、瓦格纳和威尔第被誉为欧洲歌剧史上四大巨子**。其主要作品有**《费加罗的婚礼》《安魂曲》**《唐璜》《魔笛》等。《安魂曲》是莫扎特最后一部作品。

■ **真题链接**

1.《安魂曲》是________的最后一部作品。

(2011 年聊城大学东昌学院广播电视编导专业招生考试试题)

2. 欧洲四大歌剧巨子是________、________、________、________。

(2011 年广东商学院广播电视编导专业招生考试试题)

3. 创作歌剧《魔笛》的是作曲家(　　)。

A. 贝多芬　　　　B. 莫扎特

C. 舒伯特　　　　D. 肖邦

(2016 年天津工业大学广播电视编导专业招生考试试题)

4. 歌剧《费加罗的婚礼》的作曲者是(　　)。

A. 普契尼　　　　B. 莫扎特

C. 舒伯特　　　　D. 李斯特

(2017 年天津工业大学广播电视编导专业招生考试试题)

舒伯特 ★★★☆☆

奥地利著名作曲家、浪漫主义音乐的奠基人,他一生写了 600 多首艺术歌曲,被称为**"歌曲之王"**。其主要代表作品有《野玫瑰》《鳟鱼》《小夜曲》《魔王》《圣母颂》《美丽的磨坊少女》《冬之旅》等。

■ **真题链接**

舒伯特创作的最高领域是(　　)。

A. 交响乐　　　　B. 艺术歌曲

C. 钢琴曲　　　　D. 歌剧

(2014 年陕西省普通高校播音编导类专业招生统考试题)

老约翰·施特劳斯 ★★★☆☆

奥地利著名的圆舞曲作曲家,他一生写过 150 多首圆舞曲,被誉为**"圆舞曲之父"**。在他的作品里,影响最大、流行最广的是《拉德斯基进行曲》。

■ **真题链接**

被称为"圆舞曲之父"的是________。

(2016 年聊城大学广播电视编导专业招生考试试题)

小约翰·施特劳斯 ★★★★★

老约翰·施特劳斯的儿子，奥地利著名的作曲家、指挥家、小提琴家，被世人誉为**“圆舞曲之王”**。其主要作品有**《蓝色多瑙河》《春之声圆舞曲》**《维也纳森林的故事》和《皇帝圆舞曲》等。

■ 真题链接

圆舞曲《蓝色多瑙河》的作者是__________，其被称为__________。

（2014 年河南省普通高校编导制作类专业招生统考试题）

卡拉扬 ★★☆☆☆

奥地利著名指挥家、键盘乐器演奏家和导演。卡拉扬在音乐界享有盛誉，在中文领域被人称为**“指挥帝王”**。代表作品有《贝多芬九大交响曲》《理查·施特劳斯作品》《勃拉姆斯交响全集》等。

斯美塔那 ★★★☆☆

捷克著名作曲家、钢琴家和指挥家，被誉为**“新捷克音乐之父”“捷克民族音乐的奠基人”**。他的作品中渗透着爱好自由、争取民族独立的思想因素，又在一定程度上融入了西方音乐的技巧，具有鲜明的时代气息。其主要作品有交响诗套曲《我的祖国》、歌曲《自由之歌》、歌剧《里布舍》等。

■ 真题链接

“新捷克音乐之父”是__________。

（2012 年广西艺术学院文化产业管理专业招生考试试题）

肖　邦 ★★★★★

波兰浪漫主义音乐的代表人物，被誉为**“钢琴诗人”**。他第一次在音乐中突出斯拉夫民族因素，并使其归入欧洲音乐的主流。他的创作与祖国的现实、民族的命运密切相关，充满热情。主要作品有钢琴曲《波兰舞曲》《革命练习曲》《葬礼进行曲》等。

■ 真题链接

1. 名词解释：肖邦

（2011 年山东艺术学院广播电视编导专业招生考试试题）

2. 肖邦是________（国家）钢琴演奏家。

（2014 年宝鸡文理学院广播电视编导专业招生考试试题）

3. 被誉为“钢琴诗人”的是(　　)。

A. 肖邦　　B. 理查德·克莱德曼　　C. 久石让　　D. 朗朗

（2016 年甘肃省普通高校戏剧与影视学类专业招生统考试题）

格林卡 ★★★☆☆

俄罗斯民族乐派的奠基人，俄罗斯民族歌剧的创始人，被誉为**“俄罗斯音乐之父”**。其主要作品有歌剧《伊凡·苏萨宁》和《鲁斯兰与柳德米拉》等。他的《爱国者之歌》曾被定为 20 世纪 90 年代的俄罗斯联邦的国歌。

■ 真题链接

被称为“俄罗斯音乐之父”的音乐家是(　　)。

A. 柴可夫斯基　　B. 门德尔松　　C. 格林卡　　D. 肖斯塔科维奇

（2014 年天津工业大学广播电视编导专业招生考试试题）

柴可夫斯基 ★★★★★

俄罗斯伟大的浪漫乐派作曲家，也是俄罗斯民族乐派的代表人物。他的音乐具有强烈的感染力，充满激情，乐章抒情又华丽，并带有强烈的管弦乐风格，作品深刻揭示了对光明理想的追求、对生活意义的理解。其主要作品有**歌剧《叶甫盖尼·奥涅金》《黑桃皇后》、舞剧《天鹅湖》《睡美人》《胡桃夹子》**等。

■ **真题链接**

名词解释：柴可夫斯基

（2016 年中央戏剧学院戏剧管理专业招生考试试题）

巴　赫 ★★★☆☆

德国作曲家，中世纪以来音乐最伟大的总结者，被后世称为**"西方音乐之父"**。他的音乐感情丰富，形式完美精致，风格质朴欢快，充满戏剧性。其主要作品有**《哥德堡变奏曲》**《农民康塔塔》《意大利协奏曲》《马太受难曲》《我们的上帝坚不可摧》等。

■ **真题链接**

充满戏剧性因素的大型声乐作品《马太受难曲》《B 小调弥撒》是德国作曲家________的作品。

（2016 年湖南师范大学广播电视编导专业招生考试试题）

贝多芬 ★★★★★

德国伟大的作曲家、维也纳古典乐派代表人物之一，被世人尊称为**"乐圣"**。他的音乐象征着自由、力量、激情和意志，给人以极度震撼。其主要作品有**《第三交响曲》（又被称为《英雄交响曲》）、《第五交响曲》（又被称为《命运交响曲》）、《第六交响曲》（又被称为《田园交响曲》）、《第九交响曲》（又被称为《合唱交响曲》）、《月光》（又名《月光奏鸣曲》）**等。

■ **真题链接**

1. 德国作曲家贝多芬的《第五交响曲》又名________。

（2016 年甘肃省普通高校戏剧与影视学类专业招生统考试题）

2.《月光奏鸣曲》是谁的作品？（　　）

A. 贝多芬　　B. 莫扎特　　C. 柴可夫斯基　　D. 肖邦

（2017 年北京电影学院广播电视编导专业招生考试试题）

门德尔松 ★★★☆☆

德国著名作曲家、指挥家，被誉为浪漫主义杰出的**"抒情风景画大师"**。其音乐作品以精美、优雅、华丽著称。1842 年，门德尔松与舒曼等人一起创办了德国第一所音乐学院——莱比锡音乐学院。其主要作品有《婚礼进行曲》《春之声交响曲》等。

■ **真题链接**

（　　）有"抒情风景画大师"之称，他创作有五部交响曲，如《第三苏格兰交响曲》等。

A. 贝多芬　　B. 门德尔松　　C. 比才　　D. 肖邦

（2010 年青岛大学广播电视编导专业招生考试试题）

罗伯特·舒曼 ★★☆☆☆

19 世纪德国作曲家、音乐评论家，浪漫主义音乐成熟时期的代表人物之一。代表作品有《蝴蝶》《维也纳狂欢节》等，创办有《新音乐杂志》并任主编。

瓦格纳 ★★★☆☆

德国著名的作曲家、剧作家、指挥家。他的歌剧突破了歌剧诞生以来的固有模式，

更具有创造性。其主要作品有《漂泊的荷兰人》《尼伯龙根的指环》《特里斯坦与伊索尔德》等。

勃拉姆斯 ★★☆☆☆

德国著名作曲家。他创作了除歌剧以外的一切体裁的作品，在交响曲、室内乐、协奏曲和艺术歌曲等方面留下了众多杰作。其主要作品有《第一交响曲》《D大调小提琴协奏曲》《匈牙利舞曲》等，声乐作品《摇篮曲》等。**勃拉姆斯与巴赫、贝多芬并称为“三B”**。

帕格尼尼 ★★★☆☆

意大利小提琴演奏家、作曲家，欧洲晚期古典乐派、早期浪漫乐派的音乐家。历史上最著名的小提琴大师之一。主要作品有《二十四首随想曲》《女巫之舞》《无穷动》《威尼斯狂欢节》等。

■ **真题链接**

下列不属于古典主义音乐家的是谁？（ D ）

A. 海顿　　B. 贝多芬

C. 莫扎特　　D. 帕格尼尼

（2014年西北师范大学广播电视编导专业招生考试试题）

威尔第 ★★★★☆

意大利伟大的歌剧作曲家，有“意大利革命的音乐大师”之称。他把意大利歌剧推向了一个新的历史高峰，为世界歌剧艺术做出了杰出贡献。其主要作品有**《茶花女》**《弄臣》《阿伊达》《奥赛罗》等。

■ **真题链接**

歌剧《茶花女》的作曲者威尔第是（　　）人。

A. 奥地利　　B. 法国

C. 意大利　　D. 德国

（2011年广西民族大学广播电视编导专业招生考试试题）

普契尼 ★★★★☆

意大利著名歌剧作曲家。他的歌剧多取材于下层人的生活，作品风格细腻婉转，音乐新颖而具有戏剧性。其主要作品有**《托斯卡》《蝴蝶夫人》**《西部女郎》**《图兰朵》**等。其中**《图兰朵》采用了中国民歌《茉莉花》的旋律**。

■ **真题链接**

以下不属于意大利著名歌剧大师普契尼作品的是（　　）。

A.《图兰朵》　　B.《蝴蝶夫人》

C.《茶花女》　　D.《托斯卡》

（2014年聊城大学东昌学院广播电视编导专业招生考试试题）

（三）现当代世界乐坛

当代三大男高音 ★★★★☆

当代世界三大男高音指**帕瓦罗蒂、多明戈、卡雷拉斯**；当代中国三大男高音指戴玉强、魏松、莫华伦。

■ **真题链接**

世界上三大男高音歌唱家不包括(　　)。

A. 帕瓦罗蒂　　B. 阿兰尼亚　　C. 卡雷拉斯　　D. 多明戈

(2015 年广西民族大学广播电视编导专业招生考试试题)

帕瓦罗蒂 ★★★★☆

是世界著名的**意大利**男高音歌唱家，他与西班牙的多明戈和卡雷拉斯并称**"世界三大男高音"**，别号"高音 C 之王"。他的嗓音具有十分漂亮的音色，在两个八度以上的整个音域里，所有音均能迸射出明亮、晶莹的光辉。其主要作品有**《我的太阳》**《今夜无人入睡》等。

■ **真题链接**

1. 三大男高音分别是_______国的_______、_______国的_______、_______国的_______。

(2013 年广西民族大学广播电视编导专业招生考试试题)

2. 帕瓦罗蒂是_______(国家)的著名歌唱家。

(2014 年宝鸡文理学院广播电视编导专业招生考试试题)

流行音乐 ★★★★☆

是根据英语 popular music 翻译过来的，是指那些结构短小、内容通俗、形式活泼、情感真挚，并被广大群众所喜爱、广泛传唱或欣赏，流行一时的甚至流传后世的器乐曲和歌曲。这些乐曲和歌曲，植根于大众生活的丰厚土壤之中，因此又有"大众音乐"之称。流行音乐具有大众性、时尚性、娱乐性、商品性、参与性、快速更替性等特点。世界著名的流行音乐家有**猫王普雷斯利、迈克尔·杰克逊、恩雅、雅尼、喜多郎**等。

■ **真题链接**

1. 简答题：简述流行音乐的特点。

(2012 年聊城大学广播电视编导专业招生考试试题)

2. 名词解释：流行音乐

(2012 年临沂大学广播电视编导专业招生考试试题)

3. 中国内地流行音乐发展的第二个高潮期是(　B　)。

A. 30 年代至 40 年代　　B. 80 年代

C. 90 年代　　D. 21 世纪

(2014 年河北传媒学院录音艺术专业招生考试试题)

埃尔维斯·普雷斯利 ★★★☆☆

即**"猫王"**，是美国 20 世纪最重要的摇滚歌手，被称为**"摇滚乐之王"**。他的音乐超越了种族以及文化的疆界，将乡村音乐、布鲁斯音乐以及山地摇滚乐融会贯通，形成了具有鲜明个性的独特曲风，强烈地震撼了当时的流行乐坛，并让摇滚乐如同旋风一般横扫世界乐坛。其经典曲目有《温柔地爱我》。

■ **真题链接**

被称为"现代摇滚乐之王"的是美国的________。

(2012 年山东师范大学戏剧影视文学专业招生考试试题)

迈克尔·杰克逊 ★★★☆☆

世界级的著名歌手、作曲家、作词家、舞蹈家、演员、导演、唱片制作人、慈善家、时尚引领者，被誉为**“流行音乐之王”**，他魔幻般的舞步更是被无数明星效仿。他于1979年发行的第1张专辑《Off the Wall》，被誉为迪斯科音乐经典之作，1982年发行的专辑《Thriller》(《颤栗》)，是世界上唯一一个销量过亿的专辑。他一生拥有15座格莱美奖、26座全美音乐奖，被誉为“世界上最成功的艺术家”。

■ **真题链接**

1.《颤栗》是美国流行音乐天王迈克尔·杰克逊的作品。
(2012年聊城大学广播电视编导专业招生考试试题)

2.《老男孩》中筷子兄弟的偶像是迈克尔·杰克逊。
(2013年新疆艺术学院广播电视编导专业招生考试试题)

莎拉·布莱曼 ★★☆☆☆

英国跨界音乐女高音歌手和演员，被称为**“月光女神”**，是继世界三大男高音之后涌现出的另一个天后级人物，英国美声唱法的历史革命者。她的歌声虚幻、空灵、纯净，高音不仅不刺耳，反而让人充满迷惑与想象。她曾在1992年巴塞罗那奥运会上与何塞·卡雷拉斯演唱**《永远的朋友》**(《Friends for Life》)，也曾**在2008年北京奥运会上与刘欢同唱《我和你》**(《You and Me》)。

甲壳虫 ★☆☆☆☆

也译作**“披头士”**，是20世纪最知名的英国摇滚乐队，被誉为摇滚乐历史上**“最伟大的乐队”**。成立于20世纪60年代，主唱兼吉他手**约翰·列侬**为其核心人物，“披头士”于1970年解散。其经典曲目有《昨天》(《Yesterday》)、《顺其自然》(《Let it Be》)、《想象》(《Imagine》)等。

理查德·克莱德曼 ★★★☆☆

法国著名的钢琴演奏家，有**“钢琴王子”**之誉，也是中国听众最早熟悉的一位当代外国钢琴家。他是当今世界上拥有金唱片最多的钢琴演奏家和唯一的金钢琴奖获得者。著名演奏曲目有《秋日私语》《水边的阿狄丽娜》等。

■ **真题链接**

被誉为“钢琴王子”的是(　　)。

A.李斯特　　B.斯美塔那

C.肖邦　　D.理查德·克莱德曼

(2013年赣南师范学院广播电视编导专业招生考试试题)

维也纳新年音乐会 ★★☆☆☆

是为了庆祝新年而于每年的当地时间1月1日上午，在奥地利首都维也纳的“维也纳音乐之友协会”大厅举行的新年音乐会。**演出的曲目是被称为“圆舞曲之王”的小约翰·施特劳斯及其家族的音乐作品**，由世界历史最悠久、素质最高超的维也纳爱乐乐团演奏。维也纳新年音乐会展示的是人类最文明、最欢快、最明亮的侧面，高雅、轻松、豪华、热烈是其最大的特点。

第七章 戏剧戏曲常识

本章主要包括两大方面内容：一是**戏剧基本理论**；二是**中国戏曲**。由于戏剧与文学的联系较为密切，所以只要考生把文学方面的知识点记忆得非常熟练和准确后，对于戏剧戏曲常识这一部分的学习也会变得简单起来。在学习的过程中，考生需要注意以下几点：

1. 戏剧基本理论部分的考查点不是很多，**大多是以名词解释题的形式出现**，例如**悲剧、戏剧冲突、戏剧文学、潜台词、场面调度、三一律、荒诞派戏剧**等。不过，有志于报考戏剧影视文学专业的考生可以着重学习一下这一部分的知识点。

2. 在整个戏剧戏曲常识中，主要的考查点集中在中国戏曲部分。从历年各大院校的考试真题看，该部分的出题范围主要集中在以下几个方面：**戏曲行当、梨园、四功五法、四大名旦、京剧、黄梅戏、谭鑫培、梅兰芳**等。

3. 通过研究历年来的考试真题发现，本章知识点在考试中所占的比重不大，大约**最多能占到总体分值的5%～8%**。但是如果有考生选择报考戏剧影视文学或是戏曲文化传播等专业，则需要多用一些时间来学习该部分。

第一节 戏剧基本理论

戏　剧 ★★☆☆☆

是由演员扮演角色，在舞台上当众表演故事情节的一种艺术。戏剧作为一种综合的舞台艺术，**借助文学、音乐、舞蹈、美术**等艺术手段塑造舞台艺术形象，揭示社会矛盾，反映现实生活，达到教育观众的目的，并使观众获得美的享受。

■ **真题链接**

戏剧是一种综合的舞台艺术，借助于文学、音乐、________、________等艺术形式。

（2014年江西师范大学广播电视编导专业招生考试试题）

戏剧的分类 ★★★☆☆

按照表现形式，戏剧可分为话剧、歌剧、舞剧、歌舞剧、芭蕾舞剧、哑剧等。

按照作品的容量大小和结构，戏剧可分为独幕剧和多幕剧。

按照矛盾冲突的性质，戏剧可分为正剧、悲剧、喜剧。

按照题材反映的时空，戏剧可分为现代剧和历史剧。

■ **真题链接**

从戏剧的分类来看，《哈姆雷特》《窦娥冤》《雷雨》属于（ B ）。

A. 喜剧　　B. 悲剧　　C. 独幕剧　　D. 歌舞剧

（2013 年广西艺术学院文化产业管理专业招生考试试题）

悲　剧　★★★★☆

源于古希腊，由酒神节祭祀仪式中的酒神颂歌演变而来。悲剧常以正面人物的失败、不幸、死亡为结局，以悲惨的故事情节、人物的不幸遭遇以及催人泪下的剧场效果而取胜。鲁迅说，悲剧是“将人生有价值的东西毁灭给人看”。悲剧有命运悲剧、性格悲剧、社会悲剧。

■ **真题链接**

1.“悲剧是将人生有价值的东西毁灭给人看”这句话是（　　）说的。

A. 鲁迅　　B. 郭沫若　　C. 老舍　　D. 曹禺

（2014 年天津工业大学广播电视编导专业招生考试试题）

2. 莎士比亚的“四大悲剧”是《麦克白》《李尔王》《奥赛罗》和（　　）。

A.《罗密欧与朱丽叶》　　B.《第十二夜》　　C.《哈姆雷特》　　D.《俄狄浦斯王》

（2016 年湖北省普通高校广播电视编导专业招生统考试题）

喜　剧　★★★☆☆

起源于古希腊祭祀酒神的狂欢歌舞和民间滑稽戏，它通过引起笑，通过讽刺和嘲讽，使观众获得独特的审美愉悦。基于描写对象和手法的不同，分为讽刺喜剧、抒情喜剧、荒诞喜剧和闹剧等样式。著名的喜剧作品有**阿里斯托芬的《鸟》、莫里哀的《伪君子》《悭吝人》**等。

■ **真题链接**

“喜剧之父”是古希腊时期的________。

（2016 年汉口学院广播电视编导专业招生考试试题）

正　剧　★★☆☆☆

又称为**“悲喜剧”**，是兼有悲剧和喜剧两种因素，能够反映悲、喜等思想感情的复杂变化和广阔的社会生活的一种戏剧。正剧既可以表现重大、严肃的社会事件，也可以表现富有社会意义的日常生活；既有对正面人物的歌颂，也有对反面人物的批判。

■ **真题链接**

富有戏剧意味的正剧《陈毅市长》的剧作者是沙叶新。

（2016 年赣南师范学院广播电视编导专业招生考试试题）

音乐剧　★★☆☆☆

产生于 17 世纪至 18 世纪的欧洲，19 世纪中期以后开始引用“音乐剧”这一名称。音乐剧是一种综合音乐、舞蹈、美术、建筑、文学等多种艺术形式的独具魅力的戏剧演出形式，是以戏剧为基础，以音乐为灵魂，以舞蹈为重要表现手段，通过音乐、舞蹈、戏剧三要素的整合来讲述故事、刻画人物、传达概念的表演艺术。

独幕剧　★★★☆☆

是指全剧情节在一幕内完成的戏剧。独幕剧篇幅较短，情节单纯，结构紧凑，要求

戏剧冲突迅速展开，形成高潮，戛然而止，一般不分场并且不换布景。中国早期话剧有很多独幕剧，如**田汉的《名优之死》、丁西林的《压迫》、洪深的《五奎桥》**等。

■ **真题链接**

名词解释：独幕剧

（2015年新疆艺术学院戏剧影视文学专业招生考试试题）

多幕剧 ★★★☆☆

与独幕剧相对应，多幕剧篇幅长，容量大，人物多，剧情复杂，宜于反映广阔的社会生活。剧情发展的一个段落，称为"幕"。一幕之内又可分为若干场。有的戏剧不分幕，只分场。幕与幕、场与场之间必须互相连贯，使全剧成为统一的艺术整体。

■ **真题链接**

1.话剧根据容量的大小可分为________、独幕剧。

（2012年沈阳大学广播电视编导专业招生考试试题）

2.1930年，英国BBC电视开始试验广播，播出多幕电视剧（ D ），这是世界最早的多幕剧。

A.《双城记》　　B.《曼斯菲尔德庄园》　　C.《傲慢与偏见》　　D.《花言巧语的人》

（2013年江西师范大学广播电视编导专业招生考试试题）

戏剧冲突 ★★★★☆

是指戏剧中人物与人物之间、人物与环境之间、人物自身的矛盾和斗争，是社会生活矛盾在戏剧艺术中集中概括的反映。**矛盾是戏剧冲突的依据**。一般而言，戏剧冲突比生活矛盾更为强烈，也更为典型和集中，更富于戏剧性。

■ **真题链接**

1.名词解释：戏剧冲突

（2015年陕西省普通高校播音编导类专业招生统考试题）

2.冲突是戏剧情节发展的动力，性格是冲突产生的依据，而动作则是戏剧形象的载体，是表演的基本单位。

（2017年天津师范大学广播电视编导专业招生考试试题）

舞台提示 ★★☆☆☆

又称为**舞台说明**，是剧作者根据演出需要，提供给导演和演员的说明性的文字。舞台说明一般出现在每一幕的开端、结尾或对话中间，一般用括号（方括号或圆括号）括起来。其主要包括剧中人物表、剧情发生的时间与地点、服装、道具、布景以及人物的表情与动作、上下场等，语言要求简练、扼要、明确。

戏剧文学 ★★★☆☆

即戏剧剧本，是剧作家创作的供戏剧舞台演出用的脚本，它是一种与小说、散文、诗歌并列的文学体裁。戏剧剧本通常包括**剧作家的舞台提示和人物自身的台词**两个部分，结构形式分**幕和场**。

■ **真题链接**

名词解释：戏剧文学

（2011年青岛大学广播电视编导专业招生考试试题）

话　剧 ★★★★☆

是指以对话方式为主的戏剧形式，主要叙述手段为演员在台上无伴奏地对白或独

白，但可以使用少量音乐、歌唱等。在中国现代话剧运动刚开始时，话剧被称为“文明戏”。话剧是一门综合性艺术，剧本创作、导演、表演、舞美、灯光、评论缺一不可。其主要特征是**舞台性**、**直观性**、**综合性**、**对话性**。

■ **真题链接**

1. 在中国现代话剧运动刚开始时，话剧被称为（ ）。

A. 中剧　　B. 国剧　　C. 文明戏　　D. 戏剧

（2012 年西南大学广播电视编导专业招生考试试题）

2. 中国现代文学史上最早公开发表的话剧剧本是《终身大事》。

（2015 年黄山学院广播电视编导专业招生考试试题）

哑剧 ★★☆☆☆

是以动作和表情表达剧情的戏剧。源出于希腊语，意思是“模仿者”。因为不用对话或歌唱而只以动作和表情表达剧情，所以哑剧艺术被称为“无言的诗人”，它不仅需要有话剧表演的基础、舞蹈的功底，还需要较高的文学修养。

台词 ★★☆☆☆

是戏剧表演中角色所说的话语，其特点为动作性、性格化、诗化、口语化。台词是剧本构成的基本成分，也是作者用以展示剧情、刻画人物、体现主题的主要手段。戏剧的台词一般包括**对白**、**独白**、**旁白**。

■ **真题链接**

名词解释：台词

（2016 年泰山学院广播电视编导专业招生考试试题）

潜台词 ★★★☆☆

是指戏剧的台词中没有直接说出来，但是观众通过思考都能领悟得出来的言语。比喻不明说的言外之意。

■ **真题链接**

名词解释：潜台词

（2011 年河北传媒学院广播电视编导专业招生考试试题）

幕和场 ★★★☆☆

幕，即拉开舞台大幕一次，一幕就是戏剧的一个较完整的段落。场，即拉开舞台二道幕一次，它是戏剧中较小的段落。

■ **真题链接**

戏曲中幕和场又叫折。

（2014 年重庆师范大学戏剧影视文学专业招生考试试题）

三一律 ★★★★★

是古典主义戏剧的艺术法则，要求戏剧创作在时间、地点和情节三者之间保持一致性，即要求一出戏所叙述的故事发生在一天（一昼夜）之内，地点在一个场景，情节服从于一个主题。这种规则有利于剧作情节简练集中，但作为清规戒律，却束缚了戏剧的发展。18 世纪以后，三一律逐步被打破。

■ **真题链接**

1. 简答题：什么是三一律？

（2016 年青岛大学广播电视编导专业招生考试试题）

2. 简答题：简述戏剧三一律。

（2017 年枣庄学院广播电视编导专业招生考试试题）

古典主义戏剧 ★★★★☆

戏剧流派之一，在欧洲 17 世纪盛行的古典主义文艺思潮影响下形成。古典主义戏剧家把古希腊、古罗马戏剧奉为典范。他们作品中的故事情节和人物，大多来自古代戏剧、史诗、神话和历史，古代英雄人物尤其成为他们的描绘对象，但是他们关心的不是历史真实，而是借古人来表达自己的社会理想。古典主义戏剧十分强调规范化，崇尚理性，蔑视情欲。代表戏剧家有**高乃依、拉辛和莫里哀**。

■ **真题链接**

简答题：简述古典主义戏剧的创作特征。

（2014 年聊城大学广播电视编导专业招生考试试题）

社会问题剧 ★★☆☆☆

一般认为是始自小仲马和易卜生等剧作家，社会问题剧针对社会及现存制度的不合理现象，提出了一些令人思考的问题，因而往往具有鲜明的批判性、尖锐的论战性等。有代表性的社会问题剧有**易卜生的《玩偶之家》《人民公敌》**等。

■ **真题链接**

易卜生的四大社会问题剧是《社会支柱》《玩偶之家》《群鬼》《人民公敌》。

（2016 年中国戏曲学院戏曲文学专业招生考试试题）

荒诞派戏剧 ★★★★★

又称为**“反戏剧”**。荒诞派戏剧家提倡纯粹戏剧性，通过直喻把握世界，他们放弃了形象塑造与戏剧冲突，运用支离破碎的舞台直观场景、奇特怪异的道具、颠三倒四的对话以及混乱不堪的思维，表现现实的丑恶与恐怖、人生的痛苦与绝望，达到一种抽象的荒诞效果。代表作家有**尤奈斯库的《秃头歌女》、贝克特的《等待戈多》**。

■ **真题链接**

________是荒诞派戏剧的代表作，此派亦被称为反传统戏剧派。

（2015 年首都师范大学科德学院广播电视编导专业招生考试试题）

表现主义戏剧 ★★☆☆☆

19 世纪末出现于德国、瑞典，是一部分左翼资产阶级知识分子对资本主义现实深感不满，并想在精神上将此种情绪表达出来而产生的一种新的戏剧流派。其主要特点是注重对人物的潜意识进行开掘，并把它“戏剧化”。通常运用大量的内心独白、幻象和梦境的具象化等主观表现方式。其主要剧作家及作品有瑞典斯特林堡的《鬼魂奏鸣曲》、美国奥尼尔的《毛猿》《琼斯皇》等。

■ **真题链接**

名词解释：表现主义戏剧

（2013 年山东艺术学院戏曲文化传播专业招生考试试题）

小剧场运动 ★★☆☆☆

最早产生于 19 世纪末 20 世纪初的欧洲，是西方戏剧反商业化、积极实验和探索的产物。1982 年，林兆华第一次将小剧场话剧《绝对信号》搬上戏剧舞台，在随后的几年中，小剧场戏剧的影响悄然渗透于中国各地。以林兆华、牟森、孟京辉为代表的“戏剧人”，从20世纪80年代末90年代初开始在小剧场上演作品，表达他们对过于依赖文学剧本、表现手法单一的传统戏剧的强烈不满，让戏剧获得独立的艺术形式，并在此基础上探索戏剧表达方式的多种可能性。

■ **真题链接**

名词解释：小剧场运动

（2013年池州学院广播电视编导专业招生考试试题）

存在主义戏剧 ★★★☆☆

20世纪30年代末在法国兴起，40年代尤其在战后发展到顶峰。存在主义戏剧的思想哲学基础是广泛流行于欧洲的存在主义学说，这一学说认为人的存在先于人的本质；认为人有绝对的选择自由，但又并不具备理性的基础；认为世界是荒诞的，人生孤独而没有意义。存在主义哲学迎合了二战后西方人悲观厌世、抑郁苦闷的精神状态，代表作家有萨特及其剧作《肮脏的手》《**死无葬身之地**》等。

■ **真题链接**

名词解释：存在主义戏剧

（2016年广西壮族自治区普通高校广播影视编导类专业招生统考试题）

第四堵墙 ★★☆☆☆

戏剧术语。在镜框式舞台上，一般写实的室内景只有三面墙，沿台口的一面不存在的墙，被视为“第四堵墙”。“第四堵墙”对观众是透明的，对演员而言是不透明的。这一概念是适应戏剧表现普通人的生活、真实地表现生活环境的要求产生的。

■ **真题链接**

名词解释：第四堵墙

（2015年山东艺术学院戏剧影视文学专业招生考试试题）

间离效应 ★★★★☆

又称**“陌生化效应”**，是**德国戏剧家布莱希特**创立的戏剧理论。“间离效应”需要演员与角色之间保持一定距离，要时刻注意自己是在扮演角色。它能够调动观众的主观能动性，促使其进行冷静的理性思考，从而达到推倒舞台上的“第四堵墙”，彻底破坏舞台上的生活幻觉的目的，突出戏剧的假定性。

■ **真题链接**

1. 名词解释：间离效应

（2009年北京电影学院公共事业管理专业招生考试试题）

2. “间离效果”是（ C ）的特征。

A. 荒诞派戏剧体系　　B. 斯坦尼斯拉夫斯基体系

C. 布莱希特体系　　D. 中国梅兰芳体系

（2017年天津工业大学广播电视编导专业招生考试试题）

世界三大古老戏剧 ★★★☆☆

古希腊戏剧、**古印度梵剧**和**中国戏曲**并称为“世界三大古老戏剧”。

■ **真题链接**

世界三大古老戏剧分别是古希腊悲剧、________和中国古典戏曲。

(2014 年平顶山学院戏剧影视文学专业招生考试试题)

世界三大戏剧表演体系 ★★★★☆

分别是俄国的**斯坦尼斯拉夫斯基表演体系**、德国的**布莱希特表演体系**、以**梅兰芳为代表的中国戏曲表演体系**。可简称为斯氏体系、布氏体系和梅氏体系。

■ **真题链接**

世界三大戏剧表演体系是________、________、________。

(2016 年聊城大学广播电视编导专业招生考试试题)

中国戏剧奖 ★★★★☆

是 2005 年经中宣部正式批准,由中国文联、中国剧协主办的全国性戏剧艺术综合奖项,下设"中国戏剧奖·梅花表演奖""中国戏剧奖·曹禺剧本奖""中国戏剧奖·优秀剧目奖""中国戏剧奖·小戏小品奖""中国戏剧奖·理论评论奖"和"中国戏剧奖·校园戏剧奖"六个子奖,每两年评选一次。

■ **真题链接**

"中国戏剧奖"是哪一年由"戏剧梅花奖"和"曹禺戏剧文学奖"合并的奖项?(A)

A. 2005 年　　B. 2006 年　　C. 2007 年　　D. 2008 年

(2016 年天津工业大学广播电视编导专业招生考试试题)

第二节　中国戏曲

(一)戏曲基本常识

戏　曲 ★★★★☆

是中国传统戏剧的特别称谓。起源于原始社会的歌舞,经过漫长的发展,逐渐形成了以唱、念、做、打的综合表演为中心,涵盖了文学、音乐、舞蹈、美术、工艺、武术、杂技等各门类艺术因素的戏剧艺术。其基本特征是**综合性、程式化和虚拟性**。

■ **真题链接**

1. 简答题:中国戏曲有什么艺术特点?

(2014 年山东师范大学广播电视编导专业招生考试试题)

2. 我国第一部系统全面的戏曲理论著作是清代李渔的《闲情偶寄》。

(2016 年青岛大学广播电视编导专业招生考试试题)

3. 戏曲艺术的三大美学特征是综合性、程式化和________。

(2017 年湖南师范大学戏剧影视文学专业招生考试试题)

梨　园 ★★★★★

原是唐代都城长安的一个地名,因唐玄宗李隆基在此地教演艺人,后来就与戏曲艺术联系在了一起，成为艺术组织和艺人的代名词。我国人民习惯于称戏班、剧团为**“梨园”**，称戏曲演员为“梨园子弟”，称几代人从事戏曲艺术的家庭为“梨园世家”，称戏剧界为“梨园界”。

■ **真题链接**

1. 名词解释：梨园

（2013 年池州学院广播电视编导专业招生考试试题）

2. 唐玄宗时，宫廷中所设置的专门训练乐工的机构被称为________。

（2014 年池州学院广播电视编导专业招生考试试题）

梨园世家 ★☆☆☆☆

旧称京剧界从业人员为“梨园行”，京剧界的后辈儿孙，即称“梨园子弟”。凡几代都从事京剧行的家庭，便称为“梨园世家”。京剧界的梨园世家非常多，著名的梨园世家如以谭志道为创始人的谭家，薪火相传，多达七代均为京剧演员。

行当 ★★★★★

是指戏曲中角色的分工，根据角色的性别、年龄、身份、性格来划分，以方便学员学习。起初有 10 余种行当，经过逐步的发展，目前主要分为**生、旦、净、丑**四大行当。

■ **真题链接**

简答题：简述戏曲行当以及种类。

（2016 年青岛大学广播电视编导专业招生考试试题）

生 ★★★☆☆

戏曲表演行当的主要类型之一。是指除了净、丑之外的男性角色。近代各地戏曲剧种根据所扮演人物的年龄、身份的不同，又划分为**老生**、**小生**、**武生**等。

老生又称正生，因多挂髯口（胡须），又名须生或胡子生。扮演中年或老年男子，多为性格正直刚毅的正面人物，重唱功，用真声，念韵白，动作造型庄重、端方。

小生与老生相对应，小生扮演青年男性，不戴胡须。

武生扮演擅长武艺的青壮年男子，分长靠武生和短打武生两类。

■ **真题链接**

京剧《群英会》中周瑜的行当是（ C ）。

A. 老生　　B. 花脸　　C. 小生　　D. 武生

（2016 年天津工业大学广播电视编导专业招生考试试题）

旦 ★★★★☆

戏曲表演行当的主要类型之一，女角色之统称。近代戏曲旦角根据所扮演人物年龄、性格、身份的不同，大致划分为**正旦（青衣）**、**花旦**、**武旦**、**老旦**、**彩旦**等专行，表演上各有特点。

正旦泛指旦行中的主角，重唱功，多用韵白。因常穿青素褶子，故又名“青衣”。

花旦多扮演性格明快或活泼放荡的青年女性。表演常带有喜剧色彩，重做功和念白。

武旦扮演擅长武艺的女性，按扮演人物的身份和技术特点，又分长靠武旦（通常也称刀马旦）和短打武旦两种类型。

老旦扮演老年妇女。

彩旦又叫“丑旦”，扮演滑稽或奸刁的女性人物。

■ **真题链接**

京剧中性格开朗的青年女性是什么角色？（ B ）

A. 青衣　　B. 花旦　　C. 彩旦　　D. 小生

（2014 年西南大学戏剧影视文学专业招生考试试题）

净 ★★★★☆

戏曲表演行当的主要类型之一，俗称花脸。以面部化妆运用各种色彩和图案勾勒脸谱为突出标志，一般都是扮演性格刚烈或粗鲁奸险的男性角色。京剧中净行分为正净（大花脸）、副净（二花脸）、武净（武二花）、毛净（油花脸）四大类。

■ **真题链接**

京剧的大花脸属于（　　）。

A. 生　　B. 旦　　C. 净　　D. 末

（2012 年陕西省普通高校播音编导类专业招生统考试题）

丑 ★★★☆☆

戏曲表演行当的主要类型之一，喜剧角色。由于面部化妆用白粉在鼻梁眼窝间勾画小块脸谱，又叫**小花脸**。按扮演人物的身份、性格和技术特点，大致可分为文丑和武丑。

文丑包括的人物类型极广，除武夫外各种丑角均由文丑扮演。

武丑扮演机警幽默、武艺高超的人物形象。

花雅之争 ★★★☆☆

是指花部和雅部之间的竞争。雅部就是昆腔。花部为京腔、秦腔、弋阳腔、梆子腔、罗罗腔、二黄调，统谓之乱弹。明清以来，昆腔经过魏良辅、李玉等剧作家的改进，因音律、乐词精美，赢得了戏曲的主导地位。然而其他地方戏曲也乘机而起，挑战昆腔的主导地位。虽然皇室竭力地扶持昆剧，但是在花雅之争的长期拉锯战中，雅部终于败北。后来，各种花部之间互相吸取经验，花部和雅部之间在竞争的同时也互相吸取经验。

■ **真题链接**

1. 名词解释：花雅之争

（2013 年山东艺术学院戏曲文化传播专业招生考试试题）

2. 中国戏曲史上著名的“花雅之争”中的“花”和“雅”，分别是指（　　）。

A. 花脸与旦角　　B. 韵百和京白　　C. 乱弹和昆腔　　D. 评剧和京剧

（2017 年天津工业大学广播电视编导专业招生考试试题）

反 串 ★★★☆☆

是中国传统戏曲演出中的一种演出方式，主要指演出与自身本工的行当不同的戏的情形。在其原本的意义中，反串与演员以及剧中人的性别无关。但现在所说的反串，则是指男扮女或女扮男的扮装表演，在戏曲和影视剧中都经常出现。

■ **真题链接**

职业演员偶尔饰演原本擅长以外的角色（如生行演丑行）叫“__________”。

（2016 年泰山学院广播电视编导专业招生考试试题）

脸 谱 ★★☆☆☆

是指戏曲演员运用各种色彩，以写实和象征的夸张手法，勾画面部，显示人物性格的一种谱式。脸谱具有概念化、程式化的特点，其基本画法分为**揉脸、抹脸、勾脸、破脸**等。一般而言，**红色脸谱代表忠烈，白色脸谱代表奸诈，黑色脸谱代表粗直**等。

龙套 ★★★★☆

传统戏曲中扮演兵卒、夫役等群众角色的统称，由于所穿均是各色的龙套衣而得名。龙套在舞台上的活动有一定的程式，表演讲究“站如钉，走如风”。

■ **真题链接**

1. 中国传统戏曲中扮演兵卒、夫役等角色的人统称________，扮演女子的丑角称彩旦。
（2013 年四川音乐学院戏剧影视文学专业招生考试试题）
2. 名词解释：龙套
（2017 年山东艺术学院广播电视编导专业招生考试试题）

行头 ★★★☆☆

戏曲演员演出时用的服装道具。这种称谓，在金、元时已有，现在也可用于泛称一切戏曲演出用具。

■ **真题链接**

行头是（　　）的统称。

A. 演员　　B. 导演　　C. 戏曲服装　　D. 观众

（2015 年池州学院广播电视编导专业招生考试试题）

草台班 ★★★☆☆

指民间剧社，也泛指长期流动演出于农村集镇的戏曲班社。一般而言，草台班规模较小，设备简陋、演员少且表演水平参差不齐，演出的多为传统剧目，与民众联系紧密。

■ **真题链接**

演员少、设备简陋的戏班子叫作________。
（2013 年天津师范大学广播电视编导专业招生考试试题）

文武场 ★★☆☆☆

指戏曲的乐队，总称为场面，分为**文场和武场**。文场以胡琴（又称京胡）为主奏乐器，伴以弹拨弦乐、吹管乐器，拉、弹、吹兼有；武场以**鼓板**为主，**小锣**、**大锣**次之。

票友 ★★☆☆☆

是戏曲界的行话。其意是指会唱戏而不以专业演戏为生的爱好者，即对戏曲、曲艺非职业演员、乐师等的通称。相传清朝八旗子弟凭清廷所发“龙票”，赴各地演唱“子弟书”，不取报酬，为清廷宣传，后来就把非职业演员称为票友。

折子戏 ★★★☆☆

是针对本戏而言的，它是本戏里的一折，或是一出。折子戏通常是戏曲中的精彩片段，是一部剧的中心或灵魂，有很强的独立性，情节浓缩，人物个性鲜明。著名的折子戏有《牡丹亭》中的**《游园》《惊梦》**，《玉堂春》中的《苏三起解》，《白蛇传》中的《断桥》《盗草》等。

■ **真题链接**

1. 名词解释：折子戏
（2013 年山东艺术学院文化产业管理专业招生考试试题）

2.《游园》《惊梦》出自《________》,《夜奔》出自《水浒记》,《盗草》出自《白蛇传》。
(2014 年中国戏曲学院编导类专业招生考试试题)

压轴戏 ★★★☆☆

一般是指戏曲的倒数第二个节目。压轴本是京剧的“术语”。京剧一场戏如有五出的话,第一出叫作“**开锣戏**”,第二出名曰“**早轴**”,第三出为“**中轴**”,第四出(倒数第二)称为“**压轴**”,第五出(最后一出)则叫“**大轴**”。压轴戏是指整个故事中最精彩最具转折性的部分。

■ **真题链接**

名词解释:压轴戏
(2014 年广西民族大学广播电视编导专业招生考试试题)

四功五法 ★★★★★

是指戏曲表演的基本功法。“四功”指的是**唱、念、做、打**;“五法”指的是手(手势)、眼(眼神)、身(身段)、法(技法)、步(台步)。

■ **真题链接**

京剧的主要腔调,一是西皮,二是二黄。四功五法中“四功”是指________。
(2016 年广西壮族自治区普通高校广播影视编导类专业招生统考试题)

五音四呼 ★★★☆☆

中国戏曲演唱术语。传统戏曲演唱要求“审五音,正四呼”,是为正确表达字音所用的方法。**五音即唇、齿、舌、牙、喉五个发音部位,四呼指开口呼、齐齿呼、合口呼、撮口呼四种口形,简称开、齐、合、撮。**

四大声腔 ★★★☆☆

是指中国明代南曲系统中**海盐腔、余姚腔、昆山腔、弋阳腔**的合称。

弋阳腔是宋元南戏流传至江西弋阳后,与当地的方言、民间音乐相结合,演变而成。其特点是“其节以鼓,其调喧”,明清时期流传至全国。

余姚腔因形成于浙江余姚而得名。它以清唱为主,唱口比较平稳柔和,仅以小音量的打击乐器伴奏,音调低缓轻软,抒情色彩较浓,使听者清心,无嘈杂之感。

海盐腔因形成于浙江海盐而得名。其特点是“体局静好,以拍为之节”,使用“官语”。

昆山腔因源于昆山一带而得名。明朝嘉靖年间,采用了丝竹乐器伴奏,后经魏良辅等一批音乐家的全面改革,昆山腔逐渐发展成为委婉细腻的“水磨调”,被称为“昆曲”。

■ **真题链接**

1. 下列不属于明代“四大唱腔”的是(　　)。

A. 海盐腔　　B. 弋阳腔　　C. 昆山腔　　D. 青阳腔

(2017 年安徽省普通高校艺术专业招生统考试题)

2. 四大声腔指的是________、________、________、________。

(2017 年湖南省普通高校广播电视编导专业招生统考试题)

四大徽班 ★★★☆☆

清朝乾隆年间进京的四个著名班社的合称,即**三庆、四喜、春台、和春**。四大徽班在表演上各有特色。三庆擅长演整本大戏;四喜擅演昆曲;春台以青少年为主;和春以武戏为主。四大徽班来自湖北,以徽调二黄和汉调西皮为主,到京后不断吸收其他剧种,逐渐转变为今日的京剧。

■ **真题链接**

“四大徽班”不包括（　　）。

A. 五台班　　B. 四喜班　　C. 三庆班　　D. 和春班

（2015 年广西民族大学广播电视编导专业招生考试试题）

四大名旦 ★★★★★

分别是**梅兰芳、尚小云、程砚秋、荀慧生**。

■ **真题链接**

下面不属于京剧四大名旦的是（　　）。

A. 梅兰芳　　B. 尚小云　　C. 程砚秋　　D. 于是之

（2017 年湖南师范大学戏剧影视文学专业招生考试试题）

四大须生 ★★★★☆

京剧老生演员余叔岩、高庆奎、马连良、言菊朋被称为“四大须生”。后因高庆奎有嗓疾而渐渐退出舞台，谭富英崛起，余叔岩和言菊朋先后去世，杨宝森、奚啸伯声誉日盛，遂形成“后四大须生”，即：**马连良、谭富英、杨宝森、奚啸伯**。如今提到四大须生一般指“后四大须生”。

■ **真题链接**

1. 前四大须生和后四大须生重叠的有________。

（2015 年北京电影学院影视项目策划专业招生考试试题）

2. 京剧四大须生是________、谭富英、杨宝森、奚啸伯。

（2017 年聊城大学广播电视编导专业招生考试试题）

京剧三鼎甲 ★★☆☆☆

指的是京剧形成初期，第一代演员中的三位杰出老生人才：**程长庚、余三胜、张二奎**。

程长庚 ★★★☆☆

清代徽剧、京剧表演艺术大师。在京剧第一代人物中，与四喜班的张二奎、春台班的余三胜并称为“老生三杰”“老生三鼎甲”。程长庚为京剧艺术的形成做出了重要贡献，被誉为“**徽班领袖**”“**京剧鼻祖**”“**京剧之父**”等。

京剧三大贤 ★★★☆☆

是 20 世纪 20—30 年代京剧界的一种习称。“三大贤”有两种说法：一是指当时老生行中的三位代表人物**余叔岩、马连良、高庆奎**；另一种说法更为普遍，是指**旦行的梅兰芳、生行的余叔岩、武生行的杨小楼**。

■ **真题链接**

名词解释：京剧三大贤

（2009 年山东艺术学院戏曲文化传播专业招生考试试题）

（二）戏曲剧种

京　剧 ★★★★☆

中国戏曲剧种之一，发源于 19 世纪中期的北京，并于清朝宫廷内得到了空前的繁

荣。京剧是在徽戏和汉戏的基础上，又融合了昆曲、梆子、京腔的精华而逐渐形成的。其主要腔调是**西皮和二黄**，用胡琴和锣鼓等伴奏，被视为中国的**国粹**。

■ **真题链接**

1. 京剧戏衣基本上是沿用了我国哪个朝代的服装？（ D ）

A. 汉代　　B. 唐代　　C. 宋代　　D. 明代

（2016 年天津工业大学广播电视编导专业招生考试试题）

2. 名词解释：京剧

（2017 年新疆艺术学院影视摄影与制作专业招生考试试题）

3. 京剧是宋元明清之后流传最广的戏曲，它的腔调主要分为________和________。

（2017 年新疆艺术学院广播电视编导专业招生考试试题）

昆　曲　★★★★☆

也叫昆山腔、昆剧，被誉为**"百戏之祖"**。其曲调清新婉转，细腻优雅，有"水磨调"之称。昆曲的表演有独特完整的体系及自成一体的表演程式，伴奏乐器有笛、管（箫）、笙、琵琶等。其经典剧目有《牡丹亭》《长生殿》等。

■ **真题链接**

1. "百戏之祖"是（　　）。

A. 京剧　　B. 豫剧　　C. 昆曲　　D. 吕剧

（2013 年赣南师范学院广播电视编导专业招生考试试题）

2. 下列属于我国第一批入选联合国人类非物质文化遗产名录的是（ B ）。

A. 京剧　　B. 昆曲　　C. 长调　　D. 山歌戏

（2016 年湖北省普通高校广播电视编导专业招生统考试题）

黄梅戏　★★★★★

原名"黄梅采茶调"，是**安徽**地方戏曲。其唱腔委婉清新，表演细腻动人，风靡全国，颇受广大观众喜爱。其代表艺术家有**严凤英**、王少舫等，代表剧目有**《天仙配》《女驸马》**等。2006 年 5 月，黄梅戏经国务院批准列入第一批国家级非物质文化遗产名录。

■ **真题链接**

1. "黄梅戏"是流行于我国民间的戏曲剧种，该剧主要流行于下列哪一个地区？（　　）

A. 河北　　B. 安徽　　C. 陕西　　D. 广东

（2014 年重庆市普通高校编导类专业招生统考试题）

2. "为救李郎离家园，谁料皇榜中状元。中状元着红袍，帽插宫花好啊好新鲜。我也曾赴过琼林宴，我也曾打马御街前，人人夸我潘安貌，原来纱帽罩婵娟……"这段唱词来自著名的黄梅戏《女驸马》。

（2014 年平顶山学院戏剧影视文学专业招生考试试题）

3. 严凤英是著名________（戏曲种类）表演艺术家。

（2016 年甘肃省普通高校戏剧与影视学类专业招生统考试题）

4. 下列选项中对应不正确的一项是（ D ）。

A. 昆曲——《十五贯》——娄阿鼠　　B. 秦腔——《三滴血》——晋信书

C. 豫剧——《花木兰》——花木兰　　D. 黄梅戏——《女驸马》——柳梦梅

（2017 年陕西省普通高校播音编导类专业招生统考试题）

越　剧　★★☆☆☆

中国传统戏曲形式，主要流行于上海、浙江、江苏、福建等地。越剧长于抒情，以唱为主，声腔清悠婉丽，优美动听，表演真切动人，极具江南地方色彩。越剧演员最初由男班演出，后改为全部女班。其代表艺术家有**袁雪芬**、傅全香、范瑞娟、姚水娟等，代表剧目有

《梁山伯与祝英台》《碧玉簪》《红楼梦》等。越剧首批被列入国家级非物质文化遗产名录。

■ **真题链接**

谢晋导演的《舞台姐妹》主要反映了下列哪一种戏曲?(B)

A. 晋剧　　B. 越剧　　C. 评剧　　D. 京剧

(2016 年重庆邮电大学广播电视编导专业招生考试试题)

湘　剧 ★★☆☆☆

湖南省的汉族戏曲剧种之一,源出于明代的弋阳腔,后又吸收昆腔、皮黄等声腔,形成了一个包括高腔、低牌子、昆腔、乱弹的多声腔剧种。剧目以高腔、乱弹为主,与民间艺术和地方语言巧妙结合,富有湖南民间地方特色,如《琵琶记》《白兔记》《拜月记》等。2006 年 5 月,被列入第一批国家级非物质文化遗产名录。

秦　腔 ★★★☆☆

流行于陕西、甘肃、青海等地的西北地方戏曲,也是我国民族戏曲艺术中最古老的声腔艺术。秦腔的音调高亢激越,节奏强烈鲜明,要求用真嗓音演唱,一般不用假音,保持了原始、豪放、粗犷的特点。其代表剧目有《三滴血》《火焰驹》《铡美案》等。2006 年 5 月,经国务院批准列入第一批国家级非物质文化遗产名录。

■ **真题链接**

流行于陕西、甘肃一带的中国传统剧种是________。

(2016 年北京师范大学珠海分校电影学专业招生考试试题)

川　剧 ★★★★☆

是四川文化的一大特色。川剧语言生动活泼,幽默风趣,充满鲜明的地方色彩、浓郁的生活气息和广泛的群众基础。**变脸**是川剧表演艺术的特殊技巧之一,是剧中人物内心思想感情的一种浪漫主义表现手法。变脸的方法大体分为三种——抹脸、吹脸、扯脸。著名的川剧艺术家有康子林、萧楷成、周慕莲、周企何等,代表剧目有**《白蛇传》《玉簪记》《鸳鸯谱》**等。2006 年 5 月,川剧经国务院批准列入第一批国家级非物质文化遗产名录。

■ **真题链接**

"变脸"是我国哪个地方剧种的绝活?(　　)

A. 越剧　　B. 闽剧　　C. 川剧　　D. 沪剧

(2016 年天津工业大学广播电视编导专业招生考试试题)

豫　剧 ★★★☆☆

中国戏曲剧种。又名河南梆子,流传于河南全省和邻近的省区,远及甘肃、新疆。代表艺术家有**常香玉**、马金凤、陈素真、崔兰田、牛得草等。代表剧目有**《花木兰》《穆桂英挂帅》《秦香莲》**等。2006 年 5 月,经国务院批准列入第一批国家级非物质文化遗产名录。

■ **真题链接**

"豫剧"是流行于我国民间的戏曲剧种,该剧种主要流行于下列哪一个地区?(　　)

A. 福建　　B. 河南　　C. 安徽　　D. 广东

(2015 年重庆市普通高校编导类专业招生统考试题)

晋　剧 ★☆☆☆☆

山西省的代表性剧种,又名"山西梆子""中路梆子"。其旋律婉转流畅,曲调优美、圆润、亲切,道白清晰,具有晋中地区浓郁的乡土气息。其代表人物有乔国瑞、张锦荣、

王云山、丁果仙、牛桂英、郭凤英等，代表剧目有《渭水河》《打金枝》《白水滩》等。2006年5月，经国务院批准列入第一批国家级非物质文化遗产名录。

■ **真题链接**

山西梆子又称________。

（2017年聊城大学广播电视编导专业招生考试试题）

沪 剧 ★☆☆☆☆

中国戏曲剧种。源于太湖流域及黄浦江地区农村的山歌。其基本唱腔格式为板腔体结构，并辅以部分民歌小曲以及本滩、弹词等曲调，分起腔、平腔、落腔三部分，伴奏乐器为二胡、扬琴、三弦和琵琶等。沪剧擅长表现当代生活情景，主要流行于上海和苏南及浙江的部分地区。2006年被列入首批国家级非物质文化遗产名录。

粤 剧 ★☆☆☆☆

中国戏曲剧种，又称“广东大戏”。主要流行于广东、香港、澳门和广西的粤语地区，在东南亚、美洲、澳洲的华侨聚居地也有相当的影响。粤剧用广东方言演唱，在表演上吸收了大量话剧、电影、歌剧的表演手法。代表艺术家有李文茂、马师曾、罗品超、红线女等，代表剧目有**《关汉卿》**等。2006年5月被列入首批国家级非物质文化遗产名录。

评 剧 ★☆☆☆☆

流行于我国华北、东北等地的地方戏曲剧种。其前身是民间说唱“莲花落”和民间歌舞“蹦蹦”，所以曾有“落子戏”“蹦蹦戏”的称呼。1935年，蹦蹦戏在上海演出时正式被称为“评剧”。其代表艺术家有**新凤霞、成兆才、李金顺、白玉霜**等，其代表剧目有**《秦香莲》《刘巧儿》《杨三姐告状》**等。2006年5月被列入国家级非物质文化遗产名录。

■ **真题链接**

新凤霞是我国哪个剧种的著名演员？（　　）

A. 京剧　　B. 评剧　　C. 河北梆子　　D. 河南梆子

（2016年天津工业大学广播电视编导专业招生考试试题）

吕 剧 ★☆☆☆☆

山东地方剧种。是由说唱形式的山东琴书发展演变而来，早先流行于山东的广饶、博兴、惠民、张店、潍县等县市和胶东一带的城镇农村，后进入济南等城市演唱。**1940年定名为“吕剧”**。其唱腔属板式变化体，简单朴实，明快流畅，伴奏乐器有坠琴、二胡、三弦、琵琶、唢呐等。其经典剧目有《小姑贤》《借年》《姊妹易嫁》《金鞭记》《五女兴唐》等。2008年被列入第二批国家级非物质文化遗产名录。

湖南花鼓戏 ★★★☆☆

是对湖南各地花鼓戏、花灯戏的总称。花鼓戏的表演朴实、欢快、活泼，行当以小生、小旦、小丑为主，长于扇子、毛巾的运用。其代表剧目有**《刘海砍樵》**《补锅》等。2008年被列入第二批国家级非物质文化遗产名录。

■ **真题链接**

《刘海砍樵》是哪个地方戏的名篇？（　　）

A. 花鼓戏　　B. 黄梅戏　　C. 豫剧　　D. 河北梆子

（2011年天津工业大学广播电视编导专业招生考试试题）

(三)著名戏曲表演艺术家

谭鑫培 ★★★★☆

京剧演员,工老生。他博采众长,创立了以技艺全面、精当,注重刻画人物性格为主要特色的“谭派”,为京剧老生表演艺术开拓了新的天地,有“伶界大王”的美誉。代表剧目有《**定军山**》《空城计》《捉放曹》等。

■ 真题链接

1905 年秋,北京丰泰照相馆与京剧名角谭鑫培合作拍摄的京剧片(　　)正式诞生。

A.《难夫难妻》　B.《定军山》　C.《阎瑞生》　D.《野草闲花》

(2016 年河南大学广播电视编导专业招生考试试题)

马连良 ★★★☆☆

京剧演员,演老生,其嗓音清朗洒脱,做派飘逸潇洒,创立“马派”。其代表剧目有《清风亭》《借东风》《甘露寺》等。

周信芳 ★★★☆☆

京剧演员,艺名**麒麟童**。他创立的“麒派”是当代京剧重要的老生流派之一。其主要特色是表演真实自然,具有浓厚的生活气息。代表剧目有《徐策跑城》《萧何月下追韩信》《乌龙院》等。

■ 真题链接

“南麒北马关东唐”分别是指(　A　)。

A. 周信芳、马连良、唐韵笙　B. 梅兰芳、马连良、唐韵笙

C. 程砚秋、马连良、唐韵笙　D. 尚小云、马连良、唐韵笙

(2015 年池州学院广播电视编导专业招生考试试题)

余叔岩 ★★☆☆☆

京剧演员,工老生。他在全面继承谭派艺术的基础上,以丰富的演唱技巧进行了较大的发展和创造,世称“**余派**”。其唱腔刚健苍劲而又婉转细腻。代表剧目有《打棍出箱》《搜孤救孤》等。

■ 真题链接

麒派创始人是______,马派创始人是______,余派创始人是______,谭派创始人是______。

(2015 年中国戏曲学院编导类专业招生考试试题)

汪笑侬 ★★☆☆☆

中国京剧作家、表演艺术家,**汪派的创始人**。以擅长演唱表达悲愤慷慨情感的《战长沙》《文昭关》《取成都》而著称。

杨小楼 ★★★☆☆

京剧演员,有“**武生宗师**”之誉。他的表演长于念白,功架优美,以“武戏文唱”著称,世称“杨派”。其代表剧目有《长坂坡》《霸王别姬》《挑滑车》等。

盖叫天 ★★★☆☆

京剧武生演员。其表演以短打武生为主，创造了独具特色的“盖派”艺术。尤擅演武松戏，有**“江南活武松”**的美誉。其代表剧目有《打虎》《狮子楼》《快活林》等。

■ **真题链接**

被称为“武生泰斗”的演员是王金璐，被称为“江南活武松”的演员是________。

（2016年中国戏曲学院戏曲文学专业招生考试试题）

王瑶卿 ★★☆☆☆

京剧演员、京剧教育家。他是京剧花衫行当的创始人，在梨园界被尊奉为**“通天教主”**，四大名旦也都曾在其门下受业。其艺术渊博精湛，对旦角的唱念做打各种手段都有所创新，世称“王派”。其代表剧目有《樊江关》《十三妹》等。

梅兰芳 ★★★★★

著名**京剧**表演艺术家，“四大名旦”之首。其创立的**“梅派”**艺术体系，对京剧旦角的唱腔、念白、舞蹈、音乐、服装、化装等都有所创造和发展，形成了独特的艺术风格，是旦行中影响极其深远的流派。其主要作品有**《霸王别姬》**《贵妃醉酒》《天女散花》等。

■ **真题链接**

1. 世界三大戏剧表演体系是斯坦尼斯拉夫斯基体系、布莱希特体系、__________。

（2016年聊城大学广播电视编导专业招生考试试题）

2. 梅兰芳是我国著名京剧表演艺术家。

（2017年海口经济学院广播电视编导专业招生考试试题）

程砚秋 ★★★☆☆

京剧演员，工青衣。曾拜梅兰芳为师，又受教于王瑶卿，形成低回婉转的唱腔和形神兼备的表演风格，世称“程派”。他尤擅塑造遭遇悲惨、具有外柔内刚性格的中下层女性人物。其代表剧目有《窦娥冤》《荒山泪》《锁麟囊》等。

■ **真题链接**

名词解释：程砚秋

（2014年中国戏曲学院编导类专业招生考试试题）

尚小云 ★★★☆☆

京剧演员。初学武生，后改正旦，以青衣戏为主。其嗓音响亮遒劲，表演风格以刚健婀娜见长，世称“尚派”。其代表剧目有《失子惊疯》《梁红玉》《昭君出塞》等。

■ **真题链接**

中国京剧“四大名旦”指的是程砚秋、荀慧生、梅兰芳、________。

（2015年赣南师范学院广播电视编导专业招生考试试题）

荀慧生 ★★★☆☆

京剧演员，工花旦、闺门旦，艺名白牡丹。他将河北梆子的唱腔、唱法、表演的精华溶入京剧的演唱中，善于塑造天真活泼的少女形象，具有柔媚娇婉的风格，世称“荀派”。其代表剧目有《红娘》《花田错》等。

常香玉 ★★★★☆

豫剧女演员。原唱豫西调，后广泛吸收其他剧种之长，并融合豫东、祥符、沙河各调，创造新腔，形成了独特的风格，世称“常派”。其代表剧目有**《花木兰》**《拷红》《大祭桩》等。

■ **真题链接**

常香玉是________剧种的演员。

（2017年广州大学广播电视编导专业招生考试试题）

袁雪芬 ★★☆☆☆

越剧女演员，演正旦，袁派创始人。她博采众长，注重吸收昆曲、话剧、电影等艺术手法，并提倡越剧改革。其唱腔旋律淳朴，表演细腻。其代表剧目有《梁山伯与祝英台》《西厢记》《祥林嫂》等。

红线女 ★★☆☆☆

粤剧女演员，工旦，红派创始人。她在粤剧传统唱腔的基础上，吸收其他剧种、曲艺的演唱技巧，如京剧、电影、昆曲、歌剧等，形成了独具特色的女腔风格。其代表剧目有《关汉卿》《昭君出塞》《山乡风云》等。

严凤英 ★★★★☆

黄梅戏表演艺术家，工花旦、小旦，“七仙女”的塑造者。她吸收昆剧、京剧、话剧等的表演艺术，丰富了黄梅戏的表演和音乐。嗓音清脆甜美，唱腔朴实流畅，被田汉誉为“黄梅戏里的梅兰芳”。其代表剧目有**《天仙配》《女驸马》**等。

■ **真题链接**

1. 编演了《天仙配》《牛郎织女》《女驸马》等剧目并搬上银幕的黄梅戏著名女演员是（　　）。

A. 马兰　　B. 韩再芬　　C. 严凤英　　D. 吴琼

（2012年黄山学院戏剧影视文学专业招生考试试题）

2. 严凤英是著名________（戏曲种类）表演艺术家。

（2016年甘肃省普通高校戏剧与影视学类专业招生统考试题）

新凤霞 ★★☆☆☆

评剧女演员，工青衣、花旦，评剧“新派”创始人。其演唱甜润清脆、富有华彩，尤以“疙瘩腔”而受内行、外行称道。同时她也是著名的评剧改革家，创造了很多新的板式和新的唱腔。擅演剧目有《花为媒》《杨三姐告状》《刘巧儿》等。

■ **真题链接**

下列地方戏与人物对应正确的是（ C ）。

A. 越剧——常香玉　　B. 豫剧——袁雪芬

C. 评剧——新凤霞　　D. 黄梅戏——俞振飞

（2017年安徽省普通高校艺术专业招生统考试题）

第八章 舞蹈常识

本章主要包括三大方面内容：一是**舞蹈基本理论**；二是**中国舞蹈常识**；三是**外国舞蹈常识**。关于舞蹈常识部分的知识点，对于广大考生而言，也是非常陌生的，但是由于该部分并不是考试的重点，所以对于这一部分的很多知识点，考生只要理解熟识就可以了。考生在学习本章时，可注意以下几点：

1. 由于舞蹈基本理论部分不是文艺常识考查的重点，所以为了方便考生理解，书中的知识点已经尽可能地做到了言简意赅、通俗易懂。对于这部分的知识点，考生应**主要以理解为主**，在理解的基础上再进行记忆，但不做强制要求。

2. 对于中国舞蹈常识部分，考查点相对多一些，很多知识点还是需要考生一定要记住的。例如**杨玉环**、**戴爱莲**、**杨丽萍**、**芭蕾舞剧《红色娘子军》**等。但是这一部分知识点**主要以填空题和选择题的形式出现**，所以考生的记忆难度并不大。

3. 同样，外国舞蹈常识部分的很多知识点也是需要考生一定要记住的，而且很多知识点会**以名词解释题的形式出现**，例如**交谊舞**、**华尔兹**、**爵士舞**等，所以相对而言记忆难度会有些大。

4. 通过研究历年来的考试真题发现，本章知识点在考试中所占的比重不大，大约**最多能占到总体分值的3%～5%**。由于该章的知识点并不是考试重点，所以建议考生利用最少的时间复习即可，但是鉴于本部分知识点的陌生性，所以最好要配备专业授课老师的指导。

第一节 舞蹈基本理论

舞蹈 ★★★★☆

八大艺术之一。是指以经过提炼、组织、美化了的人体动作为主要表现手段，通过塑造生动的舞蹈形象，表达人的思想感情，反映人与自然、人与社会、人与人之间关系的一种动态造型艺术。其基本要素是**动作姿态**、**节奏和表情**。

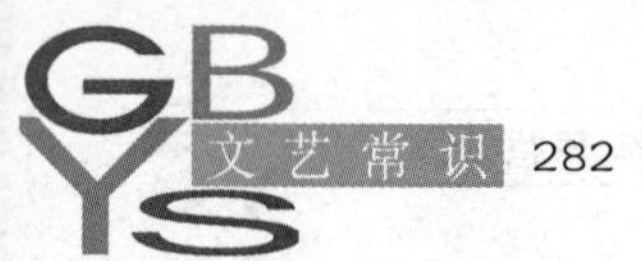

■ **真题链接**

1. 名词解释：舞蹈

(2013 年广西艺术学院文化产业管理专业招生考试试题)

2. 舞蹈创作的结构三要素是时间、空间、样式。

(2016 年江西师范大学广播电视编导专业招生考试试题)

舞蹈的分类 ★★★☆☆

按照不同风格特点来区分，舞蹈可以分为**古典舞**、**民间舞**、**现代舞**、**当代舞和芭蕾舞**等。

按照表现形式的不同，舞蹈可以分为独舞、双人舞、三人舞、群舞、组舞、歌舞、歌剧、舞剧等。

按照塑造形象的不同方法，舞蹈可以分为抒情性舞蹈、叙事性舞蹈、戏剧性舞蹈。

■ **真题链接**

1. 舞蹈根据不同的风格特点可分为________、________、________、民间舞和________。________系法语 Ballet 的音译，现已成为广泛流行于世界各地的一种舞蹈。

(2012 年黄山学院戏剧影视文学专业招生考试试题)

2. 以风格将舞蹈分为古典舞、__________等。代表敦煌舞蹈艺术的有古典舞《飞天》《丝路花雨》。

(2016 年聊城大学广播电视编导专业招生考试试题)

民间舞 ★★★☆☆

是由广大人民群众在长期历史进程中集体创造，不断积累和发展而形成的，并在群众中广泛流传的一种舞蹈形式。它直接反映人民群众的思想感情、理想和愿望。由于各个国家、民族和地区人民的生活劳动方式、历史文化心态、风俗习惯以及自然环境的差异，因而形成了不同的民族风格和地方特色。

■ **真题链接**

名词解释：民间舞蹈

(2013 年湖南师范大学广播电视编导专业招生考试试题)

民间舞分类 ★★☆☆☆

汉族民间舞主要有：**秧歌**、腰鼓舞、龙舞、狮舞、花灯、**花鼓**、**高跷**、跑旱船、采茶舞、绸舞、扇舞、剑舞等。

中国各少数民族舞主要有：藏族的弦子、**锅庄**、**热巴**；**维吾尔族的赛乃姆**、多朗；**蒙古族的安代**、筷子舞；朝鲜族的长鼓舞、农乐舞；土家族的摆手舞、茅谷斯舞；苗族的芦笙舞、踩鼓舞；瑶族的铜鼓舞、长鼓舞；侗族的多耶；壮族的扁担扣、横鼓舞；彝族的阿细跳月、跳脚舞；傣族的孔雀舞；白族的绕山林；黎族的竹竿舞、钱铃双刀舞；高山族的杵舞等。

世界各国的民间舞主要有：奥地利的华尔兹舞；波兰的玛祖卡舞、波洛涅兹舞；捷克的波尔卡舞；墨西哥的踢踏舞；阿根廷的探戈舞；巴西的桑巴舞；非洲黑人的鼓舞；苏丹的伦巴舞；印度的婆罗多舞；孟加拉的脚铃舞；泰国、老挝、柬埔寨的南旺舞；印尼的巴厘舞；日本的盂兰盆舞等。

古典舞 ★★★☆☆

是在民族民间舞蹈的基础上，经过历代专业工作者提炼、整理、加工创造，并经过较长时期艺术实践的检验而流传下来的，被认为是具有一定典范意义和古典风格特点的

舞蹈。例如表现敦煌文化的民族舞剧**《丝路花雨》**，就是集中展示中国古典舞魅力的经典之作。

■ **真题链接**

对中国古典舞表述错误的一项是（ B ）。

A. 中华人民共和国成立以后正式定名的　　B. 是杨玉环创始的

C.《霓裳羽衣舞》是经典曲目　　D. 自古就有的

（2011年北京电影学院导演专业招生考试试题）

芭蕾舞 ★★★★☆

“芭蕾”是法语Ballet的译音，是一种有一定动作规范、技巧和审美要求的欧洲古典舞。它是以欧洲古典舞蹈为表现手段，综合音乐、戏剧、舞台美术等艺术形式的舞蹈品种。起源于**意大利**，兴盛于法国，俄国代表了芭蕾舞的最高成就。

■ **真题链接**

芭蕾舞起源于（　　）。

A. 匈牙利　　B. 奥地利　　C. 意大利　　D. 德国

（2013年天津工业大学广播电视编导专业招生考试试题）

现代舞 ★★☆☆☆

诞生于20世纪初，由**美国“现代舞之母”、女舞蹈家邓肯**创造，后来得到发展，形成了不同风格的流派和种类。现代舞反对当时古典芭蕾的因循守旧、脱离现实生活和单纯追求技巧的形式主义倾向；主张摆脱古典芭蕾过于僵化的动作程式的束缚，以合乎自然运动法则的舞蹈动作，自由地抒发人的真实情感，强调舞蹈艺术要反映现代社会生活。

■ **真题链接**

被人们与爱因斯坦相提并论的早期现代舞奠基人是鲁道夫·拉班。

（2015年南京艺术学院戏剧影视文学专业招生考试试题）

踢踏舞 ★★☆☆☆

具有现代风格的一种舞蹈，形成于美国。这种舞蹈的形式比较开放自由，没有很多形式化限制。舞者不注重身体的舞姿，而是着重趾尖与脚跟的打击节奏的复杂技巧。踢踏舞根据不同舞曲的节奏来控制跳动快慢的程度，主要靠踢踏鞋发出“踢踢踏踏”的声音。在不断发展中形成了美式、英式、爱尔兰式等表演类型。

独　舞 ★☆☆☆☆

最小的舞蹈单位，是指由一位演员表演的舞蹈，也称“单人舞”。这一位舞者在作品中通常表演和塑造一个舞蹈形象，多用于直接抒发人物的思想感情和揭示人物的内心世界。独舞可以是一个独立完成的作品，也可以是一部舞剧或一个舞蹈作品中的领舞或片段。

双人舞 ★☆☆☆☆

是指由两个人表演共同完成一个主题的舞蹈，多用来直接抒发人物的思想感情的交流和展现人物的关系。

三人舞 ★☆☆☆☆

是指由三个人合作表演完成一个主题的舞蹈。根据其内容可以分为表现单一情绪、表观一定情节、表现人物之间的戏剧矛盾冲突等三种不同的类别。

群 舞 ★☆☆☆☆

是指由四人以上表演的多人舞，从表演性别上分为女子群舞、男子群舞和男女大群舞。群舞的特点是动作整齐、风格一致，通过舞蹈队形、画面的更迭变化，不同速度、力度、幅度的舞蹈动作、姿态、造型的发展，表现出较强的动作感染力，多为表现某种概括的情节或塑造群体的形象。

组 舞 ★☆☆☆☆

是指由若干段舞蹈组成的比较大型的舞蹈作品，其中各个舞蹈具有相对的独立性，但又都统一在共同的主题和完整的艺术构思之中。

第二节 中国舞蹈

（一）中国舞蹈种类

秧 歌 ★★★☆☆

中国北方民间舞蹈。又称为“扭秧歌”，是我国最具代表性的一种民间舞蹈形式，是一种集歌、舞、戏为一体的综合艺术。秧歌舞一般由十多人至百人的舞队组成，随着鼓声节奏，频繁变换各种队形，再加上舞姿丰富多彩，深受广大观众的欢迎。秧歌可分为“鼓子秧歌”“陕北秧歌”“地秧歌”“东北秧歌”“高跷秧歌”等不同类别。2006 年 5 月，秧歌经国务院批准列入第一批国家级非物质文化遗产名录。

■ **真题链接**

________是在北方民间流行的一种舞蹈形式，是由多人进行的一种广场舞。

（2014 年重庆师范大学戏剧影视文学专业招生考试试题）

高 跷 ★★☆☆☆

也叫“踩高跷”或是“踩拐子”，是舞蹈者脚上绑着长木跷进行表演的形式。高跷是社火队中不可缺少的一项群体街头表演项目，其特点是乡土气息浓厚，形式奇特别致。2006 年 5 月，高跷经国务院批准列入第一批国家级非物质文化遗产名录。

锅 庄 ★★★★☆

藏族民间舞蹈。在节日或农闲时跳，男女围成圆圈，自右而左，边歌边舞。锅庄舞姿矫健，动作挺拔，不但体现了藏族人民纯朴善良、勤劳勇敢、热情奔放的民族性格，而且有一定的力度和奔跑跳跃变化动作，具有明显的体育舞蹈训练价值和强身健体的功效。2006 年 5 月，锅庄舞经国务院批准列入第一批国家级非物质文化遗产名录。

■ 真题链接

锅庄是哪个少数民族的民间舞？（ ）

A. 藏族　B. 蒙古族　C. 傣族　D. 彝族

（2015 年聊城大学东昌学院广播电视编导专业招生考试试题）

热巴舞 ★★★☆☆

是由**藏族**热巴艺人表演的一种舞蹈形式。热巴是一种由以卖艺为生的流浪艺人班子（一般以家庭为基本单位组成）表演的，以铃鼓为主，融说唱、谐（歌舞）、杂技、气功、热巴剧于一体的综合性艺术。2006 年 5 月，热巴舞经国务院批准列入第一批国家级非物质文化遗产名录。

■ 真题链接

青藏高原的藏族，有“跳锅庄”的舞蹈活动。人们携手成圈，踏地挥臂而歌舞。清代《皇清职贡图》描写“锅庄”跳法，由慢、中、快三段组成，动作多是模拟鸟兽情态，与游牧狩猎生活有关。藏族代表性舞蹈还有“弦子舞”和（ ）“面具舞”等。

A.“芦笙舞”　B.“安代舞”　C.“热巴舞”　D.“敦煌舞”

（2012 年黄淮学院广播电视编导专业招生考试试题）

阿细跳月 ★★☆☆☆

也称为“阿西跳月”“跳月”，是居住在云南部分地区的**彝族**人的民间传统舞蹈。男舞者弹大三弦或吹笛子，女子合着节拍与男子对舞，或者牵手围圈，左右摆动，拍掌踹脚，旋转而舞，主要动作有三步一蹦跳、拍掌、跳转等。这种舞蹈节奏鲜明，情绪欢快，是青年男女社交娱乐的重要形式之一。

孔雀舞 ★★★☆☆

是我国**傣族**民间舞中最负盛名的传统表演性舞蹈，以云南西部瑞丽市的孔雀舞最具代表性。孔雀舞风格轻盈灵秀，舞姿婀娜优美，是傣族人民智慧的结晶。2006 年 5 月，傣族孔雀舞经国务院批准列入第一批国家级非物质文化遗产名录。

■ 真题链接

孔雀舞是________族的民族舞蹈。

（2012 年山东师范大学戏剧影视文学专业招生考试试题）

安代舞 ★★☆☆☆

是我国**蒙古族**传统民间歌舞。安代的表演形式，是在场院里几十上百人不等，围成大圆圈，圈里由两名歌舞能手对歌对舞，众人呼应踩脚、甩动衣襟伴舞伴唱，形成热烈、欢腾的场面。

芦笙舞 ★★☆☆☆

是**苗族**最具代表性的民间舞，也称“跳芦笙”，是一种以男子边吹“芦笙”边以下肢灵活舞动为主要特征的传统民间舞蹈。基本可以分为群众性芦笙舞、表演性芦笙舞、风俗性芦笙舞等类型。在过去，苗族青年小伙子会不会吹芦笙、能不能跳芦笙舞甚至已经成为姑娘们择偶的重要条件之一。

弦子舞 ★★☆☆☆

是藏族人民生活中的一种自乐性歌舞。在节庆、婚嫁、集会时,人们欢聚一堂,舞时围成圆圈,领舞者边歌边舞,拉着弦子伴奏,余者随之,时而向圈内聚拢,时而散开,双手甩动长袖,动作优美。2006 年 5 月,弦子舞经国务院批准列入第一批国家级非物质文化遗产名录。

腰鼓舞 ★★☆☆☆

我国的民间舞蹈,新中国成立前流行于陕北一带,新中国成立后遍及全国城镇农村,群众称为"打腰鼓"。腰鼓舞属集体舞蹈,用于欢庆、热烈的场面,舞者男女都有,均穿彩服,腰间挂一只椭圆形小鼓,双手各持一根鼓槌,鼓槌上扎有红绸,边打边舞,鼓点变化丰富,节奏强烈。腰鼓队少则四至八人,多至十人甚至上百人。表演时情绪热烈,队列整齐,气势浩大。

多朗舞 ★☆☆☆☆

是维吾尔族历史悠久、形式完整、动作粗犷矫健的礼俗性民间舞蹈。其舞蹈形式是以双人对舞为主,可几组同时进行,但不得中途进场或退场。多朗舞在古西域乐舞基础上,融会了多朗人的生活情态和坚毅的性格,反映出多朗人勇于战天斗地的风貌。

巴渝舞 ★★★☆☆

是西南四川巴中地区板楯蛮夷舞蹈。巴渝舞是中国古代最有影响的战前舞,即武舞。通过在民间世代承传,历经演变,原始的武舞演变成祭祀性舞蹈和庆典性舞蹈。

■ **真题链接**

汉代著名舞蹈(　　)是西南四川巴中地区板楯蛮夷舞蹈。

A. 巾舞　　B. 剑器舞　　C. 秧歌　　D. 巴渝舞

(2011 年湖南涉外经济学院广播电视编导专业招生考试试题)

(二)中国舞蹈名家名作

赵飞燕 ★★☆☆☆

中国汉代的著名舞人。她身材窈窕,学习歌舞精心刻苦。其舞姿身轻若燕,能作掌上舞,故名赵飞燕。相传汉成帝为其制造一个水晶盘,令宫人用手托盘,她能在盘上自由舞蹈,舞蹈功力非凡。

杨玉环 ★★★☆☆

中国唐代著名舞蹈家,备受唐玄宗喜爱。她所擅长表演的《霓裳羽衣舞》,被唐代大诗人白居易在《霓裳羽衣歌・和微之》中称赞道:"飘然转旋回雪轻,嫣然纵送游龙惊。小垂手后柳无力,斜曳裾时云欲生"。

■ **真题链接**

《霓裳羽衣舞》是(　　)朝的著名舞蹈。

A. 唐　　B. 宋　　C. 元　　D. 明

(2010 年吉林动画学院广播电视编导专业招生考试试题)

公孙大娘 ★★☆☆☆

唐代著名舞蹈艺人,擅舞《剑器》,并创造了多种《剑器》舞,如《西河剑器》《剑器浑脱》等。

唐代诗人杜甫曾写有《观公孙大娘弟子舞剑器行》一诗，赞叹其剑舞惊心动魄，雄妙神奇。

戴爱莲 ★★★☆☆

中国当代舞蹈艺术先驱者和奠基人之一、著名舞蹈艺术家、舞蹈教育家，被誉为**“中国舞蹈之母”**。她是第一个将民族舞蹈搬上舞台的人，也是第一个将芭蕾舞介绍到中国来的人。**她还创办了中国第一所舞蹈院校——北京舞蹈学院**。其主要舞目有《思乡曲》《拾穗女》等。其创作的群舞《荷花舞》和双人舞《飞天》在国际比赛中先后获奖。

■ **真题链接**

舞蹈界的“男吴女戴”指的是吴晓邦、戴爱莲。

（2016年聊城大学广播电视编导专业招生考试试题）

吴晓邦 ★★☆☆☆

中国舞蹈家，20世纪中国新舞蹈艺术的开拓者、播种人。代表作有《丑表功》《思凡》《饥火》《罂粟花》和《虎爷》等。

双人舞《飞天》 ★★★☆☆

是由**戴爱莲**编导的双人舞。该舞是我国第一部根据敦煌壁画中“飞天”的形象创作的舞蹈作品，编导继承、发展了我国传统舞蹈中长绸舞的技法，以凝练的舞蹈语汇、抒情浪漫的手法，神形并茂地将“飞天”的形象再现于舞台上。

■ **真题链接**

“飞天”在（　　）。

A. 敦煌石窟　　B. 龙门石窟

C. 麦积山石窟　　D. 云冈石窟

（2011年天津工业大学广播电视编导专业招生考试试题）

刀美兰 ★☆☆☆☆

著名傣族舞蹈家，中国舞台上的第一个“孔雀公主”。她长于表演傣族舞蹈，风格纯正，婀娜多姿。1957年她在第一届全国少数民族音乐舞蹈会演中因扮演“孔雀公主”而获奖。其他作品还有独舞《水》和《金色的孔雀》等。

贾作光 ★☆☆☆☆

著名舞蹈表演艺术家、编导艺术家，中国现代民族民间舞的奠基人，有**“东方舞神”**之誉。他从蒙古族传统民族舞蹈韵律和宗教民俗活动中提炼、丰富并发展了蒙古族舞蹈律动，创造出蒙古族新的舞蹈词汇，被誉为蒙古族舞的奠基人之一。其主要作品有《牧马舞》《鄂伦春舞》《鄂尔多斯舞》等。

白淑湘 ★★☆☆☆

中国著名芭蕾舞演员、中国舞蹈家协会主席。曾于1958年首演《天鹅湖》舞剧中的奥杰塔，被称为**“中国第一只白天鹅”**。她还出演过中国芭蕾舞剧《红色娘子军》中的吴琼花，广受好评。她还曾在《海侠》《吉赛尔》《巴黎圣母院》等10多部古典芭蕾舞剧中担任主要角色。

■ **真题链接**

被称为中国第一只“白天鹅”的是（　　）。

A. 白淑湘　　B. 崔美善　　C. 刀美兰　　D. 杨丽萍

（2015年池州学院广播电视编导专业招生考试试题）

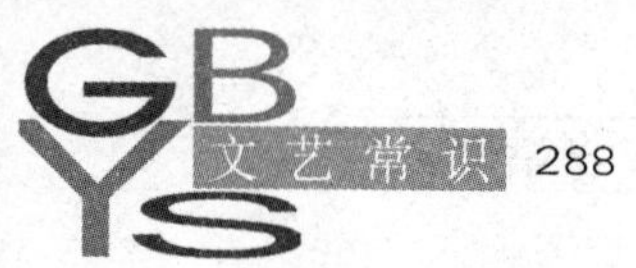

陈爱莲 ★★☆☆☆

著名的舞蹈表演家，被誉为**“东方舞蹈女神”**。她长于中国古典舞、民间舞等多种风格的舞蹈，创造了众多舞剧人物形象，例如鱼美人、文成公主、林黛玉等，给观众留下了深刻的印象。其主要作品有双人舞《弓舞》《蛇舞》，独舞《霓裳羽衣舞》《春江花月夜》，舞剧《文成公主》《红楼梦》等。

杨丽萍 ★★★★★

云南大理白族人，著名舞蹈艺术家，1983 年凭借独舞**《雀之灵》**一举成名，被誉为继毛相、刀美兰之后的**“中国第二代孔雀王”**。杨丽萍的艺术感悟能力特别强，她的舞蹈柔美纯净，充满了特殊的灵魂气质。其主要作品有**《云南映象》**《云南的响声》《月光》《两棵树》《孔雀公主》等。

■ **真题链接**

著名艺术家杨丽萍以民族民间舞蹈为基本素材改编的独舞__________，是优秀的舞蹈作品。
（2016 年南昌理工学院广播电视编导专业招生考试试题）

独舞《雀之灵》 ★★★★☆

是著名舞蹈家**杨丽萍**自编自演的女子独舞。该舞以傣族民间舞蹈为基本素材，从孔雀的基本形象入手，以形求神，将孔雀的形象惟妙惟肖地展示给观众，并且创造出一个轻灵高洁的生命意象。

■ **真题链接**

现代舞蹈《雀之灵》的表演者是我国当代舞蹈家（　　）。

A. 白淑湘　　B. 陈爱莲　　C. 刀美兰　　D. 杨丽萍

（2015 年临沂大学广播电视编导专业招生考试试题）

《白毛女》 ★★★☆☆

是根据同名歌剧改编创作的芭蕾舞剧。该剧成功地塑造了喜儿、大春、杨白劳等舞蹈形象。整个舞蹈在芭蕾基本技巧的基础上，融汇了丰富的中国民间舞蹈，成为芭蕾舞和民族舞结合的典范。

■ **真题链接**

1945 年在延安首演的大型歌剧________标志着我国歌剧创作取得了突破性进展。
（2013 年天津师范大学广播电视编导专业招生考试试题）

《红色娘子军》 ★★★★☆

是根据梁信的同名电影改编而成的芭蕾舞剧，是**中国第一部革命历史题材的芭蕾舞剧**。编导运用芭蕾原有的特点和技巧，与中国民族民间舞蹈相结合，并从部队生活和军事动作中提炼出新的舞蹈语汇，成功地塑造了吴琼花等人物形象，成为第一部成功的大型中国芭蕾舞剧。

■ **真题链接**

中国第一部革命历史题材的芭蕾舞剧是________。
（2017 年新疆艺术学院广播电视编导专业招生考试试题）

《丝路花雨》 ★★★☆☆

该舞剧首演于 **1979 年**，是以中国唐朝极盛时期为背景，以举世闻名的丝绸之路和敦煌壁画为素材，博采各地民间歌舞之长创作出的舞蹈。该舞剧歌颂了老画工神笔张和歌伎英娘父女俩的光辉艺术劳动，描写了他们的悲欢离合，高度颂扬了中国和西域人民源远流长的友谊，再现了唐朝内政昌明，对外经济、文化交往频繁的盛况。

■ **真题链接**

下列各项内容对应正确的一项是（　B　）。

A. 西施、赵飞燕、杨玉环、陈爱莲—— 著名舞蹈家—— 中国古代

B.《丝路花雨》——民族舞剧—— 取材于敦煌壁画—— 中国

C.《天鹅湖》——芭蕾舞剧—— 取材于德国中世纪民间童话—— 波兰

D. 探戈—— 社交舞—— 主要流行于古巴—— 源于非洲民间对舞

（2015 年陕西省普通高校播音编导类专业招生统考试题）

荷花奖 ★★★☆☆

是由中国文学艺术界联合会、中国舞蹈家协会创意，1996 年经中宣部立项、中央两办批准的全国性专业舞蹈评奖活动。旨在奖励优秀的舞蹈艺术作品，表彰成绩突出的舞蹈创作与表演人员，活跃舞蹈理论与舞蹈评论，推动我国舞蹈艺术事业健康发展。自 1997 年创建以来已经成为标志着中国舞蹈艺术专业最高成就的专家奖。

■ **真题链接**

我国当代舞蹈界的最高奖是________。

（2011 年广西艺术学院文化产业管理专业招生考试试题）

第三节　外国舞蹈

（一）外国舞蹈种类

国标舞 ★★★☆☆

全称为“国际标准交谊舞”，来源于各国的民间舞蹈，在传统交谊舞的基础上，加以国际统一规则而成。**它兼有体育和舞蹈的双重特点**，格调高雅、姿态优美、轻柔顺畅、节奏起伏。国标舞种类繁多，按来源可划分为**现代舞和拉丁舞**两大类。

■ **真题链接**

兼有体育和舞蹈双重特点的是（　　）

A. 现代舞　　B. 交谊舞　　C. 国标舞　　D. 芭蕾舞

（2014 年南昌理工学院广播电视编导专业招生考试试题）

华尔兹 ★★★★☆

起源于**奥地利**的一种民间舞，又称“**圆舞**”。华尔兹根据速度分为快三步和慢三步两种。快三步又称“维也纳华尔兹”，被誉为“宫廷舞之王”，不断旋转，热烈轻快。慢三步舒展流畅，柔和秀美，被誉为“**舞中之后**”。

■ **真题链接**

1. 名词解释：华尔兹（圆舞）

（2014 年山东师范大学戏剧影视文学专业招生考试试题）

2. 被誉为“宫廷舞之王”的是(　　)。

A. 华尔兹　　B. 探戈　　C. 伦巴　　D. 狐步舞

(2017年安徽省普通高校艺术专业招生统考试题)

探　戈　★★★★☆

是一种双人舞蹈。源于非洲，但流行于阿根廷，使阿根廷获得了“探戈王国”的称号。探戈节奏强烈，有较多侧身甩头动作，风格刚劲潇洒，被誉为**“舞中之冠”**。目前探戈是国际标准舞大赛的正式项目之一。

■ **真题链接**

探戈起源于(　　)。

A. 欧洲　　B. 美洲　　C. 亚洲　　D. 非洲

(2016年天津工业大学广播电视编导专业招生考试试题)

伦　巴　★★★☆☆

古巴民间舞，也被称为“爱情之舞”。其音乐节奏为4/4拍，舞蹈动作变化多样，主要特征是肩的抖动和胯的扭摆，整个舞蹈充满魅力、活力和浪漫情调，是表达男女爱慕情感的一种舞蹈，被誉为**“拉丁舞之魂”**。

恰　恰　★★☆☆☆

是所有拉丁舞中最受欢迎的舞蹈。其舞步源自爵士舞，在整体的舞蹈行为中提示注意腰胯的扭动。恰恰舞的曲调欢快而有趣，舞步和手臂动作配合紧凑，给人一种俏皮而利落的感觉。

■ **真题链接**

(　　)是所有拉丁舞中最受欢迎的舞蹈。

A. 斗牛舞　　B. 水兵舞　　C. 桑巴　　D. 恰恰

(2015年黄山学院广播电视编导专业招生考试试题)

狐步舞　★★☆☆☆

起源于美国黑人舞蹈，欧美称其为“福克斯”舞，特点是舞步平稳、自由悠闲、动作流畅、行云流水。舞步变化多样，需要舞伴之间配合更加默契。同时狐步舞技术中大量运用了足跟旋转，更加突出了舞蹈特性。

桑巴舞　★★★★☆

巴西最具代表性的舞蹈之一，被称为“国舞”。桑巴舞起源于**非洲**，是音乐加舞蹈的混合体。音乐主要是由弦乐、打击乐和歌手共同完成，而舞者则负责舞蹈的部分。男舞者钟情于脚下各种灵巧的动作，女舞者则以上身的抖动及腹部与臀部扭动为主。

■ **真题链接**

(　　)是巴西最具有代表性的民间舞蹈。

A. 桑巴　　B. 华尔兹　　C. 探戈　　D. 鬼步

(2014年蚌埠学院广播电视编导专业招生考试试题)

斗牛舞　★★☆☆☆

源于法国，盛传于西班牙，是模仿西班牙斗牛士动作的一种舞蹈，伴奏音乐为2/4拍。斗牛舞是由斗牛运动演变而来，男士象征斗牛士，气宇轩昂、刚劲威猛；女士象征斗牛士用以激怒公牛的红色。斗牛舞表达了西班牙人对自由的渴望、对勇者的崇拜以及对爱情和幸福生活的追求。

迪斯科 ★★☆☆☆

是美国黑人社区自娱性舞蹈，源于火岛、纽约、旧金山等地小城镇黑人夜总会中的爵士舞，20 世纪 70 年代风靡全世界。迪斯科有独舞、双人舞、多人舞等样式，而根据技术要求的不同，又可分为舞厅类、健身类和表演类三类。1980 年在英国举行的世界迪斯科舞蹈大赛，标志着这种流行舞蹈进入了鼎盛的黄金时期。

街　舞 ★★★☆☆

诞生于 20 世纪 60 年代末，是美国黑人城市贫民的舞蹈，70 年代被纳为嘻哈文化的一部分，具有较强的表演性、参与性和竞争性。它的动作是由各种走、跑、跳组合而成，并通过头、颈、肩、上肢、躯干等关节的屈伸、转动、绕环、摆振、波浪形扭动等连贯组合而成，各个动作都有其特定的健身效果。

■ **真题链接**

有种舞蹈起源于 20 世纪 80 年代的美国黑人青少年，是美国黑人"嘻哈文化"(Hip－Hop)的组成部分。它不拘于场地器械，并且具有极强的参与性、表演性和竞争性。这种舞蹈是(　　)。

A. 芭蕾舞　　B. 民族舞

C. 街舞　　D. 拉丁舞

(2013 年四川音乐学院广播电视编导专业招生考试试题)

爵士舞 ★★★☆☆

是一种急促而又富于动感的节奏型舞蹈，是非洲舞蹈的延伸，在美国逐渐演进形成本土化、大众化的舞蹈。爵士舞主要是追求愉快、活泼，不必像传统式的古典芭蕾必须局限于一种形式与遵守固有的姿态，但它和迪斯科那种完全自由的舞蹈又有不同之处，它在自由之中仍有一种规律的存在。

霹雳舞 ★★★☆☆

起源于**美国**，创始人是美国东海岸黑人歌星**詹姆斯·布劳德**。他于 1949 年在电视上唱新歌时，自己创作了一种稀奇古怪的动作，青年们竞相模仿，并在街头进行跳舞比赛，故又称"街头舞蹈"。其特点是节奏感和动感强烈。

■ **真题链接**

霹雳舞起源于________。

(2011 年广西民族大学广播电视编导专业招生考试试题)

波尔卡 ★★☆☆☆

是由**捷克**民间舞发展而来，"波尔卡"一词在捷克语中为"半步"，描述的是一只脚与另一脚之间按 2/4 拍子飞快交替。捷克民族音乐的奠基者斯美塔那最先将这种舞曲形式用于器乐和歌剧创作。

■ **真题链接**

"波尔卡 "是哪个国家的舞蹈？(　　)

A. 美国　　B. 英国

C. 西班牙　　D. 捷克

(2013 年天津工业大学广播电视编导专业招生考试试题)

（二）外国舞蹈名家名作

邓肯 ★★★★★

美国著名舞蹈家，现代舞的创始人，是世界上第一位披头赤脚在舞台上表演的艺术家，被誉为**“现代舞之母”**。她的舞蹈从古希腊艺术中寻找灵感，创立了与芭蕾舞对立的自由舞蹈，开辟了抒情舞蹈的新领域。其主要作品有《马赛曲》《国际歌》等。

■ **真题链接**

1. 现代舞之母是________。

（2016年北京师范大学戏剧影视文学专业招生考试试题）

2. 现代舞的创始人是美国舞蹈家________。

（2016年湖南师范大学广播电视编导专业招生考试试题）

米哈伊尔·福金 ★★☆☆☆

俄国芭蕾舞大师，被誉为**“现代芭蕾之父”**。他在前人对舞蹈家交响化探索的基础上，创立了新型的“交响芭蕾”。他于1905年创作《天鹅之死》，1907年创作《仙女们》，1910年创作《火鸟》，对后来的芭蕾艺术发展产生了重要影响。

巴甫洛娃 ★★☆☆☆

俄国著名女芭蕾舞演员，20世纪初芭蕾舞坛的一颗巨星，其毕生精力都献给了芭蕾舞艺术，推动了芭蕾舞在许多国家的诞生和发展，为全球传播、普及芭蕾舞艺术做出了不可估量的贡献。巴甫洛娃表演过的众多剧目有**《天鹅湖》《睡美人》《胡桃夹子》《天鹅之死》**《舞姬》《吉赛尔》《仙女》《埃及之夜》等。

乌兰诺娃 ★★★☆☆

苏联女芭蕾舞演员，是世界公认的苏联戏剧芭蕾大师。她表演的主要特点是善于抒情，富有诗意，人物刻画细腻，能充分利用身体运动和表情手段来体现角色的心灵美。其代表舞蹈作品有《天鹅湖》《吉赛尔》《罗密欧与朱丽叶》《灰姑娘》《天鹅之死》等。

■ **真题链接**

乌兰诺娃是一位（　　）舞蹈家。

A. 芭蕾舞　　B. 现代舞

C. 踢踏舞　　D. 国标舞

（2014年广西壮族自治区普通高校影视传媒类专业招生统考试题）

《皇后喜剧芭蕾》 ★★☆☆☆

该剧1581年由意大利芭蕾大师巴尔塔扎·德·博若耶编导，取材于《荷马史诗》。该剧熔舞蹈、音乐、戏剧于一炉，**被认为是第一部真正的芭蕾**。

《睡美人》 ★★★★☆

该舞剧取材于法国诗人夏尔·佩罗的名作《林中睡美人》，由彼季帕编导、柴可夫斯基作曲，首演于圣彼得堡，是俄罗斯19世纪末大型神幻芭蕾的顶峰。

■ **真题链接**

《天鹅湖》《睡美人》和《胡桃夹子》被誉为古典芭蕾舞剧的“三大芭蕾”。

（2011年广西艺术学院文化产业管理专业招生考试试题）

《胡桃夹子》 ★★★☆☆

该剧根据霍夫曼的《胡桃夹子与老鼠王》的故事改编而成，有“圣诞芭蕾”的美誉。它由彼季帕编剧、编导，柴可夫斯基作曲，首演于圣彼得堡皇家剧院。舞剧的音乐充满了单纯而神秘的神话色彩，具有强烈的儿童音乐特色，是世界上最优秀的芭蕾舞剧之一。

■ **真题链接**

柴可夫斯基的三大芭蕾舞剧是（ ACD ）。

A.《天鹅湖》 B.《吉赛尔》 C.《睡美人》 D.《胡桃夹子》

（2014年聊城大学东昌学院广播电视编导专业招生考试试题）

《吉赛尔》 ★★★★☆

浪漫主义芭蕾舞剧的代表作，由简・克拉里和朱尔・佩罗共同创作，得到了“**芭蕾之冠**”的美誉。这部舞剧第一次使芭蕾的女主角同时面临表演技能和舞蹈技巧两个方面的严峻挑战。是一部既富传奇性又具世俗性的爱情悲剧，从中可以看到浪漫主义的两个侧面：光明与黑暗、生存与死亡。第一幕充满田园风光，第二幕以超自然的想象展开各种舞蹈，特别是众幽灵的女子群舞更成为典范之作。

■ **真题链接**

在芭蕾舞史上，（ D ）成为从浪漫主义向现实主义转折的芭蕾舞作品。

A.《胡桃夹子》 B.《睡美人》 C.《仲夏夜之梦》 D.《吉赛尔》

（2015年长江大学广播电视编导专业招生考试试题）

《天鹅湖》 ★★★☆☆

该剧取材于德国中世纪民间童话，**讲述的是王子齐格弗里德与公主奥杰塔的故事**，由盖尔采尔编剧，彼季帕、伊凡诺夫编导，舞剧音乐由**柴可夫斯基1876年**作曲完成，1877年首演于俄国莫斯科大剧院。自诞生以来，《天鹅湖》几乎成了芭蕾或整个芭蕾艺术的一个象征和代名词，在经典性的基础上起到了承上启下的作用。

■ **真题链接**

1.（ ）是讲王子齐格弗里德与公主奥杰塔的故事。

A.《胡桃夹子》 B.《天鹅湖》 C.《天鹅之死》 D.《睡美人》

（2011年广西民族大学广播电视编导专业招生考试试题）

2.四幕幻想芭蕾舞剧（ ）作于1876年，由柴可夫斯基作曲。

A.《胡桃夹子》 B.《天鹅湖》 C.《睡美人》 D.《黑桃皇后》

（2011年湖南涉外经济学院广播电视编导专业招生考试试题）

3.名词解释：《天鹅湖》

（2014年聊城大学广播电视编导专业招生考试试题）

第九章 曲艺杂技常识

本章主要包括两大方面内容：一是**曲艺杂技基本理论**；二是**曲艺杂技名家**。总体而言，该部分知识点比较少，也不是历年考试的重点，所以考生的学习难度并不大，在学习过程中，只要注意以下几点即可。

1. 通过研究近年来各大院校文艺常识的考试真题发现，关于曲艺杂技基本理论部分的考查点非常集中，主要有以下几个：**杂技**、**相声**、**京韵大鼓**、**苏州评弹**等，考生只要把这些知识点重点记忆即可。

2. 对于曲艺杂技名家部分，书中尽可能地归纳简化到了最少，大大降低了考生的学习难度，但是书中只要罗列出的名家艺人，在考试中都是重要的考查对象，考生需要逐一记忆。

3. 通过研究历年来的考试真题发现，本章知识点在考试中所占的比重不大，大约**最多能占到总体分值的3%**。而且本章的知识点相对而言也比较少，所以不建议考生在本章的学习上花费太多时间。

第一节 曲艺杂技基本理论

曲艺 ★★☆☆☆

是中华民族各种**"说唱艺术"**的统称。它主要通过说、唱，或似说似唱，或又说又唱来叙事、抒情。基本艺术特征是通过说唱敷演故事和刻画人物形象。现代曲艺按照历史源流和形式特点，可分为评话、弹词、大鼓、琴书、道情、相声、牌子曲、快板、时调小曲以及少数民族曲艺等类别，约400余种。

杂技 ★★★☆☆

表演艺术的一种，是**杂耍**、**魔术**、**驯兽**等表演的总称。在汉代称为百戏，隋唐时叫散乐。杂技以艺术化的动作，表演各种难度极高的技艺，展示人类征服自然、挑战自我的勇气和令人叹为观止、难以置信的功夫。杂技是艺术与体育的结合，因为它具有很强的表演性，能带给人以美的享受，所以属于艺术的范畴。

■ **真题链接**

杂技是杂耍、________、驯兽等表演的总称。

(2011 年曲阜师范大学戏剧影视文学专业招生考试试题)

魔 术 ★★★☆☆

基本分类有近景魔术、舞台魔术、心灵魔术等,是一种违反客观规律的表演。它是依据科学的原理,运用特制的道具,巧妙综合视觉传达、心理学、化学、数学、物理学、表演学等不同科学领域的高智慧的表演艺术。

■ **真题链接**

不属于中国传统曲艺表演的有(　　)。

A. 苏州评弹　　B. 魔术

C. 评书　　D. 相声

(2016 年黄山学院广播电视编导/戏剧影视文学专业招生考试试题)

勾 栏 ★★★☆☆

又作勾阑或构栏,是古代一些大城市固定的娱乐场所,也是宋元戏曲在城市中的主要表演场所,相当于现在的戏院。

■ **真题链接**

宋代的汴梁、临安等都市里,出现了专门的娱乐场所,称为"瓦舍""瓦子""瓦市","瓦子"里有专门的表演场所,叫作________。

(2015 年池州学院广播电视编导专业招生考试试题)

迪士尼 ★★☆☆☆

是总部设在美国伯班克的大型跨国公司,主要业务包括娱乐节目制作、主题公园、玩具、图书、电子游戏和传媒网络。其产品广受消费者好评,取得了丰硕的商业价值。

■ **真题链接**

1. 名词解释:迪士尼

(2013 年广西艺术学院文化产业管理专业招生考试试题)

2. 米老鼠是哪一家制片公司的动画形象?(　　)

A. 米高梅　　B. 迪士尼　　C. 环球　　D. 雷电华

(2014 年海南大学戏剧影视文学专业招生考试试题)

相 声 ★★★★★

源于北京、天津,流行于全国,是一种富有喜剧色彩的曲艺品种。相声艺术要求演员要**"说、学、逗、唱"**样样精通。"说"是指讲故事,还有说话和铺垫的方式;"学"是指模仿各种人物、方言和其他声音,学唱戏曲的名家名段、唱歌、跳舞等;"逗"是指制造笑料;"唱"是指演唱"太平歌词"。相声可分为**一人说的单口相声、两人说的对口相声、三人以上说的群口相声**等。

■ **真题链接**

1. 相声的基本手段是________,演出形式有单口、对口、________。

(2014 年云南师范大学广播电视编导专业招生考试试题)

2. 相声表演的四大基本功是:说、________、逗、________。

(2016 年河南省普通高校编导类专业招生统考试题)

口　技 ★★★☆☆

是优秀的民间表演技艺，属杂技的一种。表演者用口、齿、唇、舌、喉、鼻等发声器官模仿大自然的各种声音，如飞禽猛兽、风雨雷电等，能使听的人身临其境。这种技艺在清代属“百戏”之一。

■ **真题链接**

宋代的“学象生”是指现代哪一种曲艺形式？（　A　）

A. 口技　　B. 双簧　　C. 相声　　D. 哑剧

（2014 年重庆邮电大学广播电视编导专业招生考试试题）

双　簧 ★★★☆☆

曲艺的一种。一人表演动作，一人藏在身后说或唱，互相配合。说唱者，必须嗓子好，声音亮；表演者不发音，只张嘴模仿说唱的口形。有一副对联描述了双簧表演的惟妙惟肖：**假说真学仿佛一个，前演后唱喉咙两条**。

评　书 ★★★★☆

又称“说书”，是我国劳动人民创造的一种口头文学，以说为主，只说不唱，由一人通过叙述情节、描写景象、模拟人物、评议事理等艺术手段，敷演历史及现代故事。目前的评书一般都用普通话讲述，也有地方方言评书，例如四川评书、湖北评书等。我国著名的评书表演艺术家有**单田芳**、**刘兰芳**、**田连元**等。

■ **真题链接**

1. 著名艺术家单田芳、田连元、刘兰芳所从事的曲艺表演类别是________。

（2013 年广西艺术学院文化产业管理专业招生考试试题）

2. 著名评书艺术家刘兰芳的代表作是（　B　）。

A.《三国演义》　　B.《杨家将》　　C.《隋唐演义》　　D.《红岩》

（2015 年黄山学院广播电视编导专业招生考试试题）

快　板 ★★☆☆☆

又叫“数来宝”，也叫“顺口溜”“流口辙”“练子嘴”，是一种以竹板辅助和烘托气氛、一人说唱的有故事情节的曲艺形式，源于宋代贫民演唱的“莲花落”。过去的快板艺人沿街叫卖时，经常见景生情，于是口头即兴编词，随编随唱，宣传自己的见解，抒发感情。当代的快板名家有高凤山、李润杰、王凤山等。

京韵大鼓 ★★★☆☆

流行于华北、东北地区的半说半唱的曲艺形式，由河北省沧州、河间一带流行的木板大鼓发展而来，形成于京津两地。京韵大鼓的表演形式是一人站唱，演员自击鼓板掌握节奏；主要伴奏一般为三人，所操乐器为大三弦、四胡、琵琶，旋律起伏跌宕，歌声悠扬婉转，长于抒情。主要代表人物有被誉为**“鼓界大王”的刘宝全和骆玉笙**，主要代表曲目有**《玉堂春》《单刀会》《战长沙》**等。

■ **真题链接**

1. 著名的京韵大鼓表演艺术家有________、白凤鸣、小岚云、孙书筠、张秋萍。

（2011 年天津工业大学广播电视编导专业招生考试试题）

2. 骆玉笙是下列哪类说唱艺术的演员？（ A ）

A. 京韵大鼓　　B. 梅花大鼓　　C. 北京琴书　　D. 河南坠子

（2017 年天津工业大学广播电视编导专业招生考试试题）

凤阳花鼓 ★★☆☆☆

是一种集曲艺和歌舞于一体的传统民间表演艺术，但以曲艺形态的说唱表演最为重要和著名。通常是由一人或二人自击小鼓和小锣伴奏，边舞边歌。凤阳花鼓唱的都是民间小调，曲目有近百种，并成为我国汉族民间喜庆丰收、欢度节日和反映劳动人民幸福生活的一种民间歌舞表演形式。

苏州评弹 ★★★☆☆

苏州评话和弹词的总称，是一门古老、优美的说唱艺术。评话通常由一人登台开讲，内容多为金戈铁马的历史演义和叱咤风云的侠义豪杰。弹词一般两人说唱，上手持三弦，下手抱琵琶，自弹自唱，内容多为儿女情长的传奇小说和民间故事。2006 年 5 月，苏州评弹经国务院批准列入第一批国家级非物质文化遗产名录。

■ **真题链接**

1. 简答题：简介“苏州评弹”。

（2011 年广西大学戏剧影视文学专业招生考试试题）

2. 评弹是哪个地区的戏曲形式？（　　）

A. 扬州　　B. 苏州　　C. 杭州　　D. 绍兴

（2017 年北京电影学院广播电视编导专业招生考试试题）

二人转 ★★★★☆

是东北的一种民间艺术形式，又称**小秧歌**、**蹦蹦**等，属于中国走唱类曲艺曲种。其表现形式为：一男一女，服饰鲜艳，手拿扇子、手绢，边走边唱边舞，表现一段故事，唱腔高亢粗犷，唱词诙谐风趣。

■ **真题链接**

“二人转”是流行于我国哪个地区的民间艺术形式？（　　）

A. 西北　　B. 东北　　C. 东南　　D. 西南

（2015 年重庆邮电大学广播电视编导专业招生考试试题）

莲花落 ★★☆☆☆

是一种说唱兼有的汉族曲艺艺术。表演者多为一人，自说自唱，自打七件子伴奏。莲花落内容多为劝世文，以扬善贬恶、吉祥纳福为主，唱腔通俗易懂，生动风趣，同时吸收了民间小调、采茶戏音乐，唱腔婉转、流畅，善于叙事，宜于抒情，且用方言说唱，加之拍击胸、肚、臂、腿，通俗易懂，生动风趣，引人入胜，特别受到广大群众的喜爱。其传统曲目有《天宝图》《丝带记》等。2006 年 5 月，经国务院批准列入第一批国家级非物质文化遗产名录。

山东快书 ★★☆☆☆

起源于山东临清、济宁、菏泽、兖州一带，流行于山东、华北、东北各地。起初专说武松故事，演唱者一人手持竹板或铜板两块，以快节奏击板叙唱，又名**竹板快书**。山东快书语言节奏性强，表演上讲究“手、眼、身、步”及“包袱”“扣子”的运用。其传统曲目有《武松传》《景阳冈》《狮子楼》《十字坡》《东岳庙》等。

杂技之乡 ★★★★☆

中国的杂技之乡有多个，但就历史悠久、群众基础雄厚和在海内外的影响力而言，最著名的是**河北沧州吴桥**。吴桥国际杂技艺术节创办于**1987年**，每两年一届，举办地为石家庄，这是我国举办历史最长、规模最大、设施最完善的国际性杂技艺术节。

■ **真题链接**

中国杂技之乡是（　　）。

A. 河北吴桥　　B. 湖南长沙

C. 湖北武汉　　D. 江苏南京

（2013年赣南师范学院广播电视编导专业招生考试试题）

马　戏 ★★★☆☆

原指人骑在马上所做的表演，现为各种野兽、驯禽表演的统称。有演员指挥动物表演各种技巧动作或演员在动物身上做各种技艺表演等形式。宿州埇桥是中国马戏之乡，2006年经中国文联、中国杂技家协会一致认可，确认**“杂技的中心在吴桥，马戏的中心在埇桥”**。

海派清口 ★★★★☆

由上海滑稽演员**周立波**创立，是从上海本地的单口滑稽、北京单口相声和香港“栋笃笑”等曲艺表演形式中汲取精华发展而成。其表演形式为一个人在台上表演，语言以上海话为主、以方言和普通话为辅，表演内容涉及社会热点、焦点，“应时”是其一大特点。海派清口，实质上是一种带有表演性质的演说，是一种“智慧性的表演形式”。

■ **真题链接**

1. 名词解释：海派清口

（2012年泰山学院广播电视编导专业招生考试试题）

2. 海派清口的创始人是________。

（2014年云南艺术学院文化产业管理专业招生考试试题）

第二节　曲艺杂技名家

朱绍文 ★★★★☆

中国清代相声艺人，**对口相声的奠基人之一**。艺名“穷不怕”，世居北京，被列为“天桥八大怪”之首。他编演的相声有《字相》《老倭瓜斗法》《大保镖》《能仁寺》《八大拿》等，对北方曲艺和相声的发展做出了重要贡献。

■ **真题链接**

相声艺术的奠基人是清代的________。

（2011年聊城大学广播电视编导专业招生考试试题）

侯宝林 ★★★★☆

现当代著名相声演员。他的相声坚持反映现实生活，寓教于谐，表演亲切自然，朴实大方。其传统曲目有**《关公战秦琼》《武松打虎》**《改行》《戏剧与方言》《空城计》等；现代题材的曲目有《夜行记》《醉酒》《种子迷》《一贯道》等。

■ **真题链接**

我国著名相声大师________，其著名作品有《关公战秦琼》《________》等。

（2013 年云南师范大学广播电视编导专业招生考试试题）

马三立 ★★★☆☆

现当代著名相声演员。其表演风格轻松自然，看似随意，但每句台词都寓意深刻，具有启迪心灵的幽默力量。晚年时，**他创造了“一人说笑话”的单口相声形式**。其代表作品有《相面》《买猴》《偏方》《吃元宵》《三字经》《对春联》《黄鹤楼》等。

单田芳 ★★★☆☆

著名评书表演艺术大师。他的评书口风老练苍劲，自然流畅；语言生动形象，丰富有趣；行文逻辑周密，句法无误；说文时满腹经纶，说白时亲切生动，有**“单国嘴”**的美誉。其代表作品有**《白眉大侠》《平原枪声》**等。

田连元 ★★★★☆

著名评书表演艺术家，国家一级演员，出身说书世家。其主要作品有**《隋唐演义》《杨家将》《瓦岗寨》**等。

■ **真题链接**

著名评书艺术家________的代表作有《隋唐演义》《杨家将》《瓦岗寨》等。

（2011 年广西民族大学广播电视编导专业招生考试试题）

骆玉笙 ★★★★☆

京韵大鼓表演艺术家，被誉为**“金嗓鼓王”**。她的表演博采众家之长，创立了以字正腔圆、声音甜美、委婉抒情、韵味醇厚为特色的“骆派”京韵。其主要曲目有《剑阁闻铃》《丑末寅初》《红梅阁》《子期听琴》《和氏璧》等。

■ **真题链接**

骆玉笙是________说唱艺术的演员。

（2012 年四川文理学院广播电视编导专业招生考试试题）

夏菊花 ★★☆☆☆

著名杂技表演艺术家，国家一级演员，素有**“杂技女皇”**之誉。她凭借自身的优势，创作并首演了《顶碗》节目的多项高难度技巧，被誉为**“顶碗皇后”**。

阿迪力 ★★☆☆☆

维吾尔族，中国杂技艺术家协会副主席、新疆达瓦孜艺术的第六代传人，曾五次成功打破高空行走世界纪录。被誉为**“高空王子”**。

第十章 摄影常识

本章主要包括两大方面内容：一是**摄影基本理论**；二是**摄影流派及名家**。这一部分的知识点，主要是为学习摄影专业的考生提供的学习资料，对于其他专业例如广播电视编导和戏剧影视文学等专业的考生而言，只要理解熟识即可，不做强制性学习要求。**摄影专业的考生**在学习本章时，一定要注意以下问题：

1. 摄影基本理论部分的知识点是必须要理解并加以掌握的，这些知识点都是学习摄影专业的基础知识，只有把这些知识点掌握好，才能够基本应对摄影专业的笔试。当然，如果想进一步提高自己的摄影知识水平，还应该结合专业老师的指导和专业书籍的学习才行。

2. 同样，对于摄影流派及名家的学习要求也是如此，只要是书中罗列出的知识点，就是摄影专业考生的学习范围。当然，对于学习专业摄影的考生而言，只掌握这样几个摄影名家和流派还是远远不够的，还得结合专业书籍的学习和授课老师的讲解，才能够有更好的效果。

3. 总体而言，**目前全国范围内招收摄影专业的院校相对较少**，**但是**通过研究摄影专业历年来的笔试真题也会发现，**各大招生院校对于摄影知识的考查还是比较全面和细致的**。所以学习摄影专业的考生一定要理论与实践并重，扎扎实实地把摄影基础知识学好，以便更好地应对摄影专业的考试。

第一节 摄影基本理论

摄影艺术 ★★★☆☆

造型艺术的一种。是以照相机和感光材料为工具，运用画面构图、光线、影调（或色调）等造型手段来表现主题并求得其艺术形象的艺术形式。拍摄者使用照相机反映社会生活和自然现象，表达思想感情。摄影艺术的特性是**瞬间性**、**永恒性**、**直观性**、**即时性**、**纪实性**、**创造性**。摄影艺术从体裁上可分为新闻摄影、人像摄影、风景摄影、动静物摄影等。

■ **真题链接**

摄影艺术的特性体现在：________、永恒性、________、即时性、纪实性、创造性。

（2012年山东师范大学摄影专业招生考试试题）

摄影术的诞生 ★★★★☆

摄影术诞生于**1839 年 8 月 19 日**，由法国的**达盖尔**发明。1892 年，北京第一家照相馆“丰泰照相馆”开业，老板是任庆泰。

■ **真题链接**

1. 摄影术正式宣布诞生的时间是(　　)。

A. 1825 年　　B. 1826 年

C. 1839 年　　D. 1842 年

(2016 年华中师范大学武汉传媒学院摄影/影视摄影与制作专业招生考试试题)

2. 1839 年________国人达盖尔发明了摄影术。

(2016 年河北美术学院影视摄影与制作专业招生考试试题)

小孔成像原理 ★★★★☆

是指用一个带有小孔的板遮挡在屏幕与物之间，随后屏幕上就会形成物的倒像，这种现象称作“小孔成像”。如果前后移动中间的板，屏幕上像的大小也会随之发生变化，这种现象反映了光沿直线传播的性质。两千多年以前，墨子和他的学生，做了世界上第一个小孔成倒像的实验，并记录在《墨经》内。

■ **真题链接**

小孔成像最早记录在(书籍)《墨经》里面。

(2016 年北京电影学院电影学专业招生考试试题)

照相机 ★★★★☆

是一种利用光学成像原理形成影像并使用底片记录影像的设备，**主要包括镜头、光圈、快门、取景器、测光等系统**。以取景器分类，相机从类型上可分为**单反相机、双反相机、旁轴式相机**。

■ **真题链接**

以取景器分类，相机类型可分为________、________、________。

(2013 年济南大学摄影专业招生考试试题)

数码相机 ★★★☆☆

简称 DC，是一种利用电子传感器把光学影像转换成电子数据的照相机。其优点是：拍照之后可以立即看到图片；只需为想冲洗的照片付费；色彩还原和色彩范围不再依赖胶卷的质量等。

■ **真题链接**

数码相机图片的存储格式有JPEG、RAW、TIFF 三种。

(2016 年华中师范大学武汉传媒学院摄影/影视摄影与制作专业招生考试试题)

135 相机 ★★★☆☆

该相机因使用 135 胶卷而得名。135 胶卷的画幅是宽 36mm×高 24mm，算上高度和上下的方形齿孔，总高度是 35mm，所以 135 相机也称作 35mm 相机。

■ **真题链接**

1. 135 胶卷的标准底片的规格是________mm×36mm。

(2013 年天津师范大学摄影专业招生考试试题)

2. 全画幅数码相机中，感光元件的尺寸与135 胶片的尺寸相同。

(2017 年济南大学泉城学院摄影专业招生考试试题)

单镜头反光相机 ★★☆☆☆

是用一只镜头并通过此镜头反光取景的相机。其优点是：凡是能从取景器里看清楚的景物，单镜头反光相机都能拍摄下来。

■ **真题链接**

135单镜头反光相机是由机身和镜头组成的。

（2014年吉林动画学院摄影专业招生考试试题）

光 圈 ★★★★☆

是指相机上装在镜头的透镜组之间用来控制镜头孔径的装置。它由许多弧形金属叶片组成，根据需要改变光圈可以随意调节照相机镜头孔径的大小。光圈的主要作用是可以用来调节和控制镜头的光通量，还可以调节景深。**光圈大小用f值表示**。

■ **真题链接**

1.如欲表现太阳光芒四射的效果，则应该采用（ A ）。

A.小光圈　　B.大光圈　　C.长焦距　　D.超焦距

（2016年华中师范大学武汉传媒学院摄影/影视摄影与制作专业招生考试试题）

2.如果说镜头相当于人的眼睛，那么相当于瞳孔的就是光圈。

（2016年赣南师范学院广播电视编导专业招生考试试题）

快 门 ★★★★☆

一般由金属或胶质绸布等材料制作，是照相机控制曝光时间长短的装置。快门经常处于关闭状态，可以起到防止不必要的光线进入使底片跑光的作用。快门的主要作用是**以开启时间的长短来控制进入镜头的光线的量，还可以影响影像的清晰度等**。

■ **真题链接**

1.根据快门的结构，快门可分为镜间快门和焦平面快门。

（2011年山东师范大学摄影专业招生考试试题）

2.名词解释：快门

（2012年山东师范大学摄影专业招生考试试题）

3.快门的主要作用是控制曝光、保护胶片。

（2014年四川传媒学院影视摄影与制作专业招生考试试题）

取景器 ★★★★☆

是对被摄画面进行取舍和构图的装置。它能够把将要记录在胶片上的影像近似地显示出来，从而指导摄影者瞄准和构图。按照结构形式，可将取景器分为**框架直看式、聚焦屏式、光学透镜式、反光式、五棱镜式和附加式**六种类型。

■ **真题链接**

1.用来观察选取拍摄对象、拍摄范围和拍摄角度的照相机部件是（ ）。

A.取景器　　B.光电传感器　　C.光圈　　D.快门

（2013年浙江传媒学院摄影专业招生考试试题）

2.以取景器分类，相机类型可分为单反相机、双反相机、旁轴式相机。

（2013年济南大学摄影专业招生考试试题）

透 镜 ★★☆☆☆

是用透明物质制成的表面为球面一部分的光学元件。镜头是由几片透镜组成的，透镜越多，成本越高。一般有塑胶透镜和玻璃透镜两种，玻璃透镜比塑胶透镜贵。

CCD ★★☆☆☆

全称为**“电荷耦合元件”**。CCD是一种半导体器件，能够把光学影像转化为数字信号。当影像聚焦在CCD片上时，每一个像素便会充满电荷，载着色度和亮度信号暂存在晶片上，一块CCD上包含的像素数越多，其提供的画面分辨率也越高。

■ **真题链接**

名词解释：CCD

（2014年南京师范大学摄影专业招生考试试题）

黑白胶片 ★★★☆☆

是以卤化银作为感光介质，卤化银遇光或射线产生化学反应形成潜影，经化学处理（显影、定影）得到固定影像。黑白胶片的主要特性是**感色性、感光度、颗粒性、宽容度**。

■ **真题链接**

黑白胶片的主要特性是：感色性、（　　）、颗粒性、（　　）。

（2012年济南大学摄影专业招生考试试题）

潜　影 ★★★☆☆

是指胶片在照相机内拍摄曝光后，未经过显影前所产生的看不见的潜在影像。

■ **真题链接**

名词解释：潜影

（2012年济南大学摄影专业招生考试试题）

解像力 ★★★☆☆

这里指的是胶卷的解像力，又称为“分析力”“分辨力”，表示感光片对被摄物体细小部分的分辨能力，也就是记录影像的最大清晰程度。从理论上说，解像力是指该感光片在1mm内能分辨多少条线的能力。胶卷解像力的效果不仅取决于胶卷本身的质量，而且取决于镜头的解像力，并与曝光、冲洗、聚焦、相机稳定性密切相关。

■ **真题链接**

名词解释：解像力

（2014年北京电影学院摄影专业招生考试试题）

像　素 ★★★☆☆

指基本原色素及其灰度的基本编码。如果把影像放大数倍，会发现这些连续色调其实是由许多色彩相近的小方点组成的，这些小方点就是构成影像的最小单位——“像素”。像素仅仅是分辨率的尺寸单位，而不是画质。

■ **真题链接**

数字影像由成千上万个微小的彩色点组成，这些小点称为________。

（2014年济南大学泉城学院摄影专业招生考试试题）

焦　距 ★★★★★

也称焦长，**是光学系统中衡量光的聚集或发散的度量方式**，指平行光从透镜的光心到光聚集之焦点的距离。以焦距区分的相机镜头主要分为**定焦镜头、变焦镜头**。

■ **真题链接**

1. 浮动光圈镜头指的是镜头的最大光圈会随着焦距而相应变化。

（2016年华中师范大学武汉传媒学院摄影/影视摄影与制作专业招生考试试题）

2. 名词解释：焦距

（2017 年四川文化艺术学院影视摄影与制作专业招生考试试题）

超焦点距离 ★★★☆☆

是指当物镜调焦在无穷远时，可在焦面上构成清晰影像的最近物距。

■ **真题链接**

名词解释：超焦点距离

（2013 年济南大学摄影专业招生考试试题）

景　深 ★★★★☆

是指不同距离的被摄对象在感光胶片上能获得清晰影像的空间范围。景深有四种决定因素，即镜头焦距、被拍摄体的距离、光圈的大小和感光元件的大小。一般情况下，镜头的焦距越短，景深的范围就越大；光圈越小，景深就越大。

■ **真题链接**

1. 名词解释：景深镜头

（2013 年井冈山大学广播电视编导专业招生考试试题）

2. 当光圈、焦距不变，物距越大，景深越________。

（2017 年东北电力大学广播电视编导专业招生考试试题）

镜头的分类 ★★★★★

根据焦距的长短，可以将镜头分为四类：**标准镜头、长焦镜头、广角镜头和变焦镜头**。标准镜头的视角一般为 45°～50°，所表现的景物的透视与目视比较接近；长焦镜头的特点是透视效果差，**常用来拍摄较远的事物**；广角镜头比较**适合拍摄较大场景的照片**；变焦镜头是指**在一定范围内可以变换焦距的镜头**，拍摄时灵活方便。

广角镜头 ★★★★☆

是一种**焦距短于标准镜头（40～55mm）**、视角大于标准镜头、**焦距长于鱼眼镜头（≤16mm）**、视角小于鱼眼镜头的摄影镜头。基本特点是：**镜头视角大**，视野宽阔；**景深大**，能强调画面的透视效果。

■ **真题链接**

镜头的种类主要包括标准镜头、________、长焦镜头、变焦镜头。

（2016 年河北美术学院影视摄影与制作专业招生考试试题）

长焦镜头 ★★★★☆

是指焦距长于标准镜头（**40～55mm**）的摄影镜头。其特点是**视角小，景深小，变形小**，透视效果差，常用来拍摄较远或者不易接近的事物。

■ **真题链接**

名词解释：长焦镜头

（2014 年河北师范大学广播电视编导专业招生考试试题）

标准镜头 ★★★★☆

通常是指焦距在 40～55 mm 之间的摄影镜头，其视角一般为 45°～50°，所表现的景物的透视与目视比较接近，是所有镜头中最基本的一种摄影镜头。

■ **真题链接**

1. 名词解释：标准镜头

(2010 年山东师范大学摄影专业招生考试试题)

2. 标准镜头的焦距为(　　)。

A. 20～30mm　　B. 30～40mm　　C. 40～50mm　　D. 60～70mm

(2013 年临沂大学广播电视编导专业招生考试试题)

镜头分辨率 ★★★☆☆

是指在成像平面上 1 毫米间距内能分辨开的黑白相间的线条对数，单位是“线对/毫米”。好的镜头和差的镜头的分辨率是有很大不同的。按照我国照相机检测标准，一般 135 照相机的镜头中心视场达到 37 线对/毫米、边缘视场达到 22 线对/毫米，就是一级镜头。

■ **真题链接**

名词解释：镜头分辨率

(2013 年山东轻工业学院摄影专业招生考试试题)

测光模式分类 ★★★☆☆

专业相机的测光模式可分为以下四种：**中央平均测光、局部测光、点测光和评价测光**。

■ **真题链接**

专业相机的测光模式分为______、______、______、______。

(2013 年济南大学摄影专业招生考试试题)

感光度 ★★★★☆

也就是 ISO，是指感光体对光线感受的能力。在传统摄影时代，感光体就是底片，而在数字摄影时代，相机则采用 CCD 或是 CMOS 作为感光元件。**感光度越高，拍摄时需要的光线就越少；反之亦然**。

■ **真题链接**

1. 摄影中，用字母 ISO 表示的是__________。

(2016 年华中师范大学武汉传媒学院摄影/影视摄影与制作专业招生考试试题)

2. 名词解释：感光度

(2017 年济南大学泉城学院摄影专业招生考试试题)

曝　光 ★★★★★

是指通过对光圈和快门速度的调节，使适量的光线透过镜头，照射到焦平面的感光胶片或数码相机的感光器件上。摄影曝光需要综合考虑光圈、快门、光线、感光体等要素，准确曝光是保证照片获得最佳效果的关键因素之一。

■ **真题链接**

1. 名词解释：曝光

(2013 年四川音乐学院绵阳艺术学院广播电视编导专业招生考试试题)

2. 著名美国摄影家与摄影教育家 A·亚当斯创立的曝光方法是区域曝光法。

(2017 年济南大学泉城学院摄影专业招生考试试题)

多次曝光 ★★★★☆

特技摄影方法之一，**基本原理是用遮片相互遮挡，使多次曝光的影像不重叠**。也可以不用遮片，使多次曝光的影像重叠。是通过两次以上曝光，完成一个电影画面的摄影方法。可以把不同时空的拍摄对象有机地合成在一个画面里。

■ 真题链接

名词解释：多次曝光

（2013 年济南大学摄影专业招生考试试题）

梯级曝光法 ★★☆☆☆

又称为“括弧式曝光”，即对同一被摄对象采用若干不同曝光组合拍摄，通常先按照估计的正常曝光量拍摄一张，然后再分别增加和减少曝光量拍摄。

■ 真题链接

名词解释：梯级曝光法

（2012 年济南大学摄影专业招生考试试题）

AE ★★★☆☆

全称为 Automatic Exposure，即自动曝光。模式大约可分为光圈优先 AE 式、快门速度优先 AE 式、程式 AE 式、闪光 AE 式和深度优先 AE 式。

曝光补偿 ★★★★☆

是一种曝光控制方式，一般常见在±2～3EV 左右，如果环境光源偏暗，即可增加曝光值，例如调整为＋1EV、＋2EV，以凸显画面的清晰度。

■ 真题链接

名词解释：曝光补偿

（2012 年济南大学摄影专业招生考试试题）

EV 值 ★★★★☆

是反映曝光多少的一个量，它定义为：当感光度为 ISO 100、光圈系数为 F1、曝光时间为 1 秒时，曝光量是 0。曝光量减少一档为 EV－1；增加一档为 EV＋1。在逆光情况下，自动曝光很难满足拍摄需要时，通过手动调节＋EV 或－EV 进行曝光补偿操作。

■ 真题链接

名词解释：EV 值

（2013 年济南大学摄影专业招生考试试题）

宽容度 ★★★☆☆

是指胶片所能正确容纳的景物亮度反差的范围。能将亮度反差很大的景物正确记录下来的胶片称为宽容度大的胶片，反之则称为宽容度小的胶片。一般说来胶片的宽容度应该是越大越好。宽容度小的胶片，常会使景物的明、暗部分在影像上得不到正确反映，损害影像的真实性。

■ 真题链接

摄影中，我们将感光材料能够重现的光强范围称为<u>胶片的宽容度</u>。

（2017 年济南大学泉城学院摄影专业招生考试试题）

颗粒度 ★★★☆☆

是颗粒性的客观量度，它反映经均匀曝光和冲洗加工的感光涂层中微密度空间的波动特性。具体来讲，感光底片经曝光洗印以后，形成影像的银粒粗细程度称为颗粒度。感光度相同的底片，以颗粒度细者为好。颗粒度跟晶粒大小、晶粒的均匀程度有关，也跟显影的温度和时间有关。

色 温 ★★★★★

是一种表示光源色彩成分的标度，用大写字母“K”表示。色温正常，色彩鲜艳饱满；色温过高，色彩偏蓝紫色；色温过低，色彩偏红黄色。

■ 真题链接

1. 日光条件下的色温值一般是（ C ）。

A. 3200K B. 4500K C. 5500K D. 6000K

（2010 年山东师范大学摄影专业招生考试试题）

2. 色温是用以表示光颜色倾向的一个术语，色温高指光色偏向（ ）。

A. 红 B. 黄 C. 绿 D. 蓝

（2013 年浙江传媒学院摄影专业招生考试试题）

3. 日光型胶片的色温是（ A ）。

A. 5500K B. 3200K C. 7000K D. 2100K

（2016 年华中师范大学武汉传媒学院摄影/影视摄影与制作专业招生考试试题）

4. 名词解释：色温

（2017 年四川文化艺术学院摄影专业招生考试试题）

色彩的三要素 ★★★★☆

分别是**明度、色相、纯度**。明度是指色彩的明暗程度，也称为“深浅度”，是表现色彩明暗层次感的基础。色相是指色彩的相貌特征，是区分色彩的主要依据。纯度是指色彩的鲜灰程度，也称为“饱和度”。纯度的变化可以通过三原色互混产生，也可以通过加白、加黑、加灰产生，还可以补色相混产生。

■ 真题链接

1. 名词解释：色彩的三要素

（2010 年山东师范大学摄影专业招生考试试题）

2. 色彩的三要素是明度、________、饱和度。

（2014 年吉林动画学院摄影专业招生考试试题）

3. 以下哪个是色彩的三要素？（ ）（多选）

A. 色相 B. 饱和度 C. 明度 D. 温度

（2016 年华中师范大学武汉传媒学院摄影/影视摄影与制作专业招生考试试题）

摄影构图 ★★★★★

是把人与景物安排在画面中并获得合理布局的过程，即将画面中的各部分进行组合、整理，让人和物、主体和陪体在特定的空间里形成一个整体，以更好地表现作品的主题思想和美感效果。

■ 真题链接

摄影构图的其中一个原则是从主题思想出发，正确处理好主体、陪体和环境的关系。

（2013 年山东轻工业学院摄影专业招生考试试题）

构图方法 ★★★★☆

常见的构图方法有：**水平构图、垂直构图、均衡式构图、非均衡式构图、圆形构图、S 形构图、三角形构图、十字形构图**等。

黄金分割 ★★★☆☆

是指将整体一分为二,较大部分与整体部分的比值等于较小部分与较大部分的比值,**约为0.618**。这个比例被公认为是最能引起美感的比例,因此被称为黄金分割。黄金分割具有严格的比例性、艺术性、和谐性,蕴藏着丰富的美学价值,这一能够引起人们美感的比值被认为是建筑和艺术中最理想的比例。

■ **真题链接**

名词解释:黄金分割

(2015年湖南省普通高校摄影摄像专业招生联考试题)

影 调 ★★★★☆

是指**画面构成的基本明暗调子**,也就是说一幅画面由于明暗比例分配不同,或由于色彩的配置不同,可以构成多种不同影调的照片。摄影作品的影调从明暗关系上可分为**高调**、**低调**和**中间调**。

■ **真题链接**

下列表述属于影视作品的"画面系统"的是(D)。

A.台词　　B.主题　　C.人物　　D.影调

(2015年重庆市普通高校编导类专业招生统考试题)

硬调画面 ★★★☆☆

是指明暗、色彩对比强烈,中间缺少层次过渡,少用渡色和补色的画面。**硬调画面给人以紧张、惊险和恐怖的感觉**。

柔调画面 ★★★☆☆

是指光线柔和,明暗对比较弱,中间影调层次丰富的画面。**柔调画面能够使人产生优雅、安静、温暖的情绪**。

补 色 ★★★★☆

又称互补色、余色,是指如果两种颜色(等量)混合后呈黑灰色,那么这两种颜色就互为补色。色环的任何直径两端相对之色都称为互补色。补色的调和与搭配可以产生华丽、跳跃、浓郁的审美感觉。

■ **真题链接**

绘画三原色所对应的补色,分别是:红色,所对应的补色是青色;绿色,所对应的补色是品红色;蓝色,所对应的补色是黄色。

(2013年四川传媒学院摄影专业招生考试试题)

消 色 ★★★★☆

是指当黑、白、灰的物体对光源的光谱成分不是有选择地吸收和反射,而是等量吸收和等量反射时,物体会看上去没有了色彩,称为"消色"。

■ **真题链接**

1.摄影中的消色指的是________________。

(2014年华中师范大学武汉传媒学院摄影专业招生考试试题)

2.在摄影表现中,以下哪些颜色是消色?(AB)

A.黑色　　B.灰色　　C.红色　　D.黄色

(2016年华中师范大学武汉传媒学院摄影/影视摄影与制作专业招生考试试题)

对比色 ★★☆☆☆

是人的视觉感官所产生的一种生理现象，是视网膜对色彩的平衡作用。在 24 色相环上相距 120 度到 180 度之间的两种颜色，称为对比色。

分色片 ★★★☆☆

又称为正色片。**它对可见光中的红、橙色光不起敏感反应，而对黄、绿、青、蓝、紫色光均能起敏感反应**。分色片在现代摄影中主要用于印刷制版、黑白图表的翻拍、暗房特技的拷贝等方面，在通常的拍摄中基本上已不采用。

■ **真题链接**

名词解释：分色片

（2013 年山东轻工业学院摄影专业招生考试试题）

三点布光 ★★★★☆

又称为区域照明，一般用于较小范围的场景照明。如果场景很大，可以把它拆分成若干个较小的区域进行布光。三点布光一般有三盏灯即可，分别为主体光、辅助光与背景光。主体光主要是照亮场景中的主要对象与其周围区域，并且担任给主体对象投影的功能。辅助光主要用来填充阴影区以及被主体光遗漏的场景区域、调和明暗区域之间的反差，同时形成景深与层次。背景光主要增加背景的亮度，从而衬托主体，并使主体对象与背景相分离。

■ **真题链接**

1. 名词解释：三点布光

（2013 年聊城大学广播电视编导专业招生考试试题）

2. 简答题：三点布光中，光线的类型和作用有哪些？

（2017 年济南大学泉城学院摄影专业招生考试试题）

直射光 ★★★★☆

又称为“硬光”。是指光迎面射来，在被摄体上产生清晰投影的光线，例如日光灯和聚光灯照明，常形成清晰的明暗对比、硬朗严峻之感。

散射光 ★★★★☆

又称为“软光”。通常是由发光面积较大的光源发出的光线，没有明显的投影。典型的散射光是天空光，此外还有阴天的照明和经柔化的灯光。

■ **真题链接**

________会产生反差较弱的光线，故阴影较淡。

（2014 年新疆艺术学院广播电视编导专业招生考试试题）

顺　光 ★★★★☆

也称“正面光”，是指发光源和摄像机镜头基本在同一高度并且光轴同向的照明，画面色彩缺少明暗变化。

■ **真题链接**

名词解释：顺光

（2016 年青岛大学广播电视编导专业招生考试试题）

侧光 ★★★★☆

是指光线投射方向与拍摄方向成水平角 90°左右时所形成的照明。这种光线能够产生强烈的对比，能够从侧面突出被拍摄者的五官，使人形成**阴阳脸**。

■ **真题链接**

被拍成“阴阳脸”通常所用的光是(　　)。

A. 逆光　　B. 侧面光　　C. 侧前光　　D. 顶光

(2013 年赣南师范学院广播电视编导专业招生考试试题)

逆光 ★★★★★

也称“背面光”“轮廓光”，是指光源来自于被摄体的后方。这样的光线拍摄会使大部分景物处于阴影中，能够锐利鲜明地展现物体的轮廓。

■ **真题链接**

1. 能制造剪影效果，勾勒出被摄体轮廓的光线是(　　)。

A. 顺光　　B. 脚光　　C. 逆光　　D. 顶光

(2013 年临沂大学广播电视编导专业招生考试试题)

2. 在雾天进行拍摄时，应采用(　　)光线。

A. 顺光　　B. 侧光　　C. 逆光或侧逆光　　D. 以上都不是

(2015 年江西省普通高校戏剧影视文学类专业招生统考试题)

3. 名词解释：轮廓光

(2017 年济南大学泉城学院摄影专业招生考试试题)

顶光 ★★★☆☆

是指来自于被摄体上方的照明。被拍摄者处于这种主光下，头顶、前额和鼻子会显得很亮，颧骨凸出，给人以猥琐和恐怖的感觉，常用来凸出人物的狡诈和邪恶。

■ **真题链接**

简答题：光线造型中顶光是比较特殊的光线，它有何特点？

(2014 年四川传媒学院摄影专业招生考试试题)

闪光同步 ★★☆☆☆

是指闪光摄影中的“同步”，具体指的是闪光灯正好在快门完全开启的瞬间闪亮，使整幅画面均感受到闪光。

镀膜 ★★★☆☆

当光线进入不同传递物质时，大约有 5% 会被反射掉，在光学瞄准镜中有许多透镜和折射镜，整个加起来可以让入射光线损失达 30%至 40%，所以说在透镜表面镀上非常薄的透明薄膜是非常必要的。镀膜可以减少光的反射，增加透光率，抗紫外线并减少耀光、鬼影等。此外，镀膜还可以延迟镜片老化、变色的时间。

■ **真题链接**

名词解释：镀膜

(2011 年山东师范大学摄影专业招生考试试题)

节奏感 ★★☆☆☆

原为音乐术语，是指音乐的高低起伏、抑扬顿挫的旋律。在摄影画面中，节奏感体现在影调、色调、线条等造型元素的对比和变化给人带来的高昂激情或舒缓优雅等视觉心理感受。

■ **真题链接**

名词解释：节奏感

（2012 年山东师范大学摄影专业招生考试试题）

彗形像差 ★★★☆☆

简称彗差，像差的一种。是指由偏离凸透镜光轴的点光源所发出的光，穿过透镜以后，在焦面上所得到的像不再是点，而是成像点外还有成彗尾形状的亮斑。在折射或绕射式光学系统中，彗形像差是波长的函数。

专题摄影 ★★★★☆

是指通过多幅照片来集中地阐述一个主题，从而能够比较全面地、概括地、深入地反映出事物的发展进程和结果，细致、深刻地刻画人物的精神面貌。它是画报、报纸和杂志甚至电视、电影中经常采用的一种形式。

■ **真题链接**

名词解释：专题摄影

（2013 年山东轻工业学院摄影专业招生考试试题）

新闻摄影 ★★★★☆

是以摄影图片的形式对正在发生的事件进行新闻报道。摄影图片是新闻摄影传播信息的主要手段，主要依靠抓拍完成，其宗旨是说明事件、传播消息、引发影响等。此外，新闻摄影一般都附有简短的文字说明，以介绍事件发生的背景和过程等。新闻摄影的特点是时效性、真实性、典型性、现场感等。新闻摄影的五个要素是事件发生的**时间、地点、人物、事件、原因**。

■ **真题链接**

名词解释：新闻摄影五要素

（2013 年天津师范大学摄影专业招生考试试题）

商业摄影 ★★★☆☆

是指出于商业用途而开展的摄影活动。从广义上讲，它包括一切用于出售商品、撰写事件或介绍书籍的图像的生产，而狭义上的商业摄影通常认为是广告摄影。商业摄影的分类较细，主要为广告摄影和人像摄影，其特点是范围广泛，表现力强。

广告摄影 ★★★★☆

是以商品为主要拍摄对象的一种摄影。通过反映商品的形状、结构、性能、色彩和用途等特点，从而引起顾客的购买欲望。广告摄影是传播商品信息、促进商品流通的重要手段。随着商品经济的不断发展，广告已经不是单纯的商业行为，而是成为现实生活的一面镜子，成为广告传播的一种重要手段和媒介。

■ **真题链接**

1. 广告摄影以宣传为主要目的。

（2014 年北京电影学院摄影专业招生考试试题）

2. 广告摄影的核心是创意。

（2014 年济南大学泉城学院摄影专业招生考试试题）

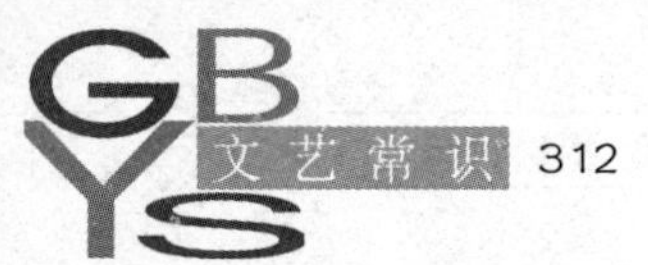

风景摄影 ★★★☆☆

是以展现自然风光之美为主要创作题材的一种摄影。风景摄影是广受人们喜爱的题材，从作者发现美开始到拍摄，直到与观者见面欣赏的全过程，都会给人以感官和心灵的愉悦。风景摄影具有题材广、意境深、画面美、色彩鲜等特点。

第二节 摄影流派及名家

写实主义摄影 ★★★★☆

是一种发挥摄影纪实特性的流派，是摄影艺术中最基本、最重要的流派，它是现实主义创作方法在摄影艺术领域中的反映。该流派的摄影艺术家在创作中恪守摄影的纪实特性，忠实于画面中的每一个细节，作品具有强烈的现实性和深刻性。其主要代表人物及作品有英国勃兰德的《拾煤者》、美国罗伯特·卡帕的《通敌的法国女人被剃光头游街》、法国韦丝的《女孩》等。

■ **真题链接**

名词解释：写实主义摄影

（2012 年山东师范大学摄影专业招生考试试题）

高艺术摄影派 ★★★☆☆

流行于 1859—1870 年，主要是指英国摄影家受绘画中拉斐尔前派风格的影响而形成的摄影流派。该派别主张要掩盖平凡和丑陋，避免表现日常生活题材，经常借用流行诗、历史传说和《圣经》中的寓言故事、基督生活为题材，其主要宗旨是通过这些画面阐述道德观念而给人以教益。其主要代表人物有**奥斯卡·古斯塔夫·雷兰德、亨利·佩奇·鲁滨逊、威廉·莱克·普里斯、著名女摄影家朱丽亚·玛格丽特·卡梅伦**等。

■ **真题链接**

高艺术摄影流派的代表摄影师有________、________ 等，主要代表作有《人生的两条路》《弥留》等。

（2010 年山东师范大学摄影专业招生考试试题）

堪的派摄影 ★★★★★

这是第一次世界大战后兴起的、反对绘画主义摄影的一大摄影流派。这一流派的摄影家主张尊重摄影的自身特性，强调真实、自然，主张拍摄时不摆布、不干涉对象，提倡抓取自然状态下被摄对象的瞬间情态。其主要代表人物有美国的托马斯·道韦尔·麦阿沃依、英国的茜莉特·摩戴尔、法国的维克托·哈夫门、德国的萨乐蒙等。

■ **真题链接**

简答题：简述摄影艺术流派中的“堪的派”摄影。

（2013 年山东轻工业学院摄影专业招生考试试题）

纯粹派摄影 ★★★☆☆

是成熟于 20 世纪初的一种摄影艺术流派。其创导者为美国摄影家**斯蒂格里兹**。纯粹派摄影主张摄影艺术应该发挥摄影本身的特质和性能，把它从绘画的影响中解脱

出来，用纯净的摄影技术去追求摄影所特具的美感效果，例如高度的清晰、丰富的影调层次、微妙的光影变化、纯净的黑白影调、细致的纹理表现、精确的形象刻画等。

■ **真题链接**

纯粹派摄影的倡导者为美国摄影家________。

（2014 年济南大学泉城学院摄影专业招生考试试题）

F64 团体 ★★★☆☆

是在摄影大师爱德华·韦斯顿的倡导下在美国西海岸于 1932 年成立的一个摄影团体。F64 是当时照相机上的最小一级光圈，代表着该组织的艺术主张。他们主张用很小的光圈和大相机，使作品获得较长的景深和极好的清晰度。F64 团体的表现风格在美国摄影中随后逐渐演变成写实主义的主要模式，因此在世界摄影史上占有极其重要的地位。其主要代表人物有爱德华·韦斯顿、安塞尔·亚当斯、伊莫金·坎宁安、威拉德·范·戴克等。

■ **真题链接**

名词解释：F64 团体

（2012 年山东师范大学摄影专业招生考试试题）

罗伯特·卡帕 ★★★☆☆

匈牙利裔美籍摄影记者，20 世纪最著名的战地摄影记者之一。其主要摄影作品有**《越南的悲剧》《战士之死》《中弹了》**等。他最著名的摄影言论是：“如果你的照片拍得不够好，那是因为你靠得不够近。”

■ **真题链接**

罗伯特·卡帕是著名国际通讯社马格南图片社的主要发起者，他的主要代表作有________、________等，他最著名的摄影言论是________________。

（2011 年山东师范大学摄影专业招生考试试题）

亨利·卡蒂尔一布雷松 ★★★☆☆

法国著名摄影家，被誉为 20 世纪最伟大的摄影家之一、现代新闻摄影的创立人，有“现代新闻摄影之父”的美称，他同时也是知名的**马格南图片社**（又名马格兰摄影通讯社）的创办者。卡蒂尔一布雷松一生为世界奉献了大量优秀的作品，在他的带动下发展起来的街头摄影也影响了以后几代人。他著有《决定性瞬间》作品集。

■ **真题链接**

卡蒂尔一布雷松是世界著名的纪实摄影大师，他提出的决定性瞬间摄影理论，几乎影响了全世界的摄影师。

（2010 年山东师范大学摄影专业招生考试试题）

安塞尔·亚当斯 ★★★☆☆

美国著名摄影师。在摄影领域，他以认真仔细的态度和满是想法的摄影技艺而闻名。他的技艺所创造的艺术至今仍能产生强烈的反响。亚当斯最著名的作品是技术革新三部曲，即《照相机》《底片》和《冲印》。

■ **真题链接**

摄影作品《月升》的作者是安塞尔·亚当斯。

（2014 年吉林动画学院摄影专业招生考试试题）

安德烈·柯特兹 ★★★☆☆

美国著名摄影师,也是最早手持小型相机走街串巷捕捉影像的摄影家之一。他一开始就建立了自己的风格,自始至终只对平凡的街头人生情有独钟。柯特兹也是较早尝试影像变形的摄影家,他创作的人体摄影具有超现实主义的神韵。其主要摄影作品有《蒙德里安的烟斗和眼镜,巴黎》、《垂落的郁金香,纽约》等。

理查德·阿威顿 ★★★☆☆

美国著名摄影师。他的拍摄对象都是摆拍的,被置于画面的最前方,背景是白色或深深浅浅的灰。他从来不使用自然光源,也不喜欢影子。他从来不试图掩饰人物的生理缺陷,例如皱纹、眼袋、疤痕等,形成了独有的真实风格。其主要摄影作品有《多维玛与大象》《事不关己》等。

爱德华·韦斯顿 ★★★☆☆

美国著名摄影师,同时也是一位富有独特艺术成就、传奇生活色彩、对后世影响深远的摄影家。其经典摄影作品有《鹦鹉螺》《青椒》《白菜》《裸体》《树干》《岩石》等。

■ **真题链接**

爱德华·韦斯顿是美国摄影家和F64小组成员,创作受摄影分离派代表人物斯蒂格里兹的重大影响,摄影上独创"摄影视觉"观念,作品具有典型的质感鲜明的表现力。

(2012年济南大学摄影专业招生考试试题)

卢　广 ★★★☆☆

中国摄影家协会会员,是**第一位获得尤金·史密斯"人道主义摄影奖"的中国人**。其主要摄影作品有《艾滋病村》《罪恶路上无青春》《艾滋病笼罩的村庄》《中国的污染》等。

■ **真题链接**

首位获得尤金·史密斯"人道主义摄影奖"的中国人是________先生。

(2012年山东师范大学摄影专业招生考试试题)

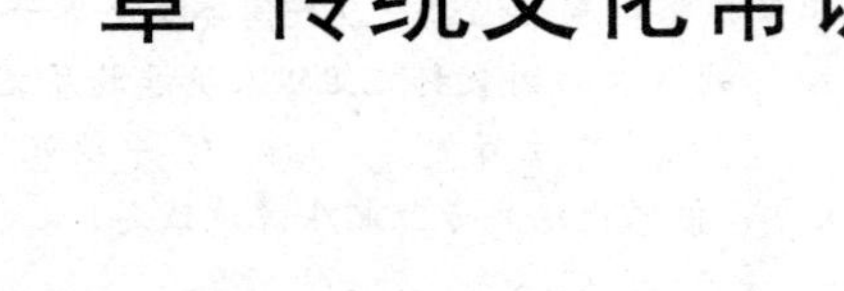

第十一章 传统文化常识

本章主要包括五大方面内容：一是**天文历法地理**；二是**民俗礼制**；三是**饮食起居**；四是**教育科技**；五是**民间工艺**。首先，本章是在对十年艺考真题研究分析的基础上全新汇编整理，对于考生而言，其学习记忆的价值不言而喻。其次，本章牢牢抓住了近几年高校的出题趋势，特别是结合陕西省统考、北京电影学院、中央戏剧学院等地区和高校的命题，重点筛选出了常考的题目，内容详实客观，让考生更有底气备战艺考。本章是重点，但不是难点。考生在学习时要注意以下几点：

天文历法地理部分的内容大多是日常生活中常接触到的，例如二十四节气、十二生肖等多以选择题的形式出现，建议结合高中所学的文化课知识了解记忆。民俗礼制部分知识点不多，也都很常见，例如弱冠、豆蔻、花甲、古稀等多以选择题的形式出现，可结合语文知识进行记忆。饮食起居部分主要是日常生活的“烟酒糖茶”“衣食住行”，考查多以选择题、填空题为主。教育科技部分多考查古代有名的教育制度、科技发明等，某些内容在高中历史书中也经常出现，常见题目有关于八股文、进士、四大发明等内容的选择题、填空题。民间工艺部分例如皮影、陶器、瓷器等内容，多以选择题、填空题、名词解释等形式出现，考生可结合日常生活中的见闻理解记忆。

通过近几年的研究发现，**本章的知识点在考试中的考查比例呈上升趋势（全国不同地区考查比例不同）**。建议考生应有侧重地多记忆专业老师强调的部分，做到平时多关注、学时多记忆、复习多练习。

第一节　天文历法地理

二十四节气 ★★★★☆

古人根据太阳一年内的位置变化以及引起的地面气候的演变次序，设置二十四节气以反映四季、气温、物候等情况。公元前 104 年，由邓平等制定的《太初历》正式把二十四节气编入历法。二十四节气的顺序是：立春、雨水、惊蛰、春分、**清明**、谷雨、立夏、小满、芒种、**夏至**、小暑、大暑、立秋、处暑、白露、秋分、寒露、霜降、立冬、小雪、大雪、**冬至**、小寒、大寒。

■ **真题链接**

1. 下列内容对应不正确的一项是（ D ）。

A. 风雨梨花寒食日，几家坟上子孙来。——清明
B. 又是一个平衡日，子线从南向北回。——冬至
C. 晴播耕种育苗秧，麦苗青青菜花香。——春分
D. 八九菊黄蟹儿肥，风和气爽丹桂香。——惊蛰
（2016 年陕西省普通高校播音编导类专业招生统考试题）

2. 联合国教科文组织保护非物质文化遗产政府间委员会第十一届常会 2016 年 11 月 30 日通过审议，批准中国申报的（ A ）列入联合国教科文组织人类非物质文化遗产代表作名录。

A. 二十四节气　　B. 十二生肖　　C. 中秋节　　D. 端午节
（2017 年赣南师范大学广播电视编导专业招生考试试题）

十二生肖 ★★★★☆

是我国一种传统的纪年方法，是在采用天干配地支纪年的同时，用十二地支各配一种相应的动物名字，表示这一年的顺序和名称，排列为：子鼠、丑牛、寅虎、卯兔、辰龙、巳蛇、午马、未羊、申猴、酉鸡、戌狗、亥猪。

■ **真题链接**

1. 名词解释：十二生肖
（2013 年周口师范学院广播电视编导专业招生考试试题）

2. 十二生肖包括鼠、牛、虎、兔、________、蛇、马、羊、________、鸡、犬、猪。
（2014 年齐齐哈尔大学戏剧影视文学专业招生考试试题）

天干地支 ★★☆☆☆

源自远古时代对天象的观测，十天干为甲、乙、丙、丁、戊、己、庚、辛、壬、癸，十二地支为子、丑、寅、卯、辰、巳、午、未、申、酉、戌、亥。十二地支对应十二生肖。十天干和十二地支交错组合，组成六十个基本单位，称为六十花甲或六十甲子。干支纪年始于汉代。

朔望月、上弦、下弦 ★★★☆☆

农历每月初一，月亮的黑暗半球对着地球时，叫**朔**；农历每月的十五或十六，月亮被太阳照亮的半球对着地球时，叫**望**；农历每月初八前后，月亮的西半边是明的，叫作**上弦**；农历每月二十三前后，月亮的东半边是明的，叫作**下弦**。另外，一月之内的某些日子在古代还有特定的名称。如每月的第一天叫作"**朔**"，最后一天叫作"**晦**"，大月（三十天）的十六、小月（二十九天）的十五叫作"**望**"。

五更 ★★☆☆☆

又称**五鼓**。古时，由于平民百姓家没有精确的计时仪器，晚上掌握时间很难，为解决这一问题，设立了打更制度。更夫根据官府标准的刻漏时间，用打梆子或击打更鼓的方式宣告时间。把夜晚分成五个时段，打一更时为 19 时至 21 时，三更时为 23 时至次日凌晨 1 时，五更时为 3 时至 5 时。"三更半夜"一词就由此而来，但"更阑"或"更深"的说法，不是精准的时间概念，只是夜深的文雅说法。

农历每月别称 ★★☆☆☆

一月（**正月**、端月、开岁）；二月（杏月 、如月、仲春）；三月（**桃月**、季月、暮春）；四月（梅月、余月、初夏）；五月（**榴月**、蒲月、仲夏）；六月（荷月、焦月、季夏）；七月（兰月、瓜月、新秋）；八月（**桂月**、壮月、仲秋）；九月（菊月、朽月、季秋）；十月（露月、良月、初冬）；十一

月(葭月、辜月、仲冬);十二月(**腊月**、冰月、残冬)。

■ **真题链接**

1.五月俗称什么月?(　　)

A.杏月　　B.榴月　　C.荷月　　D.桃月

(2013年西南大学戏剧影视文学专业招生考试试题)

2."桂月"指的是(　　)。

A.五月　　B.八月　　C.九月　　D.十月

(2013年西南大学戏剧影视文学专业招生考试试题)

山南水北 ★★★★☆

古代地理中划分阴阳有一套理论:**山南水北阳,山北水南阴**,意思是山的南面和水的北面属于阳,山的北面和水的南面属于阴,故用阴阳作为山水方位的代称。

■ **真题链接**

古代地理中划分阴阳有一套理论,其中表述山川河流时,阳指的是(　　)。

A.山南水北　　B.山北水南　　C.山南水南　　D.山北水北

(2013年沈阳大学广播电视编导专业招生考试试题)

五星与五行 ★★☆☆☆

五星指古人观测到的金、木、水、火、土五颗行星,最初五颗行星分别叫作太白、岁星、辰星、荧惑、镇星,之所以把这五颗行星又分别叫作金星、木星、水星、火星、土星,是用地上的五个元素配上五颗行星而产生的,即五行,五行就是金、木、水、火、土五种物质的运动变化,是对自然界客观事物内部阴阳运动变化过程中物种状态的抽象概括。

五湖四海 ★★☆☆☆

五湖的原意指太湖流域所有的湖泊,近代指**洞庭湖**、**鄱阳湖**、**太湖**、**巢湖**、**洪泽湖**。四海指天下、全国。

三山五岳 ★★★★☆

三山所指有多重说法,普遍认为三山指传说中的蓬莱、方丈、瀛洲三座仙山。五岳指东岳山东**泰山**、西岳陕西**华山**、南岳湖南**衡山**、北岳山西**恒山**、中岳河南**嵩山**。

■ **真题链接**

1.介绍一下"三山五岳"。

(2014年湖南省普通高校编导类专业招生联考试题)

2.中国的"五岳"是指东岳泰山、西岳华山、南岳衡山、北岳恒山、中岳嵩山。

(2017年海口经济学院广播电视编导专业招生考试试题)

中国四大佛教名山 ★★★★☆

分别是**浙江的普陀山**、**四川的峨眉山**、**山西的五台山**、**安徽的九华山**。

■ **真题链接**

五台山是我国著名的佛教道场,也是闻名世界的风景旅游区,它位于(B)。

A.河南　　B.山西　　C.湖北　　D.浙江

(2017年重庆邮电大学广播电视编导专业招生考试试题)

江南三大名楼 ★★★★★

分别是**岳阳楼**(湖南岳阳)、**黄鹤楼**(湖北武汉)、**滕王阁**(江西南昌)。

■ **真题链接**

中国三大名楼是指________、________、________。

（2015 年浙江传媒学院艺术类专业招生考试试题）

丝绸之路 ★★★★☆

亦称“丝路”。是古代以中国为始发点，向亚洲中部、西部及非洲、欧洲等地运送丝绸等物的交通通道之总称。最初只指从中原地区，经今新疆而抵中亚的陆上通道。后来所指范围逐步扩大，以致远达亚、欧、非三洲，并包括陆、海两条路线。现在，该词不仅用以指称连接世界的交通通道，同时成为古代东西方之间经济文化交流的代名词。

茶马古道 ★★☆☆☆

是指存在于中国西南地区，以马帮为主要交通工具的民间国际商贸通道，是西南民族经济文化交流的走廊。茶马古道源于古代西南边疆的茶马互市，兴于唐宋，盛于明清，二战中后期最为兴盛。

燕京八景 ★★★★☆

又称“燕山八景”或“燕台八景”，清乾隆十六年御定八景为：太液秋风、琼岛春阴、金台夕照、**蓟门烟树**、西山晴雪、玉泉趵突、卢沟晓月、居庸叠翠，当时均刻石立碑并有小序、诗文。燕京八景的出现，对于后来的风景点建设产生了巨大影响，现代园林、庭院绿化亦借鉴燕京八景建造景点，在一定程度上推动了园林建设的发展。

西湖十景 ★★☆☆☆

最早见于南宋画院画师的山水画题名，指的是苏堤春晓、平湖秋月、花港观鱼、柳浪闻莺、双峰插云、三潭印月、雷峰夕照、南屏晚钟、曲院风荷、断桥残雪十处景观。

五　坛 ★★☆☆☆

分别是**天坛**、**地坛**、**日坛**、**月坛**、**先农坛**。天坛建于明永乐十八年，是中国现存最大的坛庙建筑群。地坛又名方泽坛，明嘉靖九年建，清代屡经重修，是明清两代帝王祭祀“皇地祇神”的地方。日坛又名朝日坛，建于明嘉靖九年，是明清两代皇帝祭祀太阳的地方。月坛与日坛是同时建的，又名夕月坛，是明清两代皇帝祭祀月亮和天上诸星宿神祇的地方。先农坛始建于明永乐十八年，是明清两代皇帝祭祀先农诸神及举行藉田典礼的场所。

■ **真题链接**

北京五坛是指天坛、地坛、日坛、月坛和先农坛，它们主要兴建于以下哪个时期？（　　）

A. 明朝　　B. 宋朝　　C. 元朝　　D. 唐朝

（2015 年聊城大学东昌学院广播电视编导专业招生考试试题）

第二节　民俗礼制

传统节日 ★★★★☆

传统节日的形成，是一个民族或国家历史文化长期积淀凝聚的过程。我国传统节日有除夕（大年三十）、春节（正月初一）、元宵节（正月十五）、清明节（公历 4 月 5 日前后）、端

午节(五月初五)、七夕节(七月初七)、中秋节(八月十五)、重阳节(九月初九)等。此外,我国各少数民族也都保留着自己的传统节日,如傣族泼水节、彝族火把节、苗族跳花节等。

■ **真题链接**

1."独在异乡为异客,每逢佳节倍思亲"中的佳节是指(B)。

A.端午节　　B.重阳节　　C.春节

(2015年河北传媒学院录音艺术专业招生考试试题)

2."月上柳梢头,人约黄昏后"指的是传统节日<u>元宵节</u>。

(2016年汉口学院广播电视编导专业招生考试试题)

3.端午节划龙舟吃粽子与哪位历史人物有关?( )

A.庄子　　B.荀子　　C.屈原　　D.宋玉

(2016年重庆市普通高校编导类专业招生统考试题)

4."八月十五"是______(节日),"九月初九"是______(节日)。

(2016年广西壮族自治区普通高校广播影视编导类专业招生统考试题)

5."登高"是哪个节日的习俗?(C)

A.端午节　　B.清明节　　C.重阳节　　D.元宵节

(2017年重庆市普通高校广播电视编导专业招生联考试题)

方位与尊卑 ★★★★☆

我国古代帝王和臣子在殿堂上都有固定的位置,"面南称王""面北称臣",帝王坐北朝南,座位在北方,臣子则面北参拜,位置丝毫不能变更。北尊南卑是殿堂之上的方位、君臣之间的尊卑,而室内的方位和宾主之间的尊卑则为西尊东卑。方位有尊卑,左右也不例外。在官场上右尊左卑,求贤待客上则为左尊右卑。

■ **真题链接**

鸿门宴上,项王、项伯、张良、亚父,座位坐向由尊到卑的排列顺序是<u>项王</u>、<u>项伯</u>、<u>亚父</u>、<u>张良</u>。

(2015年北京电影学院影视项目策划专业招生考试试题)

三省六部 ★★☆☆☆

三省指中书省、门下省、尚书省,六部指吏、户、礼、兵、刑、工部。隋唐时期,三省共同执行宰相的职务。六部从隋唐开始实行,一直延续到清末。

年龄称谓 ★★★☆☆

襁褓(不满周岁)、孩提(幼儿泛称)、垂髫(童年泛称)、黄口(10岁以下)、**豆蔻**(13岁女)、及笄(15岁女)、**弱冠**(20岁男)、桃李年华(20岁女)、花信年华(24岁女)、而立之年(30岁)、不惑之年(40岁)、知命之年(50岁)、**花甲之年**/耳顺之年(60岁)、**古稀之年**(70岁)、**耄耋之年**(80～90岁)、期颐之年(100岁)。

■ **真题链接**

1."豆蔻"是指( )。

A.男子成年十五岁左右　　B.女子成年十三四岁左右

C.男子成年二十岁左右　　D.女子成年二十岁左右

(2014年吉林动画学院广播电视编导专业招生考试试题)

2.古时称百岁为"(C)之年"。

A.耄耋　　B.不惑　　C.期颐　　D.古稀

(2017年井冈山大学广播电视编导专业招生考试试题)

五　礼 ★★☆☆☆

中国古代的五种礼制,包括**吉礼**、**凶礼**、**军礼**、**宾礼**、**嘉礼**。吉礼,是对天神、地祇、人鬼的祭祀典礼。凶礼,指用于吊慰国家忧患方面的礼仪。军礼,即国家有关军事方面的礼仪。宾礼，即邦国间的外交往来及接待宾客的礼仪。嘉礼，即喜庆典礼，包括冠、婚、燕、飨、射等活动中的礼仪。

■ **真题链接**

西周五礼中，天子款待来朝会的四方诸侯和诸侯派遣使臣向周王问安的礼是(　　)。

A. 吉礼　　B. 军礼　　C. 嘉礼　　D. 宾礼

(2015 年长江大学广播电视编导专业招生考试试题)

奴隶制五刑 ★★★☆☆

是指我国奴隶社会长期存在的**墨、劓、剕、宫、大辟**五种法定刑。墨刑又称黥刑，是在罪人面上或额头上刺字再染墨，作为受刑人的标志，是五刑当中最轻的一种刑罚。劓刑，是割去受刑人的鼻子。剕刑也作刖刑，是指砍去受刑人的手或足的重刑。宫刑，是破坏受刑人生殖器官的残酷刑罚，是五刑中除死刑以外最为残酷和最重的刑罚。大辟，是死刑的统称。这五种法定刑由轻到重，构建了中国早期法律中完备的刑罚体系。

第三节　饮食起居

茶的分类 ★★★☆☆

一般分为六大类，分别是**红茶、绿茶、白茶、黑茶、黄茶、乌龙茶**。红茶为全发酵茶，以祁门红茶最为著名；绿茶为未发酵茶，著名品种有西湖龙井、黄山毛峰等；白茶为微发酵茶，著名品种有白毫银针等；黑茶为后发酵茶，著名品种有云南普洱等；黄茶为轻发酵茶，著名品种有霍山黄芽等；乌龙茶亦称青茶，为半发酵及全发酵茶，著名品种有安溪铁观音等。

■ **真题链接**

普洱茶属于(　　)。

A. 红茶　　B. 绿茶　　C. 花茶　　D. 黑茶

(2014 年北京电影学院戏剧影视文学专业招生考试试题)

中国十大名茶 ★★★★☆

指安溪铁观音、西湖龙井、洞庭碧螺春、黄山毛峰、六安瓜片、信阳毛尖、君山银针、庐山云雾、武夷岩茶、祁门红茶。

八大菜系 ★★★★☆

是指在一定区域内，由于气候、地理、历史、物产及饮食风俗的不同，经过漫长历史演变而形成一整套自成体系的烹饪技艺和风味，并被全国各地所承认的地方菜肴。**川菜、鲁菜、粤菜、苏菜、浙菜、闽菜、湘菜、徽菜**，共同构成汉民族饮食的“八大菜系”。

■ **真题链接**

简答题：八大菜系有哪些？

(2014 年湖南省普通高校编导类专业招生联考试题)

满汉全席 ★★☆☆☆

是满汉两族风味肴馔兼用的盛大筵席，试图借着共同饮食来达到思想观点的统一，所以最初的满汉全席并不单纯是一道菜肴。满汉全席是清代皇室贵族及官府才能举办的宴席，民间少见，菜肴达300多种，起到为统治者帮助沟通、消除冲突的作用，具有“中国古代宴席之最”的美誉。

酒文化 ★★☆☆☆

中国的酒文化和茶文化一样，贯穿中国的历史，渗透中国人的精神。中华文化中有很多有关酒的典故，更有很多有关酒的诗词，如“射者中，弈者胜，觥筹交错，起坐而喧哗者，众宾欢也”“何以解忧？唯有杜康”，以及《三国演义》中曹刘青梅煮酒论英雄、赵匡胤杯酒释兵权等，无一不阐释了酒文化在中国历史上的重要分量和深刻影响。

行酒令 ★★☆☆☆

是我国古代饮酒风俗的一项重要内容，起源于儒家的“礼”，盛行于唐，后经宋、元、明、清几代得以发展。酒令有多种形式，随饮者身份、文化水平和趣味的不同而不同，大致可分为游戏令、赌赛令和文字令三种。

汉 服 ★★★☆☆

全称是汉民族传统服饰，又称汉衣冠、汉装、华服，是通过自然演化而形成的具有独特汉民族风貌性格、明显区别于其他民族的传统服装和配饰体系，承载了汉族的染、织、绣等杰出工艺和美学，汉服还通过华夏法系影响了整个汉文化圈。汉服的主要特点是交领右衽、褒衣广袖、系带隐扣，形制类型多样。

唐 装 ★★★☆☆

唐装有两种不同的意义。一是指唐制汉服，为汉族服饰系统中的一种款式，代表有齐胸襦裙、唐圆领袍、交领襦裙等。二是以马褂为雏形，加入立领和西式立体裁剪所设计的服饰。现代“唐装”本身是一个十分模糊的概念，真正唐代人穿的长袍大袖至明代袍服，两者同属中国传统服饰的汉服体系。

旗 袍 ★★★★☆

是起源于我国满族旗人妇女的民族服饰，经过漫长的演变过程，才由原来的宽腰身直筒式逐渐形成线条流畅、贴身合体的流线型旗袍。最早的旗袍一般不过脚，只有满族妇女出嫁时才穿过脚的旗袍，到了20世纪20年代，旗袍衣长缩短到膝下。20世纪30年代旗袍盛行，样式五花八门，领子有高有低，袖子时长时短，衣长更是长短兼有，成为女子最时髦的服装。

第四节 教育科技

三纲五常 ★★★☆☆

三纲：**君为臣纲，父为子纲，夫为妻纲**。五常：**仁、义、礼、智、信**。其核心是倡导服从于正理或无条件服从于上下关系。三纲五常是中国儒家伦理文化中的重要思想，儒教通过三纲五常的教化来维护社会的伦理道德、政治制度，在漫长的封建社会中起到了极为重要的作用。

三教九流 ★★☆☆☆

泛指古代中国的宗教与各种学术流派，是古代中国对人的地位和职业划分的等级。**三教指儒教、道教、佛教**。九流实际上是指三教之中的各“上中下”三等人，至于上中下九流之说，则源于《汉书·艺文志》，分别指儒家、道家、墨家、法家、名家、杂家、农家、纵横家、阴阳家。在古代白话小说中，“三教九流”往往含有贬义，但此词本无褒贬，现代也泛指社会上各行各业的人。

■ **真题链接**

简答题：三教九流中的“三教”指的是什么？

（2015年北京电影学院导演系招生考试试题）

琴棋书画 ★★★★☆

即“**文人四友**”。弹琴多指弹奏古琴，弈棋大多指下围棋，书法、绘画是文人骚客包括一些名门闺秀修身养性所必须掌握的技能，合称琴棋书画。

■ **真题链接**

“琴棋书画”中的棋指的是（　　）。

A. 围棋　　B. 象棋

C. 国际象棋　　D. 军棋

（2014年西南大学戏剧影视文学专业招生考试试题）

围　棋 ★★★☆☆

起源于中国，是一种策略性两人棋类游戏，中国古时称“**弈**”，属琴棋书画四艺之一。围棋使用方形格状棋盘及黑白二色圆形棋子进行对弈，棋盘上有纵横各19条直线将棋盘分成361个交叉点，棋子走在交叉点上，双方交替行棋，落子后不能移动，以围地多者为胜。中国古代围棋是黑白双方在对角星位处各摆放两子（对角星布局），由白棋先行。围棋蕴含着汉民族文化的丰富内涵，是中国文化与文明的体现。

象　棋 ★★☆☆☆

早期名为**象戏**，即一种**模仿的游戏**，模仿的对象就是战争用兵，故又称**兵戏**，在中国有着悠久的历史，先秦时期已有记载。由于用具简单，趣味性强，成为流行极为广泛的棋艺活动，主要流行于华人及汉字文化圈国家。象棋是中国正式开展的78个体育运动项目之一，是首届世界智力运动会的正式比赛项目之一。2006年5月20日，象棋经国务院批准列入第一批国家级非物质文化遗产名录。

中国四大书院 ★★★☆☆

分别是湖南长沙**岳麓书院**、江西庐山**白鹿洞书院**、河南登封**嵩阳书院**、河南商丘**应天书院**。

科举制度 ★★★★☆

指历代通过考试选拔官吏的一种方式。由于采用分科取士的办法，所以叫科举。科举制从隋代至明清，形成了完备的制度，到了明朝共分成四级：院试（即童生试）、**乡试**、**会试**和**殿试**，明清时期科举考试的内容基本上是儒家经义，以“四书”文句为题，规定文章格式为八股文。

■ **真题链接**

1.科举考试中前三名的称呼分别是________、榜眼、探花。

(2014年大连艺术学院广播电视编导专业招生考试试题)

2.科举制在中国影响深远,乡试录取者称为“举人”,会试录取者称为“贡士”,那么殿试录取者称为(C)。

A.“大元”　　B.“解元”

C.“进士”　　D.“榜眼”

(2015年贺州学院广播电视编导专业招生考试试题)

3.隋朝以后各封建王朝设科考试选拔官吏的制度,由于分科取士而得名,明清形成了完备的科举考试制度,共分四级,其中院试的第一名叫“案首”,殿试的第一名叫“状元”,请问:乡试的第一名叫什么(A)。

A.解元　　B.榜眼

C.会元　　D.探花

(2017年上饶师范学院广播电视编导专业招生考试试题)

八股文 ★★★☆☆

明清科举考试制度规定的一种文体。具有固定格式,规定每篇由破题、承题、起讲、入手、起股、中股、后股、束股八个部分组成。八股文的题目主要摘自“四书”,所论内容也主要根据宋代朱熹的《四书集注》等书展开考察。

及　第 ★★☆☆☆

别称“登科”,科举考中之称,因榜上题名有甲乙次第,故名。隋唐只用于考中进士,明清时期只殿试前三名称进士及第,其余称进士或同进士出身,应试未中者称落第、下第。

私　塾 ★★☆☆☆

指古代民间教育读书的地方,是一种开设于家庭、宗族或乡村内部的民间幼儿教育机构,是私学的重要组成部分。新中国成立后,私塾逐渐消失。

连中三元 ★★★★☆

乡试、会试、殿试每试的第一名分别称为**解元**、**会元**、**状元**,在三试中连续获得第一名,被称为连中三元。

■ **真题链接**

俗话说连中“三元”,“三元”是指:________、________、________。

(2014年广西民族大学广播电视编导专业招生考试试题)

对　联 ★★☆☆☆

又称**楹联**或**对子**,是写在纸、布上或刻在竹子、木头、柱子上的对偶语句,相传起于五代后蜀后主孟昶,是中国传统文化的瑰宝。对联**对仗工整**,**平仄协调**,是一字一音的中华语言独特的艺术形式。分类有春联、茶联、寿联、喜联、挽联、婚联、行业联、赠联、题答联等。

■ **真题链接**

1.“家事国事天下事事事关心,风声雨声读书声声声入耳”是哪个书院的对联?

解析:东林书院

(2015年北京电影学院创意与策划专业招生考试试题)

2. 黄埔军校的校门上贴的对联是升官发财请往他处，贪生畏死勿入斯门。
（2016年北京电影学院电影学专业招生考试试题）

佛教三宝 ★★★★★

指**佛宝、法宝、僧宝**。佛宝是已成就圆满佛道的一切诸佛；法宝指诸佛的教法；僧宝是依诸佛教法如实修行的僧团。

■ **真题链接**

1. “无事不登三宝殿”中的“三宝”是指（　　）。

A. 佛宝、法宝、僧宝　　B. 金、银、玉　　C. 书、剑、琴　　D. 笔、墨、纸

（2014年北京电影学院文学系策划专业招生考试试题）

2. “无事不登三宝殿”中的“三宝”是________。

（2015年北京电影学院创意与策划专业招生考试试题）

四大发明 ★★★★★

我国古代的四大发明分别是**火药、指南针、造纸术、印刷术**。火药，中国汉族炼丹家发明于隋唐时期，最早用于军事。指南针的前身是司南，战国时代制成，是世界上最早的指南仪器。西汉时期开始造纸，东汉**蔡伦**改进了造纸术。隋唐时期发明了雕版印刷术，宋代**毕昇**发明了活字印刷术，世界上现存最早的印刷物是唐咸通九年印制的《金刚经》。

■ **真题链接**

1. 我国的四大发明有造纸术、指南针、火药和（　　）。

A. 地动仪　　B. 印刷术　　C. 火箭　　D. 冶铁术

（2015年河北传媒学院录音艺术专业招生考试试题）

2. 印刷术是我国古代四大发明之一，________朝印刷的________是世界上有确切日期的雕版印刷品。

（2016年河南省普通高校编导类专业招生统考试题）

3. 中国的四大发明包括________、________、________、________。

（2017年海口经济学院广播电视编导专业招生考试试题）

算　盘 ★★★☆☆

是中国古代劳动人民的发明创造，我国传统国宝之一。算盘的出现时期一直存在争议，但可以确定的是宋代算盘的形制已经比较成熟。

圆周率 ★★☆☆☆

三国末年，数学家**刘徽**创造了用割圆术求圆周率的方法，求得3.141024的圆周率值。南北朝时期杰出的数学家**祖冲之**，求出圆周率在3.1415926和3.1415927之间，与现代的圆周率值很相近，是当时最精确的圆周率，早于欧洲千年之久。

■ **真题链接**

公元5世纪，（　　）算出圆周率在3.1415926和3.1415927之间，1000年后德国数学家才得到同样的结果。

A. 徐光启　　B. 刘徽　　C. 祖冲之　　D. 朱世杰

（2014年海南大学戏剧影视文学专业招生考试试题）

九宫格 ★★★☆☆

是我国书法史上临帖写仿的一种界格，又叫“九方格”。唐代书法家**欧阳询**书《九成宫醴泉铭》被学者赞誉为“正书第一”。相传为方便习字者练字，欧阳询根据汉字字形的

特点，创制了“九宫格”的界格形式。

■ **真题链接**

书法艺术中“九宫格”的创始人是(　　)。

A. 欧阳询　　B. 王羲之　　C. 米芾　　D. 蔡京

(2014 年重庆邮电大学广播电视编导专业招生考试试题)

第五节　民间工艺

剪纸艺术 ★★☆☆☆

是中华民族最古老的民间艺术之一，有着两千多年的发展历史。**剪纸作为一种镂空艺术**，在春秋时期已经出现，真正意义上的剪纸艺术的出现是与纸的发明相携而来的。剪纸分为南北两派，南方派主要有湖北沔阳剪纸、广东佛山剪纸和福建民间剪纸，北方派有海伦剪纸、庆阳剪纸、陕西民间剪纸、山东民间剪纸四种。中国剪纸艺术大都蕴含着吉祥幸福的寓意，代表着祝福和期盼，平凡百姓最朴实的愿望通过剪纸艺术得到了美好表达。

■ **真题链接**

简答题：请列举至少五种以上中国民间艺术。

(2015 年长沙学院广播电视编导专业招生考试试题)

皮影艺术 ★★★★☆

皮影一般指皮影戏，属中国民间传统艺术，又称“影子戏”或“灯影戏”，**是一种以兽皮或纸板做成的人物剪影来表演故事的民间艺术**。皮影的艺术创意汲取了中国汉代帛画、画像石、画像砖和唐宋寺院壁画的手法与风格，常见的有四川皮影、北京皮影、山东皮影、青海皮影、川北皮影、陇东皮影等各具特色的地方皮影以及沔阳皮影戏、唐山皮影戏、华阴老腔、阿宫腔等各种腔调、韵律的唱腔风格。2011 年，中国皮影戏入选人类非物质文化遗产代表作名录。

■ **真题链接**

论述题：什么是皮影戏？皮影戏是怎么播放的？现存的皮影戏在哪个地区最为兴盛？

(2015 年西安工程大学广播电视编导专业招生考试试题)

泥塑艺术 ★★★☆☆

是我国一种古老常见的民间艺术。它以泥土为原料，以手工捏制成形，或素或彩，以人物、动物为主。我国泥塑艺术可上溯到距今四千至一万年前的新石器时期，史前文化地下考古就有多处发现。中国泥塑艺术最著名的有**天津“泥人张”**、无锡惠山泥人、敦煌石窟彩塑等。

编织工艺 ★★☆☆☆

在中国有着久远的历史，早在一千多年前的辽代就已经有了精美的编织生活用品。清代以后更是遍及生活的各个领域，其编织用材多种多样，有柳条编、藤条编、高粱杆编、草编、竹编、绳编、金属编等。

■ **真题链接**

民间工艺是指人们为了适应生活需要和审美需要就地取材并以手工生产为主的一种工艺美术品，如(　　)。

A. 象牙雕刻　　B. 景泰蓝　　C. 竹编　　D. 瓷器

(2015 年天津工业大学广播电视编导专业招生考试试题)

木偶艺术 ★★☆☆☆

在我国有着悠久的发展历史，最早的木偶可能与奴隶社会的丧葬俑有关。木偶戏是由艺人操作木偶表演故事的一种戏曲形式，中国的木偶戏兴起于汉代。就演出形式而言，可概括为提线木偶、杖头木偶、布袋木偶、铁枝木偶、药发木偶五种。

风　筝 ★★★☆☆

又称纸鸢，相传战国诸子百家中的墨翟用木头制成木鸟，是风筝的雏形。后经鲁班改造，演变成了如今用竹子做骨架，用纸或绢糊成，以长线放飞的风筝。放风筝不仅是一种民间娱乐，也曾用于军事上传递信息，风筝上的图案更有祈福、长寿、吉祥等含义。风筝历史悠久，兼容了多种民间工艺和制作手法，其中以**“风筝之都”山东潍坊**所产最为出名。

陶　器 ★★★☆☆

远古人类懂得使用火之后，原始制陶技术也开始发展，陶器成为原始手工业最早的产品之一。新石器时代，陶器已深入人类生活的各个方面。各文化陶器的品种、造型和纹饰都独具特征，我国古代陶器的主要种类有红陶、彩陶、黑陶、灰陶、白陶、硬陶、釉陶等。

■ **真题链接**

唐三彩是一种低温彩釉(　　)。

A. 陶器　　B. 彩瓷　　C. 青花瓷　　D. 黑陶

(2012 年陕西省普通高校播音编导类专业招生统考试题)

瓷　器 ★★★★☆

是我国伟大的发明之一，从制作工艺原理上说，是由陶器发展而来的。早期的陶瓷是一种釉陶器，又称原始青瓷。汉代开始出现基色浓重的釉陶，也称“铅釉”。东汉瓷器制作技术逐渐成熟，后经南北朝、隋唐技术不断提高，到唐宋时期瓷器成为生产的主流。著名种类有青花瓷、釉里红等。

四大名瓷窑 ★★★★★

指河北的**瓷州窑**、浙江的**龙泉窑**、江西的**景德镇窑**、福建的**德化窑**。

■ **真题链接**

景泰蓝的发源地是(　A　)。

A. 北京　　B. 上海　　C. 景德镇　　D. 杭州

(2016 年天津工业大学广播电视编导专业招生考试试题)

中国四大名绣 ★★★★★

分别是**苏绣**、**湘绣**、**粤绣**、**蜀绣**。

■ **真题链接**

判断题：中国“四大名绣”是苏绣、湘绣、蜀绣、汴绣。(　　)

(2014 年云南艺术学院文化产业管理专业招生考试试题)

附录一

1. 中国第一次放映电影是在1896年8月11日，地点是上海徐园“又一村”茶楼。

2. 中国第一家宽银幕、立体声电影院——大光明电影院。

3. 中国第一部长故事片——《阎瑞生》。

4. 中国第一个电影制片公司——亚细亚影戏公司。是1909年美国人布拉斯基久慕上海这块生财富地，不远万里来到上海创办，这是中国历史上第一家影片摄制公司。

5. 中国第一个电影学校——“明星影戏学校”。

6. 中国第一首电影插曲——《寻兄词》。

7. 中国电影史上第一个比较完整的电影剧本——《申屠氏》。

8. 中国电影史上第一位女导演——谢采真，代表作品《孤雏悲声》。

9. 中国第一部动画片——《大闹画室》。

10. 中国第一部有声动画片——《骆驼献舞》。

11. 新中国第一家综合性电影制片机构——东北电影制片厂(长春电影制片厂)。

12. 新中国第一部木偶片——《皇帝梦》。

13. 中国第一部科教片——《预防鼠疫》。

14. 新中国第一位在国际上获奖的演员——石联星。

15. 新中国第一部在国际上获奖的影片——《中华儿女》。

16. 新中国第一部彩色故事片——《祝福》。

17. 中国第一部反映抗美援朝战争的影片——《上甘岭》。

18. 新中国第一位电影女导演——王苹，代表作《柳堡的故事》。

19. 中国第一部剪纸动画片——《猪八戒吃西瓜》。

20. 中国第一部折纸片——《聪明的鸭子》。

21. 中国第一部水墨动画片——《小蝌蚪找妈妈》。

22. 中国第一部彩色木偶片——《小小英雄》。

23. 新中国第一部彩色宽银幕立体声影片——《老兵新传》。

24. 新中国第一位获奥斯卡奖的中国人——苏聪(1988年第60届奥斯卡金像奖音乐作曲奖)。

25. 新中国拍摄的第一部体育题材彩色故事片——《女篮5号》。

26. 中国第一座放映立体电影的电影院——东湖电影院。

27. 大众电影百花奖创办时间——1962年。

28. 中国电影金鸡奖创办时间——1981年。

29. 中国电影华表奖创办时间——1994年。

30. 北京大学生电影节创办时间——1993年。

31. 中国第一部比较全面系统地叙述中国电影自1869—1949年发展历史的通史著

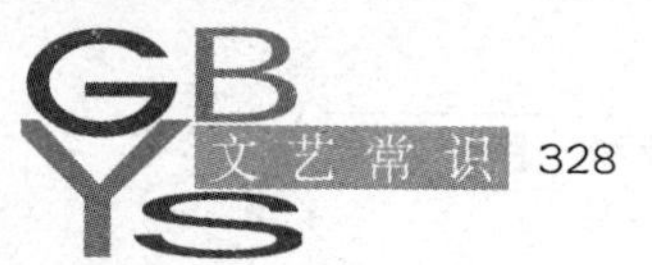

作——《中国电影发展史》。

32. 新时期第一部国产科学幻想故事片——《珊瑚岛上的死光》。

33. 中国电影第五代导演的开山之作——《一个和八个》。

34. 中国第一部在旅游风景区常年上映的故事片——《庐山恋》。

35. 中国电影史上第一位一年内连获四冠的演员——张瑜。

36. 第一位蝉联三届百花奖影后的女演员——刘晓庆。

37. 1995 年由上海辞书出版社编纂出版的中国第一部综合性电影辞典——《中国电影大辞典》。

38. 第一本将 90 年来中国大陆、台湾和香港三地电影融汇一体的“大中国电影”史作——《中国电影图志》。

39. 新中国电影行业中第一家股份制企业——上海永乐股份有限公司。

40. 世界上第一个国际电影节——威尼斯电影节，号称“国际电影节之父”。

41. 华语电影历史上第一部荣获奥斯卡金像奖最佳外语片的影片——《卧虎藏龙》。

42. 中国电影史上首部获柏林国际电影节最高奖的影片——《红高粱》。

43. 中国第一部获“金棕榈”大奖的影片——《霸王别姬》。

44. 中国第一位也是世界影坛第二位主演影片获得欧洲三大国际电影节最高奖的演员——巩俐(1988 年《红高粱》获金熊奖，1992 年《秋菊打官司》获金狮奖，1993 年《霸王别姬》获金棕榈奖)。

45. 在《黑客帝国》《卧虎藏龙》《黄飞鸿》《功夫》等著名影片中做动作指导，有“天下第一武指”的美誉，获得过亚洲电影终身成就大奖——袁和平。

46. 欧洲第一部流浪汉小说——《小癞子》。

47. 中国第一部长篇博物体小说——《镜花缘》。

48. 中国作家中的“南玲北梅”——张爱玲和梅娘。

49. “唐代三绝”——李白的诗、张旭的草书、裴旻的剑舞。

50. 著有《诗艺》，提出了“寓教于乐”思想的作家——贺拉斯。

51. 日本最早的诗歌总集，相当于中国的《诗经》——《万叶集》。

52. 中国传统医学四大经典著作——《难经》《伤寒杂病论》《神农本草经》《黄帝内经》。

53. 中医学的奠基之作——《黄帝内经》。

54. 扁鹊——中国古代五大医学家之首，奠定了中医学切脉诊断方法。

55. 华佗——发明麻沸散、创编五禽戏，被称为“外科鼻祖”。

56. 张仲景——著有《伤寒杂病论》，被尊称为“医圣”。

57. 孙思邈——著有《千金方》，被后人誉为“药王”。

58. 李时珍——明朝医学家，著有《本草纲目》。

59. 中医的别称——岐黄、青囊、杏林、悬壶。

60. 中国戏剧史上的“词曲之祖”——《琵琶记》。

61. 亚洲首获雨果奖最佳长篇小说奖的作品——《三体》，刘慈欣。

62. 2016 年获“国际安徒生奖”的作者——曹文轩。

63. 2016 年诺贝尔文学奖的获得者——鲍勃·迪伦。

64. 我国第一部介绍进化论的译作——《天演论》。

65. 战国四公子——魏国的信陵君、齐国的孟尝君、赵国的平原君、楚国的春申君。

66.四大藏书阁——北京文渊阁、沈阳文溯阁、承德文津阁、杭州文澜阁。

67.八仙过海中的“八仙”——铁拐李、汉钟离、张果老、蓝采和、何仙姑、吕洞宾、韩湘子、曹国舅。

68.“文起八代之衰”中的“八代”——东汉、魏、晋、宋、齐、梁、陈、隋。

69.科考三元——乡试、会试、殿试的第一名解元、会元、状元。

70.被认为是英国的第一主流大报，又被誉为“英国社会的忠实记录者”——《泰晤士报》。

71.“五福”——长寿、富贵、康宁、好德、善终，原出于《书经》和《洪范》。

72.“端木遗风”——孔子的弟子子贡遗留下来的诚信经商的风气。子贡是孔门七十二贤之一，是最擅经商的贤者。

73.法国国歌——《马赛曲》。

74.美国国歌——《星光灿烂的旗帜》。

75.英国国歌——《天佑女王》。

76.央视春节联欢晚会结尾的歌曲——《难忘今宵》，词作者乔羽，原唱李谷一。

77.东方三大指挥家——朱晖（中国）、祖宾·梅塔（印度）、小泽征尔（日本）。

78.新中国第一部儿童电影的主题曲——《让我们荡起双桨》，作词人乔羽。

79.歌剧史上第一部真正意义上的歌剧——《奥菲欧》。

80.1830年创作《幻想交响曲》，同时又是标题音乐的创始人——柏辽兹。

81.协奏曲之父——安东尼奥·维瓦尔第。

82.简谱的创立者——舒威。

83.俄国音乐之父——格林卡。

84.歌曲之王——舒伯特。

85.广东民乐《步步高》的作者——吕文成。

86.纵贯线乐团人物——罗大佑、李宗盛、周华健、张震岳。

87.佛像最多，同时又是“世界佛教之都”的城市——曼谷。

88.奥林匹克之父、奥林匹克会旗五环旗的设计者——顾拜旦。

89.日本的“漫画之神”——手冢治虫，《铁臂阿童木》是他的代表作品。

90.世界上最大的庙宇，同时也是世界上最早的哥特式建筑——吴哥窟。

91.中国最大的一尊摩崖石刻造像——乐山大佛。

92.“小篆之祖”——李斯。

93.南朝画家陆探微的绘画风格——秀骨清像。

94.魏晋南北朝时期，画风“笔才一二，像已应焉”，被称为“疏体”的画家——张僧繇。

95.美学理论史上“外师造化，中得心源”的提出者——张璪。

96.现存最早的纸本中国画——《五牛图》，又名《唐韩滉五牛图》。

97.“交响芭蕾之父”——巴兰钦。

98.“探戈王国”——阿根廷。

99.第一个运用脚尖舞闻名世界的芭蕾大师——玛丽·塔里奥尼。

100.“拉班舞谱”的创立者、“现代舞理论之父”—— 鲁道夫·拉班。

101.中国现代史上第一部舞剧——《罂粟花》。

102.新中国成立后第一部舞剧——《和平鸽》。

103. 中国第一部民族舞剧——《宝莲灯》。

104. 中国舞蹈界唯一的"世纪之星"称号获得者——张继钢,曾编导《千手观音》。

105. 代表中国专业舞蹈艺术最高成就的专家奖——中国舞蹈荷花奖。

106. 雅典举办第一届现代奥运会——1896 年。

107. 2016 年夏季奥运会的举办国家——巴西。

108. 亚洲最大的影视拍摄基地——横店影视城。

109. 由中国倡导并举办的世界性互联网大会举办地点——乌镇。

110. 中国最大的湖泊,也是中国最大的咸水湖、内流湖——青海湖。

111. Hello Kitty 的最初创始人——清水侑子。

112. 著名观点"地球村"的提出者——麦克卢汉。

113. 新兴市场投资代表中的"金砖国家"——巴西、俄罗斯、印度、中国、南非。

114. 犹太教、基督教和伊斯兰教三大宗教的圣城——耶路撒冷。

115. GDP——国内生产总值的简称。

116. NBA 中的"小皇帝"——詹姆斯。

117. 李小龙创造的武术形式——截拳道。

118. 联合国总部所在地——美国纽约。

119. 阿尔卑斯山的最高峰,同时也是整个西欧的最高峰——勃朗峰。

120. 撒尿男童(小于廉)雕像所在的城市——布鲁塞尔。

121. 美国白宫的命名者——西奥多·罗斯福。

122. 最早提出"中国共产党"这一名称的人——蔡和森。

123. 新中国恢复联合国席位的时间——1971 年 10 月 25 日。

124. 目前在地球上发现的天然存在中的最坚硬的物质——金刚石。

125. 佛教传入中国后兴建的第一座官办寺院——白马寺。

126. 世界上第一个独立的黑人国家——海地。

127. 黄果树瀑布所在的省份——贵州。

128. 被国家旅游局定为中国旅游标志的是在甘肃省武威出土的青铜器制品——"马踏飞燕"。

129. 世界上最早使用的纸币——交子(北宋)。

130. 斯诺克中分值最高的颜色球——黑色球。

附录二

1. 天行健，君子以自强不息；地势坤，君子以厚德载物。——《周易》
2. 彼采萧兮，一日不见，如三秋兮！——《诗经·王风·采葛》
3. 昔我往矣，杨柳依依；今我来思，雨雪霏霏。——《诗经·小雅·采薇》
4. 知我者，谓我心忧，不知我者，谓我何求。——《诗经·王风·黍离》
5. 蒹葭苍苍，白露为霜。所谓伊人，在水一方。——《诗经·秦风·蒹葭》
6. 溯洄从之，道阻且长。溯游从之，宛在水中央。——《诗经·秦风·蒹葭》
7. 关关雎鸠，在河之洲。窈窕淑女，君子好逑。——《诗经·国风·关雎》
8. 桃之夭夭，灼灼其华。——《诗经·国风·桃夭》
9. 匪我愆期，子无良媒。——《诗经·卫风·氓》
10. 青青子衿，悠悠我心。——《诗经·郑风·子衿》
11. 亦余心之所善兮，虽九死其犹未悔。——屈原《离骚》
12. 路漫漫其修远兮，吾将上下而求索。——屈原《离骚》
13. 长太息以掩涕兮，哀民生之多艰。——屈原《离骚》
14. 因人之力而敝之，不仁；失其所与，不知；以乱易整，不武。——《左传·烛之武退秦师》
15. 燕、赵、韩、魏闻之，皆朝于齐。此所谓战胜于朝廷。——《战国策·邹忌讽齐王纳谏》
16. 人主之子孙则必不善哉？位尊而无功，奉厚而无劳，而挟重器多也。——《战国策·触龙说赵太后》
17. 学而不思则罔，思而不学则殆。——《论语》
18. 知者乐水，仁者乐山。——《论语》
19. 见贤思齐焉，见不贤而内自省也。——《论语》
20. 温故而知新，可以为师矣。——《论语》
21. 知之者不如好之者，好之者不如乐之者。——《论语》
22. 名不正，则言不顺；言不顺，则事不成。——《论语》
23. 三十而立，四十而不惑，五十而知天命，六十而耳顺，七十而从心所欲，不逾矩。——《论语》
24. 敏而好学，不耻下问，是以谓之文也。——《论语》
25. 不愤不启，不悱不发。——《论语》
26. 老吾老以及人之老，幼吾幼以及人之幼。——《论语》
27. 岁寒，然后知松柏之后凋也。——《论语》
28. 不义而富且贵，于我如浮云。——《论语》
29. 君子坦荡荡，小人常戚戚。——《论语》
30. 人法地，地法天，天法道，道法自然。——《道德经》

31. 祸兮福之所倚，福兮祸之所伏。——《老子》

32. 学问之道无他，求其放心而已矣。——《孟子·告子上》

33. 故天将降大任于斯人也，必先苦其心志，劳其筋骨，饿其体肤，空乏其身，行拂乱其所为，所以动心忍性，曾益其所不能。——《孟子·告子下》

34. 富贵不能淫，贫贱不能移，威武不能屈。此之谓大丈夫。——《孟子·滕文公下》

35. 民为贵，社稷次之，君为轻。——《孟子·尽心下》

36. 不违农时，谷不可胜食也；数罟不入洿池，鱼鳖不可胜食也；斧斤以时入山林，材木不可胜用也。——《孟子·寡人之于国也》

37. 入则无法家拂士，出则无敌国外患者，国恒亡。——《孟子·生于忧患，死于安乐》

38. 泉涸，鱼相与处于陆，相呴以湿，相濡以沫，不若相忘于江湖。——《庄子·外篇·天运》

39. 彼窃钩者诛，窃国者为诸侯。——《庄子·胠箧》

40. 北冥有鱼，其名为鲲。鲲之大，不知其几千里也。化而为鸟，其名为鹏。鹏之背，不知其几千里也，怒而飞，其翼若垂天之云。——《庄子·逍遥游》

41. 吾尝终日而思矣，不如须臾之所学也；吾尝跂而望矣，不如登高之博见也。——荀子《劝学》

42. 蓬生麻中，不扶自直；白沙在涅，与之俱黑。——荀子《劝学》

43. 积土成山，风雨兴焉；积水成渊，蛟龙生焉。——荀子《劝学》

44. 锲而舍之，朽木不折；锲而不舍，金石可镂。——荀子《劝学》

45. 天道有常，不为尧存，不为桀亡。——荀子《天论》

46. 北方有佳人，绝世而独立。一顾倾人城，再顾倾人国。——李延年《李延年歌》

47. 仓廪实则知礼节，衣食足则知荣辱。——司马迁《管晏列传》

48. 两虎共斗，其势不俱生。吾所以为此者，以先国家之急而后私仇也。——司马迁《廉颇蔺相如列传》

49. 身死人手，为天下笑者，何也？仁义不施而攻守之势异也。——贾谊《过秦论》

50. 胡马依北风，越鸟巢南枝。——《行行重行行》

51. 涉江采芙蓉，兰泽多芳草。采之欲遗谁？所思在远道。还顾望旧乡，长路漫浩浩。同心而离居，忧伤以终老。——《涉江采芙蓉》

52. 静以修身，俭以养德。——诸葛亮《诫子书》

53. 非淡泊无以明志，非宁静无以致远。——诸葛亮《诫子书》

54. 臣本布衣，躬耕于南阳，苟全性命于乱世，不求闻达于诸侯。先帝不以臣卑鄙，猥自枉屈，三顾臣于草庐之中，咨臣以当世之事，由是感激，遂许先帝以驱驰。——诸葛亮《前出师表》

55. 水何澹澹，山岛竦峙。——曹操《观沧海》

56. 对酒当歌，人生几何？譬如朝露，去日苦多。——曹操《短歌行》

57. 月明星稀，乌鹊南飞。绕树三匝，何枝可依？山不厌高，水不厌深。周公吐哺，天下归心。——曹操《短歌行》

58. 捐躯赴国难，视死忽如归。——曹植《白马篇》

59. 羁鸟恋旧林，池鱼思故渊。——陶渊明《归园田居·其一》

60. 方宅十余亩，草屋八九间。榆柳荫后檐，桃李罗堂前。——陶渊明《归园田居·其一》

61. 复行数十步，豁然开朗。土地平旷，屋舍俨然，有良田美池桑竹之属。——陶渊明《桃花源记》

62.采菊东篱下，悠然见南山。——陶渊明《饮酒·其五》

63.不戚戚于贫贱，不汲汲于富贵。——陶渊明《五柳先生传》

64.既自以心为形役，奚惆怅而独悲？悟已往之不谏，知来者之可追。实迷途其未远，觉今是而昨非。——陶渊明《归去来兮辞》

65.策扶老以流憩，时矫首而遐观。云无心以出岫，鸟倦飞而知还。景翳翳以将入，抚孤松而盘桓。——陶渊明《归去来兮辞》

66.既窈窕以寻壑，亦崎岖而经丘。木欣欣以向荣，泉涓涓而始流。——陶渊明《归去来兮辞》

67.怀良辰以孤往，或植杖而耘耔。登东皋以舒啸，临清流而赋诗。聊乘化以归尽，乐夫天命复奚疑！——陶渊明《归去来兮辞》

68.仰观宇宙之大，俯察品类之盛，所以游目骋怀，足以极视听之娱，信可乐也。——王羲之《兰亭集序》

69.万里赴戎机，关山度若飞。——《木兰诗》

70.落霞与孤鹜齐飞，秋水共长天一色。——王勃《滕王阁序》

71.渔舟唱晚，响穷彭蠡之滨；雁阵惊寒，声断衡阳之浦。——王勃《滕王阁序》

72.老当益壮，宁移白首之心？穷且益坚，不坠青云之志。——王勃《滕王阁序》

73.江畔何人初见月？江月何年初照人？——张若虚《春江花月夜》

74.人生代代无穷已，江月年年只相似。——张若虚《春江花月夜》

75.独在异乡为异客，每逢佳节倍思亲。遥知兄弟登高处，遍插茱萸少一人。——王维《九月九日忆山东兄弟》

76.劝君更尽一杯酒，西出阳关无故人。——王维《送元二使安西》

77.大漠孤烟直，长河落日圆。——王维《使至塞上》

78.行到水穷处，坐看云起时。——王维《终南别业》

79.空山新雨后，天气晚来秋。——王维《山居秋暝》

80.竹喧归浣女，莲动下渔舟。——王维《山居秋暝》

81.行路难！行路难！多歧路，今安在？长风破浪会有时，直挂云帆济沧海。——李白《行路难》

82.天门中断楚江开，碧水东流至此回。——李白《望天门山》

83.孤帆远影碧空尽，唯见长江天际流。——李白《送孟浩然之广陵》

84.安能摧眉折腰事权贵，使我不得开心颜！——李白《梦游天姥吟留别》

85.仰天大笑出门去，我辈岂是蓬蒿人。——李白《南陵别儿童入京》

86.山随平野尽，江入大荒流。——李白《渡荆门送别》

87.桃花潭水深千尺，不及汪伦送我情。——李白《赠汪伦》

88.不知明镜里，何处得秋霜。——李白《秋浦歌》

89.我寄愁心与明月，随风直到夜郎西。——李白《闻王昌龄左迁龙标遥有此寄》

90.抽刀断水水更流，举杯消愁愁更愁。——李白《宣州谢朓楼饯别校书叔云》

91.清水出芙蓉，天然去雕饰。——李白《赠江夏韦太守良宰》

92.人生得意须尽欢，莫使金樽空对月。天生我材必有用，千金散尽还复来。——李白《将进酒》

93.古来圣贤皆寂寞，惟有饮者留其名。——李白《将进酒》

94.主人何为言少钱，径须沽取对君酌。五花马，千金裘，呼儿将出换美酒，与尔同销万古愁。——李白《将进酒》

95.峨眉山月半轮秋，影入平羌江水流。夜发清溪向三峡，思君不见下渝州。——

李白《峨眉山月歌》

96.谁家玉笛暗飞声，散入春风满洛城。此夜曲中闻折柳，何人不起故园情。——李白《春夜洛城闻笛》

97.但见悲鸟号古木，雄飞雌从绕林间。又闻子规啼夜月，愁空山。——李白《蜀道难》

98.花间一壶酒，独酌无相亲。举杯邀明月，对影成三人。——李白《月下独酌》

99.十步杀一人，千里不留行。——李白《侠客行》

100.尔曹身与名俱灭，不废江河万古流。——杜甫《戏为六绝句·其二》

101.出师未捷身先死，长使英雄泪满襟。——杜甫《蜀相》

102.三顾频烦天下计，两朝开济老臣心。——杜甫《蜀相》

103.射人先射马，擒贼先擒王。——杜甫《前出塞九首·其六》

104.朱门酒肉臭，路有冻死骨。——杜甫《自京赴奉先县咏怀五百字》

105.国破山河在，城春草木深。感时花溅泪，恨别鸟惊心。烽火连三月，家书抵万金。白头搔更短，浑欲不胜簪。——杜甫《春望》

106.君不见，青海头，古来白骨无人收。新鬼烦冤旧鬼哭，天阴雨湿声啾啾。——杜甫《兵车行》

107.文章千古事，得失寸心知。——杜甫《偶题》

108.造化钟神秀，阴阳割昏晓。荡胸生层云，决眦入归鸟。会当凌绝顶，一览众山小。——杜甫《望岳》

109.风急天高猿啸哀，渚清沙白鸟飞回。无边落木萧萧下，不尽长江滚滚来。万里悲秋常作客，百年多病独登台。艰难苦恨繁霜鬓，潦倒新停浊酒杯。——杜甫《登高》

110.八月秋高风怒号，卷我屋上三重茅。——杜甫《茅屋为秋风所破歌》

111.夜久语声绝，如闻泣幽咽。——杜甫《石壕吏》

112.一去紫台连朔漠，独留青冢向黄昏，画图省识春风面，环佩空归夜月魂。千载琵琶作胡语，分明怨恨曲中论。——杜甫《咏怀古迹五首·其三》

113.千呼万唤始出来，犹抱琵琶半遮面。——白居易《琵琶行》

114.大弦嘈嘈如急雨，小弦切切如私语。嘈嘈切切错杂弹，大珠小珠落玉盘。——白居易《琵琶行》

115.别有幽愁暗恨生，此时无声胜有声。银瓶乍破水浆迸，铁骑突出刀枪鸣。——白居易《琵琶行》

116.同是天涯沦落人，相逢何必曾相识。——白居易《琵琶行》

117.在天愿作比翼鸟，在地愿为连理枝。天长地久有时尽，此恨绵绵无绝期。——白居易《长恨歌》

118.远芳侵古道，晴翠接荒城。——白居易《赋得古原草送别》

119.日出江花红胜火，春来江水绿如蓝。——白居易《忆江南·江南好》

120.力尽不知热，但惜夏日长。——白居易《观刈麦》

121.乱花渐欲迷人眼，浅草才能没马蹄。——白居易《钱塘湖春行》

122.文章合为时而著，歌诗合为事而作。——白居易《与元九书》

123.草木有本心，何求美人折？——张九龄《感遇·其一》

124.海上生明月，天涯共此时。——张九龄《望月怀古》

125.李杜文章在，光焰万丈长。——韩愈《调张籍》

126.天街小草润如酥，草色遥看近却无。最是一年春好处，绝胜烟柳满皇都。——韩愈《早春呈水部张十八员外》

127.潭中鱼可百许头，皆若空游无所依。——柳宗元《小石潭记》

128.曾经沧海难为水,除却巫山不是云。——元稹《离思五首·其四》

129.锦瑟无端五十弦,一弦一柱思华年。庄生晓梦迷蝴蝶,望帝春心托杜鹃。沧海月明珠有泪,蓝田日暖玉生烟。此情可待成追忆?只是当时已惘然。——李商隐《锦瑟》

130.春蚕到死丝方尽,蜡炬成灰泪始干。——李商隐《无题·其一》

131.身无彩凤双飞翼,心有灵犀一点通。——李商隐《无题·其三》

132.君问归期未有期,巴山夜雨涨秋池。何当共剪西窗烛,却话巴山夜雨时。——李商隐《夜雨寄北》

133.烟笼寒水月笼沙,夜泊秦淮近酒家。商女不知亡国恨,隔江犹唱后庭花。——杜牧《泊秦淮》

134.长安回望绣成堆,山顶千门次第开。一骑红尘妃子笑,无人知是荔枝来。——杜牧《过华清宫绝句三首》

135.一人之心,千万人之心也。秦爱纷奢,人亦念其家。奈何取之尽锱铢,用之如泥沙?——杜牧《阿房宫赋》

136.南朝四百八十寺,多少楼台烟雨中。——杜牧《江南春·千里莺啼绿映红》

137.慈母手中线,游子身上衣。临行密密缝,意恐迟迟归。——孟郊《游子吟》

138.前不见古人,后不见来者。念天地之悠悠,独怆然而涕下。——陈子昂《登幽州台歌》

139.忽如一夜春风来,千树万树梨花开。——岑参《白雪歌送武判官归京》

140.故园东望路漫漫,双袖龙钟泪不干。马上相逢无纸笔,凭君传语报平安。——岑参《逢入京使》

141.黑云压城城欲摧,甲光向日金鳞开。——李贺《雁门太守行》

142.男儿何不带吴钩,收取关山五十州。——李贺《南园十三首·其五》

143.过尽千帆皆不是,斜晖脉脉水悠悠。肠断白蘋洲。——温庭筠《望江南》

144.因思杜陵梦,凫雁满回塘。——温庭筠《商山早行》

145.年年岁岁花相似,岁岁年年人不同。——刘希夷《代悲白头翁》

146.莫愁前路无知己,天下谁人不识君。——高适《别董大》

147.海日生残夜,江春入旧年。——王湾《次北固山下》

148.但使龙城飞将在,不教胡马度阴山。——王昌龄《出塞二首·其一》

149.绿树村边合,青山郭外斜。——孟浩然《过故人庄》

150.沉舟侧畔千帆过,病树前头万木春。——刘禹锡《酬乐天扬州初逢席上见赠》

151.无丝竹之乱耳,无案牍之劳形。——刘禹锡《陋室铭》

152.自古逢秋悲寂寥,我言秋日胜春朝。——刘禹锡《秋词》

153.今夜偏知春气暖,虫声新透绿窗纱。——刘方平《月夜》

154.独怜幽草涧边生,上有黄鹂深树鸣。——韦应物《滁州西涧》

155.儿童相见不相识,笑问客从何处来。——贺知章《回乡偶书》

156.扬子江头杨柳春,杨花愁杀渡江人。——郑谷《淮上与友人别》

157.去年今日此门中,人面桃花相映红。人面不知何处去,桃花依旧笑春风。——崔护《题都城南庄》

158.晴川历历汉阳树,芳草萋萋鹦鹉洲。——崔颢《黄鹤楼》

159.白日依山尽,黄河入海流。——王之涣《登鹳雀楼》

160.大江东去,浪淘尽,千古风流人物。——苏轼《念奴娇·赤壁怀古》

161.乱石穿空,惊涛拍岸,卷起千堆雪。江山如画,一时多少豪杰。——苏轼《念奴娇·赤壁怀古》

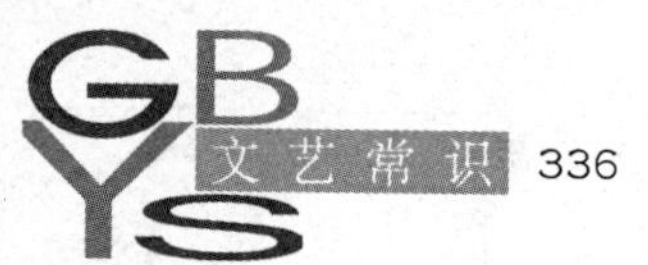

162. 羽扇纶巾，谈笑间，樯橹灰飞烟灭。——苏轼《念奴娇·赤壁怀古》

163. 十年生死两茫茫，不思量，自难忘。——苏轼《江城子·乙卯正月二十日夜记梦》

164. 日啖荔枝三百颗，不辞长作岭南人。——苏轼《惠州一绝》

165. 白露横江，水光接天。纵一苇之所如，凌万顷之茫然。——苏轼《前赤壁赋》

166. 其声呜呜然，如怨如慕，如泣如诉；余音袅袅，不绝如缕。舞幽壑之潜蛟，泣孤舟之嫠妇。——苏轼《前赤壁赋》

167. 寄蜉蝣于天地，渺沧海之一粟。哀吾生之须臾，羡长江之无穷。——苏轼《前赤壁赋》

168. 竹杖芒鞋轻胜马，谁怕？一蓑烟雨任平生。——苏轼《定风波》

169. 回首向来萧瑟处，归去，也无风雨也无晴。——苏轼《定风波》

170. 人有悲欢离合，月有阴晴圆缺，此事古难全。但愿人长久，千里共婵娟。——苏轼《水调歌头·明月几时有》

171. 宁可食无肉，不可居无竹。——苏轼《於潜僧绿筠轩》

172. 不识庐山真面目，只缘身在此山中。——苏轼《题西林壁》

173. 水光潋滟晴方好，山色空蒙雨亦奇。欲把西湖比西子，淡妆浓抹总相宜。——苏轼《饮湖上初晴后雨二首·其二》

174. 酒困路长惟欲睡，日高人渴漫思茶，敲门试问野人家。——苏轼《浣溪沙·簌簌衣巾落枣花》

175. 醉翁之意不在酒，在乎山水之间也。山水之乐，得之心而寓之酒也。——欧阳修《醉翁亭记》

176. 泪眼问花花不语，乱红飞过秋千去。——欧阳修《蝶恋花·庭院深深深几许》

177. 都门帐饮无绪，留恋处、兰舟催发。执手相看泪眼，竟无语凝噎。——柳永《雨霖铃》

178. 多情自古伤离别，更那堪、冷落清秋节。今宵酒醒何处，杨柳岸、晓风残月。此去经年，应是良辰好景虚设。便纵有千种风情，更与何人说？——柳永《雨霖铃》

179. 衣带渐宽终不悔，为伊消得人憔悴。——柳永《蝶恋花·伫倚危楼风细细》

180. 剪不断，理还乱，是离愁。别是一般滋味在心头。——李煜《相见欢》

181. 春花秋月何时了，往事知多少。——李煜《虞美人·春花秋月何时了》

182. 问君能有几多愁，恰似一江春水向东流。——李煜《虞美人·春花秋月何时了》

183. 寻寻觅觅，冷冷清清，凄凄惨惨戚戚。——李清照《声声慢·寻寻觅觅》

184. 满地黄花堆积，憔悴损，如今有谁堪摘？——李清照《声声慢·寻寻觅觅》

185. 雁字回时，月满西楼。——李清照《一剪梅·红藕香残玉簟秋》

186. 此情无计可消除，才下眉头，却上心头。——李清照《一剪梅·红藕香残玉簟秋》

187. 物是人非事事休，欲语泪先流。——李清照《武陵春·风住尘香花已尽》

188. 东篱把酒黄昏后，有暗香盈袖。莫道不消魂，帘卷西风，人比黄花瘦。——李清照《醉花阴·薄雾浓云愁永昼》

189. 生当作人杰，死亦为鬼雄。——李清照《夏日绝句》

190. 夜阑卧听风吹雨，铁马冰河入梦来。——陆游《十一月四日风雨大作》

191. 红酥手，黄縢酒，满城春色宫墙柳。东风恶，欢情薄。一杯愁绪，几年离索。错！错！错！春如旧，人空瘦，泪痕红浥鲛绡透。桃花落，闲池阁。山盟虽在，锦书难托。莫！莫！莫！——陆游《钗头凤》

192. 出师一表真名世，千载谁堪伯仲间。——陆游《书愤》

193. 纸上得来终觉浅，绝知此事要躬行。——陆游《冬夜读书示子聿》

194.无意苦争春，一任群芳妒。零落成泥碾作尘，只有香如故。——陆游《卜算子·咏梅》

195.山重水复疑无路，柳暗花明又一村。——陆游《游山西村》

196.千古兴亡多少事？悠悠，不尽长江滚滚流。——辛弃疾《南乡子·何处望神州》

197.醉里挑灯看剑，梦回吹角连营。八百里分麾下炙，五十弦翻塞外声，沙场秋点兵。——辛弃疾《破阵子·为陈同甫赋壮词以寄之》

198.了却君王天下事，赢得生前身后名，可怜白发生。——辛弃疾《破阵子·为陈同甫赋壮词以寄之》

199.明月别枝惊鹊，清风半夜鸣蝉。稻花香里说丰年，听取蛙声一片。——辛弃疾《西江月·夜行黄沙道中》

200.七八个星天外，两三点雨山前。——辛弃疾《西江月·夜行黄沙道中》

201.众里寻他千百度，蓦然回首，那人却在，灯火阑珊处。——辛弃疾《青玉案·元夕》

202.千古江山，英雄无觅，孙仲谋处。舞榭歌台，风流总被，雨打风吹去。斜阳草树，寻常巷陌，人道寄奴曾住。想当年，金戈铁马，气吞万里如虎。——辛弃疾《永遇乐·京口北固亭怀古》

203.元嘉草草，封狼居胥，赢得仓皇北顾。四十三年，望中犹记，烽火扬州路。可堪回首，佛狸祠下，一片神鸦社鼓。凭谁问：廉颇老矣，尚能饭否？——辛弃疾《永遇乐·京口北固亭怀古》

204.天下英雄谁敌手？曹刘。生子当如孙仲谋。——辛弃疾《南乡子·登京口北固亭有怀》

205.落日楼头，断鸿声里，江南游子。把吴钩看了，栏杆拍遍，无人会，登临意。——辛弃疾《水龙吟·登建康赏心亭》

206.可惜流年，忧愁风雨，树犹如此！倩何人唤取，红巾翠袖，揾英雄泪？——辛弃疾《水龙吟·登建康赏心亭》

207.先天下之忧而忧，后天下之乐而乐。——范仲淹《岳阳楼记》

208.塞下秋来风景异，衡阳雁去无留意。——范仲淹《渔家傲·秋思》

209.问渠那得清如许？为有源头活水来。——朱熹《观书有感》

210.疏影横斜水清浅，暗香浮动月黄昏。——林逋《山园小梅》

211.春风又绿江南岸，明月何时照我还。——王安石《泊船瓜洲》

212.爆竹声中一岁除，春风送暖入屠苏。——王安石《元日》

213.不畏浮云遮望眼，自缘身在最高层。——王安石《登飞来峰》

214.遥知不是雪，为有暗香来。——王安石《梅花》

215.至今商女，时时犹唱，后庭遗曲。——王安石《桂枝香·金陵怀古》

216.予谓菊，花之隐逸者也；牡丹，花之富贵者也。——周敦颐《爱莲说》

217.两情若是久长时，又岂在朝朝暮暮。——秦观《鹊桥仙·纤云弄巧》

218.二十四桥仍在，波心荡、冷月无声。念桥边红药，年年知为谁生。——姜夔《扬州慢·淮左名都》

219.无可奈何花落去，似曾相识燕归来。——晏殊《浣溪沙·一曲新词酒一杯》

220.昨夜西风凋碧树。独上高楼，望尽天涯路。——晏殊《蝶恋花·槛菊愁烟兰泣露》

221.池上碧苔三四点，叶底黄鹂一两声。——晏殊《破阵子·春景》

222.人生自古谁无死？留取丹心照汗青。——文天祥《过零丁洋》

223.壮志饥餐胡虏肉,笑谈渴饮匈奴血。——岳飞《满江红·怒发冲冠》

224.赢,都变做了土;输,都变做了土。——张养浩《山坡羊·骊山怀古》

225.夕阳西下,断肠人在天涯。——马致远《天净沙·秋思》

226.碧云天,黄花地,西风紧,北雁南飞。晓来谁染霜林醉?总是离人泪。——王实甫《西厢记》

227.原来姹紫嫣红开遍,似这般都付与断井颓垣,良辰美景奈何天,赏心乐事谁家院?——汤显祖《牡丹亭》

228.眼见的吹翻了这家,吹伤了那家,只吹的水尽鹅飞罢!——王磐《朝天子·咏喇叭》

229.粉身碎骨浑不怕,要留清白在人间。——于谦《石灰吟》

230.千磨万击还坚劲,任尔东西南北风。——郑燮《竹石》

231.落红不是无情物,化作春泥更护花。——龚自珍《己亥杂诗·其五》

232.我劝天公重抖擞,不拘一格降人才。——龚自珍《己亥杂诗·其二百二十》

233.江山代有才人出,各领风骚数百年。——赵翼《论诗五首·其二》

234.风雨送春归,飞雪迎春到。——毛泽东《卜算子·咏梅》

235.俏也不争春,只把春来报。待到山花烂漫时,她在丛中笑。——毛泽东《卜算子·咏梅》

236.雄关漫道真如铁,而今迈步从头越。——毛泽东《忆秦娥·娄山关》

237.山舞银蛇,原驰蜡象,欲与天公试比高。——毛泽东《沁园春·雪》

238.携来百侣曾游。忆往昔峥嵘岁月稠。恰同学少年,风华正茂;书生意气,挥斥方遒。——毛泽东《沁园春·长沙》

239.人生易老天难老,岁岁重阳。今又重阳,战地黄花分外香。一年一度秋风劲,不似春光。胜似春光,寥廓江天万里霜。——毛泽东《采桑子·重阳》

240.横眉冷对千夫指,俯首甘为孺子牛。——鲁迅《自嘲》

241.叶子本是肩并肩密密地挨着,这便宛然有了一道凝碧的波痕。——朱自清《荷塘月色》

242.我希望逢着,一个丁香一样的,结着愁怨的姑娘。——戴望舒《雨巷》

243.东风不来,三月的柳絮不飞。你底心如小小的寂寞的城,恰若青石的街道向晚。跫音不响,三月的春帷不揭,你底心是小小的窗扉紧掩。——郑愁予《错误》

244.我是天空里的一片云,偶尔投影在你的波心,你不必讶异,更无须欢喜,在转瞬间消灭了踪影。——徐志摩《偶然》

245.悄悄的我走了,正如我悄悄的来,我挥一挥衣袖,不带走一片云彩。——徐志摩《再别康桥》

246.如果我爱你,绝不像攀援的凌霄花,借你的高枝炫耀自己。——舒婷《致橡树》

247.目击众神死亡的草原上野花一片,远在远方的风比远方更远。——海子《九月》

248.黑夜给了我黑色的眼睛,我却用它寻找光明。——顾城《一代人》

249.为什么我的眼里常含泪水?因为我对这土地爱得深沉……——艾青《我爱这土地》

250.你站在桥上看风景,看风景的人在桥上看你。明月装饰了你的窗子,你装饰了别人的梦。——卞之琳《断章》

251.冬天来了,春天还会远吗?——雪莱《西风颂》

252.生命诚可贵,爱情价更高。若为自由故,二者皆可抛。——裴多菲《自由与爱情》

后记

近年来，文化产业蓬勃发展，对影视艺术类人才的社会需求量越来越大，影视艺术类专业也随之迅速发展，已经成为广大考生和家长关注的焦点。随着全国200余所大学对此类专业的开设，心怀艺术梦想的考生对艺术的追求也不再遥不可及。

在影视艺术类专业考试中，文艺常识一直是一项重点考试内容。但是因为文艺常识涉及的知识点过于繁杂，因而成为考生备考过程中的一个难点。本书的编写者有着多年的艺考培训和教学经验，对影视艺术类专业的考试和命题规律有深入的研究，在搜集整理了大量的历年考试真题的基础上，将历年真题与各知识点紧密结合，精心编写完成本书，旨在帮助广大考生轻松应对文艺常识考试，顺利实现自己的梦想。

本书组稿工作能够顺利完成，离不开我们的各位朋友和老师们的关心与支持。在这里感谢你们在组稿过程中提出的宝贵意见和建议，以及一直以来对我们的指点和帮助。

同时也要感谢山东人民出版社的编辑们，尤其是张丽老师，她为推出本书精心筹划并提出科学合理的建议，使得本书能够更好地与考生见面。在这里我们对张丽老师为本书所付出的辛勤工作致以最诚挚的谢意。

在这里需要说明的是，本书的编写是一个资料汇编的过程，许多词条的介绍以及概念的阐释都来自固有的积累，无法明确出处，有引用文献而未能注明的地方，敬请谅解！

另外，广大考生及各位读者朋友在阅读过程中，若对本书有好的建议，恳请及时与我们联系，在这里我们表示欢迎和感谢！

编者

2017年6月

·广播影视类高考专用丛书系列介绍·

“广播影视类高考专用丛书”（张福起主编），是真诚献给报考艺术院校的广播电视编导、戏剧影视文学、影视摄影与制作、戏剧影视导演、影视制片管理、艺术与科技、国际文化交流、播音与主持艺术等专业考生的考前辅导用书，集聚全国艺术高考培训名师十余年教学成果、汇总艺术高校考官千余场主考经验，目前已增至16个品种，成为全国广播影视艺术类专业考生和培训学校的首选教材。

文艺常识

最受考生欢迎的文艺常识辅导教材
知识点最全面简洁的艺考必胜攻略

文艺常识有哪些内容？考试的重点是什么？有哪些考试题型？如何快速有效地记忆文艺常识的知识点？……这些问题都可以从本书中找到答案。

本书是全国影视传媒类艺考辅导教材中最受考生欢迎的版本，历经数次改版，已经成为广大考生的首选教材，更被一些高校选定为考前复习用书。本书内容包含文学、影视、美术、音乐、戏剧、戏曲、舞蹈及曲艺杂技等常识，分类精确、层次分明、脉络清晰，紧扣考试重点，并附带部分知识点的历年真题，便于考生在短时间内掌握。不但适合于传媒艺术专业的高考备考，同时也适用于各类研究生考试及其他文艺基础素养测试。

- 文学戏剧戏曲常识 ● 广播电影电视常识 ● 音乐美术书法常识
- 舞蹈曲艺杂技常识 ● 文艺基础训练试题 ● 历年考试真题解析

文艺常识（同步专题练习）

高频考点海量真题同步练习
备战艺考文艺常识高分胜经

本书结合了全国近200余所影视艺术类招生院校的1万余道历年真题，以及河南、陕西、浙江、福建等省的统考真题，并结合历年的高频考点和最新的文化热点，采用专题练习的形式，让考生将所学知识点夯实、打牢，并大大提高考生在考场上的应变能力。本书被广大艺考专家誉为“文艺常识艺考的高分胜经”。

- 两百名校真题大汇总 ● 艺考高频考点全覆盖 ● 专题分类演练大突破
- 历年考查题型全总结 ● 最新命题规律大揭秘 ● 复习备考高分全掌握

文艺常识（考前冲刺预测试卷）

30套文艺常识标准化预测试卷
1000道考试真题精准详尽解析

本书是以200多所院校历年招考真题为基础精编而成的30套文艺常识全真标准化预测试卷。无论是题量大小、题型选择、难易程度还是考试时间，均按照招生院校的最新出题标准制定，科学严谨并贴近艺考实际。同时汇总了当前国内外文化艺术方面的重大热点事件，对文艺常识的考查方向、考查重点、考查面进行了最新的预测。另外，本书还采用了试卷的印装形式，考生使用起来更加方便。

- 全部真题试卷30套 ● 答案精准解析详尽
- 最新文化热点汇总 ● 更多高频考点预测

文艺常识高频考点1000条

最方便实用的文艺常识掌上宝典

最全面系统的海量高频考点总结

文艺素养水平的高低是评判一个传媒类人才的基本标准，所以文艺常识历来都是各大院校编导类专业考试的重点科目，对文艺常识的复习和记忆成为编导类专业考生备考的重中之重。

根据人类的记忆规律，有记忆就肯定有遗忘，所以文艺常识需要勤记勤练，而大部头的复习材料不方便携带和使用，鉴于此，本书特别为考生设计成64开小巧轻便的口袋书，手掌大小，便于携带，高频考点，全面系统，能引导考生巧记知识点，十分实用！

- 最方便的掌上宝典
- 最全面的高频考点
- 最精练的词条总结
- 最实用的真题演练

文艺常识（全真模拟试卷）

三十套文艺常识全真模拟试卷

上千道高频考题精准详尽解析

本书是从200多所招生院校近10年的艺考真题中精选汇编而成。30套试卷的知识点和题型相当全面，重点难点一目了然，并且紧跟形势融入了近年来常考查的社会常识真题，每份试卷都很有模拟效用和代表性，通过选择题、填空题、名词解释、简答题、论述题这些经典试卷题型一一呈现给学生，同时在题型设置上达到了难易适中排序、效率兼顾考情的要求，使考生在使用时更加得心应手。

- 全真模拟试卷30套
- 参考答案精准详尽
- 覆盖艺考高频考点
- 把握复习备考诀窍

影视作品分析

一本实用的影视评论写作指南

一部精要全面的艺考应试秘籍

怎样才能写出出色的影视评论一直是广大考生所头疼的。因为，成功的影评写作需要考生掌握扎实的影视理论和具备一定的写作功底，并有大量的看片量。但艺考中的影评写作还是有一定的方法和技巧的，比如写作思路、评述角度等。

本书借助影视基础知识、评论写作方法、优秀影评范文三个板块，给考生以全方位的指导，让考生最痛苦的影评写作变得容易和行之有效。本书自2008年出版后得到了广大考生的一致好评，被誉为艺考影视评论写作“胜经”，全国数百家艺考培训机构将本书作为首选辅导教材。

- 电影评论写作
- 电视作品分析
- 指点写作技巧
- 教授备考策略
- 考生真卷点评
- 历年真题解析

影评范文精选

最畅销的艺考影评范文集

最系统的影评写作指导书

如何提高影评写作水平？优秀的影评文章是什么样的？

本书是一本影视传媒艺术类专业的考前参考书，是为广大考生能在短期内快速提高影评写作水平而编写的。对优秀文章的借鉴和学习，能使考生对影评写作的方法、思路、具体的语言有直观的认识和体悟，通过模仿和参考，逐步使优秀的内容融入自己的文章中，使自己的文章熠熠生辉，在众多的考卷中脱颖而出，获得考官的青睐。本书是影评写作爱好者的参考书，更是传媒类专业高考的必备工具书。

● 综合角度影评 ● 人物形象角度影评

● 主题角度影评 ● 艺术技巧角度影评

影视评论精选佳句500例

最方便实用的影视评论写作宝典

最精妙专业的论述佳句汇总推荐

影视评论写作作为各大院校传媒编导类专业考试的重点科目，在考试中需要以专业的评论内容和结构取胜，而怎样快速提高影评写作的专业性和理论性，已成艺考生长期的困扰。

有鉴于此，本书设计成64开精品图书，以满足考生方便携带的需求，内容上吸纳权威学者、影评人的专业语录，并汇集电影论坛、权威书籍等各方学术观点，实现了：名言佳句大集锦、观点角度全汇总、常考佳片精推荐、知识梳理成体系的编辑要求，是一本趣味性与知识性兼备的影评写作口袋书。

● 最方便的掌上宝典 ● 最精妙的评论佳句

● 最常考的影视推荐 ● 最实用的写作宝典

影视高考真题解析

真实全面的历年真题题库

缜密细致的答题思路解析

各个传媒类专业招生院校历年都怎么考？都考过什么？在本书中您将找到准确答案。本书囊括了全国120多所传媒艺术类招生院校的共500余套考试真题，占全国此类招生院校总数的96%，并且收集了各省统考真题，涉及影视编导摄制类、戏剧影视文学类、公共事业管理类所有专业，对考生报考各所院校和各类专业极具指导作用和参考价值，是考生确定报考院校和专业方向的必备书目。

常言道，有备而无患。本书能够让考生准确把握命题的最新动向，摸清命题规律，抓住考试重点及难点，使考生有针对性地备考，做到有的放矢。

● 影视编导摄制 ● 戏剧影视文学 ● 公共事业管理

● 历年考试真题 ● 答案精准详尽 ● 复习预测兼顾

影视基础知识高考教程

系统标准的影视知识辅导教程

权威实用的传媒高考复习用书

目前图书市场上讲授影视艺术基础知识的书比较多，但大多是本科教材或大众普及读本，并不适合影视艺术类专业高考，而且缺乏历年考试真题的范例和解析。为此，编者在总结多年艺考培训教学经验的基础上，结合部分高校历年的考试真题，编写了这本《影视基础知识高考教程》。

本书主要涉及“影视视听语言”“电影概论”“电视概论”三大部分，通过对知识的系统梳理，方便考生对整个知识脉络进行把握。

● 影视视听语言 ● 电影基础知识 ● 电视基础知识

● 精讲高频考点 ● 历年真题演练 ● 贴近艺考需求

影视编导类专业实用应试教程

系统实用的编导类专业实战攻略

要点突出的应试前必备复习精华

编导类专业复习备考是一项庞大的工程，考生不但要学习文艺基础知识，更要掌握影视基本文体的写作，还要应对自我介绍、即兴评述等一系列面试问题，所以专项应试教材往往多达10余本，考生学习负担骤增。

本书编者结合自己10余年的教学经验，召集国内50余位艺考专家多次研讨，历时2年终于编成本书，以满足考生的实际应试需求。可以说，这是一本应对影视编导类专业考试的制胜秘籍：只要一册在手，就等于掌握了编导类专业考试的全部内容；只要学完本书，就等于拥有了学完10本书的知识和功力，是实实在在的编导类专业复习备考一本通！

● 文艺常识高频考点 ● 文体写作方法点拨 ● 高考面试实用技巧

● 系统全面要点突出 ● 汇集真题注重实战 ● 影视编导实用攻略

影视高考基本文体写作

传媒艺考笔试获胜宝典　艺术考生备考实用教程

基本文体写作是广播影视艺术类专业考试中十分重要的考试内容，可以说直接决定着考生整体成绩的高低。本书涵盖了影评写作、电视作品分析、文学评论、叙事散文和戏剧故事写作、编导创意及策划、文化热点评述、小品写作等基本文体写作形式，基本包括了影视艺术类专业笔试的全部内容。

本书的编写目的就是系统梳理笔试的思路，给考生一个比较清晰的笔试应试指导方法，对每一个具体的考试科目进行具体的分析，使更多的考生能在笔试上取得成功。

● 影视作品评析 ● 故事散文创作 ● 文艺现象阐释

● 编导创意策划 ● 文学作品评论 ● 影视戏剧小品

影视高考面试宝典

面试技巧的入门手册　艺考必备的通关秘籍

面试环节重点考查的是考生的基本专业素质和心理素质，这也是作为一个未来的广播影视类人才所必备的素质。在历年的专业考试中，很多考生对于面试没有经验，不知道怎样进行，有的心情紧张，该发挥出来的没有能够发挥出来，有的对于面试的内容准备不充分，没有展示出自己的真实水平，从而影响了后面笔试的发挥，整体的专业成绩也受到了很大影响。

本书基本上分为两大部分：一是各个面试科目的应试方法指导，重点介绍了包括自我介绍、回答考官提问、即兴评述、才艺展示、命题编讲故事在内的十个考试科目的具体的应试方法；二是每个考试科目的范例，在个别的章节中还有对历年真题的解析，以便考生参考，这样就增强了本书的实战性和可操作性。

● 自我介绍　● 回答考官提问　● 编讲故事　● 文化热点分析　● 命题小品

● 自备文学作品朗诵　● 模拟主持　● 才艺展示　● 即兴评述　● 摄影美术作品分析

即兴评述话题宝典（真题版）

最具权威性的即兴评述话题宝典

最有代表性的面试真题实战攻略

即兴评述作为传媒类专业考试中的重点和难点，让很多考生惧怕，原因有二，一是临场发挥时评述素材不够，二是真题实战演练机会少。针对这一现象，我们编写了这本《即兴评述话题宝典》（真题版）。

本书组织几十位全国各高校和培训界的专家老师，从历年数千道真题中精挑细选400多道最具代表性的话题，并给出了思路清晰、颇具深度的参考答案，能让考生更好地掌握即兴评述的答题方法与思路；对于其中的一些高频考题更是重点标注，方便考生了解考试重点。拥有此书，等于拥有了即兴评述话题的大数据，精准的数据分析能让你成为新时代传媒艺考的领跑者。

● 精选400常考话题　● 全部源自历年真题　● 高频考点重点标记　● 题型分类答案精准

影视高考面试真题题库

传媒艺考面试考什么？面试考题如何答？

很多考生特别惧怕面试，感觉面试的内容不好把握、无从下手。这都是由于考生对历年专业面试过程中所考的试题不是很了解而造成的。

面试是影视艺术类专业考试中重要的考试环节。其目的是考查考生的形象气质、艺术修养、兴趣爱好、现场应变能力以及语言表达的逻辑性和思考问题的深广度。

本书对精选的海量考试真题进行了详细分类并附上清晰精准的参考答案，旨在帮助考生全方位、多层面提升综合素质，不但能在面试中说得出、说得好，而且更能答出水准，展示自我风采。

● 海量面试真题　● 答案清晰精准　● 真题分类细致　● 开拓答题思路

影视高考命题故事创作

读完本书你会知道命题故事如何考

读完本书你更会知道如何去编故事

在传媒艺术类专业招生考试中，命题故事创作所占的比例越来越大，特别是在中国传媒大学、北京电影学院、中央戏剧学院、上海戏剧学院等一些名校的招生考试中，更是必考的内容之一。也正因为如此，命题故事创作已成为近年来影视艺术类考生们最头疼、最薄弱、最急于突破的一个环节。

应广大考生热切要求，作者编写了《影视高考命题故事创作》一书。本书顺着由小到大、由局部到整体、由浅入深的进程逐节讲来，便于考生掌握，能够在有限的时间内，为广大考生提供系统、实用、高效的专业辅导，特别是书中所附的故事范文，更是给考生提供了故事构思的模板和依据。

- 命题编写故事 ● 命题编讲故事 ● 应试技巧点拨
- 经典故事范例 ● 考试真题集锦 ● 考前模拟训练

摄影专业高考辅导教程

实用高效的摄影高考读品

条理清晰的摄影培训教程

摄影作为一门新兴的艺术门类，有着广阔的发展前景。目前，市面上关于摄影的书籍五花八门，但是针对摄影类高考的却是少之又少。因此，应广大考生的热切要求，我们编写了《摄影专业高考辅导教程》。

本书系统讲述了摄影的相关基础知识，理论与实践相结合，条理清晰，重点分明，有助于广大考生在短时间内迅速掌握艺考的基本摄影知识与技能。同时，书中还附加了往年考试真题，堪称一本实用、高效的专业辅导教材。

- 摄影基础知识 ● 摄影作品分析 ● 现场拍摄技巧 ● 高考复习必备

播音与主持艺术专业高考教程

化繁为简指导播音艺考

深入浅出讲解应试要点

《播音与主持艺术专业高考教程》是根据每年全国各级各类院校播音与主持艺术专业招生的内容和形式而编写的。本书通过详实的考试介绍、细致的方法讲解、丰富的练习资料以及生动的录音示范，旨在带领播音与主持艺术专业考生走进播音与主持艺术的殿堂。

本书从教学的一般规律出发，结合播音与主持艺术专业学习和艺考的特点，将教学内容梳理为：入门篇、基础篇、提高篇、飞跃篇、成功篇。这五个环节的编排由基础到繁难，基本涵盖了大多数院校播音与主持艺术专业考试的形式与要求，适合考生从初学到考试的全过程使用。

- 播音主持专业简介 ● 普通话语音与美化 ● 有稿与无稿语言表达
- 考场形体装束与心态 ● 精选历年考试真题 ● 增送语音示范光盘

图书在版编目（CIP）数据

文艺常识 / 张福起主编. -- 6版. -- 济南 ：山东人民出版社，2017.6（2019.2重印）
（广播影视类高考专用丛书）
ISBN 978-7-209-10520-0

Ⅰ. ①文… Ⅱ. ①张… Ⅲ. ①文艺学-高等学校-入学考试-习题集 Ⅳ. ①I0-44

中国版本图书馆CIP数据核字(2017)第073735号

文艺常识
张福起　主编

主管部门　山东出版传媒股份有限公司
出版发行　山东人民出版社
社　　址　济南市英雄山路165号
邮　　编　250002
电　　话　总编室（0531）82098914
　　　　　市场部（0531）82098027
网　　址　http://www.sd-book.com.cn
印　　装　日照报业印刷有限公司
经　　销　新华书店

规　　格　16开（184mm×260mm）
印　　张　22　插页　9
字　　数　600千字
版　　次　2017年6月第1版
印　　次　2019年2月第6次
印　　数　165001-180000
ISBN 978-7-209-10520-0
定　　价　45.00元